Heidi Sinning
Kommunikative Planung

Stadtforschung aktuell
Band 95

Herausgegeben von:
Hellmut Wollmann

Heidi Sinning

Kommunikative Planung

Leistungsfähigkeit und Grenzen am Beispiel
nachhaltiger Freiraumpolitik in Stadtregionen

Leske + Budrich, Opladen 2003

Die Deutsche Bibliothek – CIP-Einheitsaufnahme
Ein Titeldatensatz für die Publikation ist bei
Der Deutschen Bibliothek erhältlich

ISBN 3-8100-3886-5

© 2003 Leske + Budrich, Opladen

Das Werk einschließlich aller seiner Teile ist urheberrechtlich geschützt. Jede Verwertung außerhalb der engen Grenzen des Urheberrechtsgesetzes ist ohne Zustimmung des Verlages unzulässig und strafbar. Das gilt insbesondere für Vervielfältigungen, Übersetzungen, Mikroverfilmungen und die Einspeicherung und Verarbeitung in elektronischen Systemen.

Druck: DruckPartner Rübelmann, Hemsbach
Printed in Germany

Vorwort

In Forschung und Praxis gelten kommunikative Planungsverfahren heute als „state of the art". Aber keineswegs sind sie „Allheilmittel" für alle Planungsprobleme. Doch was können kommunikative Planungsinstrumente leisten? – Dies war die Ausgangsfrage und Motivation für die vorliegende Forschungsarbeit.

Wenn kommunikative, informelle Planungsinstrumente in Bezug auf die Freiraumpolitik zur Diskussion stehen, kommt es schnell zur Abgrenzung zu regulativen, formellen Planungsinstrumenten. Kommunikation reiche nicht aus, um wirkungsvolle Freiraumsicherung und -entwicklung zu betreiben, zudem sei sie zu zeitaufwendig und die Gefahr zu groß, dass sich in solchen Verfahren die „starken Interessen" durchsetzen. Aber auch der formellen Planung werden Mängel entgegen gehalten, u.a. Umsetzungsdefizite und mangelnde Akzeptanz bei den Nutzern. Inzwischen ist die Erkenntnis gewachsen, dass sich informelle und formelle Instrumente ergänzen können. Die vorliegende Arbeit setzt hier an. Sie geht von der These aus, dass erst durch ein strategisches Instrumenten-Mix eine wirkungsvolle Freiraumpolitik erreicht werden kann. Kommunikative Instrumente sind dabei ein Instrument unter mehreren. Sie besitzen spezifische Funktionen und Potenziale, aber ihnen stehen auch Restriktionen entgegen.

Welche spezifischen Leistungen und Potenziale kommunikative Planungsinstrumente auszeichnen und welche Restriktionen es gibt, ist bislang kaum erforscht. Die vorliegende Arbeit geht dieser Fragestellung nach. Am Handlungsfeld der stadtregionalen Freiraumpolitik gibt sie einen systematischen Überblick. Sie beruht auf meiner Dissertation an der RWTH Aachen, die vor dem Hintergrund der gegenwärtigen planungstheoretischen Modernisierungsdebatte sowie angesichts der Problematik des zunehmenden Flächenverbrauchs durch siedlungsräumliche Expansion und Defizite öffentlicher Steuerung entstand.

Die Forschungsarbeit fußt auf vielfältigen eigenen Vorerfahrungen aus Forschung und Praxis. So ermöglichte mir das Forschungsprojekt „Kooperativer Umgang mit einem knappen Gut" vertiefte Zugänge im Bereich der regionalen Freiraumentwicklung und ihrer Arbeits- und Organisationsformen. Weitere Eckpunkte waren die langjährige Begleitung der wissenschaftlichen Diskussion im Bereich der kommunikativen bzw. kooperativen Planung (u.a. in Fachkreisen wie dem IfR-Arbeitskreis „Kooperative Planung" und dem „Jungen Forum" der ARL), eine Reihe eigener Publikationen sowie zahlreiche Einblicke in die Planungspraxis durch die Anwendung des kommunikativen Planungsinstrumentariums in der Stadt- und Regionalentwicklung.

Wesentlich bereichert wurde die Arbeit durch persönliche Kontakte zu Wissenschaft und Praxis: Ganz besonderer Dank gilt dabei meinen beiden Betreuern Prof. Dr.-Ing. Klaus Selle und Prof. Kunibert Wachten, RWTH Aachen, die die Arbeit mit ihren Fragen und Anregungen an den richtigen Stellen konstruktiv begleiteten und beförderten. Als kritischen Gesprächspartnern für spezielle Fachaspekte und Einschätzungen zur wissenschaftlichen Einordnung der Thematik danke ich Prof. Dr. Heiderose Kilper, Prof. Dr. Dietrich Fürst, Dr. Jörg Knieling, Prof. Dr. Jörg Knoll, Prof. Dr. Axel Priebs und Prof. Dr. Wulf Tessin. Außerdem gilt mein Dank den zahlreichen Interviewpartnern, die mir für die Fallstudien in Leipzig und am Niederrhein mit ihrem Wissen und ihrer Zeit zur Verfügung standen. Insbesondere erwähnen möchte ich Dr. Christian Aegeter, Dr. Lutz Bergmann, Bürgermeister Bernd Böing, Ute Ebenbeck, Dr. Olaf Edler, Bürgermeister Herbert Ehme, Tilmann Hartmann, Rolf Heber, Regina Mann-Krysik, Bürgermeister Ludwig Martin, Michael Schaaf, Prof. Dr. Catrin Schmidt, Prof. Dr. Hans-Jochen Schneider, Marietta Schneider, Michael Schwarze-Rodrian, Detlef Wübbenhorst und Angela Zabojnik.

Damit die Forschungsarbeit der Fachöffentlichkeit zugänglich werden konnte, war die Unterstützung des Herausgebers der Reihe Stadtforschung, Prof. Dr. Hellmut Wollmann, und des Verlags Leske + Budrich eine wichtige Hilfe – auch dafür meinen herzlichen Dank.

Zudem danke ich Claudia Torney und Tanja Frahm für ihre Unterstützung bei technischen und redaktionellen Arbeiten.

Für ihr Verständnis und ihre Unterstützung während der Bearbeitungszeit möchte ich schließlich meiner Familie und meinen Freunden herzlich danken.

Heidi Sinning, Mai 2003

Inhalt

Vorwort 5

I. **Einleitung: Gegenstand, Ausgangsbedingungen, Methodik und Aufbau der Arbeit** 11

1. Gegenstand und Begriffsklärungen 11
2. Ausgangsbedingungen, Thesen und Fragestellungen 18
3. Methodik und Vorgehensweise 22
4. Aufbau der Arbeit 24

II. **Problembezüge und planungstheoretische Einordnung** 27

1. Problembezüge: Stadtregionale Freiraumpolitik im Kontext von Flächenverbrauch, nachhaltiger Entwicklung und Umsetzungsdefiziten 27
1.1 Freiraumpolitik zwischen siedlungsräumlicher Expansion und dem Anforderungsprofil einer nachhaltigen Entwicklung 28
1.1.1 Weitere Zunahme des Flächenverbrauchs 28
1.1.2 Anforderungen einer nachhaltigen Entwicklung an die Freiraumpolitik 35
1.2 Steuerungsdefizite des Instrumentariums der Freiraumpolitik 46
1.2.1 Instrumente der stadtregionalen Freiraumentwicklung: Überblick und Strukturierung 47
1.2.2 Defizite des Freiraum-Instrumentariums und hinderliche Rahmenbedingungen 56

2.	Planungstheoretische Einordnung: Wandel der Planungskultur, steuerungstheoretische und planungsgeschichtliche Einordnung kommunikativer Planungsinstrumente	62
2.1	Steuerungstheoretische Erklärungsansätze zum Bedeutungsgewinn kommunikativer Planungsinstrumente	62
2.2	Veränderungen im Planungsverständnis	69
2.2.1	Entwicklung des Selbstverständnisses der räumlichen Planung: Planungsgeschichtliche Phasen	69
2.2.2	Kennzeichen eines gewandelten Planungsverständnisses	77
2.3	Veränderungen im Aufgabenverständnis im Kontext aktueller Trends	83
2.3.1	Freiraumentwicklung und integrierter Ansatz	83
2.3.2	Durchdringung von Siedlung und Freiraum	85
2.3.3	Bedeutungszuwachs (stadt-)regionaler Kooperation	88
2.4	Strategischer Instrumenten-Mix und Einordnung kommunikativer Instrumente stadtregionaler Freiraumentwicklung	91

III.	**Untersuchungsrahmen: Leistungsfähigkeit und Grenzen kommunikativer Instrumente der Freiraumpolitik in Stadtregionen**	**93**
1.	Integration von Interessen und Akteuren erhöhen	95
2.	Akzeptanz schaffen und Identifikation stiften	104
3.	Qualität von Lösungen verbessern	110
4.	Lernprozesse ermöglichen	116
5.	Umsetzungsorientierung fördern	121

IV.	**Fallstudien – Kommunikative Verfahren stadtregionaler Freiraumentwicklung in der Praxis**	**129**
1.	Grüner Ring Leipzig	130
1.1	Ziele, Ausgangsbedingungen, Entstehungsgründe und Projekte	131
1.2	Entwicklung, Organisation und Akteure	140
1.3	Kommunikative Instrumente im Kontext des Instrumenten-Mix	144

2.	Landschaftspark NiederRhein	152
2.1	Ziele, Ausgangsbedingungen, Entstehungsgründe und Projekte	153
2.2	Entwicklung, Organisation und Akteure	161
2.3	Kommunikative Instrumente im Kontext des Instrumenten-Mix	165
3.	Auswertung der Fallstudien hinsichtlich der Leistungsfähigkeit und der Grenzen kommunikativer Planungsinstrumente	175
3.1	Ausgangsbedingungen und Organisationsstrukturen der Fallstudien	175
3.2	Integration von Interessen und Akteuren erhöhen	178
3.3	Akzeptanz schaffen und Identifikation stiften	189
3.4	Qualität von Lösungen verbessern	194
3.5	Lernprozesse ermöglichen	198
3.6	Umsetzungsorientierung fördern	203
3.7	Fazit zur Auswertung der Fallstudien	210
V.	**Resümee – Zusammenfassung, Thesen und weiterführender Forschungsbedarf zu kommunikativer Freiraumpolitik**	**217**
1.	Zusammenfassung der Kapitel I bis IV	217
2.	Thesen und Folgerungen zu kommunikativen Instrumenten	223
2.1	Einordnung kommunikativer Instrumente stadtregionaler Freiraumentwicklung	223
2.2	Leistungsfähigkeit und Grenzen kommunikativer Instrumente	225
2.3	Instrumenten-Mix und Kommunikationsstrategie	227
2.4	Qualifikationsbedarf	229
3.	Ausblick: Weiterführender Forschungsbedarf zu kommunikativen Instrumenten stadtregionaler Freiraumpolitik	230
3.1	Verallgemeinerung der Ergebnisse – Potenziale und Restriktionen kommunikativer Verfahren in der Raum- und Umweltplanung	230
3.2	Systematisierung von förderlichen Handlungsbedingungen bzw. Erfolgsfaktoren	231
3.3	Kommunikative Instrumente stadtregionaler Freiraumentwicklung im Wechselspiel mit dem Instrumenten-Mix und im internationalen Vergleich	234
3.4	„Schrumpfende Stadt" – Herausforderungen für stadtregionale Freiraumentwicklung und Planungskommunikation	235

VI.	**Abbildungs- und Abkürzungsverzeichnis**	237
1.	Abbildungsverzeichnis	237
2.	Abkürzungsverzeichnis	239
VII.	**Literaturverzeichnis**	241
VIII.	**Anhang**	261

I. Einleitung: Gegenstand, Ausgangsbedingungen, Methodik und Aufbau der Arbeit

„Nachhaltige Freiraumpolitik in Stadtregionen – Leistungsfähigkeit und Grenzen kommunikativer Planungsinstrumente" – so lautet der Titel der vorliegenden Arbeit. Was ist der Gegenstand bzw. sind die zentralen Fragen, denen in den folgenden Kapiteln nachgegangen wird? In welchem gesellschaftlichen und planungstheoretischen Kontext bewegt sich die Arbeit? Welche Methodik liegt ihr zu Grunde und wie werden die Aussagen empirisch belegt? Diesen Fragen geht das Kapitel I. „Einleitung" nach und ermöglicht damit den Einstieg in die Thematik.

1. Gegenstand und Begriffsklärungen

Gegenstand der Forschungsarbeit sind *kommunikative Instrumente* im Rahmen der *Freiraumentwicklung bzw. -politik in Stadtregionen*. Damit bezieht sie sich auf die Sicherung, Entwicklung und In-Wert-Setzung von Freiraum auf regionaler Ebene. Im Vordergrund steht Freiraumpolitik als stadtregionale Entwicklungsaufgabe, die sich die verschiedenen zur Verfügung stehenden Instrumentarien (regulative Instrumente, Finanzhilfen, kommunikative Instrumente, Marktteilnahme, Organisationsentwicklung) zu Nutze macht. Dabei interessiert besonders die prozessuale Dimension der Freiraumpolitik. Der Fokus liegt folglich vor allem auf dem im Prozess der regionalen Freiraumentwicklung eingesetzten kommunikativen Instrumentarium ungeachtet dessen, dass neben diesem Instrumentarium weitere Faktoren für den Prozess der Freiraumentwicklung wesentlich sind, beispielsweise die Akteure mit ihren unterschiedlichen Interessen und Motiven. Zur präziseren Einordnung der weiteren Ausführungen seien die Begriffe „Freiraumentwicklung bzw. Freiraumpolitik in Stadtregionen" und „kommunikatives Instrumentarium" als zentrale Gegenstände der vorliegenden Arbeit näher erläutert.

Freiraumentwicklung und -politik

In der vorliegenden Arbeit wird überwiegend der Begriff „Freiraumentwicklung" genutzt. Hintergrund ist, dass dieser Begriff den Prozesscharakter ausdrückt, um den es beim Einsatz kommunikativer Instrumente in erster Linie geht. „Freiraumentwicklung" wird synonym zu „Freiraumpolitik" verstanden. Damit umfassen beide Begriffe, in Anlehnung an die aus dem angelsächsischen Raum kommende politikwissenschaftliche Unterscheidung zwischen policy, politics und polity, eine normativ-inhaltliche, eine institutionelle und eine prozessuale Dimension (vgl. Alemann 1993; Prittwitz 1994). Die normativ-inhaltliche Dimension (policy) bezieht sich auf die nachhaltige Freiraumentwicklung, die institutionelle Dimension (polity) auf die Institutionen, in deren Kontext Freiraumentwicklung stattfindet, und die prozessuale Dimension (politics) beschreibt den Ablauf der Planungsprozesse mit dem Wechselspiel der verschiedenen Instrumente und Akteure. Die Arbeit bezieht sich folglich vorrangig auf die prozessuale Dimension. Die normativ-inhaltliche Dimension der vorliegenden Arbeit wird durch das Leitbild der nachhaltigen Entwicklung sowie die Zielsetzung einer umsetzungsorientierten und effektiven Arbeitsweise geprägt (siehe Kap. II. 1.1.2 und 2.2.2).

Freiraumentwicklung in Stadtregionen

Die erweiterte Beschreibung des Themenfeldes als „Freiraumentwicklung in Stadtregionen" beinhaltet drei Bestandteile: die Form der räumlichen Nutzung, in diesem Falle *Freiraum*, *Entwicklung* als die Art und Weise der Handlung und die räumliche Ebene der *Stadtregion*. Im Folgenden werden die einzelnen Bestandteile hergeleitet, und es findet eine Bestimmung statt, wie diese Begriffe in der vorliegenden Arbeit verwendet werden.

Freiraum: Das Spektrum der Definitionen zu „Freiraum" reicht von der Gegenüberstellung von Freiraum und Siedlung – „Freiflächen sind nicht Siedlungsflächen" (Tesdorpf 1984) oder „Freiraum ist ein Gegenbegriff zum Siedlungsraum" (Ritter 1995: 315) – bis zu differenzierten Aussagen bezüglich der jeweiligen Nutzungsart. Im Kontext der vorliegenden Forschungsarbeit soll in Anlehnung an Gröning (1976: 601) unter Freiraum „jeder nach oben hin offene Raum auf der Erdoberfläche verstanden werden, der von Personen zu bestimmten Zwecken genutzt werden kann." Einbezogen sind Flächen im privaten wie im öffentlichen Raum. Die Nutzung dieser Freiräume durch bestimmte Nutzergruppen konkretisieren Fassbinder, Michaeli, Pesch und Selle (1977) mit ihrer Definition zu „nutzbaren Freiflächen". Danach gehören „alle Flächen für den ruhenden und fließenden Kraftfahrzeugverkehr (...) in diesem Sinne ebenso wenig zur nutzbaren Freifläche wie etwa Lagerplätze oder Kiespressdächer von Garagen" (ebd.: 334). Freiraumnutzungen bzw. -funktionen können unter anderem Freizeit und Erholung, Naturschutz und Landschaftspflege, Grundwassersicherung, Land- und Forstwirtschaft, Fischerei, Rohstoffsicherung, Fremdenverkehr sowie Klimaschutz sein. Die Annahme, dass Freiraum ein Gegenbegriff zu Siedlung ist, erscheint dagegen in Anbetracht der aktuellen Diskussionen über ein verändertes Verhältnis von Siedlung und Landschaft nicht ausreichend präzise. Freiraum und Siedlung stehen in enger Wechselbeziehung und bedingen einander in ihrer Entwicklung. In Ballungsräumen bzw. Stadtregionen, um die es in der vorliegenden Arbeit geht, kann man von einer „engmaschigen Durchdringung von Freiraum und Siedlung" sprechen (vgl. Sieverts 1997: 66; siehe auch Kap. II. 2.3.2).

Abb. 1: *Phasen der Freiraumentwicklung (Problemdefinition und Zielfindung, Planaufstellung, Umsetzung, Nutzung)*

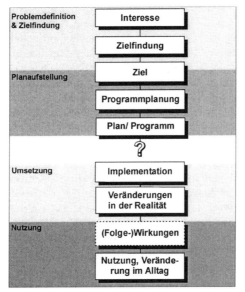

Quelle: Hüchtker et al. 2000: 66

Entwicklung: Der Begriff der Freiraum-*Entwicklung* verdeutlicht, dass es sich bei dem Gegenstand dieser Arbeit um einen dynamischen Prozess und nicht um einen statischen Zustand handelt – ein „Begriff, der die Dynamik einer Situation beschreibt und in der Regel für einen Prozess der Zustandsänderung steht" (Sauerbrey 1999: 318). Dabei rücken beide Seiten der räumlichen Entwicklung in den Blickpunkt: „*sich* entwickeln, also die eigenständige Entwicklung der Räume und Nutzungsstrukturen, und *etwas* entwickeln, also der Versuch, in diesem Fall der öffentlichen Akteure, auf die Entwicklung Einfluss zu nehmen" (Hüchtker et al. 2000: 66). Der Begriff Entwicklung verweist außerdem darauf, dass es nicht (nur) um klassische Planung geht. „Der Begriff ‚Planung' wird in den gängigen Definitionen nur auf den Prozessausschnitt bis zur Aufstellung eines Planes bezogen und grenzt Umsetzung und Nutzung definitorisch aus" (ebd.). Freiraumentwicklung ist dagegen der Gesamtprozess von der Aufgabenwahrnehmung über die Planung bis hin zur Nutzung und Pflege der Freiräume (vgl. Abb. 1). Erst dieses umfassende Begriffsverständnis ermöglicht es, die politisch-strategischen Handlungsoptionen vollständig auszuschöpfen, die sich aus dem Zusammenspiel von Planung und Realisierung ergeben.[1]

Freiraumentwicklung und Freiraumschutz sind nach Ritter (1995: 315) „relativ neue landesplanerische Begriffe, die erst in den siebziger Jahren im Zusammenhang mit der umweltpolitischen Neuorientierung der Raumordnung auftauchen (z.B. § 22 Landesentwicklungsprogramm Nordrhein-Westfalen 1974: § 8 Abs. 2 Nr. 5 Landesplanungsgesetz Baden-Württemberg 1983)." Heute wird der schonende und sparsame Umgang mit dem knappen Gut Freiraum als eines der zentralen Handlungsfelder von Landes-, Regional- und Stadtplanung angesehen (vgl. ebd.; Selle 2000a). Diese Einschätzung lenkt den Blick darauf, welche Aufgaben die Freiraumentwicklung umfasst. Dabei geht die vorliegende Arbeit davon aus, dass die Freiraumentwicklung eine „Querschnittsaufgabe" im Sinne der Nachhaltigkeit ist (siehe Kap. II. 1.1.2). In diesem Verständnis umfasst sie fünf Aufgabenbereiche (vgl. Hüchtker et al. 2000: 65f und Abb. 2):

- *Freiraum sichern*: Die klassische Aufgabe der Freiraumentwicklung besteht darin, vorhandene Freiräume gegen Flächenverbrauch und Siedlungsdruck zu schützen.
- *Freiraumverbrauch reduzieren*: Insbesondere mit der Diskussion über eine nachhaltige Entwicklung ist die Aufgabe der Reduzierung des Freiraumverbrauchs als ursächlich ansetzende Vorgehensweise hinzugetreten. (Nach-)Verdichtung, Nutzungsmischung und Flächenrecycling bieten entsprechende Ansätze, Wohnbauland- und Verkehrsflächenverbrauch zu vermindern.
- *Freiräume zurückgewinnen*: Bei dem Thema Flächenrecycling geht es vorrangig darum, brachgefallene Wohn- und Gewerbeflächen wieder zu nutzen. Doch die Revitalisierung von Brachflächen bietet auch die Möglichkeit, Flächen für Freiraumnutzungen zurück zu gewinnen. Das Konzept der „doppelten Innenentwicklung" („50 % Siedlungsfläche und 50 % Grün" lautet die Faustformel) hat sowohl die Freiraum- als auch die Siedlungsentwicklung zum Ziel. Über eine „Qualifizierung innerstädtischer Freiräume" soll die Anziehungskraft der Kernstadt gestärkt werden (vgl. Kowarik 1998).
- *Freiräume qualifizieren*: Die In-Wert-Setzung von Freiräumen als Beitrag zu ihrer Sicherung bezieht sich sowohl auf großräumige Freiraum-

---

[1] Dieses umfassende Begriffsverständnis und das enge Zusammenspiel von Planung und Realisierung betont beispielsweise auch Haaren (1991: 33) im Kontext der Landschaftsplanung: „Es hat sich als wichtig erwiesen, dass Planung und Umsetzung nicht mehr als getrennte Prozesse behandelt werden."

systeme (z.B. Einzelflächen vernetzen, erfahrbar machen und damit in ihrer Bedeutung stärken, Freiraumsysteme in regionale Naherholungsangebote einbeziehen) wie auch auf Freiraumqualitäten im Siedlungsraum oder bei Projekten der Stadterweiterung (unter anderem Maßnahmen zur Wohnumfeldverbesserung, Schaffung ästhetischer Qualitäten, Aufwertung landwirtschaftlicher Nutzungen durch Ökologisierung).

- *Freiräume pflegend entwickeln*: Für eine langfristige Sicherung der Freiraumqualitäten ist die Pflege von großer Bedeutung. Daraus leitet sich die Aufgabe ab, die Entwicklung der Freiräume pflegend zu begleiten und für die Pflege langfristig Partner (Land- und Forstwirtschaft, Vereine, Verbände etc.) zu gewinnen, die eigenverantwortlich tätig werden.

Abb. 2: *Aufgaben der Freiraumentwicklung*

Quelle: Hüchtker et al. 2000: 57

Stadtregion: Die seit langem gebräuchlichen Begriffspaare „Stadt und Umland" oder „Stadt und Region" sind für die Beschreibung funktionaler Strukturen vieler Räume nicht mehr angemessen. Statt dessen wird der Begriff der Stadtregion gewählt (vgl. Priebs 1998). Stadtregionen bezeichnen Siedlungsagglomerationen, wobei sie sowohl monozentrische als auch polyzentrische Agglomerationsräume umfassen können. Die stadtregionale Ebene ist zwischen der örtlichen und der staatlichen angesiedelt (vgl. Sinz 1995: 805). Dabei ist der Regionsbegriff nicht zwangsläufig an Grenzen von Gebietskörperschaften gebunden, sondern kann sich an Sinneinheiten, beispielsweise landschaftlichen Gegebenheiten, sozialen Verflechtungen oder räumlichen Kooperationsbezügen, orientieren.[2] Fürst und Schubert (1998: 353) unterstreichen, „eine Region wird heute nicht mehr als geographischer Standort wirtschaftender Einheiten begriffen, sondern als spezieller Zusammenhang räumlicher Kooperations- und Interaktionsbeziehungen, für die Traditionen, Institutionen, soziale Bezüge und generell das regionale Humanpotential relevant sind." Mit stadtregionaler Freiraumentwicklung ist in diesem Sinne die Ausdehnung der Freiraumthematik über die Kommune hinaus auf die überörtliche und interkommunale Ebene gemeint.

Kommunikative Instrumente

Wenn im Rahmen dieser Arbeit von „kommunikativen Instrumenten" die Rede ist, bezieht sich dies auf die Einteilung des Instrumenten-Mix der Freiraumentwicklung in fünf verschiedene Stränge: Regulative Instrumente, Finanzhilfen, kommunikative Instrumente, Marktteilnahme und Organisationsentwicklung (vgl. Abb. 20). *Kommunikative Instrumente* stellen eines der Instrumentenstränge dar und ergänzen die formalen Planungsverfahren (vgl. Mandt 1993; Kaase 1993; Selle 1999a). Sie umfassen diejenigen Formen und Verfahren, die der „Verständigungs- und Vermittlungsarbeit" der verschiedenen Akteure in Planungsprozessen dienen. Kommunikative Instrumente beziehen sich damit auf ein breites Spektrum an Formen und Verfahren, das von Information über Beteiligung bis hin zur Kooperation reicht (vgl. Bischoff, Selle, Sinning 1996). Sie schließen sowohl Formen der Öffentlichkeitsarbeit als auch die vielfältigen Ansätze der Partizipation und Kooperation ein (vgl. Abb. 3). Die Akteure, um die es dabei geht, lassen sich den Sphären Staat und Kommunen, Gesellschaft sowie Wirtschaft zuordnen.

---

[2] Die regionale Ebene hat in den letzten Jahren an Bedeutung gewonnen. Dies beschreibt das Schlagwort „Europa der Regionen" plakativ. Interkommunale Zusammenschlüsse, Städtekooperationen, Stadt-Umland-Kooperationen, Stadtregionen etc. sind Begriffe, die neue Anforderungen an Kommunen im Zuge von Globalisierung und Europäisierung verdeutlichen (vgl. Heinz 2000b).
Hinsichtlich der raumordnerischen Funktionszuweisungen im städtischen Siedlungssystem hat die Ministerkonferenz für Raumordnung (MKRO) Verdichtungsräume (im Gegensatz zu ländlichen Räumen) als Raumkategorie nach den Kriterien Siedlungsdichte und Siedlungsflächenanteil an der Gesamtfläche festgelegt (vgl. BBR 2000). Verdichtungsräume umschließen teilweise auch mehrere Stadtregionen. Letztere sind jedoch nicht exakt definiert.

Kommunikation: Kommunikation nimmt Bezug auf den lateinischen Ursprung „communicatio" (Mitteilung von Informationen, Verständigung, Unterredung, Verbindung) und bezeichnet den Prozess des Austausches bzw. der Vermittlung von Informationen sowie des Verstehens und der Verständigung.[3] Im Kontext der aktuellen Planungsdiskussion wird „der gesamte Planungsprozess – von der Definition des Problems bis zur Umsetzung der gefundenen Lösungen" – als Kommunikationsaufgabe verstanden (Selle 1996b: 11).

Abb. 3: *Übersicht zu Formen und Verfahren des kommunikativen Prozessmanagements*

Erkunden von Interessen und Meinungen
Haushaltsbefragung, Interview, Aktivierende Befragung etc.

Informieren, Meinungen bilden
Wurfsendung/Aushang, Ausstellung, Presse, Lokalradio, Bürgerversammlung, Einwohnerfragestunde, Exkursion, Ortsbegehung, e-Democracy/e-Partizipation etc.

Beteiligen
Öffentliche Auslegung, Anhörung und Erörterung, Petition und Bürgerantrag, Bürgerbeauftragte, Beirat und Ausschuss, Bürgerbegehren und Bürgerentscheid, Bürgernahe Beratung, Aktion Ortsidee, Zukunftswerkstatt, Bürgergutachten, Arbeitsgruppe, Zielgruppenbeteiligung etc.

Kooperieren
Runder Tisch, Mediation, Forum, kooperativer Workshop, Anwaltsplanung, Lokale Partnerschaften, Intermediäre Organisationen etc.

Quelle: in Anlehnung an: Bischoff, Selle, Sinning 1996

Bezüglich der Kommunikation in Planungs- und Entwicklungsprozessen kann zwischen vier verschiedenen Ebenen unterschieden werden:

- Verfahren/Strategien,
- Formen/Verfahrenselemente,

---

3   Der vorliegenden Arbeit liegt ein Verständnis von Kommunikation zu Grunde, dass es um den Prozess der Vermittlung von und der Verständigung über Informationen geht. Damit ist sowohl die face-to-face-Kommunikation als auch die einseitige Vermittlung von Informationen gemeint. Dieses Verständnis bietet sich aus zentralen Definitionen ab, die den wissenschaftlichen Diskurs prägen: Nach Luhmann (2000: 43) wird Kommunikation als Synthese von Information, Mitteilung und Verstehen definiert. Die Theorie des kommunikativen Handelns von Habermas (1981) geht davon aus, dass „in sprachlicher Kommunikation ein Telos von gegenseitiger Verständigung eingebaut ist" (1985: 173). Als Verständigung gilt danach der Prozess der Einigung unter kommunikationsfähigen Subjekten mit dem Ziel, ein Einverständnis herbeizuführen. Watzlawick und Beaven (1969) unterscheiden zwischen der Verständigung über den Inhalts- und den Beziehungsaspekt. Sie betonen, dass beide Aspekte gleich wichtig sind. In der vorliegenden Arbeit wird allerdings auf den Beziehungsaspekt nicht näher eingegangen.

- Methoden und Techniken,
- kommunikative Grundsituationen.

In der vorliegenden Arbeit liegt der Fokus vor allem auf den Verfahren und Strategien sowie den Formen und Verfahrenselementen der Kommunikation. Beide Ebenen werden im Folgenden als kommunikative Instrumente bezeichnet. Die kommunikativen Grundsituationen (Gesprächssituationen zwischen Individuen etc.) und die kommunikativen Methoden und Techniken (Metaplan-Technik etc.) werden nicht thematisiert.

Instrumente: Weder in der Planungspraxis noch in den Planungswissenschaften gibt es im Zusammenhang mit *Instrumenten* eindeutige Begrifflichkeiten und Definitionen. In der vorliegenden Arbeit werden Instrumente, in Anlehnung an die Beschreibung der Akademie für Raumforschung und Landesplanung (1998a: 14), als Mittel und Handwerkszeuge verstanden, mit deren Hilfe Überlegungen zur Gestaltung und Entwicklung der Raum- und Siedlungsstrukturen initiiert, konkretisiert, ausformuliert und umgesetzt werden können.

2. Ausgangsbedingungen, Thesen und Fragestellungen

Welche Fragestellungen und Thesen liegen dieser Arbeit zu Grunde? Aus welchen thematischen Zusammenhängen und aus welchen Ausgangsbedingungen der Freiraumentwicklung in Stadtregionen leiten sich diese ab? Das folgende Kapitel gibt Antworten auf diese konzeptionellen Fragen und erläutert die argumentativen Zusammenhänge.

Ausgangsbedingungen für die vorliegende Arbeit

Folgende Beobachtungen und Annahmen sind wesentliche Ausgangspunkte der Arbeit (ausführlicher siehe Kap. II: Problembezüge und planungstheoretische Einordnung):

- Die Bedeutungszunahme der Freiraumentwicklung als ein *Aspekt einer nachhaltigen Stadt- und Regionalentwicklung* wird in zahlreichen Beschlüssen, Programmen und Plänen auf internationaler, Bundes- und Länderebene deutlich.[4] Gerade vor dem Hintergrund anhaltender Subur-

---

4   Beispielhaft seien Brundtland-Bericht, Beschlüsse von UN-Konferenzen zur nachhaltigen Siedlungsentwicklung, Planung und Bewirtschaftung der Bodenressourcen und zum nachhaltigen Wohn- und Siedlungswesen, Abschlussbericht der Bundestags-Enquete-Kommission „Schutz des Menschen und der Umwelt" 1998, Raumordnungsgesetz 1998 und Raumordnungsbericht 2000, Städtebaulicher Bericht 1996 des Bundes, Bodenschutz-

banisierung und wachsendem Siedlungsdruck und einem damit einhergehenden ständig ansteigendem Anteil an Siedlungs- und Verkehrsflächen gilt dem Verlust von Freiräumen besondere Beachtung. Betrachtet man die Entwicklung des Freiraumverbrauchs insbesondere in den Ballungsräumen in den letzten Jahrzehnten, so zeigt sich Freiraum als ein immer knapper werdendes Gut. Auf immer weniger Freiraum konzentrieren sich *die stetig wachsenden Raumnutzungsansprüche* der Gesellschaft.

- Die Diskussion um die „schrumpfende Stadt" ist derzeit vor allem in Ostdeutschland gekennzeichnet durch einen Trend des Bevölkerungsrückgangs und des zunehmenden Leerstands von Wohnungen, womit vor allem in den Innenstädten neue Herausforderungen für die Siedlungs- und Freiraumentwicklung entstehen. Auch in Westdeutschland wird spätestens ab 2015 mit ähnlichen Auswirkungen gerechnet. Diese Entwicklung wird jedoch voraussichtlich den *Trend der Suburbanisierung und den zunehmenden Flächenverbrauch* kaum bremsen.
- In Anbetracht der geschilderten Situation und Trends insbesondere auch im Stadt-Umland erhalten regionale Freiraumkonzepte besondere Beachtung. Dies belegen entsprechende Aktivitäten der 80er und 90er Jahre *in verschiedenen Verdichtungsräumen*: der GrünGürtel Frankfurt, Grüne Ringe in Hannover und Leipzig, Regionalparks in Brandenburg-Berlin, Landschaftsparks in der Region Stuttgart und am Niederrhein sowie regionale Grünzüge im Emscher Landschaftspark des Ruhrgebietes (vgl. Hüchtker, Selle, Sinning u.a. 2000; Selle 1999a; ARL 1997; Grub, Lejeune 1996; Bochnig, Selle 1992; vgl. Abb. 4).
- Das *etablierte Instrumentarium* stößt bei der Frage der Freiraumsicherung, -entwicklung und -In-Wert-Setzung an seine Grenzen. Regulative Planungsinstrumente, Finanzhilfen und Instrumente der Marktteilnahme *greifen nicht ausreichend*. Folglich stellt sich die Frage, wie eine wirkungsvollere Steuerung der Siedlungs- und Freiraumentwicklung aussehen bzw. wie den Vollzugsdefiziten entgegen getreten werden kann. In Wissenschaft und Praxis der Stadt- und Regionalentwicklung haben vor diesem Hintergrund eine kommunikative Planungsmethodik und ein projektorientierter Planungsansatz an Stellenwert gewonnen. Im Idealfall soll ein synergetisches *Zusammenspiel von etablierten und kommunikativen Instrumenten* erfolgen. Ausgangspunkt dafür ist unter anderem die steuerungstheoretische Debatte über die „Handlungsfähigkeit des Staates am Ende des 20. Jahrhunderts" (Scharpf 1992a). Danach verliert die hierarchische Steuerung des Staates in bestimmten Bereichen der staatlichen Aufgabenerfüllung an Bedeutung und es wird eine Steuerung gefordert, die auf Kooperation und Verhandlung zwischen staatlichen und privaten

---

gesetz, Pläne und Programme der Landesplanung etc. genannt (vgl. Selle 1999a und Abb. 16).

Akteuren baut (vgl. Fürst 1996). Gleichzeitig wird der Anspruch auf flächendeckende Steuerung zurückgedrängt und ein projektorientierter Ansatz sowie verstärkte Kommunikationsarbeit gewinnen an Bedeutung.

Auch in der regionalen Freiraumentwicklung ist zu beobachten, dass kommunikative Instrumente zum etablierten Instrumentarium hinzutreten. Dabei ist „die Bedeutung der informellen, z.T. erst in der Herausbildung befindlichen Instrumente für die Steuerung von Siedlungsentwicklung und Flächennutzung bislang nicht (bzw. wenig; d. Verf.) erforscht" (ARL 1999: 133). Diejenigen Erfahrungen, die mit dem Einsatz des kommunikativen Planungsinstrumentariums vorliegen, weisen auf eine Reihe von Potenzialen hin, die es für die regionale Freiraumentwicklung zu nutzen gilt, deuten aber auch Grenzen seiner Wirksamkeit an (vgl. Hüchtker et al. 2000).

Abb. 4: *Übersicht ausgewählter Projekte regionaler Freiraumentwicklung*

Nationale Projekte regionaler Freiraumentwicklung
- Emscher Landschaftspark und Regionale Grünzüge
- GrünGürtel Frankfurt und Regionalpark Rhein-Main
- Landschaftspark Region Stuttgart, Filderpark und Grüne Nachbarschaft
- Industrielles Gartenreich Dessau-Bitterfeld-Wittenberg
- Lausitz – IBA Fürst-Pückler-Land
- Regionalparks Brandenburg-Berlin
- Grüner Ring Leipzig
- Grüner Ring Hannover
- Landschaftspark NiederRhein
- Kölner Grün- und Freiflächensystem
- Grünes Band, Grenzstreifen Ost-Westdeutschland
- Münchner Grüngürtel

Internationale Projekte regionaler Freiraumentwicklung
- Nationalstadtpark „Ecoparken" Stockholm
- Waldpark-Schutzgürtel Moskau
- Green Belt London
- „Grünes Herz" der niederländischen Randstad
- Grüngürtel Wien (auch Wald- und Wiesengürtel)
- Limmatpark Zürich

Neben diesen Beobachtungen und Annahmen sei als Ausgangspunkt auf das Politikverständnis verwiesen, das der vorliegenden Arbeit zu Grunde liegt. Die Arbeit beruht auf einem Verständnis demokratischer Politik, die durch eine wechselseitige Verschränkung informeller und formeller Instrumente bzw. Steuerungsformen versucht, die Defizite beider Formen zu überwinden und mit ihrer Hilfe die gewünschten Steuerungseffekte zu erzielen. So entwickelte Benz (1996: 15) Überlegungen, um „der realen Mischform unseres modernen Staates" gerecht zu werden. Reale Demokratie besteht danach in einem komplexen Zusammenspiel verschiedener Kooperationsformen zwischen staatlichen und gesellschaftlichen Akteuren, die wiederum eingebettet sind in etablierte Institutionen und Verfahren der Demokratie. Bezüglich des Einsatzes kommunikativer Instrumente in der regionalen Freiraumpolitik heißt dies, dass sie als „ergänzende Arenen der Willensbildung und Konfliktaustragung" (Benz 1994a: 323) zu verstehen sind, welche die demokratischen Institutionen nicht ersetzen und auch keine politische Verantwortung usupieren können. Vielmehr geht es um die Entwicklung einer Gesamtstrategie, die verschiedene – kommunikative wie regulative etc. – Instrumente umfasst. (siehe Kap. II. 2.4 und V. 2.)

Thesen und Fragestellungen

Vor dem Hintergrund der beschriebenen Ausgangsbedingungen geht die Arbeit von folgenden Thesen aus:

1. Der strategische Einsatz kommunikativer Planungsinstrumente kann die Wirksamkeit der etablierten Instrumente im Hinblick auf eine auf Nachhaltigkeit, Effektivität und Umsetzungsorientierung gerichtete regionale Freiraumentwicklung in Verdichtungsräumen optimieren.
2. Die kommunikativen Instrumente übernehmen dazu bestimmte Leistungen bzw. bieten Potenziale für den Prozess der stadtregionalen Freiraumentwicklung, die sich durch spezifische Leistungen bzw. Teilpotenziale konkretisieren lassen. Zugleich stehen den Potenzialen Restriktionen entgegen, die die Wirkungsmöglichkeit kommunikativer Instrumente in der stadtregionalen Freiraumentwicklung einschränken.

Ähnlich wie das traditionelle Instrumentarium müssen sich kommunikative Instrumente in der stadtregionalen Freiraumentwicklung die kritische Frage nach ihrer Leistungsfähigkeit und Wirksamkeit stellen lassen. Aufbauend auf den genannten Beobachtungen und Annahmen sowie den obigen Thesen leiten sich die folgenden Fragen ab, die im Mittepunkt der vorliegenden Arbeit stehen (siehe auch Einführung zu Kap. III.):

- Welche Leistungsfähigkeit besitzen kommunikative Instrumente bei der Sicherung, Entwicklung und In-Wert-Setzung stadtregionaler Freiräume bzw. welche möglichen Leistungen erbringen sie bei ihrem Einsatz?
- Welche spezifischen Leistungen bzw. Teilpotenziale lassen sich konkretisieren, d.h. welchen unmittelbaren Mehrwert erbringt der Einsatz kommunikativer Instrumente für die Freiraumentwicklung in Stadtregionen?
- Welche hemmenden Faktoren bzw. Restriktionen stehen den Potenzialen, d.h. der möglichen Leistungsfähigkeit kommunikativer Instrumente, entgegen?

3. Methodik und Vorgehensweise

Die Forschungsarbeit bezieht entsprechend der unterschiedlichen Fragestellungen verschiedene Methoden der Sozialforschung ein. Der theoretische Grundlagenteil basiert auf einer Analyse der Sekundärliteratur, die Empirie beruht auf Fallstudienanalysen. Die dazu gewählte Methodik wird im Folgenden näher erläutert.

Theoretische Grundlagen: Sekundäranalyse

Der Abschnitt theoretische Grundlagen – Gegenstand der Untersuchung, planungstheoretische Einordnung und Untersuchungsrahmen – beruht auf einer umfassenden Analyse der Sekundärliteratur. Dafür wurden verschiedene Datenbanken, unter anderem FORS, RSWB und ORLIS ausgewertet. Des Weiteren ergaben Gespräche mit diversen Fachleuten weitere Hinweise auf aktuelle Untersuchungen und wissenschaftliche Auswertungen.

Abb. 5: *Iteratives Vorgehen zur Identifikation von Potenzialen und Restriktionen kommunikativer Instrumente*

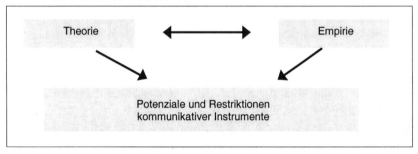

Ziel des Grundlagenteils ist es, die Arbeit in die aktuelle Diskussion über Freiraumpolitik in Stadtregionen und die Wirkungsweise kommunikativer Planungsinstrumente einzuordnen. Im Mittelpunkt steht die Frage, welche Leistungsfähigkeit und Grenzen bzw. welche Potenziale (und Teilpotenziale) sowie Restriktionen kommunikative Instrumente kennzeichnen. Diese deduktiv erschlossenen Potenziale und Restriktionen stellen den Untersuchungsrahmen dar und werden empirisch anhand von zwei Fallstudien überprüft und konkretisiert. Dabei wird ein iteratives Vorgehen gewählt (vgl. Abb. 5). Durch „hin und her pendeln" zwischen Theorie und Empirie, zwischen deduktiven und induktiven Erschließen, können die Potenziale und Restriktionen identifiziert und strukturiert sowie für die stadtregionale Freiraumpolitik eingeordnet werden.

Fallstudienanalyse

Die Fragestellung wird anhand von Einzelfallanalysen der beiden Beispiele stadtregionaler Freiraumentwicklung „Grüner Ring Leipzig" und „Landschaftspark NiederRhein" untersucht. Die Fallbeispiele weisen einige gemeinsame Merkmale auf (vgl. Abb. 6): Es handelt sich jeweils um Beispiele interkommunaler Zusammenarbeit in Stadtregionen (vgl. siedlungsstrukturelle Regionstypen aus den laufenden Raumbeobachtungen der BfLR 1996), zum einen in einer monozentrischen Großstadtregion und zum anderen in einer polyzentrischen Städtekooperation. Die gemeinsame Aufgabenstellung des Grünen Rings Leipzig und des Landschaftsparks NiederRhein ist die Förderung der regionalen Freiraumentwicklung, wobei eine problembezogene Zusammenarbeit der Akteure überwiegend bei Konsensthemen und nicht zur Konfliktbewältigung im Vordergrund steht.

Abb. 6: *Gemeinsamkeiten der ausgewählten Fallstudien stadtregionaler Freiraumentwicklung „Grüner Ring Leipzig" und „Landschaftspark NiederRhein"*

Gemeinsame Merkmale der Fallstudien

- Förderung stadtregionaler Freiraumentwicklung als Aufgabe
- Interkommunale Zusammenarbeit in Verdichtungsräumen
- Projektbezogene, freiwillige Kooperationen ohne rechtlich formalisierte Strukturen
- Vorherrschender kooperativer Steuerungsmodus
- Problembezogene Zusammenarbeit der Akteure, aber keine (vorrangige) Konfliktbearbeitung bzw. Konfliktlösung
- Einsatz verschiedener kommunikativer Instrumente im Kontext des Instrumenten-Mix

Bei beiden Beispielen handelt es sich um „projektbezogene" Kooperationen (vgl. ARL 1998b: 2). Die Projekte „Grüner Ring Leipzig" und „Landschaftspark NiederRhein" stellen keine klassischen Planungsverfahren dar, sondern sie bewegen sich außerhalb formaler Verfahren und institutionalisierter Kooperationsformen. Vielmehr handelt es sich um freiwillige Leistungen bzw. Entwicklungsaufgaben, welche die beteiligten Kommunen gemeinsam bearbeiten und dabei vielfältige kommunikative sowie weitere Instrumentarien nutzen. In beiden Fallregionen existiert für die Aufgabe der interkommunalen Freiraumentwicklung keine institutionalisierte Organisationsform (Zweckverband, Verein o. ä.), sondern es werden externe Dienstleister mit entsprechender Erfahrung hinzugezogen.

Die beiden Beispiele werden als qualitative Fallstudien dargestellt, welche die Fälle in den Besonderheiten ihrer jeweiligen Kontexte und ihrer Komplexität erfassen und beschreiben. Die Fallanalysen erfolgten über Primärerhebungen in Form von problemzentrierten (teilstrukturierten, offenen)

Interviews mit Vor-Ort-Akteuren aus den Sphären Staat und Kommunen (Verwaltung und Politik), Wirtschaft und Gesellschaft (Vereine, Verbände) (vgl. Witzel 1982; Interviewpartner: siehe Kap. VII.) sowie über Sekundärauswertungen. Die Interviews mit den Vor-Ort-Akteuren wurden transkribiert und hinsichtlich der im Untersuchungsrahmen genannten Potenziale und Restriktionen ausgewertet. Die Interviewpartner wurden jeweils aus den drei genannten Sphären aus vergleichbaren Institutionen bzw. Organisationen ausgewählt. Dabei ist der Verfasserin bewusst, dass die Interviews überwiegend eine Momentaufnahme abbilden und nur eingeschränkt eine Einschätzung im Hinblick auf den gesamten Prozessverlauf wiedergeben. Die Sekundärauswertungen bezogen sich auf verfügbare Fachliteratur, Akten, Konzepte und Pläne etc.

Die Beispiele dienen neben der induktiven Ableitung von Potenzialen und Restriktionen dazu, konkrete Praxisfälle der Freiraumpolitik und deren Einsatz kommunikativer Instrumente zu illustrieren. Dabei wird auf den Ergebnissen des Forschungsprojekts „Vom Umgang mit einem knappen Gut – Arbeits- und Organisationsformen für die Freiraum- und Siedlungsentwicklung" aufgebaut, an dem die Verfasserin im Zeitraum von 1996 bis 1999 mitarbeitete (vgl. Hüchtker et al. 2000; Hüchtker, Selle, Sinning u.a. 2000). Der letzte Stand der Angaben in den Fallstudien beruht auf gesonderten Recherchearbeiten und Interviews im Februar und März 2000.

4. Aufbau der Arbeit

Die vorliegende Arbeit ist in fünf Blöcke gegliedert: Einleitung, Problembezüge und planungstheoretische Einordnung, Untersuchungsrahmen, Fallstudien und Resümee (vgl. Abb. 7).

Einleitend gibt das erste Kapitel zunächst einen Überblick über den Gegenstand, die Ausgangsbedingungen und Methodik der Arbeit. Es erfolgt eine Klärung der wesentlichen Begriffe, die Gegenstand der Forschungsarbeit sind (Kap. I. 1.), eine Einordnung in welchem gesellschaftlichen und planungstheoretischen Kontext sich die Arbeit bewegt (Kap. I. 2.) sowie eine Erläuterung der Forschungsmethodik einschließlich der empirischen Grundlagen (Kap. I. 3.).

In Kapitel II. werden die wesentlichen Problembezüge dargestellt und der Gegenstand der Arbeit planungstheoretisch eingeordnet. Zu den Problembezügen gehört zum einen die Diskrepanz zwischen siedlungsräumlicher Expansion und dem Anforderungsprofil einer nachhaltigen Entwicklung, in der sich die stadtregionale Freiraumpolitik bewegt (Kap. II. 1.1). Zum anderen werden die Steuerungsdefizite der Freiraumpolitik thematisiert und die wesentlichen Instrumente der Freiraumentwicklung sowie Defizite und Restriktionen ihrer

Abb. 7: *Schematischer Aufbau der Arbeit*

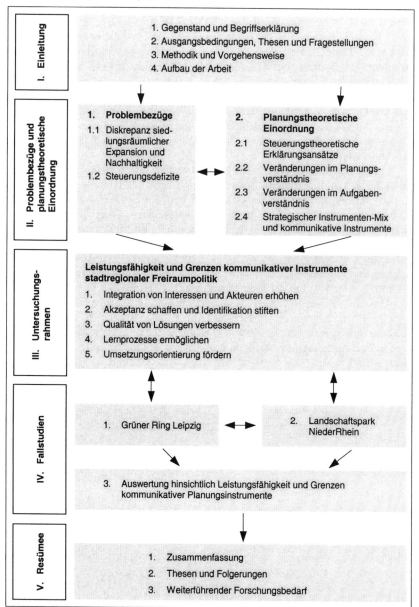

Wirksamkeit dargestellt (Kap. II. 1.2). Die planungstheoretische Einordnung umfasst steuerungstheoretische Erklärungsansätze zum Bedeutungsgewinn kommunikativer Planungsinstrumente (Kap. II. 2.1) sowie die Veränderungen, die sich daraus für das Planungs- und Aufgabenverständnis ergeben (Kap. II. 2.2 und 2.3). Abschließend werden die kommunikativen Planungsinstrumente in das strategische Instrumenten-Mix eingeordnet (Kap. II. 2.4).

Auf diesem theoretischen Grundlagenteil baut der Untersuchungsrahmen auf (Kap. III.). Dieser Analyserahmen befasst sich mit der Leistungsfähigkeit und den Grenzen kommunikativer Instrumente der Freiraumpolitik in Stadtregionen. Es werden fünf Potenziale identifiziert, welche anhand spezifischer Leistungen und Restriktionen kommunikativer Instrumente dargestellt und diskutiert werden.

Die in Kapitel IV. beschriebenen Fallstudien Grüner Ring Leipzig (Kap. IV. 1.) und Landschaftspark NiederRhein (Kap. IV. 2.) dienen dazu, die in Kapitel III. abgeleitete Leistungsfähigkeit und die Grenzen kommunikativer Instrumente einer Praxisrückkopplung zu unterziehen. Die Fallregionen werden in ihren wesentlichen Strukturen und mit dem Fokus auf den eingesetzten kommunikativen Planungsinstrumenten beschrieben. In der Auswertung der Fallstudien erfolgt eine systematische Interpretation der im Untersuchungsrahmen herausgearbeiteten Potenziale und Restriktionen kommunikativer Instrumente stadtregionaler Freiraumentwicklung (Kap. IV. 3.).

Das abschließende Kapitel resümiert die Ergebnisse in einer Zusammenfassung der vorangegangenen Kapitel (Kap. V. 1.) sowie in einer Zuspitzung in Form von Thesen und Folgerungen (Kap. V. 2.). Am Ende wird weiterführender Forschungsbedarf, der sich aus der Forschungsarbeit ergibt, skizziert (Kap. V. 3.).

II. Problembezüge und planungstheoretische Einordnung

Warum ist die stadtregionale Freiraumentwicklung eine zentrale Aufgabe nachhaltiger Stadt- und Regionalentwicklung und welche Anforderungen an eine nachhaltige Entwicklung zeigen sich? Wie stellt sich die aktuelle Situation der Freiraumentwicklung mit ihren wesentlichen Problemlagen dar? Welche Strategien und Konzepte zur Freiraumsicherung, Freiraumentwicklung und -In-Wert-Setzung gibt es und welche Steuerungswirkung haben sie? Diese und weitere Fragen leiten das erste Kapitel in diesem Abschnitt zu den Problembezügen stadt-regionaler Freiraumentwicklung zwischen Flächenverbrauch, nachhaltiger Entwicklung und Umsetzungsdefiziten.

Im zweiten Kapitel erfolgt eine planungstheoretische Einordnung des Untersuchungsgegenstands und es geht um die Fragen: Welche planungstheoretischen Erklärungsansätze zum Bedeutungsgewinn kommunikativer Planungsverfahren gibt es? Wie lassen sich Veränderungen im Planungsverständnis herleiten und kennzeichnen? Und welche Veränderungen im Aufgabenverständnis im Kontext aktueller Trends lassen sich benennen?

1. Problembezüge: Stadtregionale Freiraumpolitik im Kontext von Flächenverbrauch, nachhaltiger Entwicklung und Umsetzungsdefiziten

Freiraumpolitik in Stadtregionen ist kennzeichnet durch eine Vielzahl von Akteuren und Interessen, die Raumnutzungsansprüche an die in Stadt und Region verfügbaren Flächen stellen. Die dabei entstehenden Interessenkonflikte sind vielfältig und haben in den letzten Jahren zu einem stetigen Flächenverbrauch geführt. Im Leitbild der nachhaltigen Entwicklung wird die Anforderung formuliert, diesem Flächenverbrauch entgegen zu treten und dabei die verschiedenen Nutzungsansprüche in Einklang mit ökologischen, ökonomischen und sozio-kulturellen Belangen zu bringen. Es gilt Strategien zu entwickeln, die für zukünftige Generationen die Lebensqualität zumindest nicht verschlechtern.

Zwischen dem Leitbild einer nachhaltigen Entwicklung und dem kontinuierlich fortschreitenden Flächenverbrauch besteht eine deutliche Diskrepanz.

Bisherige Strategien und Konzepte haben jedoch immer wieder die Steuerungsdefizite der räumlichen Planung aufgezeigt. In dem nun folgenden Kapitel geht es darum, die wesentlichen Problembezüge der Freiraumpolitik in Stadtregionen aufzuzeigen. Flächenverbrauch, nachhaltige Entwicklung und Umsetzungsdefizite sind dabei die wichtigsten Schlagworte.

1.1 Freiraumpolitik zwischen siedlungsräumlicher Expansion und dem Anforderungsprofil einer nachhaltigen Entwicklung

Die Diskrepanz zwischen der siedlungsräumlichen Expansion auf der einen und den Anforderungen an eine nachhaltige Entwicklung auf der anderen Seite ist unübersehbar. Im Folgenden werden die Ausmaße und Auswirkungen des zunehmenden Flächen- bzw. Freiraumverbrauchs aufgezeigt und den Anforderungen einer nachhaltigen Entwicklung gegenüber gestellt.

1.1.1 Weitere Zunahme des Flächenverbrauchs

Kontinuierliches Wachstum der Siedlungs- und Verkehrsflächen

Die Problematik, dass Freiraum durch fortwährendes Siedlungswachstum und die Zunahme von Verkehrsflächen abnimmt, ist insbesondere in den Städten bereits seit mehr als 100 Jahren bekannt. Vor allem seit Mitte der siebziger Jahre rückte diese Thematik im Zuge der Umweltschutzdiskussion verstärkt in die öffentliche und politische Aufmerksamkeit (vgl. Tesdorpf 1984: 5f; Selle 1999b).

Das 1998 verabschiedete Bundesbodenschutzgesetz, das die nachhaltige Sicherung bzw. die Wiederherstellung der Funktionen des Bodens in den Mittelpunkt gerückt hat, und das Ziel eines sparsamen, schonenden Umgangs mit Grund und Boden im Raumordnungsgesetz (vgl. ROG 1998 § 2) unterstreichen die Bedeutung eines sparsamen und behutsamen Umgangs mit dem „knappen Gut Freiraum" (siehe auch Kap. II. 1.1.2). Kritisch betrachtet werden dabei insbesondere die Umwandlung von Freiflächen in Siedlungs- und Verkehrsflächen sowie die damit einhergehenden Beeinträchtigungen der Freiraumfunktionen, wie Bodenversiegelung, Auswirkungen auf das Stadtklima, den Wasserhaushalt, den Arten- und Biotopschutz und das Landschaftsbild (vgl. Abb. 8).

Daten belegen die konstante Zunahme der Flächen für Siedlungs- und Verkehrszwecke. In den vergangenen 40 Jahren hat in den alten Ländern fast eine Verdoppelung der Siedlungsfläche stattgefunden. Die längerfristige Entwicklung lässt einen konstanten, von der Bevölkerungsentwicklung weitgehend abgekoppelten Trend zu weiterer Siedlungsentwicklung erwarten. Auslöser ist zum einen der ungebrochene Wunsch, dass insbesondere junge Familien mit Kindern in Einfamilienhäuser im Grünen wohnen wollen.

Abb. 8: *Auswirkungen des Freiraumverbrauchs und beispielhafte Ursachen*

Merkmale	Beispielhafte Ursachen
Bodenversiegelung	durch bauliche Inanspruchnahme für Wohnen, Arbeiten, Verkehr;
Bodenverunreinigung	durch Ablagerung von Abfällen oder Abraum, Chemisierung des Bodens durch Industrie, Verkehr und Landwirtschaft, Altlasten;
Zerstörung von Biotopen und Reduzierung der Artenvielfalt gewachsener Ökosysteme	durch Besiedelung und Verkehrsbänder, Rodung von Wald, Trockenlegung von Feuchtgebieten, Campingplätze und Wochenendhausgebiete, Abgrabungen;
Klimabeeinträchtigung	durch Verlust von Kaltluftentstehungsgebieten und Frischluftschneisen infolge Bebauung, Behinderung von Luftaustausch und Temperaturausgleich durch Hochbauten, Bildung von Wärmeinseln, Luftbelastungen aus Industrie, Wohnsiedlungen und Verkehr;
Durchschneidung und Verinselung von Lebensräumen für Fauna und Flora Entwertung von Landschaftserlebnis und Naturgenuss	durch Autostraßen, Bahnlinien, Hochspannungsleitungen und Kanalsysteme mit ihren Zerstörungs- und Trennungseffekten, Begradigung und Betonierung von Wasserläufen;
Entwertung von Landschaftserlebnis und Naturgenuss	durch ausufernde Streubebauung und Auslagerung störender Anlagen in den Außenbereich, Verkehrsbänder mit Lärm und Abgasen, Reduzierung naturnaher Landschaftsbestandteile durch Erholungs- und Freizeitbetriebe.

Quelle: vgl. Ritter 1995: 316

Zum anderen nimmt auch weiterhin die Wohnfläche pro Kopf zu, was als Indikator steigenden Wohlstands zu interpretieren ist. Insbesondere in den Ballungsräumen schreitet der Freiraumverbrauch unaufhaltsam voran. So beträgt der Anteil der Siedlungs- und Verkehrsfläche (Flächen für Wohnen und Arbeiten, Mobilität, innerörtliche Erholung und Freizeit) gegenwärtig etwa zwölf Prozent bezogen auf die Gesamtfläche der Bundesrepublik Deutschland und mehr als 50 % des Stadtgebietes in den Kernstädten der Agglomerationsräume (vgl. BBR 2000: 35).

Abb. 9: *Entwicklung von Siedlungsfläche, Bevölkerung und Erwerbstätigen 1960 bis 1997*

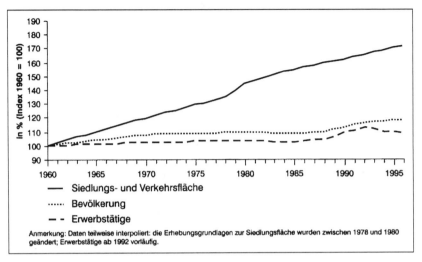

Quelle: BBR 2000: 37

Der anhaltende, flächenzehrende Suburbanisierungsprozess trägt dazu maßgeblich bei. Nach der Deutschen Einheit ist das Problem der Suburbanisierung, das in Westdeutschland bereits seit den 60er Jahren diskutiert wird, trotz umfangreicher Potenziale an baureifen innerstädtischen Brachflächen noch verschärft worden. Allerdings ist die Siedlungsfläche in den alten Ländern mit 13,3 % gegenüber 8,4 % in den neuen Ländern (noch) deutlich höher (vgl. BBR 2000).

Eine weitere Ursache für den fortschreitenden Freiraumverbrauch besteht darin, dass sich auf immer weniger Freiraum stetig wachsende Raumnutzungsansprüche der Gesellschaft konzentrieren.

„Eine ‚Trendwende beim Landschaftsverbrauch', wie sie die Bundesregierung bereits Mitte der 80er einforderte, ist auch in den 90er Jahren nicht eingetreten. Im Gegenteil, der Freiraumverlust schreitet auf hohem Niveau fort und hat sich in einigen Regionen sogar noch beschleunigt" (Einig, Siedentop 2000: 14). Die Ergebnisse der Flächenerhebung 1997 belegen zudem, dass auch keinerlei Trendwende zu erwarten ist (vgl. Statistisches Bundesamt 1998; Dosch, Beckmann 1999). Vielmehr prognostizierte die BfLR (1995) bis zum Jahr 2010 ein nicht unerhebliches Wachstum an Siedlungs- und Verkehrsflächen.

Abb. 10: *Entwicklung der Siedlungs- und Verkehrsflächen 1993 bis 1997 in verschiedenen Raumkategorien*

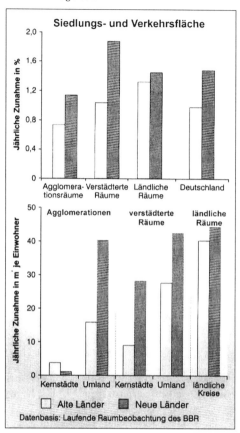

Quelle: BBR 2000: 39

Anhaltende Suburbanisierung trotz „schrumpfender Stadt"

Suburbanisierungsprozesse prägen in Westdeutschland seit den 60er Jahren und in Ostdeutschland seit den 90er Jahren die Entwicklung der Stadtregionen. Ursache für die Suburbanisierung ist „ein Mangel an baureifem Bauland in den Agglomerationen verbunden mit hohen Baulandpreisen einerseits und hoher Baulandverfügbarkeit, geringeren Baulandpreisen und guten Erreichbarkeiten im Umland" (BBR 2000: 39; vgl. Aring 1999). Boden- bzw. Baulandpreise spielen bei der Siedlungsentwicklung eine wichtige und zum Teil ambivalente Rolle. Auf der einen Seite verlagern hohe Bodenpreise die Siedlungstätigkeit auf regionalplanerisch zum Teil unerwünschte Bereiche im Umland von Städten und bewirken eine soziale Entmischung zwischen mehr und weniger wohlhabenden Bevölkerungsanteilen. Auf der anderen Seite hat der Bodenpreis direkten Einfluss auf den sparsamen Umgang mit Fläche. Mit zunehmender Dichte steigen die Bodenpreise und die Grundstücke werden kleiner – zumindest bezogen auf den flächenaufwendigen Ein- und Zweifamilienhausbau. [5]

Abb. 11: *Verstädterung in Stadtregionen – Verlagerung der Siedlungsentwicklung in das Umland*

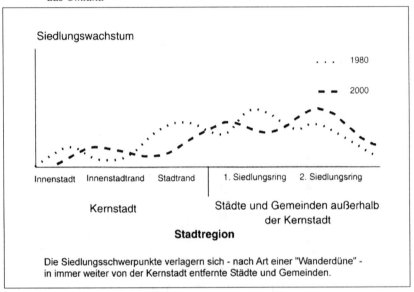

Quelle: BMBau 1996: 42

Auch in den nächsten Jahren wird die siedlungsräumliche Expansion weiterhin und vornehmlich im Umland von Städten stattfinden. Die zumeist ländlich geprägten Umlandräume verändern sich zunehmend in ‚zwischenstadtähnli-

---

[5] „Die Stadtregionen wachsen; sie wachsen aber nicht im Kern, sondern an den Rändern. Die damit verbundene Siedlungstätigkeit schafft zusätzliche städtebauliche und ökologische Probleme und verschärft im Verhältnis Stadt/Umland die bereits jetzt großen Belastungen durch die Pendlerverkehre. Damit verbunden sind aber auch sozialstrukturelle und finanzielle Fehlentwicklungen. So werden preiswerte Wohnungen für breite Schichten der Bevölkerung in den Innenstädten zunehmend durch teure Komfortwohnungen verdrängt; andere städtische Gebiete sinken dagegen zu Quartieren für Sozialschwache und Minderheiten ab. Eigentumsbildung für Mittelschichten findet deshalb vorwiegend im Umland der Städte statt" (Kiepe 1996: 307).

che' Stadtlandschaften (vgl. Sieverts 1997) und es ist zu fragen, wohin die ‚Verstädterung' der Landschaft und die ‚Verlandschaftung' der Städte zukünftig führen wird (vgl. Kühn 2001 und Kap. II. 2.3).

Beachtenswert sind neben diesem Trend der anhaltenden Siedlungsflächenzunahme insbesondere im Stadtumland zwei aktuelle Zukunftsprognosen, nach denen es zu deutlichen Veränderungen in der demographischen Entwicklung und im Wohnungsmarkt kommen wird und die teilweise einander bedingen:

Abb. 12: *Bevölkerungsrückgang in Deutschland bis 2050*

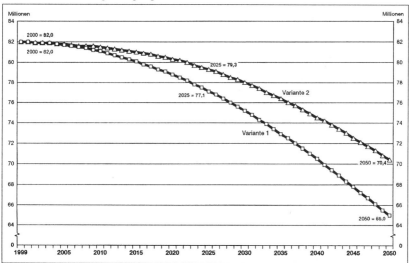

Quelle: Statistisches Bundesamt 2000: 19; Variante 1 = langfristiger Zuwanderungssaldo 100.000 Personen im Jahr; Variante 2 = 200.000 Personen im Jahr

- *Demographische Entwicklung: Bevölkerungsrückgang und -alterung*

Für die Zukunft wird Deutschland eine nicht unerhebliche Abnahme der Bevölkerung prognostiziert. Die Ergebnisse der 9. koordinierten Bevölkerungsvorausberechnung des Bundes und der Länder zur Bevölkerungsentwicklung bis 2050 zeigen einen Rückgang der Bevölkerung von 82 Millionen Einwohnerinnen und Einwohnern auf 65 bis 70 Millionen (vgl. Statistisches Bundesamt 2000; Abb. 12). Wesentlicher Grund dieser Bevölkerungsabnahme ist der Rückgang der Geburtenzahlen. Dadurch kommt es zu einer Verschiebung des zahlenmäßigen Verhältnisses zwischen älteren und jüngeren Menschen. Bei einer nahezu gleichen Bevölkerungszahl von 69 Millionen im Jahr 1950 und 70 Millionen im Jahr 2050 wird sich der Altersaufbau innerhalb dieses Jahrhunderts umkehren: Waren 1950 etwa doppelt so viel Menschen unter 20 Jahre wie über 60 Jahre alt, so wird es 2050 mehr als doppelt so viele ältere (über 60-jährige) als junge Menschen (unter 20-jährige) geben (vgl. Abb. 12). Im Trend des Bevölkerungsrückgangs wurde dabei bereits ein langfristiger jährlicher Wanderungsgewinn von 100.000 bis 200.000 Personen (Deutsche und Ausländer) berücksichtigt (vgl. ebd.: 13f).

- *Entwicklung des Wohnungsmarkts – Leerstände in den Kernstädten und Eigenheimbau im weiteren Umland*

Der Trend, dass die Anzahl leerstehender Wohnungen steigt und der derzeit in Ostdeutschland zu beobachten ist, wird laut Prognosen spätestens ab 2015 im großen Stil auch auf den Westen übergreifen (vgl. Keim 2001). Bereits heute stehen in Ostdeutschland rund eine Millionen Wohnungen leer, was rund 13 % des Bestandes entspricht (vgl. BBR 2001). Betroffen sind vor allem der Altbaubestand in den Innenstädten und die Plattenbausiedlungen.

Neben niedrigen Geburtenraten werden für diesen Trend die hohen Abwanderungen aus den Kernstädten in das Umland und transregionale Wanderungsüberschüsse zu Gunsten der westdeutschen Länder auf Grund der bestehenden ökonomischen Disparitäten (insbesondere unzureichender Erwerbsmöglichkeiten) verantwortlich gemacht.

Abb. 13: *Altersaufbau der Bevölkerung in Deutschland 1950 und 2050*

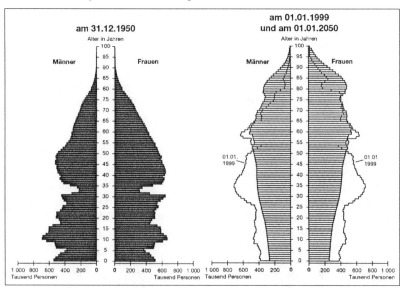

Quelle: Statistisches Bundesamt 2000: 14

Die hohen Abwanderungen lassen sich durch das in ausreichendem Maße zur Verfügung stehende Bauland, preiswert angebotene Einfamilienhäuser und den ungebrochenen Wunsch nach einem Eigenheim im Grünen, statt einer Wohnung im Geschosswohnungsbau begründen.

Im Kontext dieser Trends stellt sich die Frage, welche Bedeutung die Freiraumentwicklung hat und welche Herausforderungen sich ihr stellen? Mit den Schlagworten „Verstädterung der Landschaft" und „Verlandschaftung der Städte" sind zwei wesentliche Anknüpfpunkte plakativ benannt. Gemeint ist das gegenseitige Durchdringen von Siedlung und Freiraum, das ineinander Übergehen von Stadt und Landschaft, das Sieverts (1997) mit dem Modell der „Zwischenstadt" bezeichnet hat (siehe Kap. II. 2.3.2). Erste Strategien lassen sich zur Zeit nur andeuten. In den Städten werden mit der Entleerung von Wohnungen und dem Abriss von Häusern freie Flächen entstehen, die eine Nachnutzung benötigen. Hier besteht die Anforderung, neue Freiraumqualitäten zu schaffen und damit die Lebensqualitäten in den Städten zu erhöhen. „Wohnen im Grünen mitten in der Stadt" wird als eine mögliche Strategie gesehen, die – soll sie für breite Bevölkerungskreise gelten und eine echte Alternative zum „eigenen Haus mit Garten am Rande der Stadt" sein – mit günstigeren Bodenpreisen einhergehen muss. Das planerische Leitbild der „kompakten Stadt", das „System der Zentralen Orte" und das „Vorrangprinzip der Innenentwicklung" wiedersprechen dieser Strategie jedoch. Folglich stellt sich die Frage nach neuen Leitbildern für die Siedlungs- und Freiraumentwicklung in Stadt und Region, die – vor dem Hintergrund des Anforderungsprofils der Nachhaltigkeit – Antworten auf die beschriebenen Trends geben können (vgl. Difu 2001).

1.1.2 Anforderungen einer nachhaltigen Entwicklung an die Freiraumpolitik

Die skizzierten Trends im Zusammenhang mit dem stetig steigenden Flächenverbrauch stehen im Spannungsverhältnis zu den Anforderungen einer nachhaltigen Entwicklung. Das Leitbild der Nachhaltigkeit greift das Thema Freiraumentwicklung bzw. einen schonenden und sparsamen Umgang mit der Ressource Boden als zentrales Anliegen auf. Das Kapitel „Anforderungen einer nachhaltigen Entwicklung an die Freiraumpolitik" gibt einen Einblick, was in dieser Arbeit unter dem Leitbild der Nachhaltigkeit verstanden wird und benennt Verknüpfungen zur Freiraumentwicklung.

Leitbild einer nachhaltigen Entwicklung

Seit der Veröffentlichung des „Brundtland-Berichts der Weltkommission für Umwelt und Entwicklung (WCED)" 1987 und der „Agenda 21" der Konferenz der Vereinten Nationen für Umwelt und Entwicklung (UNCED) in Rio de Janeiro 1992 ist die nachhaltige Entwicklung (Sustainable Development) zu einem zentralen Leitbild der Raumordnungs- und Umweltpolitik geworden. Mit der Agenda 21, die in 40 Kapiteln alle wesentlichen Politikbereiche einer nachhaltigen Entwicklung beinhaltet, haben mehr als 170 Staaten ein Aktionsprogramm für das 21. Jahrhundert verabschiedet. „In der Agenda 21 werden die dringlichsten Fragen von heute angesprochen, während gleichzeitig versucht wird, die Welt auf die Herausforderungen des nächsten Jahrhunderts vorzubereiten. Die Agenda 21 ist Ausdruck eines globalen Konsenses und einer politischen Verpflichtung auf höchster Ebene zur Zusammenarbeit im Bereich von Entwicklung und Umwelt. Ihre erfolgreiche Umsetzung ist in erster Linie Aufgabe der Regierungen. Eine entscheidende Voraussetzung dafür sind politische Konzepte, Pläne, Leitsätze und Prozesse auf nationaler Ebene" (BMU 1997: 9).

Abb. 14: *Zieldreieck der nachhaltigen Entwicklung*

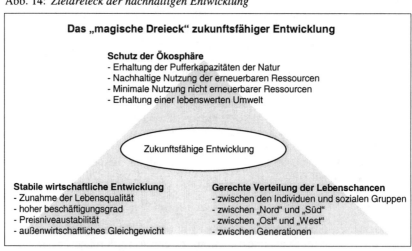

Quelle: nach Selle 1999a: A28; nach Simonis 1996

In der Folge starteten zahlreiche Aktivitäten zur Umsetzung der Agenda 21 bzw. des Leitbilds der Nachhaltigkeit auf Bundes-, Landes- und kommunaler Ebene (vgl. Abb. 15). So wurde 1994 beispielsweise die Charta der Europäischen Städte und Gemeinden auf dem Weg zur Zukunftsbeständigkeit (Charta von Aalborg bzw. Charta of European Cities & Towns Towards Sustainability) von europäischen Städten und Gemeinden, Vertretern internationaler Organisationen, nationaler Regierungen, wissenschaftlicher Institute, Beratern und von Einzelpersonen verabschiedet. Sie zielt auf die lokale Umsetzung von Prinzipien der Nachhaltigkeit und umfasst Ziele, Grundsätze und kommunale Handlungsprogramme für die Realisierung von Zukunftsfähigkeit. Einige Grundsätze der Nachhaltigkeit fasst die Charta von Aalborg wie folgt zusammen:

„Zukunftsbeständigkeit hat eine soziale, eine ökonomische und eine ökologische Komponente:

- Zukunftsbeständigkeit des Gemeinwesens: Konsens über Grundwerte, gesunde Lebensbedingungen und Verteilungsgerechtigkeit zwischen den derzeit lebenden Menschen und zwischen den Generationen. (...)
- Zukunftsbeständigkeit des Wirtschaftssystems: Stützung auf menschliche Arbeit und erneuerbare Ressourcen statt auf Verbrauch nicht erneuerbarer Ressourcen; Ökonomie mit niedriger Entropie. (...)
- Ökologische Zukunftsbeständigkeit: Erhalt der Artenvielfalt, der menschlichen Gesundheit sowie der Sicherung von Luft-, Wasser- und Bodenqualitäten, die ausreichen, um das Wohlergehen der Menschen sowie das Tier- und Pflanzenleben für alle Zukunft zu sichern" (Europäische Kampagne zukunftsbeständiger Städte und Gemeinden 1994).

Damit sind die wesentlichen Zieldimensionen nachhaltiger Entwicklung genannt. Es geht um die Vereinbarung von ökologischen, ökonomischen und sozialen Zielsetzungen. Der unter dem Aspekt der Zukunftsbeständigkeit des Gemeinwesens angesprochene Grundsatz, dass der normative Gerechtigkeitsanspruch über die heute lebenden Generationen hinaus auf zukünftige Generationen ausgeweitet wird, ist von besonderer Bedeutung. An diesem Maßstab müssen sich Strategien und Maßnahmen für eine nachhaltige Entwicklung messen lassen.

Freiraumentwicklung: Wesentliches Handlungsfeld einer nachhaltigen Entwicklung

Freiraumentwicklung ist ein wesentliches Element nachhaltiger Stadt- und Regionalentwicklung, denn eine zentrale Zielsetzung der Agenda 21 ist eine zukunftsfähige Bodenpolitik. Sowohl im Kapitel „Förderung einer nachhaltigen Siedlungsentwicklung" als auch im Kapitel „Integrierter Ansatz für die Planung und Bewirtschaftung der Bodenressourcen" der Agenda wird dies deutlich (vgl. BMU 1997). In vielfältigen Berichten, Programmen und Gesetzen auf internationaler, nationaler, regionaler und kommunaler Ebene (vgl. Abb. 15; vgl. Selle 1999a), z.B. in Berichten der Europäischen Kommission, im Raumordnungsgesetz (ROG) 1998[6], in den Raumordnungsberichten von

---

6   Im ROG ist die nachhaltige Raumentwicklung als zentrale Leitvorstellung der Raumordnung verankert (§ 2 ROG). „Mit der Normierung der Leitvorstellung einer nachhaltigen Raumentwicklung, welche die sozialen und wirtschaftlichen Ansprüche an den Raum mit seinen ökologischen Funktionen in Einklang bringt und zu einer dauerhaften, großräumig ausgewogenen Ordnung führt, wird die Raumordnung in ihrer Aufgabenwahrnehmung einer zukunftsfähigen Handlungsmaxime unterworfen, die unter anderem auf den Schutz und die Entwicklung der natürlichen Lebensgrundlagen sowie das langfristige Offenhalten von Gestaltungsmöglichkeiten der Raumnutzung ausgerichtet ist" (ARL 1999: 133).

Abb. 15: *Beispielhafte Übersicht von Plänen, Programmen, Gesetzen und Projekten mit Bezug zur nachhaltigen Freiraumentwicklung*

Nachhaltige Freiraumentwicklung: Übersicht zu Plänen, Programmen, Gesetzen und Projekten
International   Brundtland-Bericht 1987   UN-Konferenz Rio de Janeiro 1992: Agenda 21   Charta von Aalborg 1994   European Commission: European sustainable cities 1996   UN-Konferenz Instanbul 1996: Habitat II Nachhaltiges Wohn- und Siedlungswesen   UN-Konferenz Berlin 2000: Urban 21
National   Raumordnungsberichte 1982-2000   Bericht der Kommission Zukunft Stadt 2000, 1993   Städtebaulicher Bericht Nachhaltige Stadtentwicklung 1996   Nationalbericht für Habitat II 1996   Raumordnungsgesetz 1998   Bodenschutzgesetz 1998
Bundesländer   z.B. Nordrhein-Westfalen   Freiraumbericht von 1984   Landesentwicklungsbericht 1988-1994   z.B. Niedersachsen   Umweltbericht 1992   Landesraumordnungsprogramm 1994
Konzepte und Projekte   **...regional**   Emscher Landschaftspark   Regionalpark Rhein-Main   Landschaftspark Mittlerer Neckar, Filderpark und Grüne Nachbarschaft   Industrielles Gartenreich Dessau-Bitterfeld-Wittenberg   Lausitz – IBA Fürst-Pückler-Land   **...kommunal/stadtregional**   Frankfurt: GrünGürtel   Hamburg: Schwerpunkt flächenschonende Stadtentwicklung   Hannover: Stadt und Region als Garten und Grüner Ring   München: Freiraumentwicklung   Leipzig: Grüner Ring

Quelle: verändert nach: Selle 1999a

1993 und 2000 sowie dem Städtebaulichen Bericht 1996 findet sich das Leitbild einer nachhaltigen Entwicklung mit Bezügen zur Freiraumentwicklung wieder. Im Raumordnungsbericht heißt es: „Leitbild bei der Erfüllung der raumordnerischen Aufgaben soll die nachhaltige Raumentwicklung sein. Sie soll soziale und wirtschaftliche Ansprüche an den Raum mit seinen ökologischen Funktionen in Einklang bringen und zu einer dauerhaften, großräumig ausgewogenen Ordnung führen" (BBR 2000: 199f). Der Städtebauliche Bericht 1996 mit dem Titel „Nachhaltige Stadtentwicklung – Herausforderungen an einen ressourcenschonenden und umweltverträglichen Städtebau" greift den sparsamen und schonenden Umgang mit der Ressource Boden auf: „Tatsache ist, dass Boden eine der knappsten natürlichen Ressourcen in der Stadt und Stadtregion ist und deshalb für die Überlegungen zu einer nachhaltigen Siedlungs- und Stadtentwicklung von großer Bedeutung ist. Vorrangig geht es dabei um den quantitativen Aspekt der Flächeninanspruchnahme für Siedlungs- und Verkehrszwecke, das heißt eine flächensparende Siedlungsentwicklung und Bodenpolitik" (BfLR 1996: 68). Neben dem quantitativen Freiraumschutz werden der Erhalt zusammenhängender, genügend großer und damit funktionsfähiger Freiräume (struktureller Freiraumschutz) sowie die Verbesserung und Entwicklung von Freiraumfunktionen bzw. die In-Wert-Setzung von Freiraum (qualitativer Freiraumschutz) betont.

Auch in konkreten Projekten der Freiraumentwicklung auf regionaler und lokaler Ebene hat sich dieses integrierte und mehr-dimensionale Verständnis verankert. So beschreibt Ermer (1998: 17) anhand der Projekte zur Freiraumentwicklung des Regionalparks Brandenburg-Berlin: „Neben der Sicherung und Entwicklung der Landschaft gelten die Regionalparks aber besonders als Entwicklungsraum für umfassende und nachhaltige regionale Strategien. Mit dem Parkbegriff wird einerseits der freiraumgestalterische Anspruch, andererseits die freizeit- und erholungsorientierte Zielsetzung betont. Er umfasst ebenso die zukunftsfähige Siedlungsentwicklung und die Förderung der Attraktivität von Wohn- und Arbeitsstandorten sowie der kulturellen Besonderheiten."

Im Mittelpunkt steht also das „magische Dreieck der nachhaltigen Entwicklung", wonach die wirtschaftlichen, ökologischen und sozio-kulturellen Zieldimensionen im Zusammenhang zu betrachten sind (vgl. Abb. 16). Wie lassen sich diese Zieldimensionen für die stadtregionale Freiraumentwicklung operationalisieren? Die Ziele der ökologischen Dimension bedeuten beispielsweise, die Flächeninanspruchnahme zu minimieren und Freiraum in einem zusammenhängenden System zu erhalten, damit ein Beitrag zum Schutz der ökologischen und siedlungsklimatischen Funktionen des Freiraumes in Verdichtungsräumen erfolgt. Die soziale Dimension zielt unter anderem auf ein angemessenes Angebot an freiraumbezogenen Freizeit- und Erholungsmöglichkeiten.

Eine gute Erreichbarkeit entsprechender Freiräume von allen Wohnungen bzw. Siedlungen aus und damit eine Versorgung mit wohnungsnahen, freiraumbezogenen Erholungsmöglichkeiten sollen gewährleistet werden. Hinsichtlich der ökonomischen Funktion spielt die ausreichende Verfügbarkeit und ästhetische, ökologische sowie soziale Qualität von Freiraum eine wichtige Rolle für die Standortauswahl von Gewerbe- und Wohnansiedelung. Mangelnde quantitative und qualitative Freiraumversorgung kann somit zu einem Engpassfaktor für weitere wirtschaftliche Entwicklungen werden.

Abb. 16: *Drei Dimensionen nachhaltiger Entwicklung, erläutert am Handlungsfeld Wohnen*

Ökonomische Dimension
- Minimierung der Lebenszykluskosten von Gebäuden (Erstellung; Betrieb, Instandhaltung, Rückbau, Recycling etc.
- relative Verbilligung von Umbau- und Erhaltungsinvestition im Vergleich zum Neubau
- Optimierung der Aufwendungen für technische und soziale Infrastruktur
- Verringerung des Subventionsaufwandes

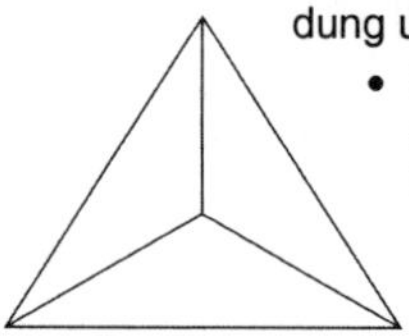

Soziale Dimension
- Sicherung bedarfgerechten Wohnraums nach Alter und Haushaltsgröße; erträgliche Ausgaben für Wohnen auch für Gruppen geringeren Einkommens im Sinne eines angemessenen Anteils des Haushaltseinkommens
- Schaffung eines geeigneten Wohnumfeldes, soziale Integration, Vermeidung von Ghettos
- Vernetzung von Arbeiten, Wohnen und Freizeit in der Siedlungsstruktur
- Gesundes Wohnen innerhalb wie außerhalb der Wohnung
- Erhöhung der Wohneigentumsquote unter Entkopplung von Eigentumsbildung und Flächenverbrauch
- Schaffung, bzw. Sicherung von Arbeitsplätzen im Bau- und Wohnungsbereich

Ökologische Dimension
- Reduzierung des Flächenverbrauchs
- Beendigung der Zersiedelung der Landschaft
- Geringhaltung zusätzlicher Bodenversiegelung und Ausschöpfung von Entsiegelungspotenzialen
- Orientierung der Stoffströme im Baubereich an den Zielen der Ressourcenschonung
- Vermeidung der Verwendung und des Eintrags von Schadstoffen in Gebäude bei Neubau, Umbau und Nutzung; Beachtung dieser Prinzipien bei der Schließung des Stoffkreislaufs bei Baumaterialien
- Verringerung der Kohlendioxid-Emissionen der Gebäude im Sinne des Beschlusses der Bundesregierung zur 25%-igen Reduktion insgesamt bis zum Jahr 2005

Quelle: Enquete-Kommission „Schutz des Menschen und der Umwelt" 1998: 127

Abb. 17: *Übersicht politikfeldübergreifender städtebaulicher Strategien zur nachhaltigen Entwicklung*

21 städtebauliche Strategien zur nachhaltigen Entwicklung
Haushälterisches Bodenmanagement • Reduzierung des Zuwachses an bebauter Siedlungsfläche • Wiedernutzung von städtebaulichen Brachen und leerstehenden Gebäuden • Optimale Nutzung städtebaulicher Dichte • Erhaltung und Vernetzung klimawirksamer Freiflächen • Reduzierung der Bodenversiegelung
Vorsorgender Umweltschutz • Energieeinsparung und Ausweitung des Anteils regenerativer Energien • Minderung der Luftschadstoffe und der Treibhausgase • Schutz und Pflege des Grundwassers und lokaler Wasservorkommen • Stärkung von Stoffkreisläufen und Reduzierung des Restmüllaufkommens
Stadtverträgliche Mobilitätssteuerung • Anbindung von Wohngebieten und Arbeitsstätten an den ÖPNV • Reduzierung des Flächenbedarfs des motorisierten Individualverkehrs • Ausbau des Fahrradwegenetzes • Erhöhung der Aufenthaltsqualität für Fußgänger
Sozialverantwortliche Wohnungsversorgung • Ressourcenschonender, kostenreduzierter Wohnungsbau • Versorgung von Wohnungssuchenden mit besonderem Wohnbedarf • Förderung nachbarschaftlicher Selbsthilfe • Sicherung wohnungsnaher Grundversorgung
Standortsichernde Wirtschaftsförderung • Sicherung innerstädtischer Wirtschaftsstandorte • Schaffung wohngebietsverträglicher Arbeitsplätze • Stärkung und Entwicklung innerstädtischer Zentren • Gezielte Standortförderung für umweltschonende Betriebe

Quelle: BBR 1999b

Aus der Nachhaltigkeitsdiskussion ergeben sich Veränderungen im Aufgabenverständnis der Freiraumentwicklung. Dies betrifft sowohl die Einordnung der Freiraumentwicklung in die ökologischen, wirtschaftlichen und soziokulturellen Aspekte der Stadt- und Regionalentwicklung bzw. in die jeweiligen, bislang getrennten Politikfelder als auch die Berücksichtigung ökologischer, sozio-kultureller und ökonomischer Belange beim Umgang mit Freiräumen. Der Nachhaltigkeitsdiskurs trägt zu einer Steigerung der „äußeren und inneren Komplexität" der Freiraumpolitik bei (siehe Kap. II. 2.3).

Inzwischen sind eine Reihe von Zielen, Strategien und Maßnahmen der Freiraumentwicklung im Zusammenhang mit dem Leitbild der Nachhaltigkeit aufgestellt worden. Sie reichen von der Reduzierung der Freirauminanspruchnahme für Siedlungsentwicklung durch verstärkte Innenentwicklung und räumliche Konzentration der Siedlungsentwicklung bis hin zu effektiven Mobilitätssystemen (vgl. Apel et al. 2001; Abb. 17).

Betont wird dabei immer wieder, dass die Strategien und Maßnahmen in verschiedenen Politikbereichen ansetzen müssen, um eine effektive und der Nachhaltigkeit gerecht werdende Wirkung zu erzielen. Dies unterstreicht ein vom Umweltbundesamt herausgegebener Bericht, denn wesentliche Ursachen für den fortschreitenden Freiraumverbrauch wird in Rahmenbedingungen, die durch die Politik gestaltet wurden, gesehen: „Dazu gehören eine Wirtschaftspolitik und regionale Strukturpolitik, die das Bauen auf der grünen Wiese gegenüber Ansiedlungen auf innerstädtischen Brachen begünstigt, eine Wohnungspolitik, die auch unökologische, flächenaufwendige Bauweisen fördert, eine Verkehrs- und Steuerpolitik, die umweltbelastende und flächenverbrauchende Mobilität fördert" (Apel et al. 2001: 25).

Zentrale Bedeutung im Hinblick auf eine nachhaltige Siedlungsentwicklung wird der Reduzierung des Flächenverbrauchs beigemessen. Die Enquete-Kommission „Schutz des Menschen und der Umwelt" förderte, die Zunahme der Siedlungs- und Verkehrsflächen bis 2010 auf zehn Prozent der Rate von 1997 zu verringern (vgl. Enquete-Kommission 1998). BUND und Miserior fordern gar ein Nullwachstum bis zum Jahre 2010 (BUND, Miserior 1996: 76). Das Bundesumweltministerium folgte der Empfehlung insofern, dass es die Flächeninanspruchnahme vom Wirtschaftswachstum entkoppeln will. Als Zielsetzung gelten jedoch 30 ha pro Tag bis 2020, was etwa einer Zielgröße von 25 % entspricht.[7]

Mit Hilfe von Indikatorensystemen für die Agenda 21 sollen zudem in Städten, Gemeinden und Regionen eine Messung und Bewertung sowie in der Folge ein Monitoring der Ist-Situation erfolgen, um daraus spezifische Maßnahmen zur Optimierung der Stadt- und Regionalentwicklungsprozesse zu ermöglichen.[8] Inzwischen liegen zahlreiche Publikationen und Papiere zu Nachhaltigkeitsindikatoren vor (zum Überblick der Ansätze vgl. Libbe 1999 und Birkmann 1999; zur Regionalplanung vgl. ARL 2000a). Das Umweltbundesamt hat in einem Bericht aufbauend auf umfangreichen Auswertungen und eigenen Ergänzungen eine Gesamtliste von Nachhaltigkeitsindikatoren der Siedlungsentwicklung auf regionaler/gesamtstädtischer Ebene erstellt, die für die nachhaltige Freiraumentwicklung in Stadtregionen als Arbeitsgrundlage dienen können (vgl. Apel et al. 2001; vgl. Abb. 18).

---

7   BMU-Pressemitteilung vom 28.4.1998: 3
8   Die Entwicklung von Nachhaltigkeitsindikatoren wird in Kapitel 40 der Agenda 21 gefordert (vgl. BMU 1997: 282f).

Abb. 18: *Sieben Schlüsselindikatoren nachhaltig flächensparender und landschaftsschonender Siedlungsentwicklung*

Schlüsselindikatoren nachhaltiger Siedlungsentwicklung
1. Spezifische Flächeninanspruchnahme für Siedlung und Verkehr
2. Versiegelte Siedlungs- und Verkehrsfläche
3. Zerschneidungsgrad des Freiraums
4. Bestand von Kraftfahrzeugen
5. Angebotsstandard des „Umweltverbundes" von ÖPNV, Fahrrad- und Fußverkehr
6. Bedeutung des städtischen öffentlichen Raums
7. Nutzungsdichte und Nutzungsvielfalt auf Quartiersebene

Quelle: Apel et al. 2001: 35f

Kommunikationsprozesse und nachhaltige Freiraumentwicklung in Stadtregionen

In den Zielen der Nachhaltigkeit wird der Einbezug der Akteure auf den verschiedenen räumlichen Ebenen und die aktive Teilhabe durch kommunikative Verfahren betont. Als roter Faden durchzieht die „Einbindung verschiedenster Akteure" und ein „gemeinsames Engagement aller Beteiligten" die Agenda 21. Die „Stärkung der Rolle wichtiger Gruppen" ist in einem eigenen Kapitel ausgeführt. Gemeint sind einheimische Bevölkerungsgruppen, nicht-staatliche Organisationen, Initiativen der Kommunen, Arbeitnehmer und Gewerkschaften, Privatwirtschaft, Landwirtschaft und Wissenschaft sowie besondere Zielgruppen (Frauen, Jugendliche etc.). Das Kapitel 28 thematisiert zudem die „Initiativen der Kommunen zur Unterstützung der Agenda 21", wozu die Aufstellung und der Beschluss einer Lokalen Agenda mit Hilfe eines Konsultationsprozesses gemeinsam mit Akteuren aus Wirtschaft, Gesellschaft sowie Staat und Kommunen zählt.

Hinter diesen Zielen steht das Verständnis, dass eine nachhaltige Entwicklung nicht allein durch staatliche Planung oder finanzielle Anreize umsetzbar ist, sondern dass es gleichzeitig der Mitwirkung möglichst vieler Akteure bedarf. Die Mitwirkung impliziert dabei die „aktive Beteiligung aller Betroffenen am Entscheidungs- und Vollzugsprozess" (BMU 1997: 77). In der Konsequenz kommen in Lokale Agenda-Prozesse vielfältige Kommunikationsformen zum Einsatz, wie Abbildung 19 zeigt (vgl. auch Bischoff, Selle, Sinning 1998; Heydt 2000; Selle 2000b).

Zwar stehen die Städte und Gemeinden im Mittelpunkt der Handlungsansätze einer nachhaltigen Entwicklung, doch sind viele ökologische, soziale und ökonomische Probleme nicht mehr innerhalb einer Kommune, sondern eher interkommunal bzw. (stadt-)regional zu lösen. Deshalb finden sich auch zahlreiche Agenda-Aktivitäten auf interkommunaler und regionaler Ebene.

Im Rahmen des Netzwerkes „Regionen der Zukunft" (vgl. BBR 1999c; BBR 2001b) wurden z.B. mit Hilfe kommunikativer Verfahren „regionale Agenden für eine nachhaltige Raum- und Siedlungsentwicklung" forciert und auch auf Landkreisebene finden Agenda 21-Prozesse statt. Als wesentliche raumplanerische Handlungsfelder, die in regionalen Ansätzen ergänzende Möglichkeiten sehen, gelten „die Siedlungs- und Flächenentwicklung, die Verkehrsbeziehungen und die Material- und Energieflüsse" (BBR 1998: 5ff). Bei der Freiraumentwicklung als Handlungsansatz nachhaltiger Entwicklung auf (stadt-)regionaler Ebene geht es also neben materiell-inhaltlichen Zielsetzungen ebenso um die Dialogorientierung und die Förderung von Kooperationsprozessen zwischen den konkurrierenden Nutzungsinteressen und beteiligten regionalen Akteuren.

Abb. 19: *Genutzte Kommunikationsformen in der Lokalen Agenda 21*

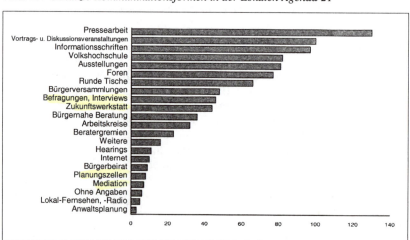

Quelle: Difu-Umfrage 1999, aus: Selle 2000b

Fazit: Diskrepanz zwischen Flächenverbrauch und nachhaltiger Freiraumentwicklung

Durch die Diskussion um Nachhaltigkeit sind Freiräume als knappes Gut erkannt worden und finden zunehmend Beachtung. Selle (1999a: 38) benennt zudem fünf Gründe für den Bedeutungszuwachs der Freiraumfrage: „Die Veränderung des Umweltbewusstseins seit den 80er Jahren, die Sichtbarkeit von Problemen und Bedeutung der Freiräume, die Qualifizierung der Freiräume als Voraussetzung und Ergebnis des Bedeutungszuwachses, die Einsicht, dass Freiräume auch für die ökonomische Entwicklung von Städten und Regionen Bedeutung haben und die Entschleierung der Ansprüche anderer Nutzungsarten." Doch trotz der gestiegenen Bedeutung lässt sich der Freiraumverbrauch offenbar (noch) nicht aufhalten. Der Belang Freiraum- und Bodenschutz findet auf regionaler und lokaler Ebene sowie in der Öffentlichkeit und der Politik nicht die Beachtung, die dem erreichten Problemausmaß angemessen wäre (vgl. Siedentop 1999). Die aktuellen Trends zur Siedlungs- und Freiraumentwicklung zeigen, dass ein Ende des anhaltenden Flächenwachstums trotz des Leitbilds einer nachhaltigen Entwicklung kurz- und mittelfristig nicht in Sicht ist.

Freiraumentwicklung stellt sich damit auch weiterhin als eine kontinuierliche Herausforderung und Aufgabe dar, die eine abgestimmte Politik der Ressorts Verkehr, Bau- und Wohnungswesen, Städtebau und Raumordnung sowie Natur- und Umweltschutz erfordert. Vor diesem Hintergrund lässt sich die Diskussion um Nachhaltigkeit als wichtiger Impuls und als eine Aufwertung des Belangs der Freiraumentwicklung in Stadtregionen einordnen. Mit Hilfe des Leitbilds der Nachhaltigkeit lassen sich zahlreiche Akteure, auch über die klassischen Vertreterinnen und Vertreter der Freiraumentwicklung hinaus (z.B. Landwirtschaft, Wirtschaft, gesellschaftliche Gruppen), und zusätzlichen Aktivitäten mobilisieren. In Form von „best practices"[9] bieten sich zahlreiche Ansätze und realisierte Beispiele für eine nachhaltige Freiraum- und Siedlungsentwicklung (vgl. BBR 1999b; Hübler, Kaether 1999; Apel et al. 2001).

Gleichzeitig gewinnen Kommunikationsprozesse im Zusammenhang mit der Umsetzung der Ziele einer nachhaltigen Siedlungs- und Freiraumentwicklung an Bedeutung. Die Agenda 21 unterstreicht die Erfordernisse zur Kooperation insbesondere hinsichtlich der konkurrierenden Flächennutzungsansprüche etwa von Landwirtschaft, Industrie, Verkehr, Stadtentwicklung, Freiraum- und Landschaftsschutz, und unterstützt ausdrücklich Dialogprozesse zwischen den Akteuren verschiedener Sphären. Ziel ist eine Vereinbarung ökologischer, wirtschaftlicher und sozialer Belange. Auch bewusstseinsbildende Maßnahmen sollen die Bedeutung einer integrierten Flächen- und Bodenressourcenbewirtschaftung verständlich machen und unterstützen. Kommunikative Instrumente zur Kooperation, Beteiligung und Information im Rahmen der stadtregionalen Freiraumentwicklung lassen sich deshalb als Beitrag zur Realisierung der Nachhaltigkeit einordnen. Zudem tragen das Leitbild der

---

9   Best practices-Beispielsammlungen finden sich unter anderem auch unter: www.urban21.de, www.werkstadt-stadt.de/html/main-beispiele.de, www.staedte-der-zukunft.de, www.zukunftsregionen.de, www.sozialestadt.de/praxisbeispiele, www.stadt2030.de, www.difu.de/stadtoekologie/praxis/, www.difu.de/tatorte/projektinfo/welcome.shtml, www.ils.nrw.de/forsch/2000-v-1.htm etc. (vgl. BBR 2001: 73ff).

Nachhaltigkeit und die Agenda 21 dazu bei, dass die Bedeutung kommunikativer Instrumente im Instrumenten-Mix steigt, da ihre Bedeutung explizit unterstrichen wird.

1.2 Steuerungsdefizite des Instrumentariums der Freiraumpolitik

Betrachtet man die im vorangegangenen Kapitel beschriebene Situation des Freiraumverbrauches und des zunehmenden Siedlungswachstums, so zeigt sich, dass das bisher vor allem eingesetzte (regulative) Instrumentarium nicht ausreichend greift, um dem Trend entgegenzutreten und dem Leitbild der Nachhaltigkeit ausreichend Rechnung zu tragen. Es stellt sich die Frage, welche Instrumente bisher zum Einsatz kommen, wo ihre Defizite liegen und wie eine wirkungsvollere Steuerung aussehen kann. In diesem Kapitel soll es darum gehen, einen Überblick über das Instrumentarium der stadtregionalen Freiraumentwicklung zu geben (Kap. 1.2.1) sowie die wesentlichen Defizite und Hindernisse ihrer Wirksamkeit aufzuzeigen (Kap. 1.2.2).

1.2.1 Instrumente der stadtregionalen Freiraumentwicklung: Überblick und Strukturierung

Die ungebrochene Neuinanspruchnahme von Landschaftsfläche für Siedlungs- und Verkehrszwecke führt zu der Frage, mit welchen Konzepten, Strategien und Steuerungsinstrumenten das Ziel erreicht werden kann, den Flächenverbrauch zu vermindern, möglichst sogar zu stoppen oder zumindest qualitativ zu optimieren. Im Rahmen der Diskussionen um die Umsetzung des Leitbilds der Nachhaltigkeit werden eine Reihe von Lösungswegen aufgezeigt. Sie reichen von der Reduzierung der Freirauminanspruchnahme für Siedlungsentwicklung durch verstärkte Innenentwicklung und räumliche Konzentration der Siedlungsentwicklung bis hin zu effektiven Mobilitätssystemen und wurden ebenso wie neuere Programme, Konzepte, Pläne und Gesetze im vorangegangenen Kapitel thematisiert. Bezogen auf konkrete Instrumente stehen der Freiraumentwicklung fünf Instrumentenstränge zur Verfügung, mit denen sie ihre Ziele zur Geltung zu bringen versucht:

- Regulative Instrumente,
- Finanzhilfen,
- Marktteilnahme,
- Organisationsentwicklung und
- kommunikative Instrumente (vgl. Abb. 20).

Die bereits benannten Gesetze, Pläne, Programme und Konzepte lassen sich in dieser Einleitung überwiegend den regulativen Instrumenten zuordnen.

Abb. 20: *Übersicht der Instrumentenstränge der Freiraumentwicklung*

Regulative Instrumente	Finanzhilfen	Marktteilnahmen
• Räumliche Gesamtplanung: Landes-, Regional- und Bauleitplanung • Landschaftsplanung: Landschaftsrahmenplan, Landschaftsplan, Grünordnungsplan, Landschaftspflegerischer Begleitplan • Fachplanungen: u.a. Forst-, Land-, Wasserwirtschaft etc.	• Öffentliche Förderprogramme der EU, des Bundes, der Länder, der Kreise, der Kommunen • Förderungen durch Stiftungen und Fonds Förderungen über Wettbewerbe etc.	• Bodenvorratspolitik • Privat-rechtliche Verträge • Umlegungsverfahren etc.

Organisationsentwicklung	Kommunikative Instrumente
• Auslagerung von Aufgaben in selbstständige Gesellschaften • Bildung von Public-Private-Partnerships • Freiwillige Zusammenschlüsse bspw. in Planungs- u. Zweckverbänden • Gründung von Stiftungen als Trägerorganisationen etc.	• Zur Information: Wurfsendung, Ausstellung, Presse, Bürgerversammlung Einwohnerfragestunde, Exkursion etc. • Zur Beteiligung: Anhörung, Beirat, Ausschuss, Zukunftswerkstatt, Bürgergutachten, Arbeitsgruppe etc. • Zur Kooperation: Runder Tisch, Forum, Mediation etc.

Regulative Instrumente

Für die (stadt-)regionale Freiraumsicherung, Freiraumentwicklung und Freiraum-In-Wert-Setzung kommen bezüglich des regulativen Strangs vorrangig Instrumente der koordinierenden und integrierenden räumlichen Gesamtplanung (Landes-, Regional- und Kommunalplanung), der Landschaftsplanung und Fachplanungen (Naturschutz im engeren Sinne, Wasserwirtschaft, Immissionsschutz etc.) zum Einsatz. Die Übersicht der regulativen Instrumente zur Freiraumentwicklung zeigt eine breite Vielfalt auf den verschiedenen Verwaltungsebenen; rechtlich geregelte sowie informelle Ziele, Verfahren und Festsetzungen, die sich in Gesetzen, Programmen und Plänen wiederfinden. Für die (stadt-)regionale Freiraumentwicklung sind vor allem die Regionalpläne, die Landschaftsrahmenpläne, die Landschaftspläne und die Flächennutzungspläne mit den entsprechenden Gesetzgebungen (ROG, BauGB, BNatSchG etc.) bedeutsam. Da viele Maßnahmen der regionalen

Freiraumentwicklung auf lokaler Ebene angesiedelt sind, kommen auch örtliche Instrumente, wie Bebauungs- und Grünordnungspläne, zum Einsatz.

Nach wie vor wird dem regulativen Instrumenten der größte Stellenwert in Bezug auf die Freiraumsicherung und -entwicklung beigemessen. Das formale Instrumentarium hat sich insbesondere im Laufe der 80er und 90er Jahre verfeinert und im Zuge des Bedeutungszuwachses der Freiraumthematik an Vielfalt gewonnen. Aktuell findet eine Weiterentwicklung beispielsweise statt, wenn der Regionale Flächennutzungsplan, Umweltqualitätsziele für die Flächenhaushaltspolitik, regionale Verträge, Sanierungs- und Entwicklungsgebiete etc. diskutiert werden (vgl. ARL 1999: 176ff; ARL 2000b). Die wesentlichen regulativen planerischen Instrumente seien im Folgenden aufgezeigt.

– Landes- und Regionalplanung[10]

Eine rechtliche Absicherung der regionalen Freiraumsysteme erfolgt vor allem mit dem Instrumentarium der Landes- und Regionalplanung. „Wirksamer Freiraumschutz bedarf eines überörtlichen und fachübergreifenden Vorgehens. Von daher hat sich die Landes- und Regionalplanung bisher als das Instrument erwiesen, das den Freiraumverbrauch noch am besten zu steuern vermag" (Ritter 1994: 316). Die Wirksamkeit der Landes- und Regionalplanung ist von den jeweiligen Regelungen bzw. Kompetenzen in den einzelnen Ländern abhängig, was sich sowohl instrumentell (z.B. zulässige Darstellungen in den Plänen) als auch organisatorisch (z.B. Kompetenzen und Ausstattung der Verwaltungseinheiten) ausdrückt.

Das Zentrale-Orte-System liegt den Raumordnungsplänen als Strukturprinzip zu Grunde. Ober-, Mittel- und Grundzentren sowie Schwerpunktzuweisungen dienen insbesondere der Siedlungsflächensteuerung, so dass sie auch für die Freiraumentwicklung von großer Bedeutung sind. Auch wenn die Steuerungswirkung umstritten ist, so bietet das Zentrale-Orte-System zumindest eine Legitimation für die Raumordnungsplanung mit den beteiligten Akteuren über die Siedlungsflächen- und Freiraumverteilung zu diskutieren.

Die *Landesraumordnungspläne* dienen der Sicherung ökologischer Funktionen sowie ökonomischer und sozialer Nutzungsansprüche. Freiräume werden, soweit sie landesplanerisch schutzbedürftig sind, als Vorrang- und Vorbehaltsgebiete ausgewiesen. Dabei bezieht sich die „Vorsorge- und Koordinierungsaufgabe der Pläne für ökologische und nutzungsgebundene Freiraumfunktionen (...) grundsätzlich auf den gesamten Planungsraum in seinen besiedelten und unbesiedelten Teilen" (Heinrichs 1999: 224).

---

10 Bei der Landes- und Regionalplanung ist zu beachten, dass die Regelungen länderspezifisch recht unterschiedlich sind (vgl. Bielenberg, Erbguth, Runkel 2001). Auf diese Differenzierungen wird im Folgenden nicht näher eingegangen.

Die regionalen Ziele der Raumordnung und Landesplanung werden in *Regionalplänen* festgelegt. Sie beruhen auf den jeweiligen Landesplanungsgesetzen und orientieren sich an den Vorgaben der Landesraumordnungsplanung. Als Schnittpunkt zwischen kommunaler Bauleitplanung und übergeordneter Landesplanung haben die Regionalpläne hinsichtlich der interkommunalen Freiraumentwicklung die Aufgabe, Ziele und Grundsätze festzulegen, die sich vor allem in den folgenden Ausweisungen niederschlagen.

Regionale Grünzüge und Grünzäsuren sind klassische Elemente der regionalplanerischen Freiraumsicherung. Sie haben zum Ziel, gemeindegrenzen-übergreifend zusammenhängende Freiräume zu schützen (regionales Freiraumsystem) und gleichzeitig die Siedlungsentwicklung zu koordinieren, indem diese auf gewissen Flächen ausgeschlossen wird (Negativplanung).[11] Dabei stellen regionale Grünzüge und Grünzäsuren multifunktionale Vorrangausweisungen dar, die mehrere Freiraumfunktionen zusammenfassen. Hierin unterscheiden sie sich von den monofunktionalen Ausweisungen, die als Vorrang- und Vorbehaltsgebiete festgelegt werden.

Mit *Vorrang- und Vorbehaltsgebieten* erfolgen monofunktionale Ausweisungen in den jeweiligen Freiraumfunktionen Naturschutz und Landschaftspflege, Grundwassersicherung, Rohstoffsicherung, Freizeit und Erholung sowie Klimaschutz (vgl. ROG 1998 § 7 Abs. 4). Vorranggebiete sind Ergebnis einer umfassenden und abschließenden regionalplanerischen Abwägung und stellen eine Letztentscheidung dar, die für die Träger der Bauleitplanung und für Fachplanungen verbindlich ist (vgl. ARL 1999: 187ff).

Mit der Novellierung des Raumordnungsgesetzes ist die Möglichkeit entstanden, „dass ein Plan unter bestimmten Bedingungen zugleich die Funktion eines Regionalplans und eines gemeinsamen Flächennutzungsplans nach § 204 BauGB übernehmen kann" (Apel et al. 2001: 217; vgl. ROG 1998 § 9 Abs. 6; ARL 2000b). Dieser neue Plantyp, als „*regionaler Flächennutzungsplan*" bezeichnet, kann insbesondere in verdichteten Räumen zum Einsatz kommen. Für die Freiraumentwicklung bedeutet die Einführung dieses In-

---

11 „Regionale Grünzüge kommen – als eigenständige regionalplanerische Ordnungsinstrumente – in Verdichtungsräumen zum Einsatz, wo sie Freiräume bzw. deren Reste sichern sollen. Es handelt sich dabei um größere, landschaftlich zusammenhängende Bereiche, die vor anderweitiger Inanspruchnahme, insbesondere vor Bebauung, zu schützen sind. (...) Sie haben die Aufgabe, die Siedlungsgebiete zu gliedern, die Zersiedlung des Freiraums zu verhindern, Klimafunktionen des Freiraums zu bewahren, Naherholungsgebiete vorzuhalten, zu Grundwasserneubildung und -schutz beizutragen, Bodenschutz zu betreiben sowie nicht zuletzt über die Biotopvernetzung dem Arten- und Biotopschutz zu dienen" (Job, Stiens, Pick 1999: 400f).

„Grünzäsuren werden in der Regionalplanung dort eingesetzt, wo der noch vorhandene Freiraumrest zwischen zwei Siedlungsbereichen auf eine Distanz von 1000 m oder weniger geschrumpft ist und ein bandartiges Zusammenwachsen der Siedlungen droht. Von ihrer Aufgabenstellung und Wirkung her sind sie vergleichbar mit den regionalen Grünzügen" (ebd.: 401).

strumentes, dass Planelemente zur Anwendung kommen, die sich aus der Regionalplanung ableiten lassen und die die Siedlungsentwicklung im Sinne der zentralörtlichen Zentrensysteme und regionalen Siedlungsachsen lenken. „Im Bereich Freiraumfunktionen werden neben Bereichen, die von Besiedlung freizuhalten sind (z.b. Tabuflächen mit verschiedenen, gestaffelten Prioritäten, regionale Grünzüge, interkommunale Kompensationsflächen-Pools), differenzierte einzelne Funktionsbereiche (z.B. Natur und Landschaft, Rohstoffsicherung) gekennzeichnet" (ebd.: 218). Eine umfassende Abwägung der normativen Planinhalte des regionalen Flächennutzungsplans soll dabei bereits stattgefunden haben. Sie haben im Sinne von „Zielen der Regionalplanung" eine sehr hohe Bindungswirkung.

In dem Instrument werden Chancen für die Umsetzung einer nachhaltigen Siedlungs- und Freiraumentwicklung sowie für die Stärkung der interkommunalen Zusammenarbeit gesehen. Allerdings wird die praktische Einführung wegen der hohen inhaltlichen und räumlichen Anforderungen an den regionalen Flächennutzungsplan sowie der bestehenden Defizite der (stadt-)regionalen Zusammenarbeit kritisch gesehen (vgl. Koch 2000; Apel et al. 2001).

- Landschaftsplanung

Landschaftsrahmen-, Landschafts- und Grünordnungspläne[12] sind wichtige Instrumente für die Freiraumentwicklung auf der regionalen, kommunalen und teilgemeindlichen (B-Plan-) Ebene. Auf kommunaler Ebene fehlt jedoch häufig die Aufstellungspflicht von Landschaftsplänen, so dass ihre rechtliche Verankerung und Verbindlichkeit schwach ausgeprägt ist. Zudem erfahren Landschafts- und Landschaftsrahmenpläne überwiegend erst mittelbar durch Aufnahme ihrer Aussagen in die Regional- und Flächennutzungsplanung Rechtsverbindlichkeit (vgl. LANA-AK Landschaftsplanung 1999). Als rechtliches Instrument ist zudem die *Eingriffsregelung* (§ 8 BNatSchG) zu nennen, nach der vermeidbare „Beeinträchtigungen von Natur und Landschaft" generell zu unterlassen sind, andernfalls Ausgleichs- bzw. Ersatzmaßnahmen erforderlich sind. „Voraussetzung zur Anwendung dieser Regelung ist die Quantifizierung des Wertes von Freiräumen. Und da liegt ihre wesentliche, auch psychologische Funktion: Den Freiräumen werden ‚Kosten' zugemessen, die über Marktpreise hinausreichen. Umweltqualitäten werden auch auf diese Weise sichtbar gemacht" (Selle 1999a: 40).

- Bauleitplanung

Die Bauleitplanung nimmt für die Freiraumentwicklung und -sicherung eine zentrale Rolle ein. Der *Flächennutzungsplan* ist die entscheidende planerische Grundlage für die künftige Bodennutzung einer Gemeinde. Hier werden

---

12 Der Gründordnungsplan wird in den einzelnen Bundesländern teilweise anders bezeichnet.

die Raumnutzungsansprüche geregelt und festgelegt. Er bereitet nicht nur das Flächenwachstum vor, sondern hat auch die Funktion, dieses zu begrenzen (vgl. Adrian, Adrian 1990: 65). Dies wird mit dem Planungsleitsatz des BauGB 1998 § 1 Abs. 5 unterstrichen, in dem sich die Bauleitplanung zum Freiraumschutz verpflichtet: „Die Bauleitpläne sollen eine nachhaltige städtebauliche Entwicklung und eine dem Wohl der Allgemeinheit entsprechende sozialgerechte Bodennutzung gewährleisten und dazu beitragen, eine menschenwürdige Umwelt zu sichern und die natürlichen Lebensgrundlagen zu schützen und zu entwickeln." Durch die Bodenschutzklausel (BauGB) wird geregelt, dass in der Bauleitplanung mit Grund und Boden sparsam und schonend umgegangen und Bodenversiegelungen auf das notwendige Maß begrenzt werden. Allerdings besteht die Kritik, dass F-Pläne vieler Städte und Gemeinden aus den 80er oder sogar 70er Jahren stammen und den zu einem späteren Zeitpunkt begründeten Anforderungen des Bodenschutzes nicht genügen. Eine zeitliche Begrenzung der Geltungsdauer von F-Plänen, wie sie beispielsweise in Dänemark üblich ist, wird empfohlen, um eine angemessene Aktualisierung zu gewährleisten (vgl. Apel et al. 2001).

Der Flächennutzungsplan stellt zudem die Nahtstelle dar, an der eine Verbindung des städtischen Grünsystems mit übergeordneten, regionalen Freiraumverbindungen hergestellt werden kann (Grünflächen wie Parkanlagen, Dauerkleingärten, Sport-, Spiel-, Zelt- und Badeplätze sowie Friedhöfe können dargestellt werden, siehe BauGB 1998 § 5 Abs. 2, 5.). Dabei könnte dem regionalen Flächennutzungsplan eine besondere Bedeutung zukommen.

Mit den *Bebauungsplänen* werden die besondere Art und das Maß der baulichen und sonstigen Nutzungen geregelt. Die gesetzliche Bestimmung zum sparsamen Umgang mit Grund und Boden und die Empfehlung nach einer Befristung der Pläne gilt auch hier. Die Kommunen haben mit dem B-Plan relativ breite Möglichkeiten der Steuerung, wenngleich die Bauleitplanung grundsätzlich den Zielen der übergeordneten Regionalplanung angepasst werden muss.

Mit der zum 01.01.98 in Kraft getretenen Novellierung des Baugesetzbuchs wurde die naturschutzrechtliche Eingriffsregelung in das Baurecht übernommen. In diesem Zusammenhang wurde unter anderem die Möglichkeit eröffnet, Kompensationsmaßnahmen in sogenannten *Flächenpools*, an denen mehrere Kommunen beteiligt sein können, zu bündeln (vgl. BauGB 1998 § 1a Abs. 3 und § 135a Abs. 2). Flächenpools sind kein neues Naturschutzinstrument, sondern lediglich eine Form des Managements der Rechtsfolgen der Eingriffsregelung. Mit dem Begriff Pool wird die zielgerichtete Ansammlung und Bevorratung von Flächen und Maßnahmen verdeutlicht. Vorteile, die durch eine derartige Angebotsplanung mit Ausgleichsflächen und/oder Maßnahmen gesehen werden, sind die Möglichkeit einer räumlichen Konzentration, die Beschleunigung von Planungsverfahren, die Erhöhung der ökologischen Wirksamkeit und der Ausgleich im Kontext einer regionalen

Landschaftsentwicklung. Dies hat insbesondere für gemeindeübergreifende Freiraumkonzepte bzw. für die Realisierung von Regional- und Landschaftsparks hohe Bedeutung (vgl. MLUR, SfS 1999; Reiß-Schmidt 1996: 274).

Finanzhilfen

Das Instrumentarium Finanzhilfen bzw. finanzielle Förderungen beruht auf dem Steuerungsmedium Geld. Dieses Anreizmittel kann von der öffentlichen Hand, von Stiftungen, Unternehmen oder anderen privaten Akteuren stammen. Finanzielle Förderungen der öffentlichen Hand finden sich auf EU-, Bundes-, Landes- und kommunaler Ebene. Zu nennen sind aktuell beispielsweise die Ziel II-Strukturförderung der EU, das Ökologieprogramm für den Emscher Lippe Raum (ÖPEL) des Landes Nordrhein-Westfalen, die Förderrichtlinie-(FR-)Regio des Landes Sachsen oder Ausgleichszahlungen des Naturschutzes.

Förderungen für Projekte der Freiraumsicherung, -entwicklung und -In-Wert-Setzung erfolgen zunehmend auch über Stiftungen und Fonds, wie beispielsweise die Deutsche Bundesstiftung Umwelt (DBU) oder die Allianz Stiftung zum Schutz der Umwelt.

Auch Wettbewerbe gehen zum Teil mit unmittelbaren Förderungen bzw. Geldpreisen einher, bringen zum Teil aber auch einen indirekten Finanzanreiz mit sich. Denn durch einen Image- bzw. Statusgewinn, beispielsweise durch den Gewinn in einem Wettbewerbsverfahren, erlangt ein Projekt höhere politische Aufmerksamkeit. Dies wiederum kann die Mobilisierung von finanziellen Ressourcen auf den verschiedenen Ebenen erleichtern. Als Beispiele für Wettbewerbsverfahren, in denen die Freiraumentwicklung ein zentrales Thema ist, seien der Wettbewerb „Regionen der Zukunft" des Bundesraumordnungsministeriums und die REGIONALE in Nordrhein-Westfalen genannt (vgl. BBR 1999c; BBR 2001b; Adam, Wiechmann 1999; Wachten, Scheuvens, Lehmann 2001).

Häufig ist die Kombination verschiedener Geldgeber bzw. Finanzierungsquellen von Bedeutung, um auf diesem Wege eine höhere Fördersumme zu erzielen. Zudem ist zu beobachten, dass Entwicklungspolitik und Förderprogramme des Bundes und der Europäischen Union immer stärker auf die regionale oder mindestens interkommunale Ebene zielen (Regionalisierung) und dass sie entsprechende abgestimmte Konzepte erfordern (Programmorientierung). Vermehrt wird auch die Bildung von lokalen und regionalen Kooperationen vorausgesetzt (Partnerschaften), wenn Förderungen in Aussicht gestellt werden.

Marktteilnahme

Marktteilnahme beschreibt die aktive Teilnahme der öffentlichen Hand am Marktgeschehen, d.h. an der direkten Gestaltung der Bodennutzung. Damit erhält die öffentliche Hand zusätzliche Steuerungsmöglichkeiten, insbesondere bezüglich des Grundstücksmarkts, und sie hat die Möglichkeit, Flächen für Freiraumsysteme zu sichern und zu entwickeln. Zu den Instrumenten der Marktteilnahme gehören beispielsweise:

- Bodenvorratspolitik: Durch die Überführung von privaten Flächen in öffentliches Eigentum (Kauf), stehen diese für Freiraumfunktionen zur Verfügung.
- Auflagen bei der Grundstücksvergabe: Mit Hilfe von Verträgen hat die öffentliche Hand die Möglichkeit, eigene Grundstücke mit Auflagen an Investoren abzugeben. Damit können Flächennutzungen an Qualitäten der Freiraum- und Siedlungsentwicklung gebunden werden.
- Umlegungsverfahren: Zur Erschließung oder Neugestaltung bestimmter Gebiete können im Geltungsbereich eines Bebauungsplans und innerhalb der im Zusammenhang bebauten Ortsteile bebaute und unbebaute Grundstücke neu geordnet werden. Diese sogenannte Umlegung (vgl. BauGB 1998 §§ 45-79) soll dazu beitragen, dass für die bauliche oder sonstige Nutzung zweckmäßig gestaltete Grundstücke entstehen. Sie kann auch zu Gunsten zusammenhängender Freiräume angewandt werden. Es handelt sich dabei um ein Grundstückstauschverfahren ohne Enteignungswirkung.

Mit Hilfe der Flurneuordnung können landwirtschaftliche Flächen und ihnen zugeordnete Ortslagen neu strukturiert werden. Auch hier lassen sich Belange der Freiraumentwicklung einbeziehen.

Zunehmend wird die Einführung von weiteren marktwirtschaftlichen Instrumenten gefordert, die das herkömmliche Instrumentarium von Raumordnung, Stadt- und Landschaftsplanung ergänzen. Zu diesen Instrumenten gehören unter anderem handelbare Ausweisungsrechte, ein ökologisch reformierter Finanzausgleich und die Flächennutzungssteuer (vgl. Einig, Siedentop 2000):[13]

- Handelbare Ausweisungsrechte: Siedlungs- und Verkehrsflächenwachstum soll dadurch gedämpft werden, dass das ausweisbare Bauland kontingentiert wird. Die Kontingente wären dann handelbar. Widerstände gibt es, da dies unter anderem die kommunale Planungsautonomie einschränken würde.
- Ökologisch reformierter Finanzausgleich: Durch eine Reform des kommunalen Finanzausgleichs könnten finanzielle Kompensationen eingeführt werden. Zweckzuweisungen zur projektbezogenen Förderung umweltverträglicher Bauvorhaben könnten einen wesentlichen Beitrag leis-

---

13 Zu weiteren diskutierten und bestehenden ökonomischen Steuerungsinstrumenten der Siedlungs- und Freiraumentwicklung vgl. Apel et al 2001: 239ff.

ten, um die Bautätigkeit auf zentrale Orte zu lenken und den Trend zur Dispersion des Siedlungsraumes einzuschränken.
- Flächennutzungssteuer: Durch eine Reform der Grundsteuer würde der Steuersatz nach der Art der Bodennutzung gestaffelt; je umweltunverträglicher die Bodennutzung wäre, desto höher fiele der Steuersatz aus.

Organisationsentwicklung

Zu dem Instrumentenstrang Organisationsentwicklung gehören diejenigen Instrumente, mit denen nicht nur in, sondern auch zwischen Organisationen die prozeduralen und organisatorischen Voraussetzungen für eine wirkungsvolle Freiraum- und Siedlungsentwicklung geschaffen werden. Dabei ist zu unterscheiden zwischen einer Organisationsentwicklung a) innerhalb einer Organisation, beispielsweise einer Stadt- oder Regionalverwaltung, b) im Verhältnis bestehender (regionaler) Organisationen zueinander, etwa durch Neuregelung der Zuständigkeiten oder Arbeitsabläufe, sowie c) der Neuorganisation einer Aufgabenerfüllung, z.B. durch Gründung eines Zweckverbandes oder einer Stiftung. Durch die Veränderung der Organisationsstruktur können die Effektivität und die Qualität der Ergebnisse beeinflusst werden.

Bezogen auf das politisch-administrative System bedeutet dies, dass die Handlungsfähigkeit zur Freiraumsicherung, -entwicklung und -In-Wert-Setzung der öffentlichen Verwaltung im Zusammenspiel mit den politischen Gremien verbessert wird. Insbesondere im Rahmen der Modernisierung der Verwaltung (New Public Management) ändern sich das Aufgabenverständnis und die Arbeitsweisen der öffentlichen Verwaltung (vgl. Hill, Klages 1996; Naschold 1997; Naschold, Pröhl 1994; Reichard, Wollmann 1996). Dies hat auch Auswirkungen auf die Freiraumentwicklung. Veränderte Arbeitsweisen zeigen sich an Arbeitsformen wie informellen Abstimmungen auf der Arbeitsebene, Projektbeauftragten, ämterübergreifende Arbeitsgruppen, Geschäftsstellen für Projekte, die aus der Linienverwaltung ausgegliedert sind, Auslagerung von Aufgaben in selbstständige Gesellschaften, z.B. zur Grünflächenpflege, Bildung von Private-Public-Partnerships, etwa zur Brachenwiedernutzung, Einführung von Projektmanagement.

In den letzten Jahren wurde verstärkt die politisch-administrative Neuorganisation der stadtregionalen Ebene debattiert. Dies zeigt sich unter anderem in formellen bzw. institutionalisierten intraregionalen Kooperationsformen, die häufig auch für die regionale Freiraumentwicklung zuständig sind (vgl. Abb. 21). Der Zusammenschluss der Akteure auf interkommunaler Ebene kann positive Effekte haben, die Fürst (1992: 297f) wie folgt benennt: „Erstens schließen institutionalisierte Kooperationsformen verschiedene Akteure institutionell zusammen, was die Kommunikationsbarrieren zwischen ihnen senkt; eine Regelmäßigkeit der Kommunikation erzwingt; bestimmte Aufgaben als ‚übergemeindliche Gemeinschaftsaufgaben' definiert und dauerhaft sowie systematisch bearbeiten lässt. Zweitens führt regelmäßige Kommunikation über interkommunale Themen zu einer zunehmenden Relativierung kommunal-egoistischer Denkmuster (lokalistisches Denken) zu Gunsten eines Denkens in regionalen ‚Gemeinschaftsaufgaben' (kosmo-politisches Denken). Insbesondere kann die institutionalisierte Kommunikation wechselseitiges Vertrauen aufbauen (vgl. Benz 1991: 57f) und die in Regionen zwischen den Gemeinden häufig anzutreffende ‚Misstrauenskultur' abbauen helfen; (...)".

Abb. 21: *Formen intraregionaler Kooperation in Stadtregionen*

Kooperationsart	Ausprägung
Informell	Regionalkonferenzen, Foren etc.
Formell	
Aufgaben-spezifische Organisationseinheiten	Zweckverbände, öffentlich-rechtliche Vereinbarungen
Planungsverbände	Nachbarschaftsverbände, Regionalverbände
Mehrzweck-Pflichtverbände	Kommunalverband Ruhrgebiet, Zweckverband Großraum Braunschweig, Planungsverband Region Frankfurt, Verband Region Stuttgart
Eingemeindungen, Gemeindezusammenschlüsse	Eingemeindungen, Gemeindezusammenschlüsse
Gemeindeverbände	Stadtverband Saarbrücken, Region Hannover, Reformvorschläge: Regionalstadt, -kreis
Privatrechtlich	Prinzipiell alle Möglichkeiten des Privatrechts, meist GmbH oder Vereine

Quelle: in Anlehnung an: Heinz 2000a: 226ff

Kommunikative Instrumente

Mittlerweile existieren eine Vielzahl regionaler Kooperationsprozesse und Projekte der stadtregionalen Freiraumentwicklung, bei denen unterschiedliche kommunikative Instrumente zum Einsatz kommen (vgl. Hüchtker et al. 2000; Hüchtker, Selle, Sinning u.a. 2000). Neben den klassischen Regionalplänen als gesetzliche Pflichtaufgabe entstehen auf stadtregionaler Ebene vielfältige, freiwillige Kooperationen beispielsweise in Verbindung mit Regionalen Entwicklungskonzepten, Teilraumgutachten oder Städtenetzen (vgl. Danielzyk 1999; Müller 1999). Insbesondere ab den 90er Jahren hat der Einsatz kommunikativer Instrumente, wie Regional- und Stadt-Umland-Konferenzen, interkommunale Arbeitskreise, Stadt- und Regionalforen etc., auf stadtregionaler Ebene zugenommen. Das kommunikative Instrumentarium, das im Kontext der stadtregionalen Freiraumentwicklung angewandt bzw. erprobt wird, befindet sich dabei nach wie vor in einem Entwicklungsstadium. „Bislang sind keine einheitlichen, geschweige denn abschließenden Formen für informelle Planungsprozesse entwickelt worden" (Scholich 1999: 143).

Wie bereits in Kapitel I. 1. erläutert, sind in der vorliegenden Arbeit mit kommunikativen Instrumenten diejenigen kommunikativen Formen und Verfahren gemeint, die der „Verständigungs- und Vermittlungsarbeit" der Akteure in Planungsprozessen dienen. Das Spektrum reicht von Information über Beteiligung bis hin zur Kooperation (vgl. Abb. 3).

Kommunikative Instrumente können in den verschiedenen Phasen des Planungs- bzw. Entwicklungsprozesses die Aufgabe der Projektsteuerung (z.B. Steuerungs- oder Lenkungsgruppen), der Projektbegleitung (z.B. Stadt-, Regionalforen, Regionalkonferenzen), der Projektbearbeitung (z.B. Arbeits-, Projektgruppen, Expertenworkshops), der Ideensuche (z.B. Planungswerkstatt), der Aushandlung (z.B. bilaterale Einzelgespräche), der Öffentlichkeitsarbeit (z.B. Ausstellungen, Aktionen) oder des Austausches unter den Regionen (z.B. Tagungen, Exkursionen) etc. übernehmen.

1.2.2 Defizite des Freiraum-Instrumentariums und hinderliche Rahmenbedingungen

Die bislang vorrangig eingesetzten traditionellen Instrumente der Freiraumplanung – regulative Instrumente, Finanzhilfen und Marktteilnahme – sind angesichts der dargestellten Trends offenbar nicht ausreichend, um einen zuverlässigen Schutz für Freiräume zu erreichen. Dies gilt, obwohl sich die Freiraumpolitik über rechtliche Regelungen und Planungsverfahren etabliert hat. Die Defizite werden an dem fortdauernden Freiflächenverbrauch insbesondere in den Agglomerationsräumen, wie in Kapitel I. 1.1 dargestellt, deutlich. Insbesondere bei Flächennutzungs-Konflikten unterliegt häufig der Freiraum gegenüber der Siedlung- und Gewerbeausweisung. Zwar kommen Vertreterinnen und Vertreter der Freiraumsicherung häufig zu dem Schluss, dass sich Grün- und Freiflächensysteme „in der Konkurrenz der Nutzungsansprüche nur behaupten, wenn es gelingt, sie rechtlich abzusichern und mit Freiraumfunktionen so zu besetzen, dass eine Inanspruchnahme für andere Zwecke unmöglich wird" (Klaffke 1995: 446). Doch selbst rechtliche Absicherungen sind nicht reversibel, so dass im Falle eines neuen Nutzungskonflikts der Freiraumbelang zurückgestellt werden kann.

Zahlreiche Gründe werden für die mangelnde Wirksamkeit des traditionellen Instrumentariums (stadt-)regionaler Freiraumpolitik genannt. Sie lassen sich zum einen den Defiziten der Steuerungswirkung der Instrumente und zum anderen den gesellschaftlichen Rahmenbedingungen zuordnen.

Defizite des traditionellen Instrumentariums

Als Steuerungsdefizite des traditionellen Instrumentariums werden benannt (vgl. Apel et al. 2001; Benz et al. 1999):

- *Vorrangig hierarchischer Steuerungsmodus:* Den traditionellen Instrumenten der Freiraumentwicklung liegt überwiegend ein hoheitlich-hierarchischer, ordnungsrechtlich orientierter Steuerungsmodus zu Grunde. Vor allem Gesetze und Verordnungen sollen Verhalten lenken und die Vorstellungen des Staates realisieren. Doch dieser Steuerungsmodus geht von einem machtvollen, umfassend steuernden Staat aus, der die gesellschaftliche Realität mit seinen Steuerungsimpulsen direkt lenken kann und über alle wesentlichen Informationen verfügt. Die kritischen Diskussionen um die Steuerungskapazitäten des Staates haben gezeigt, dass diese Vorstellung nicht haltbar ist (siehe Kap. II. 2.). In der Konsequenz ist die Wirkung der auf hierarchische Steuerung bauenden Instrumente durch mangelnden Einbezug der Interessen, Bedürfnisse und Motive der Adressaten staatlichen Handelns, der mangelnden Berücksichtigung der Aufgabenkomplexität sowie der einseitig ausgerichteten Kommunikation nur begrenzt; Umsetzungsdefizite treten auf. Mit diesem grundsätzlichen Defizit traditioneller Instrumente der Freiraumpolitik hinsichtlich ihrer Wirksamkeit bzw. ihrer Umsetzungsorientierung gehen weitere, im Folgenden beschriebene Defizite einher.
- *„End of the pipe-Logik" und Fehlsteuerung in Folge quantitativer Ausrichtung:* Den planerischen Instrumenten wird eine „end of the pipe-Logik" zugeschrieben. Um die Probleme der Freiraumsicherung und -entwicklung ursächlich zu lösen, setzen sie zu spät an. „Sie setzen am Freiraumverbrauch und an der räumlichen Verteilung von Umweltbelastungen an, haben aber praktisch keinen Einfluss auf die Ursachen des Freiraumverbrauchs" (Fürst 1992: 298f). Diese liegen häufig in marktwirtschaftlichen Mechanismen, freiraumpolitisch konträr ausgerichteten (Macht-)Interessen von Lobbygruppen und Politik u.v.m. Des Weiteren ist das planerische Instrumentarium stark auf den quantitativen Freiflächenverbrauch ausgerichtet, womit die qualitative Entwicklung im Sinne von In-Wert-Setzung von Freiraum vernachlässigt wird. Das Potenzial, das in einer qualitativen Freiraum- und Siedlungsentwicklung – insbesondere auch im Sinne der Nachhaltigkeit – besteht, wird auf diese Weise nicht ausgeschöpft.
- *Kontextgebundenheit des Rechts:* Defizite regulativer Instrumente hinsichtlich des Vollzugs der angestrebten Ziele, Maßnahmen und Projekte zur Freiraumsicherung und -entwicklung, wurden immer wieder bescheinigt und nicht zuletzt durch die aktuelle Diskussion um eine nachhaltige Raumentwicklung unterstrichen. „Als Ursache wurden entweder die Fülle von Rechtsnormen, die Gesetzgebungs- oder -änderungsflut und die Ver-

rechtlichung von Lebensbereichen angeführt, oder man beklagt die mangelnde Präzision und Klarheit von Rechtsnormen. Der entscheidende Faktor liegt allerdings in der Kontextgebundenheit des Rechts. Abstrakt-generelle Regeln treffen immer auf Adressaten, die innerhalb sozialer Strukturen stehen und dadurch neben dem formalen, staatlich gesetzten Recht zusätzlichen Regeln unterworfen sind. Ihre Verhaltensprämissen werden also durch das ‚unifunktionale Recht' (Luhmann 1972: 309) nur partiell erfasst" (Benz et al. 1999: 40).

Als Nachteil speziell der Landschaftsplanung gilt in Bezug auf den Rechtsrahmen zudem, dass mit ihr nur beschränkte rechtliche Verbindlichkeiten einer gehen und sie in der praktischen Durchführung einen schwachen Stand hat, insbesondere bei Abwägungsentscheidungen gegenüber der Bauleitplanung. Auch die Ausstattung der Regionalplanung mit Instrumenten zur Steuerung nachhaltiger Siedlungs- und Freiraumentwicklung wird eher kritisch gesehen; nicht zuletzt da sie auf politische Zurückhaltung stößt (vgl. Priebs 1999b; Apel et al. 2001: 211f).

- *Mitnahmeeffekte bei Finanzanreizen:* Den finanziellen Anreizinstrumenten werden vergleichbare Probleme zugeschrieben: „Geld stellt – noch mehr als das Recht – ein abstraktes Steuerungsmedium dar. Es ist generell einsetzbar, kann aber auch von den Adressaten universell verwendet werden" (Benz et al. 1999: 41). Dahinter steht die Skepsis, ob der Staat mit der Vergabe von Geldleistungen, die er an Verhaltens- oder Verwendungsauflagen bindet, seine Steuerungsziele erreicht. Die Unsicherheit liegt darin, ob der Staat nicht lediglich beim Adressaten ein ohnehin beabsichtigtes Verhalten unterstützt und diesem die Möglichkeit gibt, die dafür bereits vorgesehenen Mittel für andere Zwecke zu verwenden (Mitnahmeeffekte; vgl. Scharpf 1983).
- *(Planungs-)Expertenorientierung/Integrationsdefizit der Betroffenen:* Die klassischen Instrumente (stadt-)regionaler Freiraumentwicklung werden von (Planungs-)Experten angewandt und diese ziehen überwiegend nur weitere Fachleute hinzu. Betroffene bzw. weitere Interessenvertreter der Freiraumentwicklung werden kaum oder gar nicht in den Entwicklungsprozess integriert. Dadurch entstehen Motivations- und Mobilisierungsdefizite bei weiteren Akteuren, die die Qualität, Akzeptanz und Umsetzung der angestrebten Ziele und Maßnahmen beeinträchtigen. (vgl. Helbrecht, Danielzyk, Butzin 1991)
- *Negative Koordination im Umgang mit Akteurskomplexität:* In der stadtregionalen Freiraumentwicklung gibt es eine Vielzahl von Akteuren sowie vielschichtige Akteursebenen, so dass der Umgang und die Reduzierung dieser Komplexität eine wichtige Anforderung darstellt. Die klassischen Instrumente befördern überwiegend jedoch lediglich eine negative Koordination. Die Verständigungsarbeit zwischen den Akteuren wird dadurch vernachlässigt. Die Folge sind Informationsdefizite, Missverständ-

nisse und Konfrontation, die die Steuerungswirkung der Instrumente einschränken.
- Geringe Flexibilität in der Ablauforganisation: Klassische Instrumente der Freiraumentwicklung sind von ihrer Ablauforganisation her eher unflexibel, denn sie richten sich – z.b. bei der Erstellung eines Regionalen Raumordnungsprogramms – an gesetzlich festgeschriebenen Verfahren aus. Fehlende Flexibilität erschwert es jedoch auf veränderte Rahmenbedingung und neue Herausforderungen reagieren zu können. In der Folge entstehen in den Verfahren Hemmnisse und auch hier dominiert eine negative Koordination, die den Prozess bzw. die Umsetzung blockiert.
- Mangelnde Nachfrageorientierung: Eine mangelnde Nachfrage- bzw. Adressatenorientierung der traditionellen Instrumente hemmt ihre Steuerungswirkung ebenfalls. Viele Planungen beinhalten zwar eine Angebotsorientierung, vernachlässigen jedoch die Orientierung an den Adressaten dieser Pläne. Es mangelt an einer Nachfrageorientierung, die auf Politik, Verwaltung, Öffentlichkeit etc. als Adressaten mit ihren jeweils spezifischen Anforderungen und Bedürfnissen hinsichtlich der Freiraumentwicklung eingeht. Dabei geht es nicht darum, gemeinwohl-orientiertes Handeln der Planung zu vernachlässigen, sondern um eine stärkere Orientierung an den Handlungslogiken der Kunden bzw. Nutzern, um sie in der Folge für die Freiraumbelange zu gewinnen.

Hinderliche Rahmenbedingungen

Bezüglich der Wirksamkeit des traditionellen Instrumentariums treten neben diesen Defiziten des Instrumentariums zudem einige Rahmenbedingungen auf, die die Steuerungsfähigkeit bezogen auf die Freiraumentwicklung negativ beeinflussen (vgl. Siebel, Ibert, Mayer 1999; Apel et al. 2001):

- Globalisierung der Märkte: Die Möglichkeit der politischen und damit auch planerischen Steuerung nehmen in dem Maße ab, in dem die Abhängigkeit von überregionalen Entwicklungen und externen Einflüssen wächst. Angesprochen sind dabei vor allem die Globalisierung der Märkte sowie die politische Regulierung und Vorentscheidung auf EU-Ebene. Bezogen auf die Freiraumentwicklung sind diese Wirkungen allerdings ambivalent. Auf der einen Seite wird im Bereich der Strukturpolitik und der Verkehrsentwicklung der (inter-)nationale „Wettbewerb der Regionen" zunehmend als scheinobjektives Argument zur Begründung eines zusätzlichen Bedarfes an Fläche eingesetzt. Auf der anderen Seite unterstützen Regelungen der EU, beispielsweise zur Plan-UVP und zum Gewässerschutz, die Bemühungen der Freiraumentwicklung.
- Zunehmende Ausdifferenzierung der Gesellschaft: Die Tendenz der arbeitsteiligen Ausdifferenzierung verselbstständigter gesellschaftlicher Teilsysteme, wie Recht, Wirtschaft und Wissenschaft, zu eigenständigen

Funktionssystemen schmälert die Chancen politischer Steuerung. Daraus ergibt sich beispielsweise für die Freiraumpolitik, dass staatliche Vorgaben für Siedlungsentwicklung, Landwirtschaft, Rohstoffabbau etc. nur eingeschränkte Wirkung erzielen können. (vgl. Luhmann 1989)

Zudem sind zunehmend pluralistischere Sozialstrukturen und wachsende Unterschiede in den Werten und Einstellungen (Differenzierung der Lebensstile) festzustellen. Dies erschwert beispielsweise staatliche Vorgaben im Bereich der Siedlungsentwicklung, da eine Vielzahl unterschiedlicher Wohnbedürfnisse und -wünsche zu bedienen sind.

- *Verknappung öffentlicher Mittel:* In den letzten Jahren wurde die Problematik der knapper werdenden öffentlichen Finanzmittel und damit die Einschränkung der öffentlichen Handlungsspielräume intensiv thematisiert. Nicht zuletzt war dies ein Grund für die Einführung des Neuen Steuerungsmodells (New Public Management) in der Verwaltung. Diese Rahmenbedingung erschwert es dem Staat und den Kommunen, steuernd einzuwirken. Flächennutzungskonkurrenzen werden zu „Null-Summen-Spielen" (Scharpf 1992b), da die öffentliche Hand über ausreichende finanzielle Spielräume verfügt, die kreative Lösungen befördern könnten.

  Zudem hängt die kommunale Finanzausstattung wesentlich von der Ansiedlung von Privathaushalten und Unternehmen ab, so dass den Kommunen aus Sicht fiskalischer Interessen insbesondere die Freiraumsicherung wenig attraktiv erscheint.
- Schwaches politisches Gewicht der Freiraum- und Umweltbelange: Bedingt durch die geänderten struktur- und arbeitsmarktpolitischen Anforderungen, insbesondere im Nachgang der Deutschen Vereinigung 1990, erfolgte eine Neubewertungen der politischen Prioritäten. Umwelt- und Ökologieinteressen verloren an Stellenwert, während wirtschafts- und arbeitsmarktpolitische Belange in den Vordergrund rückten. Zwar haben sich inzwischen eine Reihe von formalen Regelungen für Umwelt und Natur etabliert und gehören zum festen Bestandteil der Freiraumentwicklung (Eingriffsregelung, UVP etc.) bzw. gibt es aktuell diesbezügliche Bemühungen etwa der EU (Plan-UVP etc.) und des Bundes (BNatSchG). Insgesamt ist aber deutlich zu erkennen, dass sich die politischen und gesellschaftlichen Prioritäten verschoben haben, was sich insbesondere bei der unmittelbaren Umsetzung der Regelungen auswirkt. So betont auch Priebs (1999b: 251), dass „sich eine zunehmende Aufweichung von Planungsprinzipien bzw. eine rückläufige Bereitschaft in Politik und Planung, das rechtliche Instrumentarium anzuwenden bzw. auszunutzen, nicht übersehen" lässt. Die aktuelle Diskussion um die Reduzierung des zweiten Arbeitsmarktes gibt zudem Anlass zu der Befürchtung, dass durch fehlende Arbeitskräfte im Umwelt- und Naturschutzbereich, der in den letzten Jahren entscheidend vom zweiten Arbeitsmarkt profitiert hat, eine weitere Schwächung erfolgt.

Bedeutungsgewinn kommunikativer Instrumente

Vor dem Hintergrund der beschriebenen Steuerungsdefizite und veränderten Rahmenbedingungen, welche die Wirksamkeit der traditionellen Instrumente einschränken, stellt sich die Frage nach anderen, neuen Steuerungsformen.[14] In den letzten Jahren haben diesbezüglich kommunikative Instrumente an Bedeutung gewonnen. Der Anspruch auf flächendeckende Steuerung wird aufgegeben und ein projektorientierter Ansatz sowie verstärkte Kommunikationsarbeit im Rahmen eines kooperativen Steuerungsmodus sollen den Steuerungsdefiziten entgegen treten. Neben das etablierte Instrumentarium der stadtregionalen Freiraumentwicklung treten kommunikative und informelle Instrumente und ergänzen diese. „Die gewachsene Bedeutung von informellen Verfahren und ‚weichen' Instrumenten macht aber die Ordnungs- und Entwicklungsinstrumente keineswegs unwichtig. Erforderlich ist eine Kombination beider Arten von Instrumenten, wobei der geeignete ‚Instrumentenmix' nach den Anforderungen der jeweiligen Region zu ermitteln ist" (ARL 1998a: 39; vgl. Priebs 1998: 220). Beispielsweise dürfte „das ROV (...) in seiner Wirkung gerade auch für die Flächenhaushaltspolitik noch effektiver werden, wenn in den Verfahrensgang stärker auch informelle Kooperationsprozesse integriert würden. Dann würde eine nahezu ideale Kombination von stringenter Steuerung über Planungsziele und von Verhandlungsstrategien durch die Suche nach der raum- und umweltverträglichsten Alternative erreicht" (ARL 1999: 142).

Kooperative und integrierte Prozesse der Problembewältigung, der Konsensfindung und des Planungsmanagements werden gefordert, um eine nachhaltige Entwicklung wirkungsvoll umzusetzen. Damit einher geht ein verändertes Selbst- und Aufgabenverständnis in der regionalen Planungspraxis. Diese Einschätzungen weisen auf einen Wandel in der Planungskultur hin, der im folgenden Kapitel thematisiert wird. Hier geht es darum den Bedeutungsgewinn kommunikativer Instrumente vor dem Hintergrund der steuerungstheoretischen Debatte herzuleiten und die Veränderungen im Planungs- und Aufgabenverständnis der stadtregionalen Freiraumentwicklung aufzuzeigen.

---

14 Vor dem Hintergrund dieser kritischen Einschätzung verwundert im Übrigen, die positive Beurteilung, dass „den Instrumenten Regionaler Grünzug und Grünzäsur (...) attestiert (wird), dass sie sich in Ergänzung zum punkt-axialen Siedlungskonzept in Gebieten mit starkem Siedlungsdruck (Großstadtregionen) bewährt haben. Zwar sind teilweise Verbesserungen hinsichtlich Begriffswahl, Zielsetzung, methodischer Herleitung und Bestimmung des räumlichen Anwendungsbereichs erforderlich, eine grundsätzliche Modifikation dieser Instrumente ist jedoch nicht notwendig" (ARL 1998a: 18).

2. Planungstheoretische Einordnung: Wandel der Planungskultur, steuerungstheoretische und planungsgeschichtliche Einordnung kommunikativer Planungsinstrumente

Räumliche Planung stellt sich der Aufgabe, konkurrierende Flächennutzungen zu koordinieren und dabei Kollektivgutinteressen zu vertreten. Insbesondere für die Freiraumplanung ist dabei entscheidend, dass Boden ein öffentliches Gut ist. Um dieses Gut vor dem Hintergrund des Leitbilds der „Nachhaltigkeit" nicht allein der Koordination durch Marktmechanismen zu überlassen, bedarf es wirkungsvoller Strategien und Instrumente, die auf die aktuellen Rahmenbedingungen abgestimmt sind. In diesem Rahmen hat der Stellenwert kommunikativer Instrumente zur Sicherung, Entwicklung und In-Wert-Setzung von Freiräumen im Kontext des Instrumenten-Mix zugenommen. In Kapitel II. 2.1 wird dieser Bedeutungsgewinn steuerungstheoretisch hergeleitet und im Anschluss werden diesbezügliche Veränderungen im Planungsverständnis (Kapitel II. 2.2) dargestellt. Letzteres umfasst sowohl einen planungstheoretischen Rückblick als auch die wesentlichen Kennzeichen eines gewandelten Planungsverständnisses. Darauf aufbauend erläutert Kapitel II. 2.3 das gewandelte Aufgabenverständnis vor dem Hintergrund aktueller Trends der Freiraumentwicklung und ordnet die kommunikativen Instrumente stadtregionaler Freiraumpolitik im Kontext eines strategischen Instrumenten-Mix ein.

2.1 Steuerungstheoretische Erklärungsansätze zum Bedeutungsgewinn kommunikativer Planungsinstrumente

Zur Erklärung des Bedeutungsgewinns kommunikativer Planungsverfahren existieren eine Reihe theoretischer Erklärungsansätze aus verschiedenen Disziplinen, beispielsweise Staats- und Steuerungstheorien (Akteurtheorien etc.), ökonomisch ausgerichtete Theorien (Rational choice-Theorie, Transaktionskosten-Ansatz, Spieltheorie, Regulationstheorie etc.), Theorien der Selbstorganisation (Chaostheorie, Theorien sozialer Systeme, Synergetik etc.), Verhandlungstheorien (Havard-Modell etc.), Theorie der Politikverflechtung u.a.m. (vgl. Kestermann 1997). Alle diese Erklärungsansätze beinhalten konstruktive Teilaspekte für eine kommunikative Planungstheorie. Die Aufbereitung dieser Vielzahl von Planungsansätzen würde jedoch den Rahmen der vorliegenden Arbeit sprengen und eine vergleichende und systematische Auswertung der Theorien mit Blick auf die Planungskommunikation liegt derzeit (noch) nicht vor, wenngleich sie für die planungstheoretische Diskussion von großem Interesse wäre.

Im Folgenden wird die steuerungstheoretische Debatte im Spannungsfeld zwischen „hierarchischer Steuerung" und „kooperativem Staat" aufgezeigt. Dabei seien als wesentliche Theoriestränge der Steuerungsdebatte die Positionen der Systemtheorie und der Akteurtheorie skizziert,[15] und es werden Bezüge zur Fragestellung und dem Untersuchungsansatz der vorliegenden Arbeit hergestellt.

Zur steuerungstheoretischen Debatte

Ausgangspunkt der zunehmenden Bedeutung kommunikativer Planungsansätze waren unter anderem steuerungstheoretische Überlegungen zur „Handlungsfähigkeit des Staates am Ende des 20. Jahrhunderts" (Scharpf 1991).[16] In diesem Rahmen sind sich Vertreterinnen und Vertreter verschiedener Theorierichtungen – im folgenden werden die Ansätze der System- und der Akteurtheorie näher ausgeführt – einig, „dass das Steuerungsmedium Hierarchie als politische Option an Bedeutung eingebüßt hat" (Braun 2000: 167). Unterschiedliche Auffassung bestehen allerdings darüber, welche Schlussfolgerungen aus dieser Kritik zu ziehen sind, insbesondere welche Steuerungsmöglichkeiten dem Staat zukünftig verbleiben. Neben dem fundamentalen Steuerungspessimus der Systemtheorie wird das Modell des „kooperativen Staa-

---

15 Als wesentlicher Vertreter der Systemtheorie gilt im deutschsprachigen Raum Niklas Luhmann. Von sozialen Systemen spricht er, „wenn Handlungen mehrerer Personen sinnhaft aufeinander bezogen werden und dadurch in ihrem Zusammenhang abgrenzbar sind von einer nicht dazugehörigen Umwelt" (Luhmann 1973: 9). Als Hauptmerkmale moderner Gesellschaften beschreibt Luhmann Komplexität und funktionale Ausdifferenzierung. Die zentrale Aufgabe besteht darin, die Komplexität zu reduzieren, um sie handhaben zu können und Sicherheiten für Verhalten zu erreichen.
Die Akteurtheorie prägen insbesondere Renate Mayntz und Fritz W. Scharpf. Im Mittelpunkt steht die „politische Steuerung", die dem Staat als Steuerungssubjekt zuzuordnen ist. Als Steuerungsziel sollen Zustandsänderungen des Steuerungsobjekts im Hinblick auf eine gemeinwohlorientierte Gestaltung des gesellschaftlichen Umfelds erreicht werden. Dazu setzt die politische Steuerung regulierende, finanzielle und prozessuale Steuerungsformen ein (vgl. Mayntz 1987; Scharpf 1988). Die Akteurtheorie versteht politische Steuerung zwar nur noch als einen sozialen Teilprozess unter anderen, behält dem Staat aber eine Einwirkungsmöglichkeit in Form der Letztentscheidungsfunktion, quasi als „Rute im Fenster", vor (Mayntz, Scharpf 1995: 29).
Die Abgrenzung von der Systemtheorie Luhmanns lässt sich wie folgt beschreiben: „Politische Steuerung ist für Luhmann ein Ding der Unmöglichkeit und damit allenfalls Illusion. Dies steht im harten Kontrast zur akteurtheoretischen Sicht, dass politische Gesellschaftssteuerung zwar sicherlich schwierig, aber prinzipiell möglich ist" (Lange 2000: 25).

16 Unter „staatlicher Steuerung" wird im folgenden „eine absichtsvolle und im Sinne der eigenen Ziele erfolgreiche Intervention (...) der Politik in die Strukturen und Prozesse der Wirtschaft und anderer Funktionssysteme" (Scharpf 1989: 18) verstanden. Ausgehend von dem Verständnis der Akteurtheorie spielen die Akteure eine entscheidende Rolle, denn „Steuerung (heißt) nicht nur gezielte Beeinflussung, sondern ein System von einem Ort oder Zustand zu einem bestimmten anderen zu bringen" (Mayntz 1987: 93).

tes" erläutert, das aus Sicht der Akteurtheorie ein pragmatisches Steuerungsmodell beschreibt.

Kennzeichen des „hierarchischen Staates" und kritische Einschätzung

Das Konzept der hierarchischen Steuerung lässt sich durch einige wesentliche Kennzeichen beschreiben: Bei hierarchischer Steuerung hat ein Akteur die alleinige Macht zu entscheiden, entsprechend findet sich das Instrument der zentralen Weisungen, Normen werden als bindende Vorgaben für andere Akteure gesetzt und hoheitliche Machtmittel, vor allem Recht und Geld, kommen zum Einsatz. Bezogen auf die hierarchisch organisierte Verwaltung wird die Wirksamkeit der hierarchischen Steuerung unter anderem in folgenden Funktionsmechanismen gesehen: „Die Herstellung und Aufrechterhaltung langer Handlungsketten; die Monopolisierung der Entscheidung bei der Spitze; die fast uneingeschränkte Reduplikationsfähigkeit der Struktur; ein hohes Maß an Programmsicherheit; eine durch Arbeitsteilung und Spezialisierung ermöglichte Leistungsfähigkeit; eine effektive Kontrollierbarkeit und Dirigierbarkeit des Apparates, der Kraft klarer Rangordnung und präziser Aufgabenzuweisung in sich stabil ist; eine vergleichsweise einfache Koordination der Behörden sowie die Klärung von Meinungsverschiedenheiten oder von innerorganisatorischen Kompetenzkonflikten durch Entscheidungen des nächsthöheren gemeinsamen Vorgesetzten" (Kilper 1999: 52f).

Staatliche Hierarchie wirkt nach innen (staatliche Behörden) und nach außen (gesellschaftliches Umfeld). Aus den Kennzeichen hierarchischer Steuerung leiten sich jedoch zahlreiche Defizite ab, die sich negativ auf die innere Struktur der Verwaltung als auch auf das gesellschaftliche Umfeld auswirken. Zu nennen sind vor allem die Überlastung der Vorgesetzten, das sich verbreitende Desinteresse der Mitarbeiter, die Förderung des konkurrierenden Ressortdenkens, so dass Kommunikationsbarrieren in der horizontalen und vertikalen Kommunikation entstehen, die mangelnde Eigeninitiative und Verantwortung für das Ganze, die entstehenden Informationsdefizite bei Verwaltungsspitze und auf der Bearbeiterebene sowie mangelndes Innovationsverhalten. Nicht zuletzt werden der hierarchischen Steuerung Motivations-, Mobilisierungs- und Partizipationsdefizite derjenigen zugewiesen, die vom Handeln des Staates betroffen sind. (vgl. ebd.)

Die genannten Leistungen und Defizite der hierarchischen Steuerung sind in ihrer Wirkung von den jeweiligen Aufgaben abhängig. Tendenziell wird hierarchischen Strukturen um so mehr Effizienz zugeschrieben, desto höher der Anteil an Routine-Aufgaben ist und um so größere Ineffizienz je höher der Anteil an flexiblen, nicht-programmierten und auf innovatives, kreatives Gestalten ankommende Aufgaben wird (vgl. Becker 1976; Schuppert 1981).

Aus systemtheoretischer Sicht wird die Wirksamkeit hierarchischer Steuerung jedoch grundsätzlich in Frage gestellt. Ausgangspunkt sind Überlegungen zur Komplexität und zunehmenden Ausdifferenzierung der gesellschaftlichen Teilsysteme. Luhmann vertritt die am Weitesten gehende steuerungspessimistische Einschätzung und stellt die Steuerungsfähigkeit der Gesellschaft durch den Staat grundsätzlich in Frage. Die moderne Gesellschaft sei durch eine ausgeprägte und zunehmende funktionale Differenzierung gekennzeichnet, so dass Politik und Verwaltung nur als Teilsysteme neben zahlreichen anderen Teilsystemen – beispielsweise Wirtschaft, Erziehung und Wissenschaft – zu verstehen seien. Diese seien jeweils für sich weitgehend selbstorganisiert (Aspekt der Selbstreferenz) und damit resistent bzw. zumindest indifferent gegenüber externen Steuerungsimpulsen (vgl. Luhmann 1989; Lange Braun 2000).

Da zudem der Anteil an flexiblen, nicht-programmierten und auf innovatives, kreatives Gestalten zielenden Aufgaben im Zuge der Stadt- und Regionalentwicklung zunehmend wichtiger wird, um positive Impulse für die zukünftige und nachhaltige Entwicklung zu setzen, ist hierarchische Steuerung nicht mehr ausreichend. Mit den Vollzugs- und Koordinationsdefiziten staatlichen Handelns verliert der hierarchische Steuerungsmodus in vielen Politikfeldern an Bedeutung (vgl. Voigt 1995a und b).

Während also Übereinstimmung in Bezug auf den Bedeutungsverlust hierarchischer Steuerung besteht, gibt es unterschiedliche Auffassungen über die Frage, welche Steuerungsmöglichkeiten dem Staat verbleiben.

Der „kooperative Staat": Charakteristika und Kritikpunkte

Die Akteurtheorie vertritt dagegen eine pragmatischere Auffassung. Staatliche Steuerung sei zwar in der vorherrschenden hierarchischen Form zunehmend wirkungslos, als Alternative biete sich aber der „kooperative Staat" (Ritter 1979), also eine Art von Steuerung, die auf Kooperation und Verhandlung basiert (vgl. Fürst 1996).[17] Von entscheidender Bedeutung ist dabei ein geändertes Selbstverständnis des Staates. Er erkennt, dass er nicht mehr der den anderen Akteuren überlegene Dirigent, sondern nur noch „Mitspieler in einem Netz von Handelnden" ist (Fürst 1987: 266). In diesem Zusammenhang soll „Kooperation (...) dazu dienen, staatliche Leistungsfähigkeit bei zunehmender Komplexität gesellschaftlicher Probleme, Unsicherheit von Entwicklungen und Ressourcenknappheit sicherzustellen" (Benz 1994a: 59). Dabei werden dem kooperativen Staat folgende Funktionen zugewiesen (vgl. Hesse 1990; Ritter 1990):

---

17 In dieselbe Richtung wie der „kooperative Staat" zielen die Überlegungen von Kaufmann (1991) zum „Steuerungsstaat" und von Böhret und Konzendorf (1995) zum „funktionalen Staat". Im Rahmen dieser Arbeit wird vom „kooperativen Staat" die Rede sein, da dieser Begriff in der wissenschaftlichen Diskussion die größte Verbreitung gefunden hat (vgl. Voigt 1995; Braun 1997).

- *Orientierungsfunktion:* Dem Staat kommt die Definitionsmacht zu, welche gesellschaftlichen Probleme zu behandeln und inwieweit die Politikergebnisse das Gemeinwohl ausreichend zu berücksichtigen sind.
- *Organisationsfunktion:* Der Staat hat die Macht, alle für eine Thematik wichtigen Akteure in ein Verhandlungssystem einzubinden.
- *Vermittlungsfunktion:* Er gewährleistet – vor allem in der Startphase der Verhandlung – die Kooperation zwischen den Akteuren aus den Sphären Staat und Kommunen, Wirtschaft und Gesellschaft.
- *Letztentscheidungsfunktion:* Die staatliche Letztentscheidung bzw. Sanktionsgewalt bleibt im Hintergrund des Verhandlungssystems sichtbar. Dadurch kann der Staat sicherstellen, dass Gemeinwohlinteressen in ausreichendem Maß einbezogen werden, wenn dies die beteiligten Akteure im Zuge der Kooperation nicht selbst in ausreichendem Maß gewährleisten.

Will man die Merkmale von Kooperation näher definieren, so bietet die Abgrenzung zur Verflechtung eine Annäherung. Abbildung 22 stellt Kooperation und Verflechtung anhand der folgenden Merkmale gegenüber: Eintritts- und Austrittsbedingungen, Form der Zusammenarbeit, Entscheidungsregeln und -verbindlichkeit sowie Ausschließlichkeit, d.h. inwieweit das jeweilige Entscheidungssystem ein Entscheidungsmonopol für bestimmte Sachfragen besitzt.

Während beiden Entscheidungssystemen gemeinsam ist, dass sie auf Verhandlungen beruhen, bestehen darüber hinaus zahlreiche Unterschiede. Dadurch dass die Eintrittsschwelle bei der Kooperation niedrig liegt, wird ein Zustandekommen der Zusammenarbeit begünstigt. Allerdings führen die geringen Austrittskosten dazu, dass die Kooperation nur eine vergleichsweise geringe Stabilität aufweist, ihren Nutzen für die beteiligten Akteure also ständig neu nachweisen und sich legitimieren muss. Verflechtung neigt dagegen zur Verstetigung, da sie, wenn sie einmal – z.B. in Form eines landesgesetzlich geregelten Kommunal- oder Zweckverbandes – eingerichtet ist, sehr hohe Austrittshürden aufbaut. Wegen dieser Austrittsschwellen kommt Verflechtung vielfach eher durch staatlichen Zwang zustande, entwickelt sich aber kaum freiwillig. Durch den freiwilligen Charakter verfügt Kooperation allenfalls über geringe Sanktionsmöglichkeiten, wenn einzelne Akteure den Ergebnissen der Verhandlung zuwider handeln. Im Vordergrund stehen zum einen positive Anreizmechanismen wie Fördermittel, die an die Verhandlungsergebnisse gebunden werden. Zum anderen spekulieren die Beteiligten auf einen langfristigen Nutzen, wenn sie sich aus dem Verhandlungssystem Vorteile für ihre Interesse ausrechnen können („do ut des-Geschäfte", Saldierung der Gewinne und Verluste aus der Verhandlung über einen längeren Zeitraum, vgl. Benz 1992b; zu Merkmalen der Kooperation vgl. Selle 1994).

Im kooperativen Staat erlangen intermediäre Verhandlungssysteme einen besonderen Stellenwert. Moderatoren, Vermittler bzw. intermediäre Organisationen bieten die Möglichkeit, die Kooperationspraxis zu effektivieren. Sie sollen dazu beitragen, die staatlichen Informations-, Organisations- und Moderationsfunktionen zu erfüllen (vgl. Kilper 1999). Auch als „Brückeneinrichtungen" oder „Mittlerinstanzen" bezeichnet, übernehmen sie vermittelnde Aufgaben zwischen den Sphären Staat/Kommunen, Wirtschaft und Gesellschaft und stellen „institutionelle Verfestigungen des Kooperationsprozesses" dar (Selle 1994: 68).

Abb. 22: *Entscheidungssysteme des „kooperativen Staates": Vergleich von Kooperation und Verflechtung*

Entscheidungssysteme des „kooperativen Staates":
Vergleich von Kooperation und Verflechtung

	Kooperation	Verflechtung
Eintrittsbedingungen	freiwilliger Beitritt	Beitrittszwang
Austrittsbedingungen („exit option")	realistische Austrittsoption	keine Austrittsoption
Form der Zusammenarbeit	Verhandlungen	Verhandlungen
Entscheidungsregeln	auf Konsens ausgerichtet	Mehrheitsentscheidungen möglich
Entscheidungsverbindlichkeit	geringe Sanktionsmöglichkeiten bei Missachtung von Beschlüssen	glaubhafte Sanktionsmöglichkeiten
Ausschließlichkeit/ Entscheidungsmonopol	kein Entscheidungsmonopol des Verhandlungssystems	Entscheidungsmonopol bei bestimmten Sachfragen

Quelle: Voigt 1995a: 20 nach Goetz 1995

Doch auch der kooperative Steuerungsmodus weist Defizite auf. Dies bezieht sich z.B. auf die Gefahr der Selbst- bzw. Entscheidungsblockade, der Verschleppung von Verhandlungen, einer Einigung auf den kleinsten gemeinsamen Nenner sowie auf Legitimations- und Kontrolldefizite (vgl. Kilper 1999).

Trotz der benannten Defizite hat der kooperative Steuerungsmodus in den letzten Jahren in vielen Politikfeldern an Bedeutung gewonnen. Mayntz (1993: 41) beurteilt das Aufkommen kooperativer Politiknetzwerke zwar als Anzeichen „für einen ‚schwachen Staat', aber es signalisiert gleichzeitig Sensibilität für die erhöhte Komplexität politischer Herrschaft und für zunehmende Konsensbedürfnisse in modernen demokratischen Gesellschaften."

Allerdings ist der kooperative Steuerungsmodus bzw. kooperative Staat nicht so zu verstehen, dass der Staat unter den heutigen Bedingungen hierarchische Steuerung gänzlich aufgibt. „Hierarchische Intervention kommt weiterhin vor und ist in mancherlei Hinsicht, nämlich als ‚Rute im Fenster', auch im Kooperativen Staat notwendig" (Braun 2000: 168). Auch Kilper (1999) spricht von „Kooperation im Schatten der Hierarchie" und fördert einen „machtgestützten Raum" für Aushandlungsprozesse. Folglich findet eine Verschränkung des hierarchischen und des kooperativen Steuerungsmodus statt.

Abb. 23: *Ein Definitionsversuch: Konstitutive Merkmale neuer Formen kooperativer Planungsverfahren*

Kooperation bezeichnet als Kurzbegriff ein institutionelles Arrangement, das definiert wird durch:
- eine zwangfreie Zusammenarbeit
- von mindestens zwei autonomen Akteuren
- zur (versuchten) Lösung von konkreten (manifesten oder latenten) Problemen/ Konflikten auf definierten Handlungsfeldern
- mit akteurs-/systemübergreifenden Problemlagen und Akteurskonstellationen,
- die mit Hilfe von Verhandlungen
- nach vereinbarten „partnerschaftlichen Spielregeln"
- mit dem Ziel eines (partiellen) Konsenses (im – generellen – Dissens)
- außerhalb von gegebenenfalls vorhandenen regulatorischen Instrumenten
- und unter Verzicht von Machteinsatz erfolgt
- sowie die Umsetzung dieses Konsenses und ihre Überprüfung umfasst
- zum wechselseitigen Vorteil aller Beteiligten und
- ohne negative Auswirkungen auf Dritte/Unbeteiligten (bewusst) anzustreben.

Quelle: Kestermann 1997: 75

Kooperative Aufgabenerfüllung in Staat und Verwaltung lässt sich in zahlreichen Politikfeldern, auf allen Ebenen des Staates und zwischen diesen Ebenen feststellen (vgl. Benz 1994a). Entsprechend finden sich vergleichbare Entwicklungen ebenso in der staatlichen Planung allgemein sowie in der Raum- und Umweltplanung speziell. Auch Healey (1992) spricht von einem paradigmatischen Wandel von der „technischen Planung" zur „kommunikativen Planung", von einem „communicative turn of planning." Dabei besteht eine große Vielfalt der Begriffe für nicht-hierarchische Steuerungsformen (Verhandlungssysteme, Netzwerke, kooperative Handlungsformen, kooperative Politikformen, kommunikative Verfahren etc.; vgl. Kilper 1996 und 1999; Scharpf 1992b; Benz 1994a) und unterschiedlicher Kooperations- bzw. Kommunikationsformen, die sich entsprechend zwischen Staat/Kommunen, Wirtschaft und Gesellschaft herausgebildet haben (von Erfahrungsaustausch bis Privat-Public-Partnership). Eine Konkretisierung von Kooperation in der räumlichen Planung gibt die Abbildung 23.

Dahinter steht die Erkenntnis, dass „der gesamte Planungsprozess – von der Definition des Problems bis zur Umsetzung der gefundenen Lösung – (...)

eine Kommunikationsaufgabe" ist (Selle 1996b: 11) und dass mit den Erkenntnissen aus der steuerungstheoretischen Debatte auch ein Wandel im Planungsverständnis einhergehen muss. Dieser Wandel im Planungsverständnis sei im folgenden Kapitel thematisiert.

2.2 Veränderungen im Planungsverständnis

Der Bedeutungswandel kommunikativer Planungsverfahren vor dem Hintergrund der steuerungstheoretischen Debatte über die Handlungsfähigkeit des Staates steht im Zusammenhang mit Veränderungen des Planungsverständnisses. Das Selbstverständnis der Planung ist ein wesentliches Element einer gewandelten Planungskultur, die der räumlichen Planung zu Grunde liegt. Dazu wird im Folgenden zunächst ein Blick auf die verschiedenen Phasen der Planung geworfen (Kap. II. 2.2.1), um aufzuzeigen, wie das derzeitige Planungsverständnis entstanden ist und wie sich der Einsatz der verschiedenen Instrumentarien, insbesondere mit Blick auf den Einsatz kommunikativer Instrumente, geändert und erweitert hat. Danach erfolgt eine Beschreibung wesentlicher Kennzeichen als „Stand der Technik" des heutigen veränderten Planungsverständnisses (Kap. II. 2.2.2).

2.2.1 Entwicklung des Selbstverständnisses der räumlichen Planung: Planungsgeschichtliche Phasen

Schichtenmodell des Planungsverständnisses

Für das Verständnis der aktuellen Phase des „perspektivischen Inkrementalismus auf dem Weg zur Normalität" ist es nötig, diese im Zusammenhang mit ihren Vorläufern zu sehen. Denn räumliche Planung und ihr Selbstverständnis lassen sich durch unterschiedliche Entwicklungsstufen kennzeichnen (vgl. Albers 1969: 88 und 1993; Rodenstein 1983; Selle 1994 und 1995; Wagener 1970). Die von Albers benannten Phasen Perspektiv-, Entwicklungs-, Auffang- und Anpassungsplanung verdeutlichen zugleich einen Wandel im Planungsverständnis, der Bezüge zum kommunikativen Instrumentarium erkennen lässt. Während Albers in diesem Zusammenhang von einem „Phasenmodell" spricht und dabei aufeinander folgende, sich ablösende Phasen eines sich wandelnden Planungsverständnisses beschreibt, veranschaulicht Selle diese Entwicklungen anhand eines „Schichtenmodells".

Diese Vorstellung geht davon aus, dass sich die einzelnen Phasen bzw. Stufen ergänzen und damit in einem gewissen Maß eine Kontinuität und Parallelität der Entwicklungen festzustellen ist (vgl. Abb. 24).

Im folgenden illustrieren die Phasen „perspektivischer Inkrementalismus auf dem Weg zur Normalität" und „Perspektivplanung und perspektivischer Inkrementalismus" zunächst das gegenwärtig vorherrschende Planungsverständnis, wobei insbesondere der Bezug zu einer kommunikativen Planungsmethodik im Mittelpunkt steht. Dieser aktuelle „Stand der Technik" der Planungsmethodik erfährt anschließend eine geschichtliche Einbettung in die vorhergehenden Phasen der integrierten Entwicklungsplanung sowie der Anpassungs- und Auffangplanung. Dabei ist die Phase der integrierten Entwicklungsplanung von besonderem Interesse, da die kritische Diskussion der damaligen Erfahrungen räumlicher Planung in der übergeordneten steuerungstheoretischen Debatte einen Bezugsrahmen fand. Was dort, wie im vorhergehenden Kapitel beschrieben, in eine grundsätzliche Auseinandersetzung über die Steuerungspotenziale des Staates in einer sich wandelnden Gesellschaft mündete, fand in der Hinwendung zu dem planungsmethodischen Konzept des perspektivischen Inkrementalismus und in der damit verbundenen Aufwertung kommunikativer Verfahrenselemente seine Entsprechung.

Abb. 24: Wandel im Planungsverständnis

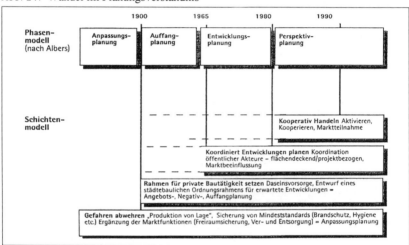

Quelle: Selle 1995: 240

Perspektivischer Inkrementalismus auf dem Weg zur Normalität

Die gegenwärtige Phase der räumlichen Planung ist vom „perspektivischer Inkrementalismus" geprägt, wie er im Rahmen der IBA Emscher Park (1989–1999) praktiziert und vielfältig reflektiert wurde. Selle verweist darauf, dass bezüglich des aktuellen Selbstverständnisses nun von einem „Beginn der Normalität" gesprochen werden kann (vgl. Selle 2000a). Gemeint ist, dass die Experimentier- und Orientierungsphase der inkrementalen und zugleich perspektivischen sowie auf Kooperation und Verhandlung bauenden Vorgehensweise der IBA Emscher Park in den Planungsalltag übergeht. Dabei wird dem Staat – als einem Akteur im Netzwerk der vielfältigen Akteure stadtregionaler Entwicklung – unverzichtbar die Rolle zugesprochen, Gemeinwohlinteressen und damit auch die Zieldimensionen der Nachhaltigkeit zu vertreten. Planung, Projektentwicklung und kommunikative Prozessgestaltung bzw. -management bestehen gleichzeitig als Anforderungsprofil an die Stadt- und Regionalplanung. Dieses Rollenverständnis, das die fachliche und die kommunikative, verfahrensgestaltende Kompetenz verknüpft, wird in Praxis und Wissenschaft als „Stand der Technik" anerkannt. Die einzelnen Kennzeichen dieses gewandelten Planungsverständnisses werden im nachfolgenden Kapitel ausführlicher erläutert (siehe Kap. II. 2.2.2).

Perspektivplanung und Perspektivischer Inkrementalismus

Mit dem Begriff des perspektivischen Inkrementalismus bezeichnet Ganser (1991: 59f) einen Planungsansatz, der die Kritikpunkte an der vorangegangenen Phase der integrierten Entwicklungsplanung und der inkrementalistischen Vorgehensweise aufgreift, die als zwei gegenläufige Ansätze debattiert wurden. Der perspektivische Inkrementalismus ist durch eine Vielzahl von kleinen Schritten und Projekten geprägt, die aber zugleich eine gemeinsame perspektivische Vorstellung zum Ziel haben und damit nicht zusammenhanglos nebeneinander stehen (vgl. auch Ganser, Siebel, Sieverts 1993).

Das Planungsverständnis, das mit diesem projektorientierten und perspektivischen Planungsansatz einher geht, beginnt ab Anfang der 80er Jahre in Wissenschaft und Praxis an Bedeutung zu gewinnen.[18] Insbesondere in den 90er Jahren, die durch die steuerungstheoretische Debatte über die „Handlungsfähigkeit des Staates am Ende des 20. Jahrhunderts" (Scharpf 1992a) geprägt sind, setzen Staat und Kommunen verstärkt auf eine auf Kooperation und Verhandlung basierende Steuerung. Gleichzeitig wird der Anspruch auf flächendeckende Steuerung zurückgedrängt und ein projektorientiertes Vorgehen gewinnt an Stellenwert. Ähnlich dem Konzept des „mixed scanning" von Etzioni (1973) beschreibt Ganser (1991: 59f) die methodischen Konstruktionsprinzipien mit folgenden Merkmalen: „1. Die Zielvorgaben bleiben auf dem Niveau von gesellschaftlichen Grundwerten. (...) 2. Prinzipientreue am Einzelfall (...), 3. Projekte statt Programme (...), 4. Überschaubare Etappen (...), 5. Verzicht auf flächendeckende Realisierung

---

18   Gleichzeitig werden in Bezug auf die Freiraumentwicklung im Zuge eines politischen Prioritäten-wechsels zu Gunsten ökologischer Themen in den 80er Jahren auch Landschaft und Natur wichtiger. Instrumente wie Landschaftsplanung, Eingriffsregelung, Umweltverträglichkeitsprüfung gelangten in die Praxis.
Wolschke-Bulmahn (1999) zeigt auf, dass bereits Anfang des 19. Jahrhunderts sowie vor allem unter den demokratischen Bedingungen der Weimarer Republik die Ursprünge einer sozialorientierte Freiraum- und Landschaftsplanung eine tragfähige Basis geschaffen wurde, diese Entwicklung wurde jedoch durch den Nationalsozialismus verdrängt.

pen (...), 5. Verzicht auf flächendeckende Realisierung (...), 6. Integration der Instrumente statt Integration der Programme (...), 7. Ökonomische statt rechtliche Intervention."

In Bezug auf die räumliche Planung ist diese Phase zugleich dadurch gekennzeichnet, dass zum einen die (stadt-)regionale Ebene an Bedeutung gewinnt. Zum anderen treten freiwillige, informelle Kooperationen auf interkommunaler oder regionaler Ebene als Organisationsform in den Vordergrund.[19] Ein renommiertes Praxisbeispiel des planungstheoretischen Ansatzes des perspektivischen Inkrementalismus im Bereich der stadtregionalen Entwicklung bzw. regionalen Strukturpolitik ist die IBA Emscher Park. Ihre Steuerungsform beruht nach Ganser, Siebel und Sieverts (1993: 118) auf einem „dezentralisierten Modell eines projektbezogenen Inkrementalismus".[20] Parallelen zum Planungsansatz der IBA Emscher Park zeigen aktuell zahlreiche Praxisprojekte der Stadt- und Regionalentwicklung (vgl. Hüchtker et al. 2000), beispielsweise auch die in Kapitel IV. beschriebenen.

Nach Selle (1995) ist die Phase des perspektivischen Inkrementalismus vor allem durch eine gewandelte Planungsmethodik gekennzeichnet, die sich durch kommunikatives bzw. kooperatives Handeln ausdrückt. „Aktivieren, Kooperieren, Marktteilnahme" sind in diesem Zusammenhang wichtige Kennzeichen. Dabei stellt sich die öffentliche Planung nur mehr als ein Ak-

---

[19] Ausdruck davon sind beispielsweise entsprechende Zielsetzungen im Raumordnungspolitischen Orientierungsrahmen (BMBau 1993a) sowie die explizite Benennung von Regionalen Entwicklungskonzepten und Städtenetzen als Instrumente zur Umsetzung der Raumordnung im ROG 1998 (§ 13). Neu ist der informelle Charakter der Zusammenarbeit. Regionale Kooperationen sind dagegen keine Neuheit. Regionalverbände bzw. Regionale Planungsverbände blicken auf eine lange Geschichte zurück, erste Gründungen gab es bereits 1912 mit dem Zweckverband Groß-Berlin und 1920 mit dem Siedlungsverband Ruhrkohlenbezirk (SVR). Heute finden sie sich in der überwiegenden Mehrzahl der Verdichtungsräume (vgl. Hinüber, Okonnek 1999; Umlauf 1958; Weyl 1995; Fürst et al. 1990). Der SVR kann zudem als einer der ersten Akteure einer formal institutionalisierten regionalen Freiraumpolitik betrachtet werden; eine seiner Aufgaben bestand darin, übergemeindlich bedeutsame Objekte der Grün- und Freiraumplanung zu verzeichnen und planerisch zu sichern.

[20] Gemeint ist, dass sich die Planungs- und Entwicklungsstrategie der IBA Emscher Park zwischen den beiden Polen „integrierte Entwicklungsplanung" und „Planungs-Inkrementalismus" bewegt. Der Versuch, beide Planungsstrategien miteinander zu kombinieren, war handlungsleitend. Dabei kam die besondere Herausforderung hinzu „Innovationen in nicht-innovativen Milieus" (Häußermann, Siebel 1994a: 52) zu organisieren. Diese Herausforderungen schlugen sich in vier wesentlichen Steuerungsprinzipien nieder: die IBA-Planungsgesellschaft als neue intermediäre Akteurin in der Region, die offensive Organisation von Experten-Netzwerken, Qualitätsanforderungen als Förderkriterien und gezielt eingesetzte Wettbewerbsverfahren (vgl. Kilper 2001). Die Einrichtung der IBA-Planungsgesellschaft bedeutete eine Verlagerung staatlichen Handelns auf eine intermediäre Organisation. Diese Organisationsform ermöglichte es, Informations-, Moderations-, Organisations- und Orientierungsaufgaben zu übernehmen, die sich aus dem Diskurs über den kooperativen Staat und den Wandel staatlicher Steuerung ableiteten.

teur unter anderen dar und ihre hoheitliche Rolle wird durch kooperative Handlungsformen ergänzt. Dieses Verständnis drückt sich ab Anfang der 80er Jahre beispielsweise in Public-Private-Partnerships und lokalen Partnerschaften aus, die diese neuen Kooperationsanforderungen in die Praxis umsetzen. Dahinter steht die Erkenntnis, dass die Verwaltung ihre planerischen Aufgaben nicht alleine, sondern nur gemeinsam mit Akteuren aus Wirtschaft und Gesellschaft lösen kann (vgl. u.a. von Seggern, Kotzke, Sachau 1997).

Dieses Planungsverständnis drückt sich inzwischen in einer Vielzahl neuer Instrumente der räumlichen Planung aus: Regionalmanagement, Regional- und Stadtmarketing, Städtenetze, lokale und regionale Agenda 21-Prozesse etc. sind durchweg Vorgehensweisen, die eine kommunikative Verfahrensmethodik in den Mittelpunkt rücken. Entsprechend hat sich ein breites Spektrum von Formen und Verfahren zur kommunikativen Prozessgestaltung aufgetan. Es reicht von Regionalkonferenzen, Stadt-Umland-Konferenzen sowie Stadt- und Regionalforen, über Workshops, Arbeitskreise und Perspektivwerkstätten bis hin zu Ortsbegehungen und Aktionen (vgl. Bischoff, Selle, Sinning 1996; Hüchtker et al. 2000; Fürst 1994; Sinning 1995a).

Entwicklungsplanung oder inkrementalistisches Planungsmodell

Der Perspektivplanung ging die Phase der Entwicklungsplanung und des inkrementalistischen Planungsmodells voraus. Die Entwicklungsplanung setzte etwa Mitte der 60er Jahre ein. Ihr liegt ein weit reichenderer Steuerungsanspruch der räumlichen Entwicklung zu Grunde. Die Stufe der *integrierten Entwicklungsplanung* (Comprehensive Planning), auch als geschlossenes technokratisches Planungsmodell bezeichnet, beinhaltet die Vorstellung einer umfassenden Planbarkeit räumlicher Entwicklungsprozesse. Sie ist charakterisiert durch die Orientierung an einem einheitlichen Ziel, langfristigem Handeln und einem flächendeckenden Ansatz, indem sie alle Politikfelder umfasst und die Tätigkeitsfelder privater Akteure einbezieht. „Im geschlossenen Modell wird Planung begriffen als das auf abschließende Lösungen gerichtete, instrumentelle Handeln eines Subjekts, das vollständige Informationen besitzt, widerspruchsfreie Ziele verfolgt und über alle notwendigen Mittel verfügt" (Siebel, Ibert, Mayer 1999: 163). Um die integrierte Entwicklungsplanung umzusetzen, wurde vor allem eine umfassende Koordination aller öffentlichen Aktivitäten als wesentliches Mittel angesehen.

Diese Phase ist vor dem Hintergrund des Strebens nach gesellschaftlicher Neuorientierung einzuordnen. Mitte der 60er Jahre war eine Zeit, in der, zunächst verursacht durch ökonomische Rahmenbedingungen, eine Planungseuphorie bestand: Eine Phase allgemeinen Wohlstands kündigte sich an, die man zu verstetigen versuchte, sowie eine kurzzeitige Rezession, die deutlich machte, dass Planung von Bedeutung ist, waren prägende ökonomische Rahmenbedingungen. Gleichzeitig entfachte eine Diskussion über die einseitige materielle Ausrichtung der Gesellschaft und die bestehenden sozialen Ungleichgewichten, die sich in dem Wunsch nach einer Neuorientierung ausdrückten.

Bereits Mitte der 70er Jahre brach die Planungseuphorie jedoch wieder ab. Mit dem Ölpreisschock und dem Bericht des Club of Rome über die „Grenzen des Wachstums" schwang die Stimmung um. Neben der wirtschaftlichen Stagnation beeinflusste die Erkenntnis, dass die Industriegesellschaft einen unverantwortlichen Raubbau an den menschlichen Lebensgrundlagen betreibt, das Bewusstsein der Menschen. „Das Vertrauen in die zukunftsgestaltenden Fähigkeiten der Politik war erschüttert; der gesellschaftliche Konsens über langfristige Ziele zerbrochen" (Ritter 1998: 8).[21] Eine Phase der Planungsernüchterung trat ein. Dieser Wandel führte zu einem neuen Planungsstil. Das „geschlossene Planungsmodell" wurde in seinen Ansprüchen zurückgenommen und ging in ein „offenes, inkrementalistisches Planungsmodell" (Disjointed Incrementalism) über.

Das offene Modell des Inkrementalismus unterschied sich deutlich von der Entwicklungsplanung, „ohne deren Bemühen um eine ganzheitliche Sicht vollständig aufzugeben" (Albers 1999: 584). Inkrementalismus meint, „Planung ist (...) eine unkoordinierte Abfolge kleiner Schritte, kurzfristig und reaktiv, auf Abhilfe bedacht statt auf Zielverwirklichung" (Siebel, Ibert, Mayer 1999: 163). In diesem Modell galt Planung als „the science of muddling through" (nach Lindblom 1964). Das „Durchwursteln" beschreibt einen Prozess, dass relativ unverbundene Entscheidungen aneinandergereiht werden.

Während die integrierte Entwicklungsphase in der Hinsicht kritisiert wird, dass ihr ein „Gott-Vater-Modell" (Siebel) zu Grunde liege, sie umsetzungsschwach, unflexibel und ineffizient sei, steht die inkrementalistische Vorgehensweise in der Kritik, dass zwar viele kleine Schritte geschaffen werden, diese jedoch in keine geordnete räumliche Entwicklungsperspektive münden. Der Inkrementalismus sei eine „resignierte Anpassung an den Alltag" (Häußermann, Siebel 1994a: 54). „Aus diesem Hin und Her zwischen hochgemuter Realitätsferne und ziellosem Pragmatismus sucht das neue Paradigma der ‚projektorientierten Planung' einen dritten Weg, der die Fehler der beiden anderen Ansätze meidet und ihre Stärken nutzt" beschreiben Häußermann und Siebel (ebd.) den Übergang in die heutige Planungsphase.

---

21 Ganser (1991: 57ff) differenziert die Gründe für die Krise der integrierten Planung noch weiter. Als externe politische Gründe für die Krise der Entwicklungsplanung nennt er die mangelhafte Prognosefähigkeit, die unstete öffentliche Finanzpolitik, die „Aufrüstung" der Fachplanungen, die Wachstumsgläubigkeit und die mangelhafte Sensibilität gegenüber ökologischen Problemen. Als weitere Kritikpunkte identifiziert er die zu hohe Komplexität der integrierten Entwicklungsplanung, ihre mangelhafte Präzision sowie schwerfällige Korrigierbarkeit und die fehlende öffentliche Resonanz.

In der Stufe der Entwicklungsplanung gewannen kommunikative Planungsverfahren bzw. kommunikative Instrumente mit der Berücksichtigung von Beteiligungsrechten (Verfahrensrechtsschutz) und einer stärkeren Information der Öffentlichkeit an Bedeutung. Mit dem Bundesbaugesetz 1960 wurden Informationsrechte und Möglichkeiten zur Stellungnahme erstmals rechtlich verankert.[22] Die Zeit war zudem davon geprägt, dass sich Bürgerinitiativen als neue Form der kollektiven Interessenvertretung bildeten, beispielsweise im Kontext der ersten größeren Planungskonflikte in den Sanierungsgebieten der 60er Jahre (vgl. Gugenberger, Kempf 1978). In den folgenden Jahren entwickelte sich das Instrumentarium zur Information und Beteiligung weiter. Zu den rechtlich verankerten Beteiligungsmöglichkeiten gewannen informelle, aktivierende Formen sowie die Kooperation mit Akteuren verschiedener Sphären an Bedeutung (vgl. Selle 1996c: 61ff).

Anpassungs- und Auffangplanung

Während also insbesondere die Phase der Entwicklungsplanung Bezüge zum „communicative turn of planning", wie Healey (1992 und 1996) die neueren Anforderungen an räumliche Planung beschreibt, erkennen lässt, gilt dies weniger für die vorangegangenen Phasen. In der „Anpassungsplanung" bis etwa Ende des 19. Jahrhunderts war das Stadtwachstum, das mit der Industrialisierung und einer Bevölkerungszunahme einher ging, prägend. Eine pragmatische Auffassung vom Städtebau, „die das Stadtwachstum als gegeben hinnimmt" und ein liberales Selbstverständnis des Staates, „der dem Geschehen in Wirtschaft und Gesellschaft seinen Lauf lässt" und „sich darauf beschränkt, die Rechte seiner Bürger zu schützen, und nur eingreift, um Sicherheit und Ordnung zu gewährleisten" (Albers 1969: 11), kennzeichneten diese Phase. In den ersten gesetzlichen Regelungen zum Städtebau spiegelte sich dieser Gedanke wieder: „Mit Fluchtlinien oder Baulinien wird der öffentliche Raum gegen den privaten, die für Zugang und Versorgung notwendige Fläche gegen das Baugrundstück abgegrenzt. Was hinter jenen Baulinien geschieht, bleibt weitgehend der Eigentümerinitiative und damit dem Markt überlassen" (ebd.).

Auch während der darauf folgenden Phase der Auffangplanung von Anfang des 20. Jahrhunderts bis in die 60er Jahre war das eingesetzte Instrumentarium überwiegend durch regulative Instrumente (unter anderem Bauordnungsrecht, Bauleitpläne) geprägt. Während sich die Anpassungsplanung mit Hilfe von städtebaulichen Regelungen vor allem auf die Abwehr von Gefahren konzentriert hatte, die sich aus den wirtschaftlichen Entwicklungen erga-

---

22 Diese wurden später weiterentwickelt. Heute bestehen zahlreiche gesetzliche Informations- und Partizipationsregelungen, die räumliche Planungsprozesse betreffen (vgl. Scholz, Selle 1996: 393ff).

ben, trat die Auffangplanung dem Streben des Marktes durch eigene Vorstellungen stärker entgegen: „Sie produziert ‚Lage' durch den Bau von Infrastrukturen etc. und differenziert diese Standortstruktur durch Bodennutzungsordnungen" (Selle 1994: 58). Daseinsvorsorge und der Entwurf eines städtebaulichen Ordnungsrahmens für erwartete Entwicklungen waren wichtige Schlagworte der Auffangplanung.

In dieser Phase bestand allerdings ein sehr steuerungspessimistisches Planungsverständnis, das davon ausging, dass die räumliche Entwicklung in ihrem Wesen dem planenden Eingriff unzugänglich bliebe, „der Planer (...) nur eine ‚lenkende Hand zu bieten'‚ vermochte und es im Wesentlichen um den „Entwurf eines – in gewissen Grenzen flexiblen – räumlichen Rahmens, für die Entwicklung von Wirtschaft und Gesellschaft" ging (Albers 1969: 12). So stellte beispielsweise „der Flächennutzungsplan einer Großstadt, für eine bestimmte Einwohnerzahl ausgelegt, (...) in aller Regel nicht eigentlich ein Entwicklungsziel dieser Stadt dar, sondern war als Nachweis gemeint, dass diese Zahl untergebracht werden könnte, sollte dies einmal notwendig werden" (ebd.).

Fazit zum Wandel im Planungsverständnis

Bezogen auf die skizzierten Phasen lässt sich resümieren, dass der Wandel des Planungs-Selbstverständnisses ein Auf und Ab in Bezug auf die Wirkungsmöglichkeiten räumlicher Planung zeigt. Der Beginn der modernen Stadtplanung war zunächst von der defensiven Haltung geprägt, dass räumliche Planung gesellschaftliche Entwicklung nicht steuern, sondern allenfalls Anfassungs- und Auffangleistungen vollbringen könnte. Hintergrund war zunächst unter anderem die ausgesprochen wirtschaftsliberale gesellschaftliche Grundhaltung des 19. Jahrhunderts. Die Phase der integrierten Entwicklungsplanung verhieß dagegen eine grundlegende Neuausrichtung: Räumliche Planung verstand sich als Teil einer umfassenden politischen Steuerung des Staates. Doch bereits Mitte der 70er Jahre schlug diese Planungs-Euphorie in Ernüchterung um. Der Steuerungs- und Planungspessimismus der späten 70er und folgenden Jahrzehnte lässt interessanterweise die Parallele zu den Anfängen der Planung erkennen, dass (neo-)wirtschaftsliberale Tendenzen das gesellschaftliche Umfeld prägen, Planung folglich eher als Verhinderer und Verzögerer abgewertet wird. Der „communicative turn of planning" kann vor diesem Hintergrund auch als Ausweg interpretiert werden, über den sich die Planung aus der Polarisierung von „Planung oder Entwicklung" herauslösen kann. Das Planungsverständnis des perspektivischen Inkrementalismus geht zwar davon aus, dass Planung gesellschaftliche Prozesse mitgestaltet, in den Vordergrund rückt aber die Vermittlungs- und Verständigungsarbeit zwischen den beteiligten Akteuren. Planung, wie sie heute zunehmend das Selbstverständnis prägt, ist deshalb von der Parallelität der „Planung und Entwicklung" sowie von „Moderation und Fachkompetenz" geprägt.

Parallel zum Wandel des Planungs-Selbstverständnisses, das in seiner heutigen Ausprägung im folgenden Kapitel II. 2.2.2 noch einmal differenziert dargestellt wird, verdeutlichen die planungsgeschichtlichen Phasen, dass sich das Instrumentarium der räumlichen Planung weiterentwickelt hat. Während in der Auffang- und Anpassungsplanung überwiegend regulative Instrumente zum Einsatz kamen, entwickelte sich das Spektrum des Instrumentariums in der Folge kontinuierlich weiter (regulative Instrumente, Förderinstrumente, Marktteilnahme, Organisationsentwicklung). Kommunikative Instrumente erlangten insbesondere in den 70er und 90er Jahren eine Aufwertung zunächst auf kommunaler, später auch auf stadtregionaler Ebene. Dabei geht der verstärkte Einsatz kommunikativer Instrumente insbesondere mit dem Steuerungsverlust von Staat und Verwaltung einher. Mit der Steigerung der Komplexität und Ausdifferenzierung aller gesellschaftlicher Teilsysteme nimmt diese Vielfältigkeit des Instrumentariums weiter zu.

2.2.2 Kennzeichen eines gewandelten Planungsverständnisses

Der Wandel des Planungsverständnisses hat gezeigt, dass gegenwärtig die Phase des „Perspektivischen Inkrementalismus auf dem Weg zur Normalität", erreicht ist. Diese Phase ist durch einen „Stand der Technik" geprägt, der sich durch bestimmte Merkmale charakterisieren lässt. Diese stehen im Mittelpunkt des folgenden Kapitels.

Die Darstellung der planungsgeschichtlichen Phasen im vorangegangenen Kapitel hat verdeutlicht, welche Vorgeschichte dem heutigen Planungsverständnis zu Grunde liegt, welche Erwartungen bestehen und welche Steuerungskapazitäten gesehen werden. Vor diesem Hintergrund lässt sich das gegenwärtige Planungsverständnis anhand der folgenden elf Merkmale beschreiben (vgl. Ritter 1998; Selle 1993, 1994 und 1997; Siebel, Ibert, Mayer 1999; Hüchtker et al. 2000):

- Wertorientierung und Vision
- Integrierte Herangehensweise und Ressortgrenzen überschreitende Planung
- Aktivierung endogener Potenziale
- Planung als Prozess
- Kooperativer Steuerungsmodus
- Akteursbezug und Vielfalt der Akteure
- Intermediäre Akteure als Vermittlungsinstanzen
- Ergebnis- und Umsetzungsorientierung
- Einsatz kommunikativer Instrumente im Kontext eines Instrumenten-Mix
- Projektorientierung und -management
- Kommunikative Kompetenzerweiterung der Planenden

Die oben genannten Merkmale beschreiben wesentliche Elemente des aktuellen Planungsverständnisses. Dabei sei an dieser Stelle darauf hingewiesen, dass zwischen dem idealtypischen Planungsverständnis und der Praxis häufig eine Diskrepanz zu beobachten ist.

Wertorientierung und Vision

Anstelle komplexer und umfassender Planungen werden allgemeine Ziele bzw. Wertsetzungen vereinbart, die als Qualitätsmaßstab dienen. Ihre Umsetzung und spezifische Ausgestaltung erfolgt in konkreten Projekten. „Zielvorgaben bleiben auf dem Niveau von gesellschaftlichen Grundwerten" (Ganser 1991: 59) und erreichen allenfalls die Konkretisierung stadtregionaler Leitbilder bzw. abstrakter Visionen. Mäding (1984) spricht von einer „Renaissance" regionaler Leitbilder (vgl. auch Knieling 2000).

Integrierte Herangehensweise und Ressortgrenzen überschreitende Planung

Führt man die Problemwahrnehmungen der Akteure aus den Bereichen Staat/ Kommunen, Wirtschaft und Gesellschaft zusammen, wird eine integrative Problemsicht möglich. Im Zuge der Diskussion um Nachhaltigkeit spiegelt sich diese Herangehensweise ebenso wieder. Hier geht es um die Verknüpfung und Berücksichtigung ökonomischer, sozialer, ökologischer und kultureller Belange bei Planungs- und Entwicklungsaufgaben in Stadt und Region. Diese Integration der Themenfelder erfordert zugleich, die Grenzen der Fachressorts zu überwinden. Ressortüberschreitende Projektgruppen oder andere querschnittsorientierte Arbeitsformen sind nötig, um einen integrativen, disziplinübergreifenden Ansatz zu verwirklichen.

Vielfalt der Akteure und Akteursbezug

In Anbetracht der zunehmenden Komplexität der gesellschaftlichen Realität, der Raumansprüche und der planerischen Herausforderungen sowie der Erkenntnis, dass Staat und Kommunen nur ein handelnder Akteur unter vielen sind – sie also zahlreiche Aufgaben nicht mehr alleine bewältigen können –, ist eine Konsequenz, dass der kooperative Staat mit verschiedensten Akteuren aus den Bereichen Staat/Kommunen, Wirtschaft und Gesellschaft bei der Gestaltung und Entwicklung von Städten und Regionen kooperiert. Die Zahl der Akteure, die am Planungsprozess beteiligt werden müssen, um der realen Komplexität gerecht zu werden, nimmt zukünftig eher zu. Dies verdeutlicht, dass der Akteursbezug in den Mittelpunkt von Planungs- und Entwicklungsprozessen rückt. Hinter Flächen und Planungsobjekten stehen Nutzer, Eigentümer, Investoren, Betroffene etc., die aktiv in den Planungsprozess eingebunden werden müssen.

Intermediäre Akteure als Vermittlungsinstanzen

Kommunikationsaufgaben, wie die Vermittlung und Verständigungsarbeit zwischen den Akteuren, die Organisation und Gestaltung von Prozessen, die Auswahl geeigneter Kommunikationsangebote etc. übernehmen häufig intermediäre Organisationen, die nicht eindeutig einer der Sphären Staat/-Kommunen, Wirtschaft und Gesellschaft zuzuordnen sind. Als „Vermittler" oder „Brückeninstanzen" haben sie entlastende Wirkung. Dabei sind wichtige Voraussetzungen, um zwischen den verschiedenen „Sprachen" und „Welten" der unterschiedlichen Akteursgruppen zu vermitteln, dass sie eine „Allparteilichkeit" verkörpern, über kommunikative Kompetenz und in gewissem Umfang, aber auch über fachliche Kompetenz sowie über Akzeptanz und Vertrauen bei den beteiligten Akteuren verfügen (vgl. Selle 1991, 1992a und b).

Planung als Prozess

Planung wird als ein interaktiver und iterativer Erarbeitungsprozess verstanden, der in Wechselwirkung zwischen Projekt- und Konzeptentwicklung stattfindet. So können Lernprozesse und Korrekturen ablaufen sowie neue Erkenntnisse einfließen. Damit ist Planung gefordert, sich als offener Prozess zu verstehen, der flexibel auf neue Inhalte eingeht und ergebnisoffen ist. Insbesondere politisch-administrative Entscheidungsprozesse, die klassisch nach außen abgeschottet sind, müssen sich öffnen. Auch die zeitliche Abfolge der Planungsphasen – von der Problemdefinition über die Planung und Umsetzung bis zur Nutzung – rückt in den Hintergrund. Vielmehr geht es um die Parallelität von Planung und Umsetzung bzw. Planen und Handeln (siehe auch Projektorientierung sowie Umsetzungsorientierung; vgl. Selle 1994 und 1997).

Aktivierung endogener Potenziale

Mit der Mobilisierung bzw. Aktivierung endogener Potenziale[23] werden die eigenen, örtlichen und regionalen Entwicklungspotenziale im Sinne von „Begabungen des Raumes" (vgl. Stiens 1992) genutzt. Wirtschaftliche, soziale, kulturelle und ökologische Entwicklungsmöglichkeiten der Region stellen die Grundlage für Entwicklungskonzepte dar. Damit ist ein problemorientiertes Herangehen möglich, das an den Erfordernissen des spezifischen Raumes und den Bedürfnissen der regionalen Bevölkerung ansetzt (vgl. Thoss 1984).

---

23 Thoss (1984: 21) bezeichnet mit endogenen Potenzialen einen zusammenfassenden Ausdruck für „die in dieser Region zu einem Zeitpunkt vorhandenen Faktoren, die in dieser Region Aktivitäten zur Erzeugung von Wohlfahrt (im Sinne von Zufriedenheit und Nutzen von und für die Bevölkerung) ermöglichen".

Einsatz kommunikativer Instrumente im Kontext eines Instrumenten-Mix

Eine Vielzahl und Vielfalt kommunikativer Instrumente ist vorhanden und je nach Ziel und Zweck treten diese ergänzend zu den traditionellen Instrumenten hinzu. Dabei gilt es, diese im Kontext eines Instrumenten-Mix einzusetzen. Um möglichst effizient die bei Aufgaben der räumlichen Planung gesteckten Ziele zu erreichen, kommen also nicht nur einzelne Instrumente zum Einsatz, sondern ein Instrumenten-Mix, der sich aus regulativen Instrumenten, Finanzinstrumenten, Instrumenten der Marktteilnahme, der Organisationsentwicklung und kommunikativen Instrumenten zusammensetzt (vgl. ARL 1998a; Priebs 1998; Selle 2000a). Dabei geht es um eine strategische und synergetische Gesamtausrichtung. Dies gilt insbesondere, da es mittlerweile eine Vielzahl an Verfahrens- und Organisationsweisen sowie ein breites Instrumentenspektrum gibt (vgl. Apel et al. 2001; Bischoff, Selle, Sinning 1996). Dabei ist der Mix des jeweiligen Instrumenteneinsatzes je nach Planungs- bzw. Entwicklungsaufgabe und je nach Stadium der Aufgabenerfüllung unterschiedlich.

Projektorientierung und -management

Eine flächendeckende Planung, wie sie in der „umfassenden Entwicklungsplanung" der 70er Jahre vertreten wurde, wird durch die Konzentration auf Projekte bzw. sachliche und/oder räumliche Schwerpunkte abgelöst.[24] In Anbetracht der begrenzten Ressourcen für die räumliche Planung ist strategisch abzuwägen, in welchen Aufgabenfeldern Prioritäten bestehen. „Es gilt also, den eigenen Handlungsspielraum realistisch einzuschätzen und sich auf begrenztere Ziele und kleinere Schritte einzurichten, ohne dabei auf eine Orientierung an einer übergeordneten, langfristigen Rahmenvorstellung für die Entwicklung der Stadt zu verzichten" (Albers 1999: 585). Aus Sicht öffentlicher Akteure findet eine räumliche, zeitliche und sachliche Konzentration der Ressourcen statt (vgl. Keller, Koch, Selle 1998; Wachten 1996: 27).

Projektorientierung erfordert, dass ein professionelles Projektmanagement stattfindet, das die Berücksichtigung aller relevanten Aspekte und die Realisierung des Vorhabens sicherstellt. Dabei hat Projektmanagement „zwei zentrale Aufgabenblöcke zu bewältigen, die untereinander verschränkt sind: die psycho-soziale Seite von Gruppen zu meistern und die fachlich-inhaltliche

---

24 Vorteile des projektorientierten Politikmodus: Überschaubarkeit; klare Ziele, damit mediengerecht; demonstriert Dynamik; mobilisiert die Verwaltung; macht Anstrengungen lohnend, da festgelegter Erfolgszeitpunkt.
Nachteile: Kurzfristige Orientierung; räumliche und zeitliche Konzentration erzielt „Oaseneffekte"; Steigerung von Effektivität bringt Verlust der demokratischen Kontrollierbarkeit; Marktorientierung, ggf. zu Ungunsten von Kollektivbelangen (vgl. Häußermann, Siebel 1994b).

Arbeit, die sich aus der Logik des Projekts ergibt" (Fürst 2001a: 393; vgl. Abb. 25). Projektorientierung muss zwar nicht unmittelbar heißen, dass kommunikative Instrumente zum Einsatz kommen. Jedoch ist ihr Einsatz immer häufiger festzustellen, da effektives Projektmanagement in komplexen Strukturen ein kompetentes Prozessmanagement erfordert (vgl. Sinning 1995b).Die Diskussion über Vollzugsdefizite in der Planung hat dazu geführt, dass die Ursachen dieser Defizite stärker in den Blickpunkt rücken.

Abb. 25: *Psycho-soziale und fachlich-inhaltliche Aspekte von Projektmanagement*

Quelle: Fürst 2001a: 393

Ergebnis- und Umsetzungsorientierung

So betonen von Haaren, Hein und Makala (1999: 398) beispielsweise: „Strategiedefizite in der räumlichen Planung und insbesondere in Planungen des Naturschutzes und der Landschaftspflege können sich in Akzeptanzschwierigkeiten, verringerten Umsetzungserfolgen und Ineffizienzen (...) auswirken." Unter anderem fällt auf, dass der Sachebene von Planung große Bedeutung beigemessen wird, jedoch die Beziehungsebene bzw. Kommunikation

zwischen den Akteuren vernachlässigt wird. „Verstandesarbeit" bleibt aber ohne „Verständigungsarbeit" zumeist wirkungslos (vgl. Keller 1996).
Das aktuelle Planungsverständnis geht deshalb davon aus, dass Planung nicht nur auf Entwurf und Konzeption, sondern auch auf ihre Verwirklichung angelegt ist. Eine starre Grenzziehung zwischen Plan und Vollzug wird über managementbezogene Interaktionen aufgehoben. Von der Problemdefinition bis hin zur Umsetzungsphase gilt es dementsprechend den Prozess ergebnis- und umsetzungsorientiert zu gestalten (siehe auch „Planung als Prozess").

Abb. 26: *Qualifikationsbausteine für Planerinnen und Planer*

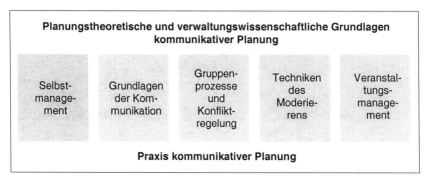

Quelle: Sinning 1996: 76

Kommunikative Kompetenzerweiterung der Planerschaft

Mit dem Verständnis von „Planung als Prozess" etc. ändert sich das Kompetenzprofil der Planer. Um die Rolle der Vermittlung und Moderation in Planungs- und Entwicklungsverfahren erfüllen und dialog- und prozessorientiert arbeiten zu können, sind neben der fachlichen auch kommunikative verfahrensbezogene Kenntnisse und Fähigkeiten nötig. Die effektive Anwendung des Instrumenten-Mix und produktive Synergien mit den kommunikativen Verfahrensweisen gehört ebenfalls dazu. Eine Erweiterung des Know-how um entsprechendes planungsmethodisches „Handwerkszeug" ist gefordert, um in dieser neuen Rolle effektiv arbeiten zu können. Auch für weitere Beteiligte neben der Planerschaft sind diese Kommunikationskenntnisse für die Durchführung kommunikativer, prozessorientierter Planung hilfreich. Entsprechende Qualifizierungen in Moderation und kommunikativem Prozessmanagement, wie sie inzwischen für Planer als Erweiterung der sozialen Kompetenz vereinzelt angeboten werden, unterstreichen die Anforderung einer Kompetenzerweiterung (vgl. Koschitz, Arras 1990; Claussen et al. 1996).

2.3 Veränderungen im Aufgabenverständnis im Kontext aktueller Trends

Nachdem im vorausgegangenen Kapitel die Veränderungen im Planungs-Selbstverständnis und die wesentlichen Merkmale des heutigen Verständnisses beschrieben wurden, werden in diesem Kapitel die Veränderungen im Aufgabenverständnis, also den Inhalten der Planung, dargestellt. Dabei werden drei Aspekte thematisiert: Das Leitbild der Nachhaltigkeit, das Eingang in viele Politikfelder gefunden hat (Kap. II. 2.3.1), das Verhältnis zwischen Siedlung und Freiraum, das beispielsweise mit Begriffen wie „Stadt-Landschafts-Kontinuum" (Jessen) und „Zwischenstadt" (Sieverts) gefasst wird (Kap. II. 2.3.2), sowie der Bedeutungsgewinn der (Stadt)Region (Kap. II. 2.3.3).

2.3.1 Freiraumentwicklung und integrierter Ansatz

Die Einführung des Leitbilds der Nachhaltigkeit in vielen Politikfeldern seit Anfang der 90er Jahre rückt die Position der Freiraumentwicklung in ein neues Licht (siehe Kap. II. 1.1.2). Die Forderungen der nachhaltigen Entwicklung nach einem integrierten Aufgabenverständnis, dem sparsamen und schonenden Umgang mit dem knappen Gut Boden sowie einem ausgeprägten Akteursbezug durch Kommunikation und Kooperation (vgl. Hesse 1996; Adam 1997) lässt sich in vielen Projekten und Konzepten der Freiraumentwicklung wieder finden, wenngleich sie nicht immer unter dem Etikett „nachhaltig" geführt werden (vgl. Hüchtker et al. 2000). Die wesentlichen Kennzeichen der Nachhaltigkeit werden im Folgenden in Bezug auf das Aufgabenverständnis der Freiraumentwicklung erläutert.

Das Leitbild der Nachhaltigkeit steht explizit für mehr *Kooperation und Kommunikation* zwischen den betroffenen bzw. beteiligten Akteuren. Denn die Umsetzung der Nachhaltigkeitsziele bedingt ein kooperatives Steuerungsmodell und kommunikative Instrumente sind Ausdruck dieser neuen Steuerung. Dabei korrespondiert die Freiraumentwicklung ausgesprochen gut mit diesem Steuerungsansatz, denn sie steht quer zu den traditionellen ressortbezogenen Kompetenzverteilungen und ist auf die Zusammenarbeit der verschiedenen Akteure aus den Sphären Staat und Kommune, Wirtschaft sowie Gesellschaft besonders angewiesen. So formuliert die Agenda 21 den Anspruch an eine nachhaltige Entwicklung in der Weise, dass neue Formen des Dialogs „eine bessere Integration zwischen staatlicher und kommunaler Verwaltungsebene, Industrie, Wissenschaft, Umweltgruppen und der Öffentlichkeit im Rahmen der Entwicklung wirksamer Umwelt- und Entwicklungskonzepte (...) gewährleisten" sollen (BMU 1997: 58). Im Programmbereich „Integration von Umwelt- und Entwicklungszielen auf der Politik-, Planungs- und Managementebene" findet sich zudem das Ziel der „Schaffung oder Verfeinerung von Mechanismen, welche die Einbeziehung der betroffenen Individuen, Gruppen und Organisationen auf allen Ebenen der Entscheidungsfindung ermöglichen" (ebd.).

Das *integrierte Aufgabenverständnis* bzw. die *Querschnittsorientierung* der Nachhaltigkeit drückt sich in der Integration von sozialen, ökologischen, ökonomischen und kulturellen Belangen aus. Während in den 80er Jahren die Zielsetzung einer sozial-ökologischen Stadt- und Regionalentwicklung in den Vordergrund rückte, kam mit dem Prinzip der Nachhaltigkeit vor allem die Komponente der Ökonomie hinzu. Die ökologischen, ökonomischen, sozialen und kulturellen Anforderungen sollen gebündelt und vernetzt werden. Für die Freiraumentwicklung bedeutet dies, die verschiedenen Handlungsfelder der Stadt- und Regionalentwicklung mit den Freiraumbelangen zu verknüpfen und die verschiedenen Nutzungsansprüche auf der begrenzt verfügbaren Fläche optimal zu koordinieren. Eine Lösungsstrategie ist beispielsweise die Verbindung von „Schutz und Nutzung", wie sie etwa durch ökologische Landwirtschaft oder ökologisch orientierte Siedlungs- und Gewerbeentwicklung ermöglicht wird. Mit dieser Zielsetzung korrespondiert das integrierte Aufgabenverständnis der stadtregionalen Freiraumentwicklung, denn diese stellt selbst ein querschnittsorientiertes Arbeitsfeld dar. Sie bezieht verschiedene Arbeits- und Organisationsebenen (Kommunen, Region, Land etc.), verschiedene Fachressorts (Siedlungsentwicklung, Naturschutz, Wasserwirtschaft, Forstwirtschaft, Naherholung und Tourismus etc.) sowie unterschiedliche Akteure (Verwaltung, Politik, Wirtschaft, Vereine und Verbände, Private) mit ein.

Zugleich hat sich das Verständnis *vom sparsamen Umgang mit Grund und Boden* selbst geändert. So soll nicht mehr nur die Neuausweisung von Bauland unter Sparsamkeitsaspekten erfolgen – vielmehr ist zu fragen, ob überhaupt neues Bauland benötigt wird, wenn z.B. eine Wiedernutzung von ehemals gewerblich oder infrastrukturell genutzten Flächen möglich ist. Innenentwicklung ist damit zu einem zentralen Thema geworden. Dabei geht es zunehmend nicht mehr nur um die Inanspruchnahme von brach gefallenen Flächen für Siedlungsnutzungen, sondern auch um eine „doppelte Innenentwicklung", also die (Rück-)Gewinnung von Freiräumen innerhalb der Stadt. Innenentwicklung, flächensparendes Bauen, ökologische Bauweisen etc. sind Strategien, um das Ziel eines sparsamen Umgangs mit Grund und Boden umzusetzen. Bei der Lösungssuche wird jedoch zunehmend die Stadtgrenze übersprungen, da Stadt und Umland vielfältig verflochten sind (vgl. Irmen 1995). Stadtregionale Konzepte der Freiraumentwicklung gelten daher als wichtige Strategien einer nachhaltigen Entwicklung und im Rahmen von Projekten der interkommunalen Kooperation, z.B. in Städten und Regionen im Rahmen der Bundesmodellvorhaben „Städtenetze" oder „Regionen der Zukunft – regionale Agenden für eine nachhaltige Raum- und Siedlungsentwicklung", gezielt gefördert (vgl. BBR 1999a; BBR 1999c; BBR 2001b).

2.3.2 Durchdringung von Siedlung und Freiraum

Für die stadtregionale Freiraumentwicklung verliert, unter anderem befördert durch das Leitbild der Nachhaltigkeit, die alte Dichotomie von Siedlung und Freiraum – wo das eine ist, kann das andere nicht sein (vgl. Tesdorpf 1984) – an Bedeutung. Vielmehr geht es um den Blick für den Zusammenhang zwischen Siedlung und Freiraum, bei der doppelten Innenentwicklung ebenso wie bei der Schaffung von Strukturen an den Rändern oder zwischen Städten.

Daraus leitet sich die Frage ab, wie das zukünftige Verhältnis von Stadt und Landschaft aussehen wird. „Bewegen wir uns auf einen neuen Typus von Stadt zu oder handelt es sich bei den Veränderungen in der Siedlungsstruktur um die Fortschreibung des vertrauten Modells der Stadtentwicklung?" (Jessen 1999: 13). Geht es um eine Fortentwicklung der bisherigen Stadtentwicklung, eine Radiuserweiterung und funktionale Anreicherung der Suburbanisierung oder um eine Amerikanisierung der Städte, etwa in Form des nordamerikanischen Musters der sog. „edge-cities" (vgl. Rohr-Zänker 1996)?

Bereits seit Anfang des 20. Jahrhunderts stellt sich die Frage nach der „Entgrenzung von Großstadt und Landschaft" (vgl. Kühn 2000). Verschiedene Strukturmodelle wurden entwickelt, unter anderem das „Modell der Stadtlandschaft" (vgl. Passarge 1930 nach Kühn 2000: 20ff), später die „gegliederte und aufgelockerte Stadt" (vgl. Göderitz, Rainer, Hoffmann 1957) und Ende der 60er Jahre abgelöst durch das Leitbild der „Urbanität durch Dichte".

Seit Anfang der 90er Jahre wird die „gegenseitige Durchdringung von Stadt und Landschaft" erneut diskutiert und entsprechende Ansätze bzw. Modelle aufgezeigt. Insbesondere das Modell der „Zwischenstadt" hat in den letzten Jahren große Resonanz gefunden. Mit der „Zwischenstadt" beschreibt Sieverts (1997: 7) die „neue Stadtform der verstädterten Landschaft oder der verlandschafteten Stadt" als internationales Phänomen. Die Durchdringung von Siedlung und Freiraum erfolgt durch „Felder" unterschiedlicher Nutzungen, Bebauungsformen und Topographien mit sowohl städtischen wie auch landschaftlichen Eigenschaften. Sieverts charakterisiert damit ein neues Verhältnis zwischen Großstadt und Landschaft mit einer Umkehrung des „Figur-Grund-Verhältnisses". „Die Landschaft ist vom umfassenden ‚Grund' zur gefassten ‚Figur' geworden. Umgekehrt hat die Siedlungsfläche nach Größe und Offenheit eher den Charakter einer umfassenden Landschaft angenommen. Diese Zwischenstadt ist ein Lebensfeld, das man je nach Interesse und Blickrichtung eher als Stadt oder eher als Land lesen kann" (Sieverts 1997: 15). Seine Abkehr von dem Begriff „Zersiedelung" für die Beschreibung der stadtregionalen Siedlungsstrukturen ist genauso provokant wie die Infragestellung der Wirksamkeit von planerischen Prinzipien, wie beispielsweise des „Flächensparens durch hohe Baudichten", des „Zentrale-Orte-Systems" oder der „kleinteiligen Mischung". Dahinter steht die Einschätzung, dass die „kompakte europäische Stadt" Wunschdenken darstellt und die „Planerzunft" an Leitbildern, Prinzipien und Instrumenten festhält, die ihr die Hoffnung geben, zumindest ein wenig wirksam zu sein. Ideal und Realität klaffen jedoch aus seiner Sicht immer weiter auseinander und er plädiert für eine Anerkennung der vorhandenen Strukturen: „Die Zwischenstadt kann eine beliebige Vielfalt von Siedlungs- und Bebauungsformen entwickeln, solange sie insgesamt in ihrem Erschließungsnetz lesbar und vor allem wie ein ‚Archipel' in das ‚Meer' einer zusammenhängend erlebbaren Landschaft eingebettet bleibt: Die Landschaft muss zu dem eigentlichen Bindeelement der Zwischenstadt werden" (ebd.: 20).

Das Modell der „Zwischenstadt" wirft die Frage auf, ob es sich hier um ein neues Stadtentwicklungsmuster oder um ein neues Deutungsmuster handelt (vgl. Jessen 1999: 16f). Die derzeit zu beobachtenden Entwicklungen erscheinen vielschichtig und schreiten räumlich in unterschiedlicher Weise fort. Die bestehenden Modelle bieten dazu eine aufschlussreiche Grundlage. Es lassen sich trotz der Vielfalt einige Tendenzen zusammenfassen, die derzeitige Entwicklungen in Bezug auf Siedlung und Freiraum bzw. Landschaft, charakterisieren:

- Periphere Zonen im Übergang von der Bebauung zur Landschaft sind nach wie vor als Orte größter Entwicklungsdynamik und größter Bautätigkeit zu bezeichnen. Anhaltende Suburbanisierungsprozesse verdeutlich dies. Zusätzliche städtebauliche, ökologische und strukturpolitische Probleme entstehen, wie beispielsweise Belastungen durch Pendlerverkehre, sozialstrukturelle und finanzielle Fehlentwicklungen (vgl. Kiepe 1996; Kap. II. 1.1.1).
- Im Umland der Großstadtregionen bilden sich zunehmend „neue Zentren". An Autobahnabfahrten, um Flughäfen und S-Bahnhöfe sowie periphere ICE-Bahnhöfen entstehen „weithin ungeplante Konzentrationen von Großkomplexen aus Bürohäusern, Shopping-Malls der alten und neuen Art, Hotels, Erlebnis-Centers, Musical- und Filmtheater, Messen, Unternehmensverwaltungen" (Jessen 1999: 15). Damit kommt es zu weiterem Freiraumverbrauch, Landschaft wird zersiedelt und – diese Prozesse verschärfend – ist ein erhöhtes Aufkommen des motorisierten Individualverkehrs die Folge.
- Parallel zur Suburbanisierungsbewegung wird derzeit die Schrumpfungsproblematik thematisiert, die sich vor allem vor dem Hintergrund des zurückgehenden Bevölkerungswachstums abzeichnet. Insbesondere in den Innenstädten wird es zunehmend zu Leerständen und Abriss kommen (in Städten der neuen Bundesländer hat dieser Prozess bereits begonnen), so dass hier ein neues Verhältnis zwischen Siedlung und Freiraum entsteht. Die Freiraumentwicklung ist gefragt, ihr Aufgabenverständnis an diesen neuen Herausforderungen auszurichten.
- „Moderne Stadtentwicklung ist nicht mehr nur stete ‚Landnahme' an den Rändern der Ballungsräume, sondern auch ‚Stadtnahme' durch Landschaft in Form von Siedlungsabfall" (Jessen 1999: 14). Stadtregionen

dehnen sich nicht nur aus, indem sich die Stadt in die Landschaft frisst, sondern Landschaft erscheint in der Stadt auch neu – in Form von Brachen, ökologische Siedlungs- und Gewerbeflächen etc.
- Ballungsräume wachsen stärker zusammen mit der Folge, dass sich regionale Wohnungs- und Arbeitsmärkte überlagern und eine Regionalisierung der Aktionsradien privater Haushalte und Unternehmen zu verzeichnen ist. Damit verliert zugleich die Kernstadt an Bedeutung. „Es entsteht ein Stadt-Landschafts-Kontinuum, in dem Landschaftsinseln und Stadtinseln unterschiedlicher Größe sich abwechseln" (Jessen 1999: 14f).

Diese Entwicklungen unterstreichen die Anforderung einer nachhaltigen Entwicklung, die Wirtschaft, Ökologie, Siedlung, Kultur und Soziales verknüpfen soll. Bezogen auf das Aufgabenverständnis, das sich durch das veränderte Verhältnis zwischen Siedlung und Freiraum zeigt, bedeutet dies unter anderem:
- Der *Siedlungsraum* selbst gewinnt als *ökologisches Potenzial* an Bedeutung. Qualitätskriterien zum ökologischen Bauen oder die „doppelte Innenentwicklung" (siehe Kap. I. 1.), wie sie etwa bei der IBA Emscher Park zum Einsatz kamen, sind Ansätze, die das Potenzial in den Siedlungen zum Tragen kommen lassen. Verfeinerte Statistiken, die ermöglichen, Freiräume auch in Siedlungen abzubilden (vgl. Singer 1995), helfen zudem Defizite aufzuspüren und Handlungsbedarf einzufordern.
- „Schrumpfungsprozesse", wie sie derzeit in Ostdeutschland stark thematisiert werden, stellen stadtplanerisch und -politisch eine hohe Herausforderung dar. Eichstädt (2001: 34) sieht sie darin, „*Konzeptlinien zwischen städtebaulicher Qualifizierung, ökonomischer Machbarkeit und politischer Konsensfähigkeit zu finden.*"

Planung allein kann gegen diese Herausforderungen nicht antreten, aber einen Beitrag leisten: „Ein Planer kann Alternativen und ihre Konsequenzen aufzeigen, er kann aus verworrenen Anspruchshaltungen Ziele heraus destillieren und Zielkonflikte darstellen, er kann möglicherweise moderierend Konsens herstellen und Dissens feststellen, er kann Verfahrensvorschläge machen, wann welche Arbeitsergebnisse auf welcher Ebene diskutiert werden müssen" (Eichstädt 2001: 38). Hier wird sowohl der inhaltliche als auch der kommunikative, vermittelnde Beitrag von Seiten der Planung deutlich.

Inhaltlich besteht die Option, eine *höhere Qualität im Sinne der Nachhaltigkeit im Zuge der Schrumpfung* zu erzielen. „Mehr Qualität durch weniger Häuser könnte das Leitmotiv beim Umbau der Großsiedlungen zu grünen Wohnsiedlungen am Stadtrand mit verringerter Dichte bei Erhaltung der guten Infrastruktur sein," so beschreibt beispielsweise Lütke Daltrup (2001: 44) eine Perspektive für Leipzig. Pfeiffer (2001) nennt als weitere Ansätze die Verhinderung der Abwanderung ins Umland durch eine Bodenpreissenkung in den Kernstädten und die verstärkte

Eigentumsbildung in Altbauten zur Bestandspflege. Dies sind erste Perspektiven und Strategien, um mit der Schrumpfung umzugehen.

Neben dem inhaltlichen Beitrag ist die *Kommunikations- und Vermittlungsaufgabe im Rahmen der Diskussion um die Schrumpfung der Städte* zentral. Denn die Herausforderungen und möglichen Lösungsansätze müssen mit den Betroffenen (Wohnungswirtschaft, Bewohner, Verwaltung und Politik etc.) kommuniziert, diskutiert und weiterentwickelt werden, um einen „gerechten Interessenausgleich" zwischen den Akteuren zu schaffen.

- *Kommunikations- und Vermittlungsaufgaben* spielen auch *bezüglich stadtregionaler Freiraumkonzepte* eine wesentliche Rolle, um ein stärkeres Bewusstsein und höhere Sensibilität für den Freiraumschutz in Stadt und Region zu erzielen. Prognosen lassen erwarten, dass die Suburbanisierung unaufhaltsam weitergeht, so dass keine Entwarnung für den Freiraumverbrauch besteht. Dies führt verstärkt zur weiteren Durchmischung von Siedlung und Landschaft, zur Auflösung der Grenzen von Stadt und Region. Die regionale Stadt braucht *regionale Freiraumkonzepte*, da Freiraum ansonsten verinselt und seine Funktionen nur begrenzt erfüllt. Das Konzept der traditionellen Grünen Ringe und Grüngürtel im Umland von Stadtregionen, die die Landschaft vor der Ausweitung der Städte schützen sollte, scheint in Anbetracht der dispersen Siedlungsentwicklung nicht mehr zu greifen (siehe auch Kap. II. 2.3.3: Exkurs: Entstehung und Entwicklung stadtregionaler Freiraumentwicklung).[25] In den Konzepten der 90er Jahre, wie beispielsweise den Regionalparks Brandenburg-Berlin, dem Regionalpark Rhein-Main und dem Landschaftspark Region Stuttgart, lassen sich bereits Weiterentwicklungen konzeptionelle Reaktionen auf das neue Verhältnis zwischen Siedlung und Landschaft verzeichnen. Auch die Verknüpfungen mit dem Nachhaltigkeitsgedanken ist hier zu finden (vgl. Hüchtker, Selle, Sinning u.a. 2000).

Auf den Aspekt des Bedeutungszuwachses von Stadtregionen und der daraus resultierenden Aufgabe der In-Wert-Setzung von Freiraum durch regionale Freiraumsysteme sei zudem im nachfolgenden Kapitel näher eingegangen.

2.3.3 Bedeutungszuwachs (stadt-)regionaler Kooperation

„Die Stadtregion ist die neue Stadt" (Sieverts, Wick 1996: 70) – in dem Maße wie Stadtentwicklung zunehmend die Zusammenarbeit mit dem Umland um-

---

25 „Ob damit das Modell des Grüngürtels einer rückwärtsgewandten bzw. restaurativen Stadtauffassung unterliegt, ist letztlich eine Frage der Interpretation. Dass Grüngürtel kein begrenzendes Randelement mehr darstellen können, wusste schon Howard, der bereits zwischen Siedlungsform und Interaktionsmustern unterschied und deshalb die Green-belts als Gliederungselemente der stadtregionalen Siedlungsstruktur interpretierte" (Kühn 2000: 24).

fasst, gewinnt die Region auch für die Freiraumpolitik als Handlungsebene an Bedeutung.

Wer über Fragen der Städte spricht, muss zunächst klären, was „Stadt" heute bedeutet. Ist die Kernstadt, die Vorstadt, die Umlandgemeinde im Verflechtungsbereich der Kernstadt gemeint? Wie bereits in Kapitel II. 1.1.1 dargestellt, verwischen zunehmend die Grenzen zwischen Stadt und Umland und der Prozess der Suburbanisierung läuft stetig weiter. Es ist die Rede von der „Auflösung der Stadt in der Region" (ARL 1999), denn durch zunehmende Verflechtungsbeziehungen zwischen Stadt und Umland verändert sich der räumliche Maßstab der Städte (vgl. Danielzyk 2000; Priebs 1999a).

Die mittlerweile typische Aufteilung, im Umland zu wohnen, in der Stadt zu arbeiten und die Infrastruktur (Schulen, Theater, Freizeitangebote etc.) der Kernstadt zu nutzen, erfordert eine Kooperation zwischen Stadt und Umland, um die Kosten auszugleichen und auf die enger werdenden finanziellen Spielräume der Kommunen zu reagieren. Angesichts dieses Entwicklungsprozesses sind Kommunalpolitik und -verwaltung gefordert, miteinander zu kooperieren und nach geeigneten Organisationsformen Ausschau zu halten (vgl. Priebs 1999).

Als wichtiger Motor dieser Diskussion kommt hinzu, dass, unter anderem bedingt durch die Globalisierung der Wirtschaft und die europäische Integration, in Zukunft vermehrt nicht mehr Städte, sondern Stadtregionen um Wohnbevölkerung, Wirtschaftsansiedlung und Infrastrukturinvestition konkurrieren werden. Damit sind die Kommunen gefordert, sich als (Stadt-) Regionen zu organisieren, um sich in diesem Wettbewerb zu behaupten. Bereits seit Anfang der 80er Jahre ist die regionale Ebene in der wissenschaftlichen und politischen Diskussion zunehmend in den Blickpunkt gelangt.

Es ist bereits seit längerem erkennbar, dass auf der Ebene der Stadtregionen eine Reihe von Aufgabenbereichen bestehen, in denen interkommunale Zusammenarbeit notwendig ist. Durch regionale Kooperation in Stadtregionen sind beispielsweise Fragen im Bereich der Siedlungs- und Freiraumentwicklung, des Umweltschutzes, des Verkehrs, der Ver- und Entsorgung, der Wirtschaftsförderung und der Kulturpolitik zu bewältigen. Vor allem in den Ballungsräumen werden diese Aufgaben zunehmend von Kommunal- bzw. Zweckverbänden übernommen. Für die stadtregionale Freiraumentwicklung bedeutet dies einen Qualitätsgewinn, da übergreifende Planung möglich wird. Kooperation ist dafür unumgänglich. So unterstreicht der Arbeitskreis Flächenhaushaltspolitik der ARL (1999: 293) die Anforderung einer konsequenten Flächenhaushaltspolitik in Stadtregionen: „Angesichts wachsender Standortkonkurrenzen, veränderter Standortansprüche und vor allem zunehmender Mobilität seitens der Bevölkerung und der Betriebe werden die Entwicklungs- und Steuerungsmöglichkeiten einer einzelnen Kommune zunehmend eingeschränkt. Das gilt ganz besonders bei intensiven Stadt-Umland-Verflechtungen. In dynamisch expandierenden Verdichtungsräumen ist der Druck auf die verbliebenen Freiraumressourcen hoch. Hier müssen durch interkommunale und regionale Kooperationen und Abstimmungen breiter Konsens sowie grenzüberschreitendes Verantwortungsbewusstsein und Akzeptanz für die Ziele einer konsequenten Flächenhaushaltspolitik erzeugt werden."

Das Spektrum der Formen intraregionaler Kooperation in Stadtregionen ist breit. Es reicht von informellen, über formelle bis hin zu privatrechtlichen Kooperationsformen. Abbildung 22 gibt einen Überblick der wichtigsten Formen. Auch die Aufgabe der Freiraumpolitik ist entsprechend in unterschiedlicher Weise organisiert.

Mit dem Bedeutungsgewinn von Stadtregion und interkommunaler Kooperation bieten sich für die Freiraumentwicklung neue strategische Ansatzpunkte. Im Vordergrund steht die Strategie der „In-Wert-Setzung" bzw. Qualifizierung von Freiräumen. Durch die stadtregionale Verknüpfung von Einzelflächen und die Erfahrbarmachung findet eine Aufwertung regionaler Freiraumsysteme statt, die über das Reagieren auf den wachsenden Freiraumverbrauch und die Entwicklung von Einzelflächen hinaus geht. Stadtregionale Freiraumsysteme nehmen Gestalt an, z.B. in Form von Gürteln, Ringen, Bändern, Achsen, Netzen oder Parks.[26] Fragmentiertes wird zusammengefügt, durch Raum-Bilder besetzt und dadurch vorstellbar bzw. begreifbar gemacht. Das „erfahrbar machen" zusammenhängender Freiräume durch beispielsweise Rad- und Wanderwegesysteme ist eine Variante der In-Wert-Setzung.[27] So betonen auch Sieverts und Wick (1996: 65): „Flächenknappheit und weitere Spezialisierung der regionalen Arbeitsteilung zwingen jedoch zur regionalen Kooperation. Diese wird sich jedoch nur dann politisch durchsetzen lassen, wenn die Region als Lebensraum nicht nur abstrakt über statistische Indikatoren und Infrastrukturnetze erfasst werden, sondern als Lebensraum im Kopf verfügbar und mit den Sinnen erlebt wird." (vgl. auch Aufmkolk 1999)

Regionale Freiraumsysteme, wie sie in vielen Stadtregionen insbesondere seit den 90er Jahren entstanden sind (vgl. Abb. 4), sind damit zu wichtigen Leitbildern der Stadt- und Regionalentwicklung geworden. Ihre Aufgabe der In-Wert-Setzung von Freiräumen kann nicht nur zur ökologischen, sondern

---

26 Die Ursprünge großräumiger Freiraumfiguren bzw. regionaler Freiraumsysteme reichen bis in das Mittelalter zurück. So wurde in London bereits 1580 per Edikt die „Schutzzone von London", der Vorläufer des späteren „Green Belt", angelegt (vgl. Schmidt 1971, Tessin 1979). In der Phase der Industrialisierung und dem damit einsetzenden rapiden Bevölkerungsanstieg in den Städten folgte eine verstärkte Überbauung der Grünflächen. Das zunehmende Städtewachstum lenkte in dieser Zeit den Blick auf das sozial-politische Dimension der Freiraumverfügbarkeit und in der Folge auf die Sicherung und Entwicklung der Freiraumsysteme, beispielsweise durch Konzepte für Grüne Ringe (vgl. Arminius 1874, Faludi 1967, Hennebo 1979 und Gröning 1988).

27 Beispielhaft seien der Emscher-Park-Radweg, der Radweg entlang des „Grünen Rings Hannover" und der EXPO-2000-Pfad in Dessau genannt. Die Argumentation lautet jeweils: Einmal von der Bevölkerung angenommen, wird es zukünftig schwer sein, diese Freiraumsysteme in Frage zu stellen oder zu gefährden.

zugleich zur wirtschaftlichen Standortaufwertung und Imagebildung der Stadtregion beitragen.

2.4 Strategischer Instrumenten-Mix und Einordnung kommunikativer Instrumente stadtregionaler Freiraumentwicklung

Die Unterscheidung von bebaubarem und nicht bebaubarem Grund und Boden gehört zweifellos zum Kern des Regelungsbereiches räumlicher Planung. Dies legt den Schluss nahe, dass das hoheitlich-regulative Instrumentarium (z.b. die Bauleit- und die ihr zugeordnete Landschaftsplanung) ausreicht, um Freiraumsicherung zu betreiben. Diese Auffassung hat sich jedoch mit den Veränderungen im Planungs- und Aufgabenverständnis gewandelt. In vielen Praxisfällen kommt inzwischen ein „Instrumenten-Mix" zur Anwendung, welches das gesamte Spektrum der Steuerungsmöglichkeiten nutzt: von regulativen Planungsinstrumenten (Pläne, Satzungen etc.) über Finanzhilfen (Förderprogramme, Sponsoring etc.) und Marktteilnahme (Bodenvorratspolitik, Auflagen bei der Grundstücksvergabe etc.) bis hin zur Organisationsentwicklung (ablauf- und aufbauorganisatorische Veränderungen innerhalb der Verwaltung, Bildung von Private-Public-Partnerships etc.) und kommunikativen Instrumenten (Stadt-Umland-Konferenzen, Fachforen, Arbeitskreise etc.). Die Herausforderung für Praxis und Forschung ist dabei, einen möglichst wirkungsvollen strategischen Einsatz dieses Instrumenten-Mix zu erreichen. Dazu gehört zum einen eine Strategie für den jeweiligen Instrumentenstrang, beispielsweise eine Kommunikationsstrategie, welche die einzelnen kommunikativen Instrumente intelligent miteinander in Beziehung setzt, und zum anderen eine Verknüpfung der verschiedenen Instrumentenstränge untereinander, so dass sich Synergien ergeben und gegenläufige Wirkungen vermieden werden.

Theoretischer Hintergrund für diese Anforderungen sind Veränderungen der Rolle des Staates und der ihm nachgeordneten räumlichen Planung (siehe Kap. II. 2.1). Ein kooperativer politischer Steuerungsmodus gewinnt an Bedeutung. Insbesondere dort, wo neben die staatlichen Institutionen weitere Akteure aus den Sphären von Wirtschaft und Gesellschaft treten, findet sich zunehmend ein kooperatives Vorgehen und baut auf Information, Überzeugung, Aushandlung und Vereinbarung. Dabei kommt es auf ein Neben- bzw. Miteinander von hoheitlich-hierarchischen und nicht-hierarchischen Regelungsformen an. Es geht nicht um eine einseitige Bevorzugung einzelner Instrumentenstränge. Die Praxis hat allzu oft gezeigt, dass die verschiedenen Instrumente allein nicht die ausreichende Wirkung erzielen, um die angestrebten Ziele umzusetzen, und dass es je nach Aufgabe und Rahmenbedingungen um unterschiedliche Intensitäten des Einsatzes der jeweiligen Instrumenten-

stränge geht. Speziell kommunikative Instrumente müssen eng mit den übrigen Instrumentarium verzahnt sein. Wie dies möglich ist, zeigen beispielhaft die folgenden Ansätze (vgl. Hüchtker et al. 2000):
- Veränderte Ausgestaltung formeller Verfahren: z.B. eine dialogorientierte Ausgestaltung der Beteiligung der Träger öffentlicher Belange im Rahmen von gemeinsamen Erörterungsrunden (unter anderem Großer Arbeitskreis im Landschaftspark NiederRhein, siehe Kap. IV. 2. oder Fachforen zum RROP Braunschweig, vgl. Kegel, Knieling 1998);
- Verknüpfung von Aushandlungen und rechtlichen Festsetzungen: z.b. beim städtebaulichen Vertrag und bei Ökokonten bzw. Flächenpools insbesondere auf interkommunaler Ebene;
- kommunikative Arbeitsformen als Fördervoraussetzung bei Finanzhilfen: FR-Regio in Sachsen, REGIONALE in NRW und Bundeswettbewerb „Regionen der Zukunft".

Inzwischen scheinen sich die Positionen anzunähern. Der Begriff des Instrumenten-Mix, das heißt die Verknüpfung der verschiedenen Instrumentarien, findet in der Fachdiskussion Verbreitung. So formuliert der Arbeitskreis Flächenhaushaltspolitik der ARL (1999: 292f): „Neben den formellen Instrumenten bieten sich zunehmend informelle Planungsansätze zur Umsetzung der Ziele der Flächenhaushaltspolitik an. Hierzu zählen Planungsmanagement, Kooperationsstrategien, Beratungs- und Moderationsverfahren, Anreizinstrumente u.a. m. Der verstärkte Einsatz von informellen Verfahren macht allerdings die bewährten Ordnungs- und Sicherungsinstrumente nicht entbehrlich. Erforderlich ist eine Kombination beider Arten, wobei der geeignete Instrumentenmix flexibel nach den Anforderungen des jeweiligen Raumes zu ermitteln ist." (vgl. auch Priebs 1998; Selle 1999a und b)

Die vorliegende Arbeit will einen Beitrag dazu leisten, den Strang der kommunikativen Instrumente zu qualifizieren, da die spezifischen Leistungen dieses Instrumentarium im Zusammenhang mit der stadtregionalen Freiraumentwicklung wissenschaftlich noch wenig aufbereitet wurden. Für den nachfolgenden Analyserahmen der Potenziale, Teilpotenziale und Restriktionen kommunikativer Instrumente der stadtregionalen Freiraumentwicklung bedeutet dies, dass die kommunikativen Instrumente zunächst isoliert betrachtet werden. Dabei deuten sich an verschiedenen Stellen Verknüpfungspotenziale mit anderen Instrumenten an. Diese werden jedoch nicht weiter vertieft, da dies den Rahmen der zu bearbeitenden Fragestellung überschreiten würde. Die Bezüge zum Instrumenten-Mix weisen aber auf weiterführenden Forschungsbedarf zur Optimierung des Instrumentariums der stadtregionalen Freiraumentwicklung hin (siehe Kap. V. 3.).

III. Untersuchungsrahmen: Leistungsfähigkeit und Grenzen kommunikativer Instrumente der Freiraumpolitik in Stadtregionen

Vor dem Hintergrund der vorangegangenen rahmensetzenden Ausführungen entwickelt das folgende Kapitel den Untersuchungs- bzw. Analyserahmen dieser Arbeit. Im Mittelpunkt steht die Frage, welche Leistungsfähigkeit kommunikative Planungsinstrumente im Prozess der stadtregionalen Freiraumentwicklung haben bzw. welche spezifischen Leistungen (Potenziale) sie übernehmen können. Im Kontext des Instrumenten-Mix der stadtregionalen Freiraumentwicklung soll aufgezeigt werden, worin ihr Mehrwert im Vergleich zu Verfahrensweisen ohne den Einsatz kommunikativer Instrumente liegt. Der Untersuchungsrahmen bezieht neben der Frage nach den Leistungen bzw. Potenzialen kommunikativer Instrumente auch die Frage ein, welche Grenzen bzw. Restriktionen diesen entgegen stehen. Diese Kategorien des Untersuchungsrahmens sind in Abbildung 27 verdeutlicht.

Abb. 27: *Kategorien der Untersuchung „Leistungsfähigkeit und Grenzen kommunikativer Planungsinstrumente"*

Spezifische Leistungen / Teilpotenziale

↓ konkretisieren

**Leistungsfähigkeit / Potenziale
kommunikativer Instrumente in der stadtregionalen Freiraumentwicklung**

↑ hemmen

Grenzen / Restriktionen

Dabei stellt die nachhaltige Entwicklung das normative Leitbild dar, in das sich die Ausführungen über die Leistungsfähigkeit und Grenzen einordnen. Wie in Kapitel II. 1.1.2 erläutert, korrespondiert Nachhaltigkeit mit einem prozessualen und kooperativen Steuerungsmodell. Die vorliegende Arbeit geht von der These aus, dass kommunikative Instrumente einen Beitrag leisten, diese planungsmethodischen Erfordernisse zu unterstützen (siehe

93

Kap. I. 2.).[28] Kommunikative Instrumente sind als Ergänzung des traditionellen Instrumentariums stadtregionaler Freiraumentwicklung zu betrachten. Ihre spezifischen Leistungen reagieren auf die Defizite dieses Instrumentariums und die hemmenden Rahmenbedingungen (siehe auch Kap. II. 1.2.2). Sie greifen damit Herausforderungen bzw. Anforderungen an die stadtregionale Freiraumentwicklung auf (vgl. Abb. 28).

Abb. 28: *Leistungen kommunikativer Instrumente als Reaktion auf Herausforderungen an die stadtregionale Freiraumentwicklung*

Herausforderungen an die stadtregionale Freiraumentwicklung	Leistungsfähigkeit kommunikativer Planungsinstrumente
Nachhaltige Freiraumentwicklung	Integration von Interessen und Akteuren
Komplexität der Rahmenbedingungen und Aufgaben	Akzeptanz fördern und Identifikation stiften
Akteurs- und Interessenvielfalt	Qualität von Lösungen verbessern
Geringer politischer und öffentlicher Stellenwert von Freiraum	Lernprozesse befördern
Umsetzungsdefizite	Umsetzungsorientierung fördern

Die Leistungsfähigkeit kommunikativer Instrumente im Rahmen der stadtregionalen Freiraumentwicklung wird im Folgenden weiter differenziert. Dabei geht es insbesondere um die Frage, welche Potenziale bzw. Teilpotenziale als spezifische Leistungen kommunikativer Planungsinstrumente sowie welche Restriktionen mit ihrem Einsatz verbunden sind. In Kapitel IV. 3. „Auswertung der Fallstudien" werden diese Erkenntnisse anhand der beiden Fallbeispiele Grüner Ring Leipzig und Landschaftspark NiederRhein empirisch überprüft.

Der Begriff Leistungsfähigkeit beschreibt mögliche Leistungen, die kommunikative Instrumente im Prozess der Freiraumentwicklung erfüllen können. Die Leistungsfähigkeit wird im Folgenden als positive Wirkungsmöglichkeiten kommunikativer Instrumente verstanden und in Form von Potenzialen (Leistungen) und Teil-Potenzialen (spezifischen Leistungen) konkretisiert. In Abgrenzung zu dem Begriff „Erfolgsfaktor", der bereits ein erreichtes Ziel assoziiert, wird Potenzial eher dem ergebnisoffenen Prozess

---

28 Dabei sei betont, dass neben den Instrumenten beispielsweise auch die jeweiligen beteiligten Akteure mit ihren spezifischen Fähigkeiten, Kenntnissen und Fertigkeiten sowie Rollen einen spezifischen Beitrag zu einem prozessualen und kooperativen Steuerungsmodus leisten können. Die vorliegende Arbeit konzentriert sich jedoch auf die kommunikativen Instrumente (siehe Kap. I.).

der nachhaltigen stadtregionalen Freiraumentwicklung gerecht. Die Frage, die sich in Bezug auf die Teilpotenziale kommunikativer Instrumente stellt, lautet: Was können kommunikative Instrumente im Einzelnen leisten? Worin liegt ihr spezifischer Mehrwert im Vergleich zu einem Planungsprozess ohne Einsatz kommunikativer Instrumente?

Mit dem Begriff Restriktion werden Grenzen bzw. hemmende Faktoren umschrieben, die die Leistungsfähigkeit bzw. die Wirkungsmöglichkeiten einschränken bzw. beschränken. Daraus leitet sich die Frage ab, was kommunikativen Instrumenten im Hinblick auf ihre mögliche positive Wirkung entgegen steht. Die zu Grunde gelegte Systematik des Analyserahmens stellt eine Annäherung dar, um die Komplexität der Leistungsfähigkeit und Grenzen kommunikativer Instrumente in der stadtregionalen Freiraumentwicklung abzubilden. Übergeordnete Leistungen bzw. Potenziale sind jeweils in spezifische Potenziale und Restriktionen untergliedert. Gleichwohl gilt für einige der spezifischen Potenziale und Restriktionen, dass sie auch anderen Oberpunkten zuzuordnen wären.

1. Integration von Interessen und Akteuren erhöhen

In diesem Kapitel geht es um die Potenziale und Restriktionen, die bei der Integration von Interessen und Akteuren im Prozess einer kommunikativen stadtregionalen Freiraumentwicklung zum Tragen kommen können.

Folgende Potenziale lassen sich benennen:
- Kreatives Akteurpotenzial aktivieren,
- Konsensfindung,
- Konfliktregelung,
- Mitwirkungsmöglichkeiten der verschiedenen Akteure schaffen,
- Transparenz und Öffentlichkeit herstellen,
- Entscheidungsvorbereitung auf breiter Basis stellen,

Diesen Potenzialen stehen im Wesentlichen folgende Restriktionen entgegen:
- Konkurrenzen zu bestehenden regionalen Institutionen,
- Diskrepanz zwischen haupt- und ehrenamtlich Tätigen,
- Kapazitätsgrenzen der Kommunen,
- Verhandlungsdilemma,
- Transaktionskosten,
- soziale Selektivität,
- inhaltliche Selektivität,
- mangelnde Organisation von Interessengruppen auf regionaler Ebene,
- Voraussetzung Nicht-Öffentlichkeit für Konsensfindung,
- Vorentscheider-Problematik.

Kreative Akteurpotenziale, Konsensfindung und Konfliktregelung

Planungs- und Entwicklungsaufgaben wie die stadtregionale Freiraumentwicklung stehen grundsätzlich unter der Anforderung möglichst großer Effektivität. Von der Einbindung verschiedener Akteure aus den Sphären Staat/Kommunen, Wirtschaft und Gesellschaft und ihrer jeweiligen Interessen mit Hilfe kommunikativer Instrumente sind in Bezug auf die Handlungswirkung positive Effekte zu erwarten. So soll sich beispielsweise die Qualität und Konsensfähigkeit von Lösungen verbessern (policy outcome) sowie die Umsetzung in der Folge erleichtern (policy impact und output) (vgl. Bördlein 1999: 67 sowie Kap. III. 2., III. 3. und III. 5.). Im Zuge der Nachhaltigkeitsdebatte hat die breite Integration von Akteuren und Interessen zusätzlich an Bedeutung gewonnen. Die Zusammenarbeit verschiedener Akteure für eine effektive Raum- und Umweltentwicklung wird betont (siehe Kap. II. 1.1.1 und 2.3).

Die Integration von Interessen und Akteuren bezieht sich in der vorliegenden Arbeit auf Akteure aus den Bereichen Staat/Kommunen, Wirtschaft und Gesellschaft. Dabei sind sowohl diejenigen Akteure gemeint, die in der traditionellen Freiraumentwicklung und -planung üblicherweise eingebunden werden (i.d.R. Träger öffentlicher Belange), als auch die Akteure, die insbesondere aus den Bereichen Wirtschaft und Gesellschaft neu hinzugewonnen werden sollen. Mit den „neuen" und „alten" Akteuren verfügt die Region über ein *kreatives Akteurpotenzial*[29] zu dessen Aktivierung kommunikative Instrumente beitragen sollen. Dabei geht es um die Aktivierung von Fähigkeiten, Kenntnissen, Kreativität und Engagement von Einzelpersonen und Institutionen in der Region und um die Nutzbarmachung für die Freiraumentwicklung. Die kommunikativen Instrumente bieten einen Rahmen, in dem die Akteure ihrem Streben, sich zu entfalten, ihre Interessen und ihr Wissen einzubringen und mitzugestalten, nachkommen können. Gegenüber formalen Verfahren können kommunikative Instrumente für die Akteure die Zugangsschwellen senken und den Einstieg in den Dialog über Belange der stadtregionalen Freiraumentwicklung erleichtern.

Mit der Integration von Akteuren und Interessen im Kontext der regionalen Freiraumentwicklung ist in der Regel weniger die Teilnahmemöglichkeit unmittelbar Betroffener an übergreifenden Willensbildungs- und Umsetzungsprozessen gemeint. Vielmehr handelt es sich auf der regionalen Ebene vorrangig um die Beteiligung organisierter Interessengruppen und Verbände

---

29 Das kreative Akteurspotenzial besteht aus menschlichen Kenntnissen, Kreativität und Fähigkeiten sowie dem in Individuen vorhandene Leistungspotenzial. Es ist als Teil des Angebotspotenzials des „endogenen Potenzials" einzuordnen. In Anlehnung an Thoss (1984) setzt sich das regionale Entwicklungspotenzial aus den Teilpotenzialen Angebotspotenzial, Nachfragepotenzial und ökologisches Potenzial zusammen.

an der politischen Willensbildung.[30] Dies spiegelt sich häufig im Prozessverlauf wieder. Erst wenn es um die konkrete Umsetzung einzelner Maßnahmen geht, treten betroffene Einzelpersonen verstärkt auf. Ein Beleg ist die Einschätzung von Helbrecht, Danielzyk und Butzin (1991: 235): „(...) die Integration der kleinräumigen Alltagskompetenz verlangt (...) eine kommunikative Handlungspraxis, da die Kompetenz der Bevölkerung weniger im sprachlich-reflexiven Diskurs, sondern eher in der handlungspraktischen Lösung situationsbezogener Probleme liegt. Die hierfür erforderliche soziale, zeitliche und räumliche Überschaubarkeit ist nur auf der Ebene konkreter (...) Projekte erreichbar."

Mit Bezug auf die Regionalplanung und damit auch die dort beinhaltete Freiraumentwicklung bietet das ROG (§ 7 Abs. 6) seit 1998 die Möglichkeit, die Öffentlichkeit – und damit auch private Interessen – einzubeziehen oder zu beteiligen. Je nachdem wie diese Regelung in die Landesplanungsgesetze übernommen wird, eröffnen sich daraus zusätzliche Optionen für den Einsatz kommunikativer Instrumente bzw. die Beteiligung von Bürgerinnen und Bürgern, die bislang auf stadtregionaler Ebene kaum stattfindet.

Bemerkenswert ist auch, dass in den letzten Jahren im Zusammenhang mit der Aktivierung endogener bzw. kreativer Potenziale eine Reihe informeller Instrumente zur Förderung der (stadt-)regionalen Entwicklung entstanden sind, wie beispielsweise Regionale Entwicklungskonzepte, Regionalkonferenzen oder Städtenetze. Diese sind zumeist mit einer regionalen Kommunikationsstrategie verknüpft. (vgl. BBR 1998; BBR 1999a; Fürst 1994; Konze 1994; MWMT 1992)

Kommunikative Instrumente können zudem beitragen, dass *Konsensfindung* und *Konfliktregelung* in einem frühzeitigen Planungsstadium stattfinden. Konsens, die Übereinstimmung von Meinungen, ist häufig als „kleinster gemeinsamer Nenner" das Ergebnis von Abstimmungs- und Aushandlungsprozessen. Als Basis für die Freiraumentwicklung mag dieser gemeinsame Nenner eine wichtige Funktion haben. Es besteht jedoch die Gefahr, dass der Minimalkonsens zwar alle beteiligten Interessen berücksichtigt, der Belang Freiraum jedoch keine ausreichende qualitative Aufwertung erfährt. So betonen Häußermann und Siebel (1994b: 40): „Breite Berücksichtigung organisierter Interessen ist leicht möglich, wenn wenig verändert wird. Der Status quo entfaltet allemal eine starke Kraft, denn Wandel ist in der Regel mit einer Neuverteilung von Vor- und Nachteilen verbunden. Konsens stellt sich daher meist nur in Form einer Koordination nach unten auf den kleinsten gemeinsamen Nenner her: Die beteiligten Interessen achten darauf, dass ihnen kein

---

30 Verbände repräsentieren unmittelbar Betroffene und lassen sich daher als Form funktionaler Repräsentation beschreiben. Sie können deshalb nach Prittwitz (1994) zwischen den Polen der (unmittelbaren) Partizipation und der Repräsentation eingeordnet werden.

Schaden entsteht. Solche ‚negative Koordination' (Scharpf) ist das Gegenteil einer strukturverändernden Politik."

Abb. 29: *Konfliktarten und Konfliktursachen*

Sachverhalts-Konflikte	Interessen-Konflikte
sind verursacht durch • Mangel an Information • Fehlinformation • unterschiedliche Einschätzung darüber, was wichtig ist • unterschiedliche Interpretation von Daten • unterschiedliche Vorgehensweise zur Bewertung	sind verursacht durch angenommene oder tatsächliche Konkurrenz: • reale (inhaltliche) Interessen • Verfahrensinteressen • psychologische Interessen

Beziehungs-Konflikte	Werte-Konflikte	Struktur-Konflikte
sind verursacht durch: • starke Gefühle • Fehlwahrnehmungen oder Stereotypen • mangelnde Kommunikation oder Fehlkommunikation • wiederholtes negatives Verhalten	sind verursacht durch: • verschiedene Kriterien zur Bewertung von Ideen oder Verhalten • ausschließende Ziele von innerem Wert • unterschiedliche Lebensformen, Ideologie und Religion	sind verursacht durch: • destruktive Verhaltens- oder Interaktionsmuster • ungleiche Kontrolle, Eigentumsverhältnisse oder Verteilung von Ressourcen • ungleiche Macht und Autorität • geographische, physische oder umfeldbezogene Faktoren, welche Zusammenarbeit behindern • Zeitzwänge

Quelle: Besemer 1993: 31

Konflikt ist der Widerstreit unterschiedlicher, konträrer Positionen zwischen verschiedenen Menschen, Gruppen etc., der sich beispielsweise als Sachverhalts-, Interessen- oder Wert-Konflikt[31] und zumeist in einer Auseinandersetzung äußert (vgl. Besemer 1993; Glasl 1999; Moore 1986; vgl. Abb. 29).

---

31 Auf Beziehungs- und Strukturkonflikte wird in der vorliegenden Arbeit nicht näher eingegangen.

Während etwa Wertkonflikte nicht lösbar sind[32], bieten insbesondere Sachverhalts- und Interessenkonflikte die Möglichkeit, durch kommunikative Vermittlungsverfahren gemeinsame Lösungen in Form von Konsens oder Kompromiss zu finden. Mediationsverfahren oder andere Konfliktschlichtungsverfahren, die auf kooperative Lösungen zielen, haben zwar inzwischen auch in Deutschland eine gewisse Verbreitung gefunden, kommen jedoch im Bereich der Siedlungs- und Freiraumentwicklung bislang kaum zum Einsatz.[33] Insbesondere bei regionalen Kooperationsprozessen werden Konfliktthemen häufig ausgeklammert, und es findet eine Beschränkung auf gemeinsame „Gewinn-Themen" statt (siehe unten: inhaltliche Selektivität).

Den benannten Potenzialen „kreative Potenziale aktivieren" sowie zur „Konsensfindung" und zur „Konfliktregelung beitragen" stehen eine Reihe von Restriktionen entgegen. So können durch die Aktivierung des kreativen Potenzials und damit auch nicht-staatlicher Akteure für die regionale Freiraumentwicklung *Konkurrenzen zu bestehenden regionalen Institutionen* (z.B. Kreisen, Regierungspräsidien, anderen regionalen Aufgabenträgern) und den dort hauptamtlich tätigen Akteuren entstehen. Dies kann die Effektivität der Aufgabenerfüllung beeinträchtigen, indem Doppelarbeiten geleistet und mögliche Synergieeffekte nicht genutzt werden. Strategien und Maßnahmen können durch die Konkurrenzbeziehung blockiert werden bzw. neue Konflikte entstehen.[34]

Die *Diskrepanz zwischen hauptamtlich und ehrenamtlich Tätigen* ist als weitere Restriktion zu nennen. Diese drückt sich zum einen durch unterschiedliche zeitliche Verfügbarkeit aus und zum anderen durch unterschiedliche Zugänglichkeit zu Fachwissen und weiteren Ressourcen. So verfügen beispielsweise nicht-organisierte Interessen, Vereine oder Verbände mit ehrenamtlich Tätigen (z.B. Umweltverbände) in der Regel über ein eingeschränktes Zeit- und Finanzbudget. Dies kann sich für die Ehrenamtlichen zum Nachteil gegenüber hauptamtlich Tätigen in öffentlichen Einrichtungen auswirken, da sie beispielsweise nicht an allen Sitzungen teilnehmen können.

---

32 Wertkonflikte gibt es in der Freiraumentwicklung häufig, da der Schutz der Natur die zu Grunde liegenden Werthaltungen der Akteure berührt. Deshalb können sich Flächennutzungskonflikte als nicht vermittelbar erweisen.

33 Das „Mediationsverfahren für die Änderung eines Grünzuges in ein interkommunales Gewerbegebiet in Hechingen/Bodelshausen" (Region Neckar-Alb bei Stuttgart) zeigt exemplarisch, wie Konfliktregelung über kooperative Verfahrensweisen betrieben werden kann (vgl. AfT 1998 und 2000; Knieling, Fürst, Danielzyk 2001a). Ein idealtypisches Verfahren zur Lösung von Flächennutzungskonflikten bietet das Konzept der Planschlichtung (vgl. Wagner, Knieling, Fürst 1998).

34 Auch Knieling, Fürst und Danielzyk (2001a) betonen im Zusammenhang mit kooperativer Regionalplanung, dass das distanzierte Verhalten einzelner Behörden ein hemmender Faktor für kooperative Verfahren ist. Nach ihren Untersuchungen besteht die Befürchtung, dass diese Behörden (vor allem diejenigen, die vorrangig Ordnungsrecht einsetzen, z.B. Naturschutzbehörden) ihre Belange nicht mehr offensiv genug durchsetzen können.

Kommunen können beim Einsatz kommunikativer Instrumente zur Integration von Interessen und Akteuren sowohl personell als auch finanziell an ihre *Kapazitätsgrenzen* gelangen. Diese Restriktion gilt insbesondere für kleinere Kommunen bei interkommunalen Kooperationen, da diese häufig die gleiche Anzahl von Sitzungen wahrnehmen müssen wie die beteiligten größeren Kommunen.

Nach Scharpf (1988: 78) wird die Abstimmung verschiedener Interessen außerdem durch das „*Verhandlungsdilemma*" beeinträchtigt. Gemeint ist der Umstand, dass unterschiedliche subjektive Verhaltensstile der beteiligten Akteure aufeinander treffen und die Lösungsfindung blockieren können. Scharpf beschreibt drei Interaktionsstile: den individualistisch-egozentrischen, den kooperativen und den kompetitiven. Während der individualistisch-egozentrische Interaktionsstil auf die eigenen Vor- und Nachteile zielt, ist der kooperative auf den zu erwartenden gemeinsamen Nutzen gerichtet. Der kompetitive Interaktionsstil stellt den eigenen Vorteil im Vergleich zum Ergebnis des Partners in den Vordergrund, mit der Absicht, den eigenen Vorsprung zu maximieren.

Zu berücksichtigen ist, dass bei der Aktivierung des kreativen Potenzials sowie die Konsensfindung und Konfliktregelung *Transaktionskosten* anfallen, die in die Kosten-Nutzen-Relation einzubeziehen sind. Transaktionskosten sind im Verlauf einer Verhandlung bzw. eines kommunikativen Prozesses anfallenden Kosten (finanzielle, zeitliche, emotionale Belastungen und verpasste Gelegenheiten, sog. Opportunitätskosten; vgl. Ury, Brett, Goldberg 1991). Der Abstimmungsaufwand bzw. die Koordinationskosten spielen bei der Abwägung, welches Verfahren gewählt wird, eine nicht unbedeutende Rolle. Nach Fürst (1991: 53) steigen die politischen und finanziellen Kosten für die erforderliche Konsensfindung „exponentiell mit der Zahl der zu berücksichtigenden Ziele und Akteure, mit der Intensität der widerstreitenden Interessen und der Zahl verfügbarer Optionen." Dabei ist zwischen den politischen und den ökonomischen Kosten zu unterscheiden. Mit politischen Kosten sind der Verzicht auf Ziele oder Maßnahmen, Kompetenzeinbußen, die Entwertung bisheriger Vorarbeiten sowie Akzeptanzverlust, Vertrauensverlust, zunehmende Institutionenverdrossenheit etc. gemeint. Diese politischen Kosten sind immer auch mit ökonomischen Kosten verknüpft, so beispielsweise mit personellem Aufwand durch zeitlich aufwendige Kommunikationsarbeit, mit Gutachtenaufträgen und Plankorrekturen. Gelingt es, konflikthaltige Koordination in kooperative Koordination umzuwandeln, können politische Kosten reduziert werden, wenngleich dann oftmals die ökonomischen Kosten, vor allem die Interaktionskosten, steigen. (vgl. Fürst 1991: 60f)

Demokratische Grundprinzipien und kooperative Staatspraxis

Der Einsatz kommunikativer Instrumente in der stadtregionalen Freiraumentwicklung zur Integration von Interessen und Akteuren lässt sich in den Kontext einer kooperativen Staatspraxis einordnen. Ein potenzielles Spannungsverhältnis mit den verfassten demokratischen Prinzipien kann hier entstehen. Stichworte sind Selektivität, Exklusivität, Nicht-Öffentlichkeit und Vorentscheiderproblematik.

– *Zwischen Integration, Selektivität und Nicht-Öffentlichkeit*

Beim Einsatz kommunikativer Instrumente ist eine wesentliche Frage, wer beteiligt ist und wer die Möglichkeit hat, mitzuwirken. Kann mit dem Einsatz kommunikativer Instrumente eine stärkere Berücksichtigung verschiedener Interessen erreicht werden oder werden eher – selektiv – gut organisierte Interessen verstärkt?

Durch den Einsatz kommunikativer Instrumente entstehen verschiedene *Möglichkeiten der Mitwirkung* in – je nach Arbeitsform – unterschiedlicher Intensität *für Akteure* aus den Sphären Staat/Kommunen, Wirtschaft und Gesellschaft. Vielfältige Mitwirkungsformen schaffen die Voraussetzung dafür, unterschiedliche Rationalitäten der verschiedenen Akteure zu berücksichtigen, beispielsweise können über thematische Arbeitsgruppen inhaltliche Interessen integriert werden, Lenkungsgremien ermöglichen die Einbindung der Politik und Versammlungen oder Informationsveranstaltungen erreichen auch die breite Öffentlichkeit. Es handelt sich dabei um eine Ergänzung der Formen und Verfahren der repräsentativen Demokratie.

Durch vielfältige Mitwirkungsformen in kommunikativen Freiraumentwicklungsprozessen können zudem *Transparenz und Öffentlichkeit hergestellt* werden. Transparenz und Öffentlichkeit in politischen Entscheidungsprozessen, üben eine wichtige Legitimationsfunktion für das politisch-administrative System aus. Schwiderowski (1989) nennt ferner die Kontroll-, die Partizipations- und die Informationsfunktion der Öffentlichkeit in politischen Entscheidungsprozessen. Öffentlichkeit ermöglicht einen Einblick in den Stand der Willensbildung, sie zeigt dem politisch-administrativen System potenzielle Widerstände gegenüber politischen Entscheidungen auf, schafft die Voraussetzungen, an einem Entscheidungsprozess teilzunehmen und liefert den nicht unmittelbar an Entscheidungsprozessen Beteiligten wichtige Informationen (siehe auch Kap. III. 2.).

Der Integration von Akteuren und Interessen steht zum einen das Problem der Selektivität und zum anderen die Anforderung der Nicht-Öffentlichkeit entgegen. Mit Selektivität ist zum einen die *soziale Selektivität* gemeint, sprich der selektive Einbezug von Akteuren, und zum anderen die *inhaltliche Selektivität*, d.h. die selektive Auswahl bestimmter Aufgaben oder Themen. Einzelne Akteure bzw. Interessen, insbesondere die organisierten Interessen beispielsweise der Wirtschaft, erhalten durch ihre Argumentations- und Organisationsfähigkeit sowie ihre Ressourcen eine bevorzugte Rolle in kommunikativen Verfahren und vergrößern damit ihren Einfluss auf Entscheidungen bzw. auf die Entscheidungsvorbereitung zur regionalen Freiraumpolitik. Für nicht-organisierte Interessen bzw. Vereine oder Verbände, die über ein eingeschränktes Zeit- und Finanzbudget verfügen (z.B. Umweltverbände), kann sich dieses Machtungleichgewicht dagegen zum Nachteil auswirken. So betont Fürst (1994: 190) in Bezug auf Regionalkonferenzen, dass „sich Umweltschutzgruppen, Wohlfahrtsverbände unter anderem ‚marginalisiert' (fühlen), in ihren Einflussmöglichkeiten auf die Diskussionsergebnisse benachteiligt und vielfach auch überfordert, ihre Inputs so differenziert und abgesichert vorzubereiten, wie das Vertreter von Gemeinden oder Wirtschaftsverbänden dank effektiver Apparate können."

Innerhalb der sozialen Selektivität kommunikativer Planungsformen lassen sich folgende Aspekte unterscheiden (Siebel, Ibert und Meyer 1999: 171):

- „Wirklich mächtige Akteure haben es nicht nötig, sich an die runden Tische zu setzen. Den Vorstand der Deutschen Bank wird man dort selten vertreten finden (Selektivität nach oben).
- Marginalisierte Gruppen, Ausländer, Alleinerziehende oder Langzeitarbeitslose finden sich ebenfalls selten in den Workshops und Verhandlungsrunden der Planung (Selektivität nach unten).
- Konfliktträchtige Themen wie Verkehr, die Integration von Ausländern und alle Fragen der Umverteilung werden ausgeklammert (Selektivität der Inhalte)."

Hinzu tritt eine raumbezogene Selektivität, so dass bestimmte *Interessengruppen auf regionaler Ebene fehlen*. Sieverts und Wick (1996: 68) fragen in diesem Zusammenhang: „Gibt es heute überhaupt politische Gruppen, die ein Interesse an der Region als Erlebnisraum haben? Politisch wirksame regionale Gruppen werden wahrscheinlich erst dann entstehen, wenn die Region als zusammenhängender Lebens- und Kulturraum verstanden wird."[35] Die Kooperationsräume, die sich für Projekte der regionalen Freiraumentwicklung bilden, stimmen in der Regel nicht mit den Grenzen der Gebietskörperschaften (Kreise etc.) überein. Dies kann dazu führen, dass kaum Gruppierungen für den neu gebildeten Kooperationsraum existieren. Zwar übernehmen beispielsweise die Kreisorganisationen von Umweltverbänden die Zuständigkeit für ein interkommunales Freiraumprojekt, doch teilweise bestehen lediglich

---

35 Sieverts und Wick (1996: 68) sind der Meinung, dass „vorerst andere Institutionen die Aufgabe der Gestaltung der Region wahrnehmen. In erster Linie müssen dieses die Träger der großen regionalen Infrastruktur sein, wie zum Beispiel Straßenbau- und Wasserwirtschaftsämter, Landwirtschaftskammern und Forstverwaltungen. Bisher sind diese mächtigen Institutionen eng auf ihre Ressortaufgaben bezogen, denken nicht vernetzt und sind nicht gestaltungsorientiert." Inwieweit dies allerdings tatsächlich eine Perspektive bietet, bleibt fraglich. Denn damit würden die bestehenden Macht- und Einflussstrukturen der Fachplanungen zusätzlich gestärkt.

örtliche Organisationseinheiten, die sich erst für ein regionales Projekt organisieren müssten.

Die Selektivität „nach außen" leitet zur inhaltlichen Selektivität über. Sie tritt dadurch ein, dass eine Konzentration auf einige (erfolgversprechende) Projekte immer auch bedeutet, dass andere Probleme bzw. Aufgaben ausgeklammert und nicht bearbeitet werden. Dabei handelt es sich oft auch um Themen, die konflikthaltig, d.h. ‚sperrig' zu werden drohen. „Ziele, die über die Leistungsfähigkeit und (vermeintliche) Konsensbereitschaft hinausreichen, unterliegen der Gefahr, gar nicht erst formuliert zu werden. Die Reichweite kooperativer Problemlösungen ist also auf ein mittleres Konfliktniveau beschränkt, was viele Probleme, die durch grundsätzliche Widersprüche gekennzeichnet sind, unbearbeitet lässt" (Selle 1994: 98; vgl. Helbrecht 1991: 61). So betonen auch Siebel, Ibert und Mayer (1999: 172), dass „im Bereich der Ökologie und der Sozialpolitik, aber auch bei harten Konflikten um die Flächennutzung (...) Planung als Moderation am Projekt schnell an ihre Grenzen" stößt.

Dass Konfliktthemen häufig ausgeklammert werden und eine Beschränkung auf gemeinsame Gewinn-Themen stattfindet (inhaltliche Selektivität), betonen auch Müller und Rohr-Zänker (1997: 157): „Auch nach mehreren Jahren beschränken sich die Kooperationen in Stadt-Umland-Verbänden auf konfliktfreie, gemeinsame Gewinn-Themen (Tourismusförderung, Regionalmarketing, regionaler Verkehr). Dabei überwiegt die Konkurrenz zwischen Kernstadt und Umlandgemeinden bzw. unter den Umlandgemeinden bei Themen, die Einzelgewinne versprechen (Baulandausweisung für Wohnen und Gewerbe, Wirtschaftsförderung)." Die regionale bzw. interkommunale Kooperation bietet jedoch bei der thematischen Vielfalt der Kooperationsaufgaben die Möglichkeit, Leistungen themenübergreifend auszutauschen, so dass Win-Win-Situationen entstehen. „Der Verzicht in der einen Sache – Ausweisung z.B. von Bauland auf wertvollen Freiflächen – wird durch eine andere – beispielsweise die Beteiligung an einem Freizeitzentrum in der Nachbarschaft – ausgeglichen" (Gatzweiler 1999: 180).

Die Restriktionen des Einsatzes kommunikativer Formen und Verfahren in der Freiraumentwicklung, die im Zusammenhang mit Selektivitäten genannt wurden, sind allerdings zu relativieren. Grundlage des politischen Systems in Deutschland ist die repräsentative Demokratie. Sie geht davon aus, dass über die gewählten Vertreterinnen und Vertreter eine ausreichende Repräsentation gewährleistet ist. Aber auch im Zuge der repräsentativen Demokratie findet Selektivität statt. Durch die Wahl werden Interessen nach Proportionalitätsregeln abgedeckt und bereits das Wahlsystem selbst beinhaltet soziale Selektivitäten. Und weitergehende Systeme lösen das Problem ebenso wenig: Eine unmittelbare Demokratie, die die Beteiligung aller Einwohner einer Region vorsieht, ist praktisch nicht durchführbar. Eine mittelbare Demokratie verlangt die Legitimation der Akteure, so dass sich die Frage stellt, wer legitimiert ist, an dem Prozess der stadtregionalen Freiraumentwicklung teilzunehmen.

Dem Potenzial steht schließlich entgegen, dass eine effektive *Konsensfindung* häufig *Nicht-Öffentlichkeit voraussetzt* und die Beteiligten in öffentlichen Verfahren eher zurückhaltend reagieren, da sie Gefahr laufen, sich gegenüber ihren Positionen zu verpflichten. Benz (1994b: 74) betont in diesem Sinne, dass ein „Spannungverhältnis zwischen Öffentlichkeit als wichtigem Formprinzip demokratischer Institutionen und Vertraulichkeit als Voraussetzung effektiver Konsensfindung in Verhandlungen" besteht.

- *Zwischen Entscheidungsvorbereitung und Kontrolldefiziten*

Mit der Integration von Interessen und Akteuren geht zwar das Potenzial einher, Entscheidungen bzw. die *Entscheidungsvorbereitung auf eine breitere Basis* zu *stellen*. Denn die Ergebnisse der informellen Verhandlungen nehmen oft den Charakter von Vorentscheidungen an. Die politischen Gremien sind nur begrenzt in der Lage, ihre Entscheidungen unabhängig von vorgeschalteten Kooperationsergebnissen zu treffen, da der gefundene Konsens oder Kompromiss eine starke Position hat.

Doch diesem Potenzial steht zugleich das Problem gegenüber, dass diese Vorgänge im Vorfeld parlamentarischer Verhandlungen und damit ohne Kontrollmöglichkeiten der politischen Gremien geschehen. „Kooperationen entwickeln ihre Eigendynamiken. Die Räte und Verwaltungen werden zu Notaren von Entscheidungen, die anderswo gefällt wurden" (Selle 1997: 96). Damit besteht die Gefahr, dass die parlamentarische Steuerungs- und Kontrollfunktion durch *Vorentscheiderstrukturen* geschwächt wird. Dieses Spannungsverhältnis zu den Institutionen der repräsentativen Demokratie kann durch den selektiven Einbezug von Interessen noch verstärkt werden, indem nur bestimmte Akteure den Zugang zu Vorentscheidungen haben (vgl. Ritter 1979). Eine Reaktion auf diese Problematik ist die Einbindung der Politik in den Prozess. Dazu bedarf es einer politischen Kommunikationsebene, z.B. in Form eines Lenkungsgremiums oder von gezielt besetzten Foren.

2. Akzeptanz schaffen und Identifikation stiften

Neben „Interessen und Akteure zu integrieren", ist eine weitere wichtige Funktion kommunikativer Instrumente, „Akzeptanz zu schaffen und Identifikation mit der stadtregionalen Freiraumentwicklung zu stiften." Akzeptanz und Identifikation sind wichtig, um das Problembewusstsein und die Realisierung von Maßnahmen zur Freiraumsicherung und -entwicklung zu fördern.

Wesentliche Potenziale kommunikativer Instrumente sind in diesem Zusammenhang:
- Vermittlung inhaltlicher und emotionaler Qualitäten,
- Verhaltenssicherheit für Akteure gewährleisten,
- Zufriedenheit mit Ergebnissen herstellen,
- Stärkung der Eigenverantwortung der Akteure.

Als Restriktionen sind zu nennen:
- unterschiedliche „Sprachen" und Wahrnehmungen der Akteursgruppen,
- Wertunterschiede,
- negative Vorerfahrungen,
- unterschiedliche Zuständigkeiten auf regionaler und kommunaler Ebene.

Bedeutung von Akzeptanz und Identifikation für die Aufgabe der Freiraumentwicklung

Unter dem Begriff Identifikation wird im Folgenden verstanden, dass die betroffenen Akteure das jeweilige interkommunale Freiraumentwicklungsprojekt „zu ihrer eigenen Sache machen" und „aus innerer Überzeugung mit dem Vorhaben übereinstimmen" (Duden 1997: 344).[36] Der Begriff Akzeptanz umschreibt einen ähnlichen Sachverhalt, allerdings in modifizierter, abgeschwächter Ausprägung. Er meint die Anerkennung bzw. Annahme des Projektvorhabens.[37] Im Folgenden wird Akzeptanz als Vorstufe der Identifikation mit der stadtregionalen Freiraumentwicklung verstanden.

Akzeptanz ist eine wesentliche Voraussetzung für die Aufgabe der Freiraumsicherung und Freiraumentwicklung, da sie die Wahrscheinlichkeit der Realisierung und die demokratische Legitimation erhöht (siehe Kap. III. 1. und 5.). Denn ein grundlegendes Problem der Freiraumentwicklung ist, dass sie in der Öffentlichkeit nur wenig wahrgenommen wird, das nötige Problembewusstsein und der Alltagsbezug fehlen, der Begriff Freiraum kaum bekannt

---

36 Identifikation ist von Identität zu unterscheiden: „Identität lässt sich als eine Relation zwischen zwei Dingen oder Menschen auffassen, Identifikation hingegen als Erkennen oder Aufbau dieser Relation, oder zumindest als eine Aussage über das Bestehen dieser Relation" (Wollersheim 1998: 48). In der vorliegenden Arbeit wird der Begriff Identifikation im Sinne dieser handlungsorientierten Definition verwendet.
37 Lucke (1995: 104) definiert Akzeptanz in Anlehnung an Max Weber als „die Chance, für bestimmte Meinungen, Maßnahmen, Vorschläge und Entscheidungen bei einer identifizierbaren Personengruppe ausdrückliche oder stillschweigende Zustimmung zu finden und unter angebbaren Bedingungen aussichtsreich auf deren Einverständnis rechnen zu können." Luz (1994: 46) geht auf die lateinischen Wurzeln von „akzeptieren" zurück, wonach „acceptare" mit „kapieren" übersetzt wird. Diese Übersetzung stellt eine sinnvolle Ergänzung dar. Von Akzeptanz kann demzufolge „erst gesprochen werden (...), wenn der zu akzeptierende Sachverhalt kapiert, verstanden, d.h. nachvollzogen und damit erst annehmbar" wird.

und die regionale Ebene abstrakt ist. Die Bedeutung und der Stellenwert des Themas Freiraumentwicklung müssen deshalb an die verschiedenen Akteurs- bzw. Zielgruppen vermittelt werden; insbesondere an Nicht-Fachleute, an Bürgerinnen und Bürger, die Politik, aber auch an Vertreterinnen und Vertreter der Wirtschaft und anderer gesellschaftlicher Gruppen. Ziel ist, dass die regionale Freiraumentwicklung Akzeptanz erreicht und die Akteure sich mit dem jeweiligen Projekt der stadtregionalen Freiraumentwicklung identifizieren. So heißt es beispielsweise in einem Zeitungsbericht über den Grün-Gürtel Frankfurt: „Erst durch die Identifikation des Bürgers mit ‚seinem' Grüngürtel werde die Landschaft um Frankfurt beachtet und damit vor Bebauung geschützt."[38]

In den letzten Jahren mehren sich vielerorts die Erfahrungen, dass durch die gemeinsame Arbeit zur regionalen Freiraumentwicklung Akzeptanz und Identifikation erwachsen kann. „Wie die Erfahrungen mit den neueren Regionalparkprojekten im Ruhrgebiet zeigen, kann aus dem positiven Erleben einer projektorientierten interkommunalen Zusammenarbeit zwischen großen und kleinen Städten ein Stück greifbare Identitätsstiftung entstehen. Der öffentliche, gemeinsam gestaltete, entwickelte und gegen konkurrierende Nutzungen verteidigte Freiraum des Regionalparks ist das grüne Herz einer Region, vermittelt dem Besucher Orientierung und ermöglicht gemeinsame Feste, Aktionen, Kultur- und Sportveranstaltungen ‚zwischen den Städten'. Damit wird aus dem Niemandsland der einander zugekehrten ‚Rückseiten' benachbarter Städte ein neuer Fokus für gemeinsame Interessen – sowohl als Symbol wie als realer Ort" (Reiß-Schmidt 1996: 275).

Regionale Identifikationsprozesse zielen „auf eine kollektive Imagination von ‚Region', auf einen Aspekt von regionaler Identität im Sinne des Dazugehörens, des Mittun-Wollens, des Gemeinschaftserlebens. Dies klassifiziert die Qualität regionenbezogener Identifikation als eine Loyalitätsbeziehung zwischen Menschen im Horizont einer räumlich bezogenen Sinnordnung. Von solchen Loyalitätsbeziehungen ist hinreichend erwiesen, dass sie aktivierend auf die Mitglieder eines sozialen Verbandes wirken" (Fach et al. 1998: 4).[39] Durch die Einordnung in einen Sinnzusammenhang erhalten Dinge eine zusätzliche Bedeutung. Dies ist auch bei der stadtregionalen Freiraumentwicklung der Fall. Die einzelnen Maßnahmen und Projekte der Freiraumentwicklung werden zu

---

38 Aus: FASZ (Frankfurter Allgemeine Sonntagszeitung) 1997: Die Stadt alten Typs gibt es nicht mehr. Thesen des Darmstädter Planers Thomas Sieverts: 3.
39 Damit gewinnt der Begriff regionale Identifikation bzw. Identität eine neue Qualität. „Im ‚alten' Regionalismus diente er dazu, die Autonomie geschlossener Kulturräume sowie die Bewahrung von Traditionen und Brauchtümern zu begründen. Er sollte die emotionale Bindung der Menschen an ihre Heimat und Herkunft erfassen. In der demokratietheoretischen Diskussion wird damit eine politische Gemeinschaft definiert, die sich durch Bereitschaft zur Selbstbestimmung, zur kollektiven Problemlösung und zu Solidarität auszeichnet" (Benz et al. 1999: 45).

einem Ganzen, zu einem Sinnzusammenhang in Form von Grünen Ringen, Landschaftsparks, Grüngürteln, Regionalparks u. ä. m. verbunden und erhalten damit regionale Bedeutung. Die betroffenen Akteure, die in den Identifikationsprozess mit dem Projekt der stadtregionalen Freiraumentwicklung eingebunden sind, sehen einen Sinn in ihren Aktivitäten und erhalten einen Orientierungs- und Handlungsrahmen für ihr individuelles Tun. Das „Bedürfnis nach Übereinstimmung zieht zugleich eine Selbstbindung nach sich. Über Identifikationsprozesse werden soziale Bindungen in die Handlungskalküle von Akteuren aufgenommen und legen dadurch in einer bestimmten Weise deren Handeln fest, in dem ein Ausschluss von mit den Identifikationsinhalten unverträglichen Handlungsalternativen erfolgt" (Fach et al. 1998: 6).

Leistungsfähigkeit und Grenzen bei der Akzeptanzschaffung und Identifikationsstiftung

Wo liegen nun die spezifischen Potenziale kommunikativer Instrumente, wenn es um Akzeptanzschaffung und Identifikationsstiftung in der regionalen Freiraumentwicklung geht?

Kommunikative Instrumente bieten die Möglichkeit, die *inhaltlichen und emotionalen Qualitäten der Freiraumentwicklung* an die breite Öffentlichkeit *zu vermitteln*. Mit dem „Park in den Köpfen", wie es Tom Königs bei der GrünGürtel-Planung in Frankfurt ausgedrückt hat, ist dabei eine wichtige Strategie angesprochen. Auf diese Weise kann das Thema Freiraumentwicklung politikfähig und bürgernah vermittelt werden. Auffällig ist, dass dieses Bemühen um die Produktion neuer Landschafts-Bilder in den Köpfen aller Beteiligter vielerorts zu finden ist. Die Rede ist von „GrünGürteln" und „Grünen Ringen", von „Bändern" und „Achsen", „Landschafts- und Regional-Parks" oder „Netzen". Symbole transportieren damit die Idee der regionalen Freiraumentwicklung – wenn der Begriff etwas taugt, entsteht „der Park in den Köpfen" (vgl. Selle 1999a; Koenigs, Lieser 1992).

Dabei macht sich die Freiraumentwicklung die Spielregeln des Marketings zu eigen: positive Assoziationen wecken, Bilder entstehen lassen, die nach innen (Akteure der Region) und nach außen (Bild der Region bei Externen) mit Hilfe von kommunikativen Instrumenten vermittelt werden. Der „Park" (gemeint ist der symbolische Regional-, Landschafts„park", auch als Grüner Ring oder Grüngürtel bezeichnet), wird zum Vehikel der Identifikation, ein gemeinsames Bewusstsein der Region für den Freiraum herzustellen. Symbole und Bilder spielen also eine bedeutsame Rolle, um Zusammenhänge zu vermitteln, die so nicht leicht zu erkennen sind, und die es über kommunikative Instrumente zu vermitteln gilt. Es geht um eine Corporate Identity, die sich in den Komponenten Corporate Design (Erscheinungsbild, z.B. Grüne Ringe, Parks als Symbole bzw. Logos), Corporate Communication (Kommunikation der Akteure, beispielsweise Logos, Pressearbeit) und Corporate

Behavior (Verhalten der regionalen Akteure) ausdrückt (vgl. Birkigt, Stadler, Funck 1993).[40]

Eine Gefahr geht allerdings mit dem „Park-Begriff" einher. Die häufig intendierte nachhaltige bzw. integrierte Entwicklung, die sozio-kulturelle, ökologische und ökonomische Aspekte umfasst, wird mit dem „Park-Begriff", der allgemein für Grün, Landschaft und Natur steht, nur selten assoziiert. Missverständnisse und falsche Erwartungshaltungen sind damit vorprogrammiert und können Missverständnisse bzw. Konflikte verursachen.

Die Symbolsprache macht sich auch das Mittel der Emotionalisierung zu eigen. Neben die Fach- bzw. Sachebene tritt die Vermittlung der emotionalen Qualitäten des Vorhabens, im Sinne eines Begreifens mit „Herz und Verstand". Die Emotionalisierung stellt zudem Bezüge zur Erfahrbarkeit des Freiraums her. Freiraumentwicklung zu vermitteln bzw. „er-fahrbar" zu machen, ist besonders mittels Rad- und Fußwegenetzen möglich. Wer die Region ohne Auto entdecken kann, ohne dabei auf Hindernisse und Unwegsamkeiten zu stoßen, baut einen anderen Bezug zur Landschaft auf. Sieverts und Wick (1996: 65) unterstreichen dies: „Flächenknappheit und weitere Spezialisierung der regionalen Arbeitsteilung zwingen jedoch zur regionalen Kooperation. Diese wird sich jedoch nur dann politisch durchsetzen lassen, wenn die Region als Lebensraum nicht nur abstrakt über statistische Indikatoren und Infrastrukturnetze erfasst wird, sondern als Lebensraum im Kopf verfügbar und mit den Sinnen erlebt wird." Kommunikative Instrumente in Form von Aktionen (wie beispielsweise geführte Radtouren, Sternfahrten) oder Exkursionen spielen dabei eine wichtige Rolle.

Der individuelle Nutzen der Akzeptanz- und Identifikationsprozesse besteht für die im Prozess mitwirkenden Akteure darin, dass für sie *Verhaltenssicherheit gewährleistet* wird. Gemeint ist, dass eine kollektive Handlungsorientierung bzw. ein regionaler Sinnzusammenhang entsteht, aus der sich eine individuelle Richtschnur für das eigene Verhalten ableitet. Durch Identifikation erlangen die einzelörtlichen Bemühungen um Freiraumentwicklung übergeordnete Bedeutung, der Austausch und Vergleich mit anderen, ähnlich agierenden Akteuren bestärkt das eigene Handeln und gibt ihm Kontinuität. Individuelles Denken und Handeln kann in gemeinsame Orientierungs- und Handlungsstrategien eingegliedert werden. Kommunikative Instrumente haben hierbei eine wichtige Vermittlungsfunktion. Bei den Identifikationsprozessen handelt es sich somit um sinnstiftende und vertrauensbildende soziale Prozesse, die durch organisierten Austausch und Diskussionen, das heißt durch den Einsatz kommunikativer Instrumente, unterstützt und verstärkt

---

40 Historisch betrachtet gewinnen Freiraumfiguren damit eine weitere Funktion. Während sie früher vorrangig die Aufgabe wahrgenommen haben, Flächen freizuhalten und Stadtwachstum zu begrenzen (vgl. Tessin 1979), erhalten sie nun auch die Funktion, „öffentliche Aufmerksamkeit herzustellen" (siehe Kap. II. 2.3.3).

werden können (siehe auch Kap. III. 4.: Förderung des regionalen Denkens und Handelns).

Zudem kann die *Zufriedenheit mit den Ergebnissen* bei den Beteiligten *erhöht* werden. Zufriedenheit hängt nicht allein von der Erreichung des Ziels ab, sondern auch davon, ob die Lösungsstrategie für fair gehalten wird. Gab es Möglichkeiten, sich zur Sache zu äußern? In welchem Maße konnte man auf die Ergebnisse Einfluss nehmen? Kommunikative Instrumente bieten das Potenzial, solche Möglichkeiten zu schaffen. Je stärker die Akteure nicht nur informiert werden, sondern im Prozess aktiv mitwirken können, desto mehr wachsen Akzeptanz und Identifikation. Auch ist ein Zuwachs an Akzeptanz und Identifikation zu verzeichnen, wenn die Projekte Gestalt annehmen und eine Realisierung absehbar ist.

Ein weiteres Potenzial, die mit Akzeptanzschaffung und Identifikation mit der Freiraumentwicklung verbunden ist, ist die *Stärkung der Eigenverantwortung der Akteure*. Regionale Freiraumentwicklung ist keine Aufgabe, die lediglich wenige Akteure bewerkstelligen können. Kommunikative Instrumente können dazu beitragen, dass sich Akteure aus den verschiedenen Sphären diese Aufgabe zur eigenen Sache machen und sich (mit-)verantwortlich für die Ziele und Maßnahmen der Freiraumentwicklung einsetzen. Damit wächst nicht nur die Identifikation der Akteure mit dem Freiraumentwicklungsprojekt, sondern der Belang Freiraum erhält auch größere öffentliche Bedeutung.

Diesen Potenzialen kommunikativer Instrumente stehen einige Restriktionen entgegen. Ein akzeptanzhemmender Aspekt kommunikativer Prozesse besteht in den *unterschiedlichen „Sprachen" und Wahrnehmungen der* einzelnen *Akteursgruppen*. Dies spiegelt sich besonders in den Verständigungsproblemen zwischen Fachleuten und Betroffenen wider (vgl. Luz, Oppermann 1993; Faludi 1996; Helbrecht, Danielzyk, Butzin 1991). Kommunikative Instrumente als Mittel, um Akzeptanz zu erhöhen und Identifikation herzustellen, setzen voraus, dass unter anderem eine gemeinsame Sprache gewählt wird. So stellten Bruns und Luz (1992: 19) fest: „Wenn es mit der Umsetzung (...) hapert, muss es nicht unbedingt an den Inhalten liegen. Die Akzeptanzforschung belegt, dass die Beteiligten oft nicht dieselbe Sprache sprechen". Helbrecht, Danielzyk und Butzin (1991) untersuchten in einer empirischen Studie die Wahrnehmungsmuster und Bewusstseinsformen von Experten und Bewohnern im Ruhrgebiet als einer tiefgreifend vom Strukturwandel geprägten Region und bestätigen die Sprach- und Wahrnehmungsbarrieren unter den verschiedenen Akteuren. Insbesondere, wenn bei den Bürgerinnen und Bürgern als Nutzergruppe des Freiraums sowie bei Politikerinnen und Politikern Akzeptanz und Identifikation mit dem Belang Freiraum hergestellt werden soll, sind die Sprach- und Wahrnehmungsbarrieren gravierend.

Als Restriktion sind weiterhin *negative Vorerfahrungen* in der Zusammenarbeit zu nennen. Diese Restriktion ist zwar beim Einsatz kommunikativer Instrumente von allgemeiner Bedeutung, kommt jedoch insbesondere hinsichtlich der Funktion „Akzeptanz schaffen und Identifikation stiften" zum Tragen. Die Akteure der regionalen Freiraumentwicklung sind sich häufig durch andere Bezüge untereinander bekannt. Diese Vorerfahrungen wirken auf den aktuellen Prozess zur regionalen Freiraumentwicklung ein. Während positive Vorerfahrungen eine befördernde Wirkung für die Zusammenarbeit haben, können sich negative einschränkend auf Lernprozesse auswirken.

Eine Restriktion ergibt sich auch durch *Wertunterschiede*. Aubert (1963) unterscheidet zwischen Wert- und Interessenkonflikten. Unterschiedliche Werte der Akteure werden häufig in Prozessen nicht wahrgenommen. Dies führt dazu, dass sie nicht thematisiert werden und den gemeinsamen Diskussionsprozess blockieren. Durch die Identifikation gemeinsamer Werte sowie von Unterschieden können Bedingungen abgesteckt werden, die nicht verhandelbar sind. Auch die jeweiligen Planungsverständnisse implizieren gewisse Werthaltungen, die sich nicht oder kaum verändern lassen.

Dagegen können gemeinsame Werte produktiv und konstruktiv für den Entwicklungsprozess genutzt werden. Auch die Freiraumpolitik kann sich dies zu Nutze machen. So haben die beteiligten Akteure zwar zumeist unterschiedliche Motive, warum sie Freiraum schützen, sichern bzw. entwickeln möchten, doch der dahinter stehende Wert „Freiraum als erhaltenswertes Gut" ist identisch. Beispielsweise hat eine Wohnungsbaugesellschaft das Interesse, Naherholungsmöglichkeiten für ihre Bewohnerinnen und Bewohner vorzuhalten und wohnungsnahe Freiräume zur Verfügung zu stellen. Die Motivation von Naturschützern ist dagegen nicht vorrangig die Naherholung, sondern der Arten- und Biotopschutz. Doch lassen sich beide Motivationen in einen Wertekonsens vereinen.

Auch die bestehende *Verantwortungsteilung zwischen regionaler und kommunaler Ebene* kann sich hemmend auf die Akzeptanz und Identifikation mit der regionalen Freiraumentwicklung auswirken (siehe auch Kap. III. 4.). So sind beispielsweise im Rahmen der kommunalen Planungshoheit die Städte und Gemeinden für die Bauleitplanung zuständig. Dies erschwert die interkommunale Abstimmung in Bezug auf die Freiraum- und Siedlungsentwicklung. Die lokalen Akteure identifizieren sich vorrangig mit ihrer Kommune und schauen, wo ihr kommunaler Nutzen liegt. Erst an zweiter Stelle ist die regionale Ebene von Interesse.

3. Qualität von Lösungen verbessern

Die Funktion „Qualität von Lösungen verbessern", provoziert die Frage: Was ist die Qualität einer Lösung? Dazu sind die Sach- und die Verfahrensqualität von Lösungen zu unterscheiden. Folglich geht es um die Verbesserung von

Lösungen zum einen durch Sachqualität und darum, was kommunikative Instrumente in Bezug auf die Verfahrensqualität leisten können. Verfahrensqualität meint die Gestaltung von Prozessen unter Berücksichtigung gewisser Verfahrensregeln. Diese stellen sozusagen Bedingungen für den Einsatz kommunikativer Instrumente dar und gewährleisten, dass die Entwicklung und die Umsetzung der Sachqualitäten in Plänen, in den Köpfen und in der Realität stattfinden kann.

Potenziale, die mit der Verbesserung der Qualität von Lösungen einhergehen, sind:

- Informationszugänge erleichtern,
- Ermittlung von Interessen und Positionen,
- breite Informationsgrundlage schaffen,
- Produkt- bzw. Sachinnovationen erzeugen,
- diskursiven Zielfindungsprozess ermöglichen,
- externen Sachverstand in den Arbeitsprozess einbringen.

Diesen Potenzialen stehen vor allem folgende Restriktionen entgegen:
- Kurzfristorientierung der Politik,
- Dominanz institutionalisierter Interessen,
- negative Koordination.

Sachqualitäten durch Informationsbeschaffung

Ein wesentlicher Arbeitsschritt von Planungs- und Entwicklungsaufgaben ist es, Informationen einzuholen, um eine optimale Grundlage für die Erarbeitung von Problemlösungen und Maßnahmen zu erhalten und damit Entscheidungsabläufe zu verbessern. Auch während des laufenden Planungs- bzw. Entwicklungsprozesses ist es von Bedeutung, den Informationsstand laufend zu aktualisieren. Kommunikative Instrumente können hierbei hilfreich sein.

Informationen, die für regionale Freiraumentwicklungsprozesse von Interesse sind, beziehen sich zum einen auf Sachinformationen zum Planungsgegenstand (Rahmenbedingungen, räumliche Gegebenheiten, Planungsstand etc.), und zum anderen auf die Akteure (Interessen, Positionen, Vorerfahrungen etc.). Das Potenzial kommunikativer Instrumente besteht in der Beschaffung dieser Sachinformationen. Dies betrifft die *Erleichterung von Informationszugängen,* die *Ermittlung von Interessen und Positionen* der einzelnen Akteure und insgesamt eine *breite Informationsgrundlage.*

Durch kommunikative Instrumente wird das Know-how der Akteure zusammengeführt und kann in den Arbeits- und Diskussionsprozess einfließen. Insbesondere besteht dabei das Potenzial, gebündelt Informationen zu einzelnen Sachthemen sowie Informationen, die nicht verschriftlicht sind, zu erhalten. Die Ermittlung von Interessen und Positionen ist eine wesentliche Basis, um Alternativen zu ermitteln bzw. gemeinsame Lösungen zu finden.

Es besteht das Potenzial, dass Informationszugänge durch kommunikative Prozesse erleichtert werden. Denn bei der stadtregionalen Freiraumentwicklung handelt es sich um eine sehr komplexe Aufgabe mit vielfältigen inhaltlichen Bezügen (integrierter Ansatz: ökologische, ökonomische, soziale und kulturelle Aspekte der regionalen Freiraumentwicklung), mit zahlreichen Akteuren (verschiedene Sichtweisen) und unterschiedlichen Planungs- und Organisationsebenen.

Vor diesem Hintergrund bieten die kommunikativen Instrumente die Möglichkeit, an eine breite Informationsgrundlage zu gelangen. Der Blick wird nicht nur auf einen selektiven Ausschnitt gelenkt, sondern es wird eine umfassende Wahrnehmung ermöglicht. Insbesondere das Kennenlernen verschiedener Sichtweisen ermöglicht eine breite Perspektive und ein komplexes Verständnis der Zusammenhänge. Als Ergänzung zur klassischen schriftlichen Abfrage der Informationen sind hier Nachfragen und Erläuterungen möglich und eine frühzeitige fehlgerichtete Interpretation kann vermieden werden. Gleichzeitig kann direkt eine problemorientierte Bewertung der Informationsmenge stattfinden. Die Akteure legen den Fokus auf die anstehenden Aufgaben, so dass eine Filterung stattfindet und die Akteure vor einem Zuviel an Informationen bewahrt. So weisen Fingerhuth und Koch (1996: 28) darauf hin, „dass bald einmal nicht fehlende Informationen, sondern ein Zuviel an Informationen – genauer von Daten – zum Problem werden kann und nach Bewertung der Datenmengen und Informationsangeboten verlangt."

Sachqualitäten durch rahmensetzende Vorgaben und Innovationen

Die Sachqualität betrifft die inhaltliche Komponente von Lösungen. Bezogen auf die Freiraumsicherung, -entwicklung und -In-Wert-Setzung ist mit dem Leitbild der nachhaltigen Entwicklung der inhaltlich-normative Maßstab gesetzt (siehe Kap. II. 1.1.2).

Die Einbindung der Freiraumfrage in die Diskussion um Nachhaltigkeit bedeutet eine Ausweitung der Freiraumthematik in Richtung einer integrierten Stadt- und Regionalentwicklung. Ökologische, soziale, ökonomische und kulturelle Aspekte sind in ihrer Komplexität und Wechselwirkung zu betrachten. Um die Qualität von Freiräumen zu sichern, zu entwickeln und in Wert zu setzen, bedarf es somit der Einbindung vielfältiger Politik- und Handlungsfelder. Die Ursachen von Siedlungswachstum stehen z.B. in unmittelbarem Bezug zum Thema Mobilität, zu Fragen des Wohnungsbaus und der Gewerbeentwicklung. Hier gilt es anzusetzen, um nachhaltige Freiraumentwicklung zu verfolgen.

Qualitäten einer nachhaltigen Entwicklung können durch die *Erzeugung von Produkt- bzw. Sachinnovationen* verbessert werden. Der Begriff Innovation meint dabei die Entwicklung einer neuen Zielsetzung und/oder die erstmalige Einführung einer neuen Zielsetzung in der Region (vgl. Evers 1995). Kommunikative Instrumente können dazu beitragen, Sachinnovationen zu erzeugen. Sie schaffen einen Rahmen, in dem Kreativität entsteht und von neuen Akteuren Impulse und damit Sachinnovationen für die Freiraumentwicklung ausgehen können.

Im Rahmen der IBA Emscher Park kamen beispielsweise zahlreiche kommunikative Instrumente zum Einsatz, die der Ideenfindung und Planungsinnovation dienten: Expertenanhörungen, Symposien und Status-Seminare, um den Stand des nationalen und internationalen Wissens zusammenzuführen und zu bewerten; (mehrtägige) Werkstätten, um für besonders schwierige Problemlagen, die bei der Ausarbeitung von Planungen oder bei der Realisierung auftreten, eine Lösung zu finden; Sommerakademien, um den internationalen Erfahrungsaustausch und das Fachgespräch unter jungen Wissenschaftlern zu ermöglichen; ortsnahe Projektgruppen, um Ideen und die Interessenlagen der im Emscherraum lebenden Bevölkerung und Betriebe zu artikulieren, über Planung und Projekte fortlaufend zu informieren und Themen der Erneuerung zu diskutieren; projektbegleitende Arbeitskreise, die das jeweilige Projektmanagement unterstützten und Vorschläge für das administrative Handeln der Städte entwickelten; Vortragsreihen; Zielgruppenangebote zur Berücksichtigung ihrer Interessen, z.B. von Frauen und Kindern (vgl. Kilper 1999; Häußermann, Siebel 1993; Sinning 1995a).

Kommunikative Instrumente sind dabei als mögliches Vehikel für Kreativität und externe Impulse zu sehen. Aber „die konsensualen, informellen und auf Überzeugungsarbeit beruhenden Formen können (...) nicht per se als positiv, innovativ oder vielversprechend bezeichnet werden. Konsensuale Aushandlungsformen können konservative, polarisierende und innovative Einflüsse ausüben" (Weck 1996: 253). Ähnlich ist die Einschätzung von Kilper (1999: 313): „Für den Prozess der politischen Regionalisierung reicht die Hoffnung nicht aus, dass durch die Initiierung von dezentralen Verhandlungssystemen und Politiknetzwerken allein schon Innovationen entstünden. Die Tatsache allein, dass ‚etwas passiert', garantiert noch keine Innovation. Aus steuerungstheoretischer Perspektive ist dies auch nicht verwunderlich. Konsensorientierte Verhandlungssysteme mit ihrem selektiven und exklusiven Charakter, die im Spannungsfeld von Tauschgeschäften, der Wahrnehmung von Interessenpositionen und sachlich rationaler Argumentation ablaufen, können nicht per se zu neuem Denken und Handeln führen."

Den positiven Wirkungsmöglichkeiten steht zudem eine *Kurzfristorientierung* entgegen, die insbesondere bei politischen Akteuren besteht. Da Innovationen häufig erst zu einem späteren Zeitpunkt umgesetzt werden können, stoßen sie auf den Widerstand der heute agierenden Interessenvertreter, sofern sie deren Tätigkeitsfeld einengen. In der Folge kann es dazu kommen, dass kurzfristig wirksame Teillösungen gesucht werden, die das Problem aber nicht wirklich lösen und es damit in die Zukunft verschieben (vgl. Fürst, Ritter 1993: 151ff).

Die *Dominanz institutionalisierter Interessen* kann dazu führen, dass Innovationen nicht zum Tragen kommen. Institutionalisierte Interessen neigen eher dazu, an Bestehenden festzuhalten. Deswegen werden häufig zeitlich befristete „Sonderorganisationen" eingesetzt, die mit ihrer Fremdheit, neuen Personen und zeitlicher Befristung eher Innovationen erzeugen können als bereits etablierte Organisationsstrukturen. „Die Gründung von Sonderorganisationen dient nicht nur der Entlastung von Routinen und administrativen Hemmnissen, sondern auch der Einführung eines Elements der Fremdheit. Innovation setzt Verunsicherung voraus durch neue Verfahren, neue Institutionen, neue Informationen, auch durch fremde Personen. Die Befristung dient nicht nur zur Organisation von Zeitdruck. Sie ist auch deshalb notwendig, weil Innovation nicht auf Dauer gestellt werden kann. Sie ist an die Einmaligkeit des Ereignisses gebunden" (Mayer, Siebel 1998: 5f). Häußermann und Siebel (1994a) betonen zudem, dass, wenn Innovation Machtverhältnisse verändern soll, es hilfreich ist, weniger artikulationsfähige und organisationsschwache Interessen einzubinden. Dies funktioniert jedoch in der Regel nur bei kurzfristorientierter Planung, da bei langfristig orientierter Planung tendenziell eine Selektivität zu Gunsten der organisierten bzw. starken Interessen eintritt (siehe Kap. III. 1.).

Eine weitere Restriktion entsteht durch *negative Koordination*. Die breite Beteiligung der regionalen Akteure kann eine „Koordination auf den kleinsten gemeinsamen Nenner" im Sinne einer negativen Koordination nach Scharpf (1973) zur Folge haben. Diese vermindert zwangsläufig den Innovationsgehalt der Lösungen.

Sachqualitäten durch Verfahrensqualität entwickeln und umsetzen

Die Verfahrensqualität beschreibt – insbesondere mit Blick auf die Umsetzung von Sachqualitäten – die Gestaltung von Prozessen unter Berücksichtigung gewisser Verfahrensregeln. Denn es reicht nicht aus, Sachqualitäten durch rahmensetzende und rechtliche Vorgaben sowie die Erzeugung von Innovationen zu forcieren. Um die Entwicklung und Umsetzung der Qualitäten zu gewährleisten, bedarf es ergänzender Steuerungsmittel, die erreichen, dass sich die Qualitäten auch in den Plänen, in den Köpfen und in der Realität wiederfinden.

Die in Abbildung 30 benannten Regeln der Prozessgestaltung erscheinen für die Verfahrensqualitäten besonders beachtenswert (vgl. Hüchtker et al. 2000): Als grundlegende Voraussetzung für Verfahrensqualität ist die Einbindung der für das Projekt relevanten Akteure zu nennen. Dabei sind alle Phasen von der Ideenfindung bis zur Umsetzungs- und Nutzungsphase zu berücksichtigen. Kommen einzelne Akteure erst in einer späten Phase hinzu, identifizieren sie sich nur begrenzt mit dem Projekt und den gesetzten Zielen und Sachqualitäten. Es gilt daher, Akteure, wie Genehmigungsbehörden, Investoren, Träger öffentlicher Belange etc., deren Wirken vorrangig in späteren Phasen im Entwicklungsprozess zum Tragen kommt, bereits bei der Ideenfindungs- und Konzeptionsphase einzubinden. Sie tragen dann die übergeordneten Ziele mit, so dass sich die Chance vergrößert, dass diese realisiert werden.

Nachhaltige Freiraumentwicklung muss fachlich, instrumentell und organisatorisch gelernt sein. Qualifizierungen der Beteiligten mit Hilfe von kommunikativen Instrumenten, beispielsweise in Form von Weiterbildungsmaßnahmen oder Exkursionen zu bereits realisierten Beispielen und Vor-Ort-Begehungen, können Qualitäten der Freiraumentwicklung vermitteln (siehe Kap. III. 2. und 4.) und einen *Diskussionsprozess über die angestrebten Ziele auslösen*. Hier sind sowohl Politik, Verwaltung, Wirtschaft, Vereine und Verbände, Fachinstitutionen als auch Bürgerinnen und Bürger in ihren verschiedenen Rollen und Positionen gefragt. Qualitätsvereinbarungen, wie sie unter anderem bei der IBA Emscher Park zum Einsatz kamen, können auch Anlässe für Auseinandersetzungen und Verständigungen zwischen den Projektbeteiligten über zu erreichende Qualitäten sein (vgl. Kilper 1999: 273ff).

Zunehmend finden auch kommunikative bzw. kooperative Wettbewerbe[41] und Planungswerkstätten Anwendung, um Know-how und Kreativität für ein Projekt freizusetzen. Hier werden Alternativen entwickelt, die ein breiteres Spektrum an Möglichkeiten aufzeigen und durch die Wettbewerbssituation besonders innovative Lösungen erwarten lassen.

Externen Sachverstand z.B. über Vorträge oder Beratungen in den Arbeitsprozess einzubinden, trägt ebenfalls zur Verfahrens- und in der Folge zu einer höheren Sachqualität bei. Beratungsgremien oder Vortrags- und Diskussionsveranstaltungen mit Sachverständigen können Ideen und fachliche Anregungen in den Prozess importieren (siehe auch oben: Produkt- und Sachinnovationen erzeugen). Durch Problemwahrnehmungen und Sichtweisen von außen erweitern sich die Möglichkeiten für neue Lösungen und Optionen, die ansonsten nicht verfügbar wären. Siebel, Ilbert und Mayer (1999) nennen dies auch die „Integration bzw. die Produktivität des Fremden". Werden keine externen Akteure zumindest punktuell eingebunden, schränkt dies die Innovationsfähigkeit in einer Region deutlich ein. Während der IBA Emscher Park wurden z.B. die endogenen und exogenen Impulse durch verschiedene Kooperations- und Kommunikationsformen im Lot gehalten.

Die besten Zielsetzungen und Qualitätsvereinbarungen nützen jedoch nur wenig, wenn der Informationsfluss nicht gesichert wird. Erarbeitete Ergebnisse, auch Zwischenschritte, müssen gesichert und weitergetragen werden, so

---

41 Unter kooperativen Wettbewerben sind kooperativ und offene, aber auch zugleich konkurrierende Planungsverfahren gemeint, wie sie teilweise während der IBA Emscher Park zum Tragen kamen. Als kooperativ wird dabei vor allem bezeichnet, dass zwischen den Planungsteams direkter Kontakt entstehen soll und über Kolloquien weitere Spezialisten, Vertreterinnen und Vertreter aus Politik und Verwaltung sowie Betroffene einbezogen werden. Zudem erarbeiten die Planungsteams ihre Planungskonzepte vor Ort in direktem Kontakt und im Austausch mit den Beteiligten und der interessierten Bevölkerung (vgl. Foßmann 1991: 1246f; Kilper 1999: 236f).

dass die Sachqualitäten im Zuge eines Projektmanagements Schritt für Schritt weiter entwickelt werden können. Zudem steht hinter all diesen Prozessbausteinen die Erkenntnis, dass Lernprozesse sowohl bezogen auf die Organisation als auch auf die Inhalte bei den beteiligten Akteuren stattfinden und so die Qualitäten auch „in die Köpfe" gebracht werden müssen (siehe Kap. III. 4.).

Qualitäten sind aber nicht per se durch kommunikative Prozesse vorhanden. Die Erfahrungen zeigen, insbesondere mit der IBA Emscher Park, dass es Qualitätsprüfung geben muss, damit diese gesichert werden. Die REGIONALE als Runderlass des Landes Nordrhein-Westfalen (siehe Kap. IV. 2.3) beinhaltet eine solche Qualitätssicherung. Alle Maßnahmen werden unter Qualitätsanforderungen zunächst geprüft, bevor sie genehmigt werden. Auch an Förderprogrammen sind häufig Qualitätskriterien gebunden (z.b. FR-Regio in Sachsen).

Abb. 30: *Regeln der Prozessgestaltung zur Entwicklung von Sachqualitäten*

- Einbindung relevanter Akteure und personelle Kontinuität
- Qualifizierung der Beteiligten
- Durchführung von kommunikativen Wettbewerben und Planungswerkstätten
- Hinzuziehen externen Sachverstands
- Sicherung des Informationsflusses
- Festhalten von Zwischenschritten
- Ermöglichung von organisatorischen und inhaltlichen Lernprozessen
- Berücksichtigung von Qualitätskriterien bei Förderprogrammen

---

Quelle: Hüchtker et al. 2000: 184, verändert

4. Lernprozesse ermöglichen

Die Ermöglichung von Lernprozessen, die sich durch den Einsatz kommunikativer Instrumente zur Entwicklung stadtregionaler Freiraumsystemen ergeben können vielfältiger Art sein. In diesem Kapitel wird die Funktion „Lernprozesse ermöglichen" – nach einer kurzen Einordnung des Begriffs – anhand von drei Aspekten behandelt und es werden die damit verbundenen Potenziale und Restriktionen dargestellt:

- Inhaltliche Lernprozesse regionaler Freiraumentwicklung,
- Lernprozesse bezogen auf die Arbeitsweise regionaler Freiraumentwicklung und
- inter- und intraorganisatorische Lernprozesse.

Potenziale, die sich in diesem Zusammenhang vor allem identifizieren lassen, sind:
- Inhaltliche Qualifizierungsprozesse
- organisatorische-verfahrensbezogene Qualifizierungsprozesse,
- flexible Anpassungsfähigkeit an veränderte Problemsituationen,
- Förderung des regionalen Denkens und Handelns sowie
- Routinen in bestehenden Institutionen aufbrechen.

Diesen Potenzialen stehen folgende Restriktionen entgegen:
- Spezifische Probleme nur begrenzt thematisierbar
- Diskontinuität der Akteure,
- Instabilität der Arbeits- und Organisationsformen,
- ungleichwertige Anerkennung der Akteure.

Lernprozesse und nachhaltige Freiraumentwicklung in Stadtregionen

Lernen bezeichnet den Prozess, der Menschen befähigt, auf Grund früherer Erfahrungen und durch die Eingliederung neuer Erfahrungen situationsangemessen zu reagieren und sich damit an neue Gegebenheiten anzupassen bzw. Verhalten zu verändern. Lernen erfolgt durch Aufnahme von Informationen aus der Außenwelt, deren geistige und emotionale Verarbeitung unter Verwendung im Gedächtnis gespeicherter Erfahrungen, durch Aufbewahrung dieser Inhalte und Aktivierung derselben im gegebenen Moment (vgl. Seel 2000; Meyers Lexikon 2000).[42]

Lernprozesse haben im Leitbild der Nachhaltigkeit bzw. in der Agenda 21 – und folglich in der nachhaltigen stadtregionalen Freiraumentwicklung – einen hohen Stellenwert. Die Vermittlung von Umwelt- und ethischem Bewusstsein, Werten und Verhaltensweisen wird betont: Lernen im Sinne von „Bildung ist eine unerlässliche Voraussetzung für die Förderung einer nachhaltigen Entwicklung und die Verbesserung der Fähigkeit der Menschen, sich mit Umwelt- und Entwicklungsfragen auseinander zusetzen" (BMU 1997: 261).

Übertragen auf die regionale Freiraumentwicklung sind Lernprozesse gemeint, wenn sich die beteiligten Akteure als „lernende Systeme" organisieren und Freiraum über die kommunalen Grenzen hinaus gemeinsam entwickeln. Die Informationen, Erfahrungen und Verhaltensweisen, die sie erler-

---

42 „Lernen vollzieht sich als ein Prozess der Umorganisation von Erfahrungen, der so lange dauert, bis sich im Moment der Einsicht die vollständige Durchgliederung des Erfahrungsfeldes und somit der Lösung des Problems einstellt. (...) Kognitive Theorien verknüpfen Lernen mit der Gesamtheit der Prozesse, die mit der Aufnahme von Informationen, ihrer weiteren Verarbeitung und Speicherung im Gedächtnis sowie ihrer Anwendung in spezifischen Situationen mit Aufgabencharakter verbunden sind" (Seel 2000: 18).

nen, ermöglichen ihnen, situationsangemessener zu reagieren und neuen Anforderungen gerecht zu werden. Durch den unmittelbaren Dialog tauschen die Beteiligten (Einzelpersonen und Organisationen) inhaltliche Positionen, Wertmaßstäbe, Interessen, Informationen und Arbeitsweisen aus, so dass die Erkenntnisse und Verhaltensweisen der Akteure einen Zuwachs erfahren. Durch „face to face"-Kommunikation können Lernprozesse stattfinden, die im Idealfall ermöglichen, dass Beteiligte ihre eigenen Standpunkte reflektieren, ihre Interessen neu definieren und eine integrative Problemlösung erreichen. So beschreibt Fürst (1994: 187) die Effekte lernender Systeme: „Zum einen nähern sie die Standpunkte/Deutungsmuster der beteiligten Akteure einander an; zum anderen können sie – bei geeigneter Aktorenzusammensetzung – überholte Denkmuster aufbrechen und neue Ideen/Einsichten öffnen, aus denen neue kollektive Handlungen hervorgehen."

In diesem Zusammenhang ist die Konzeption der „learning region" von Interesse. Es geht davon aus, dass eine „lernende Region" einen Handlungsrahmen bietet, der die handelnden Akteuren fördert, auf veränderte Bedingungen lernend, kreativ, innovativ, schnell und flexibel zu reagieren. Lern- und Innovationspotenziale sollen so wirkungsvoll ausgeschöpft werden. Als wichtige Elemente dieses Handlungsrahmens benennt Fürst (2001: 74f) vier Punkte:

- „Es bedarf einer Lernsensibilität gegenüber Lernzwängen oder -anreizen", d.h. Veränderungsimpulse müssen vorhanden sein, wie beispielsweise wirtschaftliche Krisen, und die Akteure müssen diese als Handlungsaufforderung wahrnehmen.
- „Es sind lernförderliche Regionalbedingungen notwendig", d.h. dass beispielsweise innovationsoffene politisch-administrative Systeme oder Vermittlungseinrichtungen zwischen Wissensproduzenten und Wissensnutzer vorhanden sind.
- „Lernen bedarf Handlungsoptionen", d.h. diese dürfen auf Grund von institutionellen, finanziellen und personellen Restriktionen nicht fehlen.
- „Widerstände gegen Lernen müssen überwunden werden", d.h. dass beispielsweise widerstreitende Kräfte (mögliche Innovationsverlierer, Traditionalisten, tradierte Werthaltungen etc.) konstruktiv eingebunden werden müssen.

Für Lernprozesse in der regionalen Freiraumpolitik ist dieser Handlungsrahmen ebenso zu beachten. Bezogen auf die Potenziale und Restriktionen kommunikativer Instrumente zur Förderung von Lernprozessen lassen sich drei Fragestellungen ableiten, um Lernprozesse operationalisieren zu können:

- Inhalte: Was lernen die Akteure bezogen auf die fachlich-inhaltliche Bearbeitung von Themen bzw. Projekten regionaler Freiraumentwicklung?

- Arbeitsweise: Was lernen die Akteure bezüglich der Ablauf- und Aufbauorganisation der regionalen Freiraumentwicklung?
- Akteure: Welche inter- und intraorganisatorischen Lernprozesse finden statt?

Inhaltliche Lernprozesse regionaler Freiraumentwicklung

Lernprozesse zur inhaltlichen Dimension regionaler Freiraumentwicklung sollten sich beispielsweise auf ein integratives Aufgabenverständnis beziehen, das im Sinne der Nachhaltigkeit wirtschaftliche, ökologische, soziale und kulturelle Aspekte der (Stadt-)Region einbezieht. Nachhaltige Entwicklung dient dabei als normatives Leitbild. Einzelne inhaltliche Handlungsfelder der Lernprozesse sind etwa Gewässerrenaturierung, Forstwirtschaft, Biotopvernetzung, Naherholung und Tourismus, Brachenrevitalisierung, Kunst und Kultur, Umwelttechnologie sowie Arbeitsmarktpolitik.

Ein Potenzial bezüglich der Lernprozesse, die über den Einsatz kommunikativer Instrumente zum Tragen kommen, sind *inhaltliche Qualifizierungsprozesse* zur regionalen Freiraumentwicklung. Die verschiedenen Vertreterinnen und Vertreter der Kommunen und Institutionen werden über den kommunikativen Prozess vernetzt und geben im fachlichen Austausch Informationen und Erfahrungen mit der Planung und Umsetzung von Maßnahmen und Projekten weiter. Es finden wechselseitige Qualifizierungsprozesse statt, Fehler können vermieden und Erkenntnisse aus bereits durchgeführten Maßnahmen aufgegriffen werden. Diese inhaltlichen Lernprozesse sind, insbesondere für die Verbesserung der Qualität der Lösungen von Bedeutung (siehe Kap. III. 3.).

Einschränkend gilt, dass in den einzelnen Kommunen eine Reihe von *spezifischen Problemen und Fragestellungen* auftreten, die sie selbst lösen müssen, und dass der gemeinsame Lernprozess in den jeweiligen Arbeits- und Organisationsformen diese Einzelheiten nur *begrenzt thematisieren* kann.

Lernprozesse bezüglich der Arbeitsweise regionaler Freiraumentwicklung

Die gewählte Arbeitsweise umfasst verschiedene kommunikative Instrumente, die in unterschiedlicher Intensität, Abfolge und Kombination eingesetzt werden können. Die Akteure sind gefordert, in dem stadtregionalen Entwicklungsprozess eine geeignete Strategie zu entwickeln, die die verschiedenen kommunikativen Instrumente möglichst effektiv einsetzen. Hier können die Akteure auf eigene Vorerfahrungen oder Erfahrungen anderer Projekte aufbauen, und es können *organisatorisch-verfahrensbezogene Qualifizierungsprozesse* stattfinden. Die Akteure geben Erkenntnisse bezüglich der Arbeitsweise untereinander weiter. Als Strukturmerkmale regionaler Kooperationsprozesse hat sich dabei sowohl die Einrichtung einer „festen Struktur" für die Organisation, z.B. in Form von regionalen Entwicklungsagenturen, Regionalbüros oder Geschäftsstellen, bewährt (vgl. Görmar, Huege, Zarth 1998), als auch die Unterscheidung zwischen Steuerungs- und Arbeitsebene, z.B. in Form einer Lenkungsrunde sowie von Arbeitskreisen und Arbeitsgruppen (vgl. BBR 1999a).

Gleichwohl lernen die Akteure aus dem laufenden Prozess in Form einer iterativen Vorgehensweise. Angesichts der Eigendynamik der Projekte können unvorhersehbare Anforderungen, Schwierigkeiten oder Möglichkeiten auftreten, die eine *flexible Veränderung und Anpassungsfähigkeit* der gewählten Strategie *an die veränderte Situation* und die Bereitschaft für Lernprozesse erfordern. In dieser Hinsicht besteht durch den Einsatz kommunikativer Instrumente das Potenzial, eine hohe Flexibilität hinsichtlich der Inhalte und Vorgehensweisen zu erhalten. Denn die kommunikativen Arbeits- und Organisationsformen unterliegen keinem formal vorgegebenen Ablauf und sind rechtlich nicht festgeschrieben. Reversibilität einmal eingeschlagener Verfahrensweisen ist damit möglich, wenngleich nicht immer einfach. Mit Hilfe der kommunikativen Instrumente können beispielsweise auch neue Themen, die in der prozesshaften Arbeit aufkommen und für die Bearbeitungsbedarf besteht, leichter aufgegriffen werden. Die eingesetzten Arbeitsformen können entsprechend der sich verändernden Rahmenbedingungen angepasst werden (z.B. durch Gründung von Untergruppen oder neuen Arbeitsgruppen).

Den genannten Potenzialen stehen vor allem eine *Diskontinuität der Akteure* und eine *Instabilität der Arbeits- und Organisationsformen* als Restriktionen entgegen. Lernprozesse hängen in einem hohen Maß von personeller Kontinuität in den informellen Arbeits- und Organisationsformen ab. Ist diese nicht gewährleistet, können inhaltliche Brüche entstehen und das Verständnis für die gemeinsam erarbeiteten Ziele, Maßnahmen und Qualitäten verloren gehen. Die Akteure einer Arbeits- bzw. Organisationsform haben gemeinsame Spielregeln, Rollenverteilungen und eine Vertrauensbasis untereinander und zu der Arbeitsform aufgebaut, was durch Veränderungen der Personen und der Arbeitsformen aufgebrochen wird. Diese Veränderungen müssen nicht unweigerlich von Nachteil sein, sie können jedoch eine Beeinträchtigung des Prozesses darstellen.

Inter- und intraorganisatorische Lernprozesse

Lernprozesse können sich zum einen auf Akteure verschiedener Kommunen bzw. Organisationen untereinander beziehen und z.B. das regionale Denken und Handeln fördern (interorganisatorische Lernprozesse). Zum anderen finden Lernprozesse innerhalb der Institutionen bzw. Organisationen statt (intraorganisatorische Lernprozesse).

Ein Potenzial kommunikativer Instrumente in Bezug auf regionale Lernprozesse ist die *Förderung des regionalen Denkens und Handelns* und die damit einhergehende Relativierung kommunalegoistischer Denkmuster. So betonen Benz (1991) und Fürst (1992), dass regelmäßige Kommunikation über interkommunale Themen zu einer zunehmenden Relativierung kommunalegoistischer Denkmuster zu Gunsten eines Denkens in regionalen Gemeinschaftsaufgaben führen kann. Vorteile sind die gemeinsame Bewältigung regionaler Aufgaben, wie sie bei der interkommunalen Freiraumentwicklung anstehen (Biotopverbund, Naherholung und Tourismus etc.). Eine abgestimmte Arbeitsteilung kann befördert werden, indem Kommunen kostenintensive Infrastrukturangebote arbeitsteilig organisieren oder im Verbund finanzieren (vgl. BBR 1999a). Die Förderung regionalen Denkens ist auch deshalb wichtig, da die Kommunen zunehmend gefordert sind, sich als Regionen zu organisieren, um sich im nationalen und internationalen Wettbewerb zu behaupten. Dies hat auch Auswirkungen auf die Freiraumentwicklung, da die Freiraum- und Naherholungsqualität als weicher Standortfaktor für die Ansiedlung von Gewerbe und Wohnen sowie für regionale Lebensqualität Bedeutung hat.

Kommunikative Instrumente können in der stadtregionalen Freiraumentwicklung außerdem als Vehikel dienen, um *Routinen in bestehenden Institutionen aufzubrechen* und neue Formen der Problembearbeitung zu wählen. So formuliert die ARL (1998b: 61): „Regionale Kooperation kann zudem Lernprozesse in bestehenden Institutionen auslösen, indem dort flexiblere, effizientere und problemadäquatere Formen der Problembearbeitung gewählt werden (z.B. Projektmanagement, Antragskonferenzen bei komplexen Genehmigungsverfahren)." Dies ist besonders dann von Interesse, wenn die stadtregionale Freiraumentwicklung neue, integrierte Qualitäten anstrebt, die über die bekannten Planungsmuster hinausreichen.

Diesen positiven Wirkungsmöglichkeiten von Lernprozessen steht entgegen, dass die *gleichwertige Anerkennung der* verschiedenen *Akteure* jedoch häufig schwierig ist, was sich auf die Bereitschaft, voneinander zu lernen, negativ auswirken kann. So spielt z.B. die Größe der beteiligten Kommunen eine wichtige Rolle für den jeweiligen Status und die Bereitschaft voneinander zu lernen. In Verdichtungsräumen wird dies am Verhältnis der kreisfreien Kernstadt zu kreisangehörigen Umlandgemeinden besonders deutlich (vgl. ARL 1998b: 58). Auf die gegenseitige Anerkennung der Partner können auch Faktoren wie unterschiedliche kommunalpolitische Mehrheitsverhältnisse, die Finanzkraft der Kommunen oder die Vorurteile gegenüber anderen Akteuren eine hinderliche Auswirkung haben.

5. Umsetzungsorientierung fördern

Umsetzungsdefiziten zu begegnen, ist eine wichtige Herausforderung in der Planung. Dies geschieht seit einigen Jahren vor allem durch Projektorientierung und den Einsatz von kommunikativen Instrumenten. Auf die Frage, wie kommunikative Instrumente einen Beitrag zur Umsetzungsorientierung leisten können, gehen die Darstellung und Diskussion der Potenziale und Restriktionen in diesem Kapitel ein.

Folgende Potenziale können in Bezug auf die Umsetzungsorientierung insbesondere zum Tragen kommen:

- Antizipation von Planungs- und Umsetzungswiderständen,
- Umsetzungsakteure frühzeitig einbinden,
- Umsetzungskoalitionen ermöglichen,
- formale Planungs- und Genehmigungsverfahren vereinfachen,
- Beschleunigung der Koordination,
- „Übersetzungsarbeit" leisten.

Als Restriktionen sind im Zusammenhang mit der Umsetzungsorientierung zu nennen:

- Kommunikationsprobleme zwischen den beteiligten Akteuren,
- fehlende Rechtsverbindlichkeiten,
- Inkompatibilität der kommunikativen Instrumente mit Förderinstrumenten,
- Ressourcenengpässe,
- Grenzgänger-Problematik.

Kommunikative Planung und Projektorientierung als Reaktion auf Umsetzungsdefizite

Die Diskussion über Umsetzungsdefizite in der Raum- und Umweltplanung – und damit auch in der Siedlungs- und Freiraumplanung – hat in den letzten Jahren breiten Raum eingenommen. Eine Reaktion auf das Umsetzungsdilemma komplexer Planungen ist, dass der Anspruch auf flächendeckende Steuerung aufgegeben und eine Herangehensweise über Projekte gewählt wird (siehe Kap. II. 1.2.2 und 2.2.2). „Projektorientierte Planung zieht sich auf punktuelle Interventionen zusammen, um durch geballten Einsatz aller Kräfte das Umsetzungsdilemma komplexer Planung zu minimieren. Dafür gibt sie den Anspruch flächendeckender Steuerung auf" (Siebel, Ibert, Mayer 1999: 196). Gleichwohl treten die Anforderungen auf, diese Projekte in übergeordnete Planungen einzubetten und das Wechselspiel mit den verschiedenen Instrumentensträngen zu beachten (vgl. Mayer, Siebel 1998: 11).

Der projektorientierte Ansatz korrespondiert mit dem Einsatz kommunikativer Instrumente. Beide haben das Ziel, frühzeitig die Umsetzung einzuleiten und zu befördern. An der Umsetzung bzw. der Umsetzungsorientierung misst sich auch in der Freiraumentwicklung zu einem großen Teil der Erfolg des kommunikativen Instrumentariums.

Umsetzungsorientierung durch kommunikative Instrumente befördern

Ein Potenzial kommunikativer Instrumente ist in diesem Zusammenhang die *Antizipation von Planungs- und Umsetzungswiderständen*. Kommunikative Instrumente können in der regionalen Freiraumentwicklung dazu beitragen, den Informationsfluss zu verbessern, Kommunikationsrahmen zu schaffen, um Missverständnisse auszuräumen, frühzeitig Interessen in Erfahrung zu bringen und Meinungen zu diskutieren.

Planungs- und Umsetzungswiderstände entstehen dort, wo entweder nicht ausreichend informiert wurde oder Akteure mit den Inhalten der Planung bzw. deren Umsetzung nicht einverstanden sind. Mit der Antizipation von Planungs- und Umsetzungswiderständen ist gemeint, dass eine „gedankliche Vorwegnahme einer möglichen Entwicklung" vollzogen wird. Im Rahmen des kommunikativen Entwicklungsprozesses lässt sich leichter abschätzen, welche Widerstände bei der Projektrealisierung auftreten können und eine entsprechende Vorbeugung bzw. Reaktion ist möglich. Denn zu diesem Zeitpunkt sind noch keine Konflikte ausgebrochen, so dass mögliche Widerstände antizipiert und für die Betroffenen befriedigendere Lösungen gefunden werden können. Prozess- bzw. projekthemmende Faktoren sind beispielsweise politische Auseinandersetzungen, gegensätzliche Haltungen einzelner Interessengruppen, Absprung eventueller Investoren und Promotoren des Projekts, zusätzliche Auflagen u.ä.m. Im optimalen Fall können die Auswirkungen von Planungs- und Umsetzungswiderständen, beispielsweise zeitliche Verzögerungen, Kostenerhöhung, qualitative Beeinträchtigungen, Imageverlust des Projekts bis hin zur Verhinderung der Maßnahme, vermieden werden. So betont Selle (1996d: 172): „Wer rechtzeitig über Planungsabsichten informiert, wird frühzeitig in Erfahrung bringen, ob mit Widerständen zu rechnen ist. So lassen sich die Pläne noch verhältnismäßig unaufwendig ändern oder Möglichkeiten zur Akzeptanzförderung (z.B. durch ausführliche Begründung) bzw. zur Minderung des sich abzeichnenden Protests prüfen. Noch sinnvoller wäre es natürlich, die Planungsabsichten selbst kooperativ zu entwickeln."

Hinsichtlich der Akteure besteht mit Hilfe kommunikativer Instrumente die Möglichkeit, relevante *Umsetzungsakteure frühzeitig einzubinden*. Wichtig ist dabei zum einen, diejenigen Akteure, die später in der Umsetzungsphase betroffen sind, rechtzeitig in den Entwicklungsprozess zu integrieren, und zum anderen, eindeutige Verantwortlichkeiten für die Umsetzung zu vereinbaren. Dies kann vermeiden, dass sich Beteiligte später als „Bedenkenträger" oder „Blockierer" betätigen.

Des Weiteren werden über die kommunikativen Instrumente *Umsetzungskoalitionen ermöglicht*. Dies gilt besonders, wenn es sich um Entwicklungsaufgaben handelt, bei denen weniger konkurrierende Ansprüche auf die stadtregionalen Freiräume bestehen, beispielsweise bei Fremdenverkehrs- oder Naherholungsplanung. Hier gibt es durch die gemeinsamen Interessen eher „win-win-options", so dass alle Beteiligten Vorteile aus der Zusammenarbeit ziehen können. Kommunikative Instrumente können in diesen Fällen die Umsetzungschancen erhöhen, denn die Vorteile der Kooperation sind für die beteiligten Akteure greifbar.

Bei Ordnungsaufgaben bestehen dagegen eher „win-lose-options". Es geht vor allem um die Regelung von vielfältigen konkurrierenden Raumansprüchen, beispielsweise bei der Ausweisung eines Naturschutzgebietes, das gleichzeitig für ein Bauvorhaben vorgesehen ist. Das Problem, das staatliche Institutionen bei Ordnungsaufgaben zu bewältigen haben, besteht damit „in der Regelung von Konflikten zwischen sich wechselseitig beeinträchtigenden Handlungen gesellschaftlicher Akteure" (Benz 1994a: 234). Es können allenfalls Kompromisse erzielt werden, bei denen beide Seiten zurückstecken müssen oder eine Seite sich auf Kosten der Gewinner-Partei gar als Verlierer sieht. Der Umsetzungsorientierung durch kommunikative Instrumente sind in solchen Fällen eher Grenzen gesetzt, ordnungsrechtliche Instrumente tragen eher zur Konfliktlösung bei. (vgl. Benz 1994a: 225ff; ARL 1999)

In diesem Zusammenhang ist ein weiteres Potenzial kommunikativer Instrumente hinsichtlich der Umsetzungsorientierung, dass durch frühzeitige Einbindung der verschiedenen Akteure und Interessen und durch Vorabstimmung *formale Planungs- und Genehmigungsverfahren vereinfacht* werden können. Ein prozessbegleitender Dialog kann Missverständnisse, Fehleinschätzungen und offene Fragen klären, so dass sich diese im Vorfeld formaler Stellungnahmen ausräumen lassen. Dies ist um so wichtiger vor dem Hintergrund, dass es sich bei der regionalen Freiraumentwicklung um ein querschnittsorientiertes Arbeitsfeld handelt. Es erstreckt sich über verschiedene Arbeits- und Organisationsebenen sowie Fachressorts und unterschiedliche Akteursgruppen und bedarf deshalb einer intensiven Koordination.

Wenn es gelingt, Interessengegensätze auf informellen Wege zu überwinden oder Missverständnisse auszuräumen, können kommunikative Instrumente die *Koordination*[43] beschleunigen. Dabei ist förderlich, dass für kom-

---

43 Fürst (1991) unterscheidet handlungssystematisch drei Typen der Koordination:
 - Technische Koordination: Zwischen den Raumnutzungsansprüchen treten keine Konflikte auf, so dass sich die Koordination auf einen technischen Vorgang reduziert.
 - Konfliktbetonte Koordination: Da es nur eine Entweder-Oder-Entscheidung (spieltheoretisch: Nullsummenspielsituation) gibt, handelt es sich um ein Abwägungsgeschäft und politisch um einen Verteilungskampf.
 - Kooperative Koordination: Es gibt nur eine zufriedenstellende Lösung, wenn die Raumnutzungsansprüche gemeinsam bearbeitet werden, so dass die Koordination zu einem Prozess der Kooperation aller Beteiligten wird (win-win-Situation).
 Die kooperative Koordination wird nach Scharpf (1973: 85ff) auch als „positive Koordination" bezeichnet. Diese steht im Gegensatz zur „negativen Koordination", bei der jeder Beteiligte den Planentwurf ausschnittsweise in Bezug auf seine Belange prüft und einseitig reagiert. Negative Koordination stellt die Abwehr bzw. den Widerstand unter Ausnutzung von Vetomöglichkeiten in den Mittelpunkt. Anhörungsverfahren sind typische Beispiele für negative Koordination. Hier sind „Kommunikation, Abbau wechsel-

munikative Prozesse keine formalrechtlichen Vorschriften bzw. Verfahrenswege festgelegt sind Koordination bezeichnet das „gegenseitige Abstimmen verschiedener Dinge, Faktoren oder Vorgänge" (Duden 1997: 447). Bezogen auf Raumplanung bzw. die stadtregionale Freiraumentwicklung konkretisiert Fürst (1991: 54): „Nach der gesetzlich übertragenen Aufgabe heißt Koordination: die nach einem übergeordneten gesamthaften Zielsystem definierte räumliche und sachliche Auswahl und Ordnung von Maßnahmen unter Berücksichtigung der Beziehungen dieser Maßnahmen untereinander."

Die Koordination hat für die stadtregionale Freiraumentwicklung einen besonders hohen Stellenwert. Denn die regionale Freiraumentwicklung ist ein querschnittsorientiertes Arbeitsfeld und bezieht verschiedene Arbeits- und Organisationsebenen (Kommunen, Region, Land etc.), verschiedene Fachressorts (Siedlungsentwicklung, Naturschutz, Wasserwirtschaft, Forstwirtschaft, Naherholung und Tourismus, etc.) sowie unterschiedliche Akteure (Verwaltung, Politik, Wirtschaft, Vereine und Verbände, Private) mit ein. Daraus ergibt sich ein Bedarf zur Koordination vielfältiger Nutzungsansprüche (bspw. schutzbedürftiger Bereiche für die Wasserwirtschaft gegenüber Produktionsflächen der Landwirtschaft) und verschiedener Planungsebenen (intersystemare Abstimmung). Formal übernimmt die Regionalplanung diese koordinierende Aufgabe. Dabei ist die Koordination nicht allein auf die Planerstellung beschränkt, denn gesellschaftliche Steuerung endet nicht mit Planung, sondern sie bindet den Planvollzug ein.[44] Traditionelle Planungsverfahren erweisen sich durch ihre lineare Gestaltung als langwierig und unflexibel. So vergehen beispielsweise vom Aufstellungsbeschluss bis zur Rechtskraft eines Regionalplans (mit der Ausweisung beispielsweise von Vorranggebieten für Freiraumfunktionen) bis zu zehn Jahre. Gerade angesichts der schnellen gesellschaftlichen und räumlichen Entwicklungen ist jedoch eine flexible und beschleunigte Abstimmung von Interessen gefordert.

---

seitigen Misstrauens, Kompromissbereitschaft in der Suche nach konsensfähigen Lösungen etc." ausgeschlossen, und es findet keine gemeinsame Lösungssuche statt (Fürst 1991: 59).

44 Den Wunsch nach Beschleunigung der traditionellen Planungsverfahren belegen die Beschleunigungsgesetze, die insbesondere nach der Wiedervereinigung zum Zuge kamen und dadurch gekennzeichnet waren, dass sie die Beteiligungsmöglichkeiten einschränkten. Allerdings sind diese Beschleunigungsversuche als „kurzsichtig" einzustufen: „Sie betrachten nur erste Verfahrensschritte und lassen den Gesamtprozess außer acht. Weitsichtig handeln hieße, Beteiligungsverfahren beizubehalten oder gar zu stärken, um so eine möglichst breite Basis des Einverständnisses zu erreichen und damit spätere (Rechts-) Konflikte zu vermeiden. Erst das könnte der Beschleunigung von Verfahren und der Investitionssicherheit dienen" (Scholz, Selle 1996: 393; vgl. Erbgut 1994, Metscher 1994). Bezogen auf die regionale Freiraumentwicklung bezieht sich diese Einschätzung nicht nur auf formale Beteiligungsverfahren, sondern schließt auch kommunikative Instrumente ein, da auch sie zur frühzeitigen Interessenkoordination beitragen können.

Kommunikative Instrumente können in den Prozessen dazu beitragen, den Umsetzungserfolg zu steigern, indem sie die Funktion übernehmen, zwischen den verschiedenen Wahrnehmungen zu vermitteln. Sie helfen „*Übersetzungsarbeit*" zu *leisten* und Informationen weiterzugeben. Häufig werden Moderatoren bzw. Berater zur Unterstützung dieser Aufgabe eingeschaltet (vgl. Oppermann, Luz 1996).

Grenzen kommunikativer Instrumente bei der Umsetzungsorientierung

Diesen genannten Potenzialen stehen Einschränkungen entgegen, die generell für den Einsatz kommunikativer Instrumente gelten, jedoch für die Umsetzungsorientierung besonderes Gewicht haben:

Von großer Bedeutung für den Mangel an Umsetzungsorientierung sind *Kommunikationsprobleme zwischen den beteiligten Akteuren*. Fisher, Ury und Patton (1997: 60) sprechen von drei großen Problemen bei der Kommunikation in Verhandlungssituationen: a) die Gesprächspartner sprechen nicht miteinander, oder jedenfalls nicht so, dass sie einander verstehen, b) die Akteure hören sich nicht aufmerksam genug zu, c) es entstehen Missverständnisse, insbesondere da, wo unterschiedliche „Sprachen" gesprochen werden. Alle drei Kommunikationsprobleme treten auch in den verschiedenen Verhandlungssituationen der Akteure der stadtregionalen Freiraumentwicklung auf: Akteure der stadtregionalen Freiraumentwicklung kommunizieren nicht oder kaum miteinander, da keine förderlichen Rahmenbedingungen dafür oder gar Vorbehalte untereinander bestehen; es wird nicht angemessen zugehört, da die einzelnen Akteure bereits mit dem eigenen nächsten Argument befasst sind; die Akteure kommen aus unterschiedlichen (fachlichen) Zusammenhängen (z.B. Landwirtschaft, Naturschutz, Politik, Bürgerinnen und Bürger als Laien), so dass sie unterschiedliche „Sprachen" sprechen, die Missverständnisse hervorrufen.

Eine Untersuchung zur Umsetzung in der Landschaftsplanung ergab, dass Verständnisschwierigkeiten häufig die Umsetzung blockieren (vgl. Kaule, Endruweit, Weinschenck 1994). So stellen Oppermann und Luz (1996: 278) fest: „Im Bereich der individuellen Wahrnehmung werden Umweltveränderungen von Personen verschiedener Interessenslage völlig unterschiedlich angenommen. Planer und Experten sehen in der Landschaft völlig andere Umweltprobleme und -veränderungen als die Bewohner. Die Landwirte haben aus ihrem Arbeitsfeld heraus wiederum einen ganz anderen Zugang zur Landschaft als die sich erholenden Bürger oder die Interessenvertreter des Naturschutzes." Diese Beobachtung unterstreicht, dass sich Sinn-Horizonte voneinander abgrenzen und dadurch parallele Systeme von Kommunikation entstehen. Sie unterscheiden sich voneinander, indem sie jeweils einen bestimmten Aspekt gesellschaftlicher Realität selektieren (vgl. Huebner 1997; Luhmann 1973).

Bezogen auf die Arbeitsweise ergibt sich als Restriktion, dass mit Hilfe kommunikativer Instrumente zunächst nur informelle Aushandlungsergebnisse entstehen. Diese sind nicht verbindlich. Es besteht die Gefahr, dass sich durch die informelle Arbeitsweise Verantwortungen verwischen, Arbeitsschritte nicht klar zugeordnet werden. Erst durch die Übernahme der Ergebnisse in die jeweiligen Pläne, wie Regionalpläne oder F- und B-Pläne, gelingt es, *Rechtsverbindlichkeiten informeller Vereinbarungen herzustellen*. Sind die Träger formaler Planungen in die Arbeitsgremien integriert, erleichtert dies eine Übernahme der Aushandlungsergebnisse (vgl. von Haaren, Schwertmann 1996; siehe Kap. III. 1.).

Inzwischen existieren eine Reihe von Förderprogrammen bzw. Wettbewerben, die Kooperationen bzw. kommunikative Verfahrensweisen zur Bedingung erklären. Nur mit dem Einsatz kommunikativer Instrumente lassen sich diese kooperationsgebundenen Fördermittel erschließen. Beispiele sind die REGIONALE in Nordrhein-Westfalen, die sächsische Förderrichtlinie-(FR-) Regio, der bundesweite Wettbewerb „Regionen der Zukunft" oder die EU-Gemeinschafts-initiative Urban. Jedoch sind *Förderinstrumente* nach wie vor häufig *inkompatibel mit kommunikativen Instrumenten,* so dass damit Restriktionen in Bezug auf die Umsetzungsorientierung bestehen. Prozesshafte Freiraumentwicklungsprojekte bedürfen einer flexiblen zeitlichen Ausgestaltung, die sich an der Eigendynamik des Prozesses und damit insbesondere an den jeweils beteiligten Akteuren orientiert. Restriktiv können folglich formalisierte Verfahrensabläufe, Zeitdruck im Zuge der Fördermittelvergabe oder starre Fristensetzungen wirken.

Ressourcenengpässe in Form von finanzieller und personeller Knappheit können ebenfalls als Restriktion für kommunikative Instrumente auftreten, die sich insbesondere hinsichtlich der Umsetzungsorientierung ungünstig auswirken.

Schließlich ist die *Grenzgänger-Problematik* als hemmender Faktor zu nennen, der sich vor allem auf die Umsetzungsorientierung auswirken kann. Bezeichnet wird damit das Problem, dass Repräsentanten von Organisationen in Netzwerken im Konflikt zwischen den Partikularinteressen ihrer Entsenderorganisationen und den Kollektivbelangen des Netzwerkes stehen können (vgl. Benz 1996). Die an dem kommunikativen Prozess teilnehmenden Akteure stellen häufig Interessenvertreter von Institutionen, Vereinen oder Verbänden dar. Diese müssen die Verhandlungslösungen bzw. die in den Arbeitsformen der stadtregionalen Freiraumentwicklung erarbeiteten (Zwischen-) Ergebnisse ihren Institutionen, Vereinen bzw. Verbänden rückvermitteln und für Unterstützung werben. Weicht die Lösung bzw. das Ergebnis von der Meinung der Organisationen ab, ist dies ein schwieriges Unterfangen und die Umsetzung der Ergebnisse kann in Frage gestellt werden. Besonders wichtig ist die Unterstützung von Seiten der relevanten Entscheidungsträger der Region bzw. der beteiligten Institutionen, so dass diese beispielsweise von außen kommende Kritik abfangen und getroffene Entscheidungen mittragen (vgl. ARL 1998b: 58). Insgesamt ist festzustellen, dass kommunikativen Instrumente hinsichtlich ihres Beitrags zur Umsetzung einer nachhaltigen Entwicklung im Sinne eines Ausgleichs sozialer, ökologischer, kultureller und ökonomischer Belange Grenzen gesetzt sind. Kommunikative Instrumente allein sind hier nicht ausreichend. So stellt Kühn (1999: 112) in einer Untersuchung über die Berliner Regionalparks fest, dass diese weichen Instrumente „keine Gewähr für einen konsensualen Ausgleich ökologischer, sozialer und ökonomischer Belange bieten, sondern im Gegenteil auch zur Durchsetzung sozialer Interessen der ‚Besitzstandswahrung' gegenüber ökologischen Anliegen führen können." Dies verweist darauf, dass kommunikative Instrumente je nach Aufgabe in unterschiedlicher strategischer Verknüpfung mit anderen Instrumenten der Freiraumentwicklung zum Einsatz kommen müssen.

IV. Fallstudien – Kommunikative Verfahren stadtregionaler Freiraumentwicklung in der Praxis

In diesem Kapitel erfolgt zunächst eine Darstellung der beiden Fallbeispiele Grüner Ring Leipzig und Landschaftspark NiederRhein. Dabei werden Ziele, Entstehungsgründe und Rahmenbedingungen sowie Entwicklung, Organisation und Akteure erläutert. Darauf aufbauend wird die Gestaltung des Prozesses mit den jeweils eingesetzten Instrumenten beschrieben, wobei der Fokus insbesondere auf den kommunikativen Instrumenten liegt.

Die Beschreibungen und Auswertungen der beiden Fallbeispiele beruhen auf Recherchearbeiten und Interviews mit regionalen Akteuren aus den Sphären Staat/Kommunen, Wirtschaft und Gesellschaft. Konkret handelte es sich jeweils um Vertreterinnen und Vertreter der Regional- und Landschaftsplanung, aus Politik und Verwaltung beteiligter Kommunen, von Umweltverbänden und der Wirtschaft (siehe Kap. VII.).

Wie bereits in Kapitel I. 3. dargestellt, weisen die beiden Fallbeispiele eine Reihe von gemeinsamen Merkmalen auf:

- Förderung stadtregionaler Freiraumentwicklung als Aufgabe,
- interkommunale Zusammenarbeit in Verdichtungsräumen (vgl. BBR 2000),
- projektbezogene, freiwillige Kooperationen ohne rechtlich formalisierte Strukturen
- vorherrschender kooperativer Steuerungsmodus,
- problembezogene Zusammenarbeit der Akteure, aber keine (vorrangige) Konfliktbearbeitung bzw. -lösung,
- Einsatz verschiedener kommunikativer Instrumente im Kontext des Instrumenten-Mix.

Diese gemeinsamen Merkmale bilden die Grundlage für eine vergleichende Auswertung der Fallstudien in Kapitel IV. 3. Die Auswertung der beiden Beispiele stadtregionaler Freiraumentwicklung wird dabei an Hand der in Kapitel III. ausgeführten Potenziale und Restriktionen kommunikativer Instrumente vorgenommen. Dieses systematische Wiederaufgreifen der Potenziale und Restriktionen ist durch das gewählte iterative Forschungsvorgehen möglich (Hin- und Herpendeln zwischen deduktiven und induktiven Erschließen; siehe auch Kap. I. 3.).

1. Grüner Ring Leipzig

Kurzübersicht

Gebiet:

Der Grüne Ring Leipzig[45] umfasst mehr als 100 qkm Fläche rund um die sächsische Stadt Leipzig Übergang zu den insgesamt zwölf Umlandgemeinden. Dabei handelt es sich um einen altindustriellen Verdichtungsraum mit typischen Stadt-Umland-Problemen.

Ziele:

Ziel ist es, den Grünen Ring Leipzig auf der Grundlage eines integrierten Verständnisses in den Bereichen Naherholung, Naturschutz, extensiver Landwirtschaft und Umwelttechnologien zu entwickeln. Die in der „Umwelterklärung" verabschiedeten Ziele zur Verbesserung der Umweltqualität sind dazu erste Meilensteine.

Akteure:

Staat/Kommunen: unter anderem Politik und Verwaltung der Stadt Leipzig und der 12 Umlandgemeinden, Landkreis Leipziger Land, Regionale Planungsstelle Westsachsen, Zweckverbände, Fachämter.

Wirtschaft: unter anderem Industrie- und Handelskammer, Kommunale Wasserwerke Leipzig GmbH, Ökologische Stadtgüter Leipzig GmbH, Umweltforschungszentrum Leipzig-Halle GmbH, Umweltbetriebe, Planungsbüros.

Gesellschaft: unter anderem ÖKOLÖWE Umweltbund Leipzig e.V., BUND, Naturschutzbund Deutschland Kreisverband Leipzig, Sportvereine, Fremdenverkehrsvereine, Stiftung Wald für Sachsen.

Kommunikative Instrumente:

Im Kontext eines Instrumenten-Mix kommen verschiedene kommunikative Instrumente zum Einsatz: Stadt-Umland-Konferenz, thematische Arbeitsgruppen, Arbeitsgruppenleiter-Runde, bilaterale Gespräche, Instrumente der Öffentlichkeitsarbeit.

---

45 Die Darstellung der Fallstudie Grüner Ring Leipzig beruht – neben der Auswertung von Materialien und Sekundärliteratur – auf Recherchen und Interviews im Februar und März 2000.

1.1 Ziele, Ausgangsbedingungen, Entstehungsgründe und Projekte

Ziele und Aufgaben des Grünen Rings

Mit dem Grünen Ring soll im Leipziger Verdichtungsraum auf einer Fläche von mehr als 100 qkm eine intakte Kulturlandschaft entstehen, die gleichzeitig auch als Wirtschafts- und Technologiestandort interessant ist. Dabei symbolisiert der Grüne Ring Leipzig im Sinne einer nachhaltigen Regionalentwicklung die Vernetzung von Naturschutz und Landschaftspflege, umweltverträglicher Land- und Forstwirtschaft, umweltfreundlichem Bauen, Wirtschaften und Arbeiten, sanftem Tourismus und Naherholung sowie der Pflege von Traditionen und der Sanierung von Denkmalen (vgl. Tschense 1996).

Abb. 31: *Symbol Grüner Ring*

Der Grüne Ring ist Symbol und zugleich Zielsetzung für die Zusammenarbeit zwischen der Stadt Leipzig und zwölf Umlandkommunen. Er wurde auf einer Stadt-Umland-Konferenz im September 1996 offiziell gestartet. Die damals 24 Umlandkommunen (vor der Eingemeindung), die Stadt Leipzig und der Landkreis Leipziger Land wollten auf dem Wege einer gleichberechtigten Zusammenarbeit ihre „vielfältigen Ideen und Aktivitäten in Sachen Naturschutz, Landschaftspflege, Sanierung der Orte und Zeugen der Geschichte sowie Entwicklung der Wirtschaft und Landwirtschaft zu einem Grünen Ring verbinden" (GRL 1998: 10). Die in Abbildung 32 dargestellten Systeme von Wegen, Orten und Flächen symbolisieren die verschiedenen Ebenen, auf denen der Grüne Ring entwickelt werden soll. Die wichtigsten Ziele und angestrebten Qualitäten verabschiedeten die beteiligten Kommunen auf der ersten Stadt-Umland-Konferenz in einer Umwelterklärung (vgl. Abb.33).

Abb. 32: *Die verschiedenen Planungsebenen im Grünen Ring Leipzig*

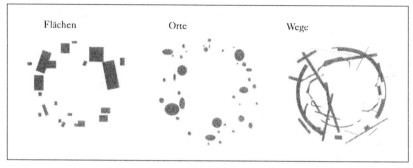

Quelle: Stadt-Umland-Konferenz 1997

Abb. 33: *Ziele und Qualitäten der Freiraumentwicklung des Grünen Ring Leipzigs*

Umwelterklärung (Auszug)
„Die Unterzeichner wollen bis zum Jahr 2005 zur wesentlichen Verbesserung der Umweltqualität im Raum Leipzig entsprechend den Grenzen ihrer Gemeinden – unabhängig von der Sanierung der Tagebaue Espenhain, Cospuden und Zwenkau – mindestens:
- 200 ha Wald aufforsten,
- ca. 100 km Fließgewässer renaturieren,
- ca. 100 km neue, autofreie Wanderwege schaffen,
- ca. 200 km Flurfeldgehölze anlegen,
- die Landwirte der Region durch Überzeugung und Förderung dafür gewinnen, dass 100 % der landwirtschaftlichen Flächen umweltgerecht bewirtschaftet werden, entsprechend den ‚Programms zur Förderung umweltgerechter Landwirtschaft'. Dabei genießt die allmähliche Erhöhung des Anteiles biologisch-kontrollierten Anbaues besondere Priorität;
- den Kulkwitzer See sanieren,
- den Ausgleich zwischen unbelasteter Grundwasserneubildung und Entnahme schaffen,
- die nicht mehr betriebenen Deponien sanieren und landschaftlich gestalten,
- 300 ha Landschaftspark schaffen und eine Biotopvernetzung betreiben,
- Konzepte für den sanften Tourismus bzw. Naherholung erarbeiten und umweltverträglich umsetzen,
- das Eichholz wiedervernässen."

Quelle: Stadt Leipzig 1996: 2

Um diesen inhaltlichen Zielen und Herausforderungen gerecht zu werden, baut die Region auf Kooperation und Kreativität. Mit Hilfe vielfältiger kommunikativer Verfahrensweisen – Stadt-Umland-Konferenzen, thematischen

Arbeitskreisen, einer unterstützenden, koordinierenden Geschäftsstelle und Öffentlichkeitsarbeit – findet ein Prozess interkommunaler Kooperation zwischen der Kernstadt Leipzig, den Umlandkommunen und dem Landkreis Leipziger Land statt. Unter Mitwirkung zahlreicher lokaler und regionaler Akteure sollen auf diesem Wege die Ziele der Umwelterklärung umgesetzt werden und damit der „Grüne Ring" entstehen (siehe auch Kap. IV. 1.3).

Ausgangsbedingungen und Entstehungsgründe

Bei der monozentrischen Stadtregion Leipzig handelt es sich um einen altindustriellen Verdichtungsraum mit Braunkohlebergbau, chemischer Großindustrie und Großkraftwerken mit den dafür typischen ökologischen Belastungen. Neben der Industrie war traditionell auch die Landwirtschaft ein Träger der regionalen Wirtschaft. Trotz vieler Standortvorteile hat die Region seit 1990 (nach der Wende) gravierende Arbeitsplatzverluste hinnehmen müssen (aktuelle Arbeitslosenquote der Stadt Leipzig: 17,5 %, Stand: 07.2000). Zentraler Problembereich der Leipziger Region ist dabei „der Südraum mit einer durch den Braunkohleabbau leergenutzten" Landschaft (...), mit wirtschaftlicher Monostruktur, Umweltproblemen, Arbeitslosigkeit, Bevölkerungsschwund und verlorener Identität" (Heinz, Scholz 1996: 97f). Aber auch weitere Gebiete um Leipzig sind geprägt durch ausgeräumte Landschaft in Folge von landwirtschaftlicher Monokultur und Waldrodungen.

Die Stadt Leipzig hat rund 490.000 Einwohnerinnen und Einwohner (Stand: 31.12.1999), während es 1980 noch rund 560.000 waren (Stand: 31.12.1980). Im Umland von Leipzig bzw. im Landkreis Leipziger Land leben rund 160.000 Einwohnerinnen und Einwohner (Stand: 31.12.1999). Der Rückgang der Einwohnerzahl ist zum einen auf den Rückgang der Geburtenzahlen und zum anderen auf den hohen Abwanderungstrend der Leipziger Bevölkerung nach der Wende zunächst in den Westen und dann in das Umland der Stadt Leipzig zurückzuführen. Letzteres führte zu den bekannten Problemen der Suburbanisierung. Die Stadt Leipzig trägt hohe Kosten für Infrastruktur, ohne dass sie über entsprechende Steuereinnahmen verfügt. Gleichzeitig zog die hohe Wohnungsnachfrage im Umland entsprechend großen Flächenbedarf nach sich, was die Ausweisung zahlreicher Baugebiete in den Umlandkommunen zeigt. Insbesondere seit 1990 ist eine intensive Siedlungstätigkeit zu verzeichnen. „Geht man von der Inanspruchnahme aller seit 1990 genehmigten Baugebiete aus, so wurden im Zeitraum von 1990 bis 1998 im Durchschnitt täglich rund zwei ha Boden neu für Siedlungszwecke in Anspruch genommen. (...) Bereits 1996 wiesen 13 Gemeinden im Umland der Stadt Leipzig einen Zuwachs von über 50 % ihrer Siedlungsfläche gegenüber 1989 auf, 18 Gemeinden erreichten 25 bis 50 %" (Regionaler Planungsverband Westsachsen 1999: 61). Mit 16,3 % weist die Region Leipzig zwar in Anbetracht ihrer Zentralität und hohen Einwohnerzahl einen bemerkenswert geringen Anteil baulich geprägter Flächen auf. Jedoch erreicht sie durch den erheblichen Bestand an Abbauflächen des Braunkohlentagebaus (etwa 5,3 %) ein mit stärker verstädterten Räumen vergleichbares Niveau (vgl. Siedentop 1999: 150f). Auch Lütke Daltrup (1997: 6) spricht davon, dass „durch die (nachgeholte) Suburbanisierung in solcher Dimension Stadtstruktur an der Peripherie verändert (wurde), dass zumindest von einer Tendenz zur Amerikanisierung der Stadtregion gesprochen werden kann. Eine neue ‚Zwischenstadt' (Sieverts) entsteht am Leipziger Stadtrand und in den rasch wachsenden Umlandgemeinden."[46]

Die starke Siedlungsentwicklung in den Umlandgemeinden trug mit zu der Diskussion bei, diese Kommunen in die Stadt Leipzig einzugemeinden. Am 01.01.99 erfolgte eine Eingemeindung, so dass mehrere Gemeinden der Stadt Leipzig zugeschlagen und weitere zusammengefasst wurden (vgl. Abb. 34). Aus den ursprünglich 26 am Grünen Ring Leipzig beteiligten Kommunen wurden 13 (einschließlich der Stadt Leipzig).

Eine weitere Ausgangsbedingung kooperativer Freiraumentwicklung besteht für die Stadtregion Leipzig, wie auch für andere Städte und Gemeinden der neuen Bundesländer darin, dass sich nach der Wende binnen kurzer Zeit das gesamte politische, ökonomische und administrative System änderte. Dies umfasste auch auf das Planungssystem. Mit dem Übergang von der zentralistisch geplanten „sozialistischen" zur „kapitalistischen" Stadt des freien Bodenmarktes gehen zahlreiche Interessenkonflikte einher (vgl. Häußermann 1995). Die entsprechenden Planwerke (Landesraumordnungsprogramm, Regionalplan, Landschaftsrahmenplan etc.) mussten neu aufgestellt werden. Dies bedeutete zwar erschwerte Bedingungen, gleichzeitig aber auch Potenziale für einen Neubeginn. Mit der kurzen Tradition der Runden Tische konnten die beteiligten Akteure dabei auf einer kooperativ ausgerichteten Diskussionskultur aufbauen.

Ausgangspunkt für die Stadt-Umland-Kooperation im Grünen Ring Leipzig war vorrangig der Handlungsdruck, die ausgeräumte Landschaft zu entwickeln und die bestehende Kulturlandschaft zu erhalten. Die Stadt Leipzig nahm dies zum Anlass, einen Prozess in Gang zu bringen, der auf die Zusammenarbeit der Umlandkommunen mit der Stadt Leipzig und dem Landkreis Leipziger Land zielte.

Jahrzehntelanger Braunkohletagebau, intensive Landwirtschaft und Waldrodungen haben die Landschaft rund um Leipzig in großen Teilbereichen zerstört. Zahlreiche Dörfer sind aus der Landkarte verschwunden, Wege enden mitten in der Landschaft, weil sie an Tagebaugebiete grenzen oder weil

---

46 Mit dem Bevölkerungsrückgang und gleichzeitigem Wachstum des Wohnungsneubestandes ist es in Leipzig inzwischen in hohem Maße zu einem Leerstand der innerstädtischen Bausubstanz gekommen. Diese Entwicklung erfordert neue Strategien der Verbesserung der Lebensqualität innerhalb der Quartiere, eine Diskussion über die Verbesserung der innerstädtischen Freiraumqualitäten ist entstanden (vgl. Stadt Leipzig 2000).

ihre Fortsetzung im Zuge der großangelegten Umgestaltung der Agrarflächen zu Zeiten der ehemaligen DDR verschwand.

Die riesigen Industrieanlagen sind mangels Wettbewerbsfähigkeit überwiegend stillgelegt. Von ehemals 18 Tagebauen um Leipzig sind lediglich noch zwei in Betrieb. Mit der Stillegung des Braunkohletagebaus stellt sich für die Region die Frage, wie mit dem Kontrast der Landschaftszerstörung und der noch erhaltenen Kulturlandschaft umgegangen werden soll.

Gleichzeitig gab es in der Region einen großen Investitionsdruck: Flughafenerweiterung, Autobahnausbau, neue ICE-Trasse, Neue Messe etc. Demgegenüber stehen eine interessante Kulturgeschichte und landschaftliche Besonderheiten, wie beispielsweise der Auenwald, der als artenreichster der Ballungsgebiete in Mitteleuropa gilt.

Vor diesem Hintergrund sind für die Entwicklung der Landschaft drei wesentliche Zielrichtungen von besonderer Bedeutung (vgl. Tschense 1997: 2):

- Auf über 100 qkm soll rund um Leipzig eine intakte Kulturlandschaft entwickelt werden.
- Durch die rege Bautätigkeit in und um Leipzig werden Ausgleichsmaßnahmen in erheblicher Größenordnung notwendig, die für den Wiederaufbau der Landschaft verwendet werden können.
- Flurneuordnungen sind geplant, wobei alte Wegeverbindungen und Flurgehölze wiederhergestellt und Bachauen renaturiert werden können.

Dabei war die gemeinsame Motivation der Kommunen, das Projekt zu unterstützen, eine zentrale Voraussetzung für den Grünen Ring. „Ohne diese Haltung wäre es nicht möglich gewesen, zusammenzuarbeiten. Denn der Grüne Ring hat weder Geld noch Macht, die üblichen Lenkungsmittel der Politik, um irgendetwas zu veranlassen, was die Kommunen im Leipziger Raum nicht wollen" (Kasek 1997a: 87). Eine kooperativ organisierte Arbeit in Arbeitsgruppen und Stadt-Umland-Konferenzen lag deshalb auf der Hand. Man wollte verdeutlichen, dass Stadt und Umland an einem Strang ziehen. Die Plattform der Konferenzen bindet außerdem die Bürgermeisterinnen und Bürgermeister ein, so dass ein unmittelbarer Zugang zu den maßgeblichen Entscheidungsträgern gegeben ist.

Handlungsfelder und Projekte

Im folgenden sind die Handlungsfelder des Grünen Rings mit exemplarischen Projekten aufgezeigt (vgl. GRL 1998):

Handlungsfeld Naturschutz und Landschaftspflege, landschaftsgebundene Erholungsvorsorge und ökologische Landwirtschaft

- *Biotopvernetzungsmaßnahmen durch verbindende Grünzüge, Gewässersanierung und -renaturierung etc.:*

In der Stadt Leipzig sowie im Umland sollen erlebniswirksame Freiräume geschaffen und über attraktive Achsen verbunden werden. Die Verbindung von verschiedenen Grünzügen sowie die Sanierung und Renaturierung von Gewässern soll zu einer stärkeren Vernetzung der Biotope beitragen. Auch Baumpflanzungen und die Schaffung von Flurfeldgehölzen in den einzelnen Gemarkungen sollen dazu dienen.

- *Waldaufforstungen:*
Die Wälder in und um Leipzig sollen naturnah weiterentwickelt werden. In den Jahren 1996 bis 1998 wurden mehrere Hektar Wald aufgeforstet. In der Gemeinde Großpösna waren es über 80 ha, in der Stadt Leipzig rund 40 ha und in Engelsdorf und Großlehna weitere Flächen. In den kommenden Jahren sind zusätzliche Aufforstungen vorgesehen.

- *Landschaftsgerechte Einbindung der BAB 38:*
Durch die Einbindung der geplanten Trasse in die Landschaft soll die Barrierewirkung für Grünverbund und Querung gemildert werden. Dazu sollen unter anderem Aufforstungs-, Lärmschutz- und Grünbrückenmaßnahmen in verschiedenen Gebieten entlang der BAB 38 dienen.

- *Brachenrevitalisierung:*
Brachen und Baulichkeiten, die das Orts- und Landschaftsbild oder die Natur beeinträchtigen, sollen renaturiert und für eine Nachnutzung vorbereitet werden. Ziel ist es, Lücken im „Grünverbund" zu schließen und „erlebniswirksame Räume" zu schaffen. Eine Revitalisierung durch Entsiegelung und Bepflanzung der Brachen ist z.B. in dem Teilabschnitt der Batschke in Zwenkau, die Fläche im Agrar-Park im Bereich der Mühlpleiße in Markkleeberg und der Stützpunkt Küchenholz in Leipzig vorgesehen. Bis Ende 1999 wurden bereits 20 Brachflächen renaturiert.

- *Umweltverträgliche Landwirtschaft:*
Mit den Landwirten der Region soll nach gemeinsamen Wegen gesucht werden, wie die Belange von Landschafts- und Gewässerschutz stärker berücksichtigt werden können. Die Stadtgüter im Leipziger Umland haben dabei Modellcharakter hinsichtlich ökologischer Nahrungsmittelproduktion, Selbstvermarktung, Möglichkeiten der Tierbeobachtung und Beschäftigungsangeboten. Die Umstrukturierung der Landwirtschaft und wichtige Überzeugungsarbeit wurden und werden vor allem durch Agrarstrukturelle Entwicklungsplanungen in einzelnen Gemarkungen erreicht. Die Akzeptanz bei der Landwirtschaft konnte bereits durch intensive Gespräche gefördert werden.

- *Erhalt des Leipziger Auenwalds:*
Die Auenlandschaft soll geschützt und erhalten werden. Dazu sollen eine Auenwaldstation als Kommunikationszentrum für Naturschützer und Nutzer des Auenwaldes sowie ein thematisch geführtes Wanderwegenetz entwickelt werden.

Abb. 34: *Aktionsraum Grüner Ring Leipzig vor (links) und nach (rechts) der Eingemeindung*

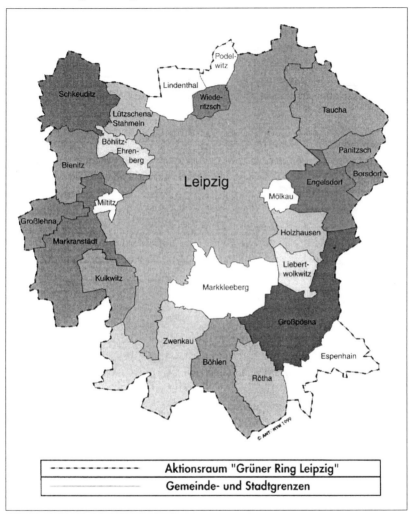

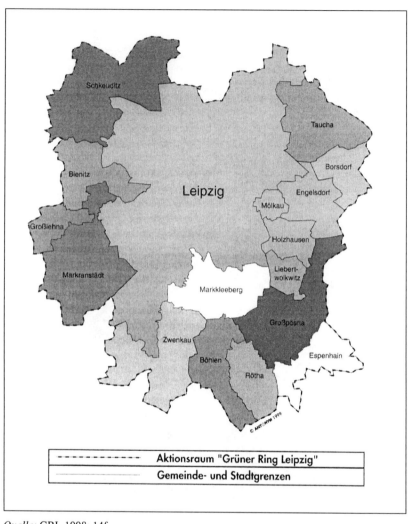

Quelle: GRL 1998: 14f

Handlungsfeld Naherholung und Tourismus

- *Ausbau von Trassen für einen „sanften Verkehr" (Rad-, Wander- und Reitwegenetz, Themenrouten):*
Die Erholungsmöglichkeiten sollen sich durch Lückenschließung und Ausbau des Rad- und Wanderwegenetzes verbessern. In mehreren Teilregionen wurden bereits erste Wegabschnitte neu geschaffen und saniert sowie mit Sehenswürdigkeiten verknüpft. In entsprechenden Werbebroschüren stellen die Teilregionen das neue Angebot „Rad- und Wandertouren in das Oberholz" und „Unterwegs von Lausen nach Knauthain" vor. Zudem wurde eine Radwanderkarte Grüner Ring Leipzig erstellt.

Die Einrichtung von Ausleihstationen für Räder und Boote, mit denen die größeren Flüsse befahren werden können, Abstimmung der Radwegeplanung zwischen den Kommunen, die Entwicklung von geschlossenen Routen, Radwegebeschilderung sowie neue Freizeiteinrichtungen und Gaststätten zur Erhöhung des Angebotes sind weitere Beispiele für Umsetzungsprojekte.

- *Verbesserung der touristischen Infrastruktur:*
Die bestehenden Einrichtungen und Flächen für Freizeit, Sport und Spiel, Kultur und Gastronomie sollen erhalten, erweitert und besser bekannt gemacht werden. Dazu dienen auch die entwickelten Rad- und Wanderrouten. Eine Route zur Geschichte der Region soll ebenfalls zur Sensibilisierung für die Kultur entstehen. Ein Kulturkalender fasst die Angebote für den Raum Leipzig zusammen, so dass eine höhere Transparenz der Angebote entsteht.

Handlungsfeld Umwelttechnologie und Umweltbildung

- *Neue Standorte für Umwelttechnologie – Ansiedlung von Umwelttechnologie:*
Für die Ansiedlung von Unternehmen der Umwelttechnologie erarbeiten die Kommunen Konzepte. Durch ein regionales Marketing, Öffentlichkeitsarbeit und die Entwicklung von Beispielprojekten durch die Arbeitsgruppe Umwelttechnologien wird die stärkere Anwendung der Umwelttechnologie in den Kommunen gefördert. Eine Öffentlichkeitsmaßnahme ist z.B. das Faltblatt zur Umwelttechnologie-Route Nord und Süd. Hier sind verschiedene Projektstandorte zu einer Radwanderroute verbunden.
- *Agrarbiotechnikum Taucha:*
Hier soll die Herstellung von Produkten aus nachwachsenden Rohstoffen gefördert werden. Verschiedene Unternehmen der Region wollen durch Kooperation gemeinsam Verfahren der Agrar-, Umwelt- und Biotechnologie entwickeln, realisieren und vermarkten. Auch ein Bildungszentrum für die Fachrichtung Nachwachsende Rohstoffe ist geplant.

- *Erlebbare Umwelt- und Entsorgungstechnik:*
In Planung sind Besichtigungen von umwelt- und entsorgungstechnischen Anlagen sowie organisierte thematische Führungen. Die Niedrigenergiehaussiedlung in Wiederitzsch ist dafür ein Beispiel.

1.2 Entwicklung, Organisation und Akteure

Entwicklung und Organisation des Grünen Ring Leipzigs

Die Idee, einen „Grünen Ring" um die Stadt Leipzig zu entwickeln und darüber die vielen Einzelprojekte der Kommunen zu bündeln, ging zunächst von einzelnen Personen in der Leipziger Stadtverwaltung aus. Ursprünglich stand dabei weniger die Landschaftsentwicklung im Vordergrund als vielmehr die Extensivierung der Landwirtschaft und das Ziel, die landwirtschaftlichen Betriebe dazu zu gewinnen, auf ökologischen Landbau umzusteigen und vor allem Frischgemüse für die Stadt Leipzig zu produzieren. Da sich dabei aber ein starker Handlungsbedarf bei Freiraum und Landschaft zeigte, entstand eine umfassendere Strategie, die Kulturlandschaft im Umland von Leipzig zu entwickeln.

Um den Prozess in Gang zu bringen, fand ab 1994 eine *bilaterale Gesprächsserie* zwischen dem ehemaligen Umweltdezernenten der Stadt Leipzig und den Bürgermeisterinnen und Bürgermeistern der Umlandkommunen zu dem Thema „Natur- und Landschaftsverbund" statt. Ziel war es, gemeinsame Probleme und Interessen herauszufinden, einen Grundkonsens zu schaffen sowie die Bereitschaft und das Interesse zur Beschäftigung mit diesem Thema auszuloten. Diese Vorbereitungsphase für die eigentliche Arbeit des Grünen Rings nahm als vertrauensbildende Maßnahme knapp zwei Jahre in Anspruch. Schwierigkeiten bei der Projektentwicklung ergaben sich zum einen aus dem Vorbehalt, dass in einer Zeit des allgemeinen Umbruchs andere Projektthemen wichtiger erschienen. Zum anderen wirkte sich die sehr kontrovers geführte Eingemeindungsdebatte hemmend auf den Fortgang des Projektes aus. Im September 1996 fand die erste *Stadt-Umland-Konferenz* zu dem Thema Grüner Ring Leipzig statt, an der die Bürgermeisterinnen und Bürgermeister der Umlandkommunen sowie Vertreterinnen und Vertreter anderer lokaler und regionaler Institutionen und Vereine teilnahmen. Sie verabschiedeten die Umwelterklärung.

Im Anschluss an die Stadt-Umland-Konferenz bildeten sich *thematische Arbeitsgruppen*, die seitdem tagen. Themen der fünf Arbeitsgruppen sind Gewässerrenaturierung, Landschaftspflege, Revitalisierung von Brachflächen, Naherholung und Tourismus sowie Umwelttechnologie. Teilweise war die Resonanz in den einzelnen Arbeitsgruppen so hoch, dass Untergruppen gebildet wurden. Die Arbeitsgruppe „Landschaft" mit 60 Teilnehmerinnen und

Teilnehmern wählte aus 15 thematischen Schwerpunkten fünf Themen für Untergruppen aus.

Abb. 35: *Organigramm Grüner Ring Leipzig*

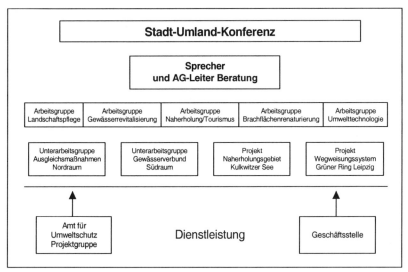

Quelle: GRL o.J.

In der Folge fanden weitere jährliche Stadt-Umland-Konferenzen statt, in denen die Arbeitsgruppen über ihre Ergebnisse berichteten und wichtige Entscheidungen bezüglich der Ziele und Schwerpunkte der gemeinsamen Arbeit getroffen wurden.

1998 und 1999 wurde ein *Regionales Handlungskonzept* für den Grünen Ring Leipzig entwickelt. Ziel war es, eine Leitidee und Entwicklungsziele mit einem ganzheitlichen Ansatz für den Teilraum Leipzig mit seinen Umlandgemeinden im Rahmen der Regionalen Entwicklungskonzeption für den Großraum Halle-Leipzig und des Regionalplanes Westsachsen zu definieren und auf dieser Basis Handlungsfelder zu konkretisieren. Vorhandene Teilkonzepte, Ideen und Projekte wurden so gebündelt, dass ein abgestimmter Maßnahmenkatalog für alle berührten Bereiche vorgelegt werden konnte.

Die beteiligten Akteure des Grünen Rings Leipzig entwickelten in den verschiedenen Handlungsfeldern zahlreiche Maßnahmen, die teilweise bereits umgesetzt wurden. Die Abstimmung der Planungen erfolgte interkommunal. Für die Umsetzung der Maßnahmen ist die jeweilige Kommune bzw. der Maßnahmenträger zuständig. Die Einzelprojekte der jeweiligen Kommunen werden nach Möglichkeit so miteinander verbunden, dass gemeinsam Fördermittel akquiriert und die Projekte schnell und unbürokratisch umgesetzt werden können. Darüber hinaus können die Kommunen durch die projektorientierte Zusammenarbeit ihre Interessen gegenüber Dritten besser vertreten.

Träger des Grünen Rings Leipzig sind zur Zeit die Stadt Leipzig sowie die zwölf Umlandgemeinden Schkeuditz, Bienitz, Großlehna, Markranstädt, Zwenkau, Markkleeberg, Böhlen, Rötha, Großpösna, Espenhain, Borsdorf und Taucha. Die Finanzierung des Grünen Rings Leipzig läuft über eine Umlage von 30 Pfennig/Einwohnerin und Einwohner an das Aufbauwerk, wobei die Stadt Leipzig nur mit bestimmten Stadtteilen (über 50.000 Einwohner) Mitglied ist (Stand: 02.2000).

Akteure

Die beteiligten Akteure lassen sich den Sphären Staat/Kommunen, Wirtschaft und Gesellschaft sowie dem intermediären Bereich zuordnen. Zu nennen sind insbesondere die Stadt Leipzig, die Umlandkommunen, die Regionale Planungsstelle Westsachsen, die Geschäftsstelle Grüner Ring Leipzig beim Aufbauwerk Leipzig, Vereine, Verbände, die Landwirtschaft, Unternehmen der Region etc.

Akteure aus dem Bereich Staat und Kommunen

Die Idee des Grünen Ringes ging vom Amt für Umweltschutz der Stadt Leipzig aus. Die Stadt Leipzig hat in dem Entwicklungsprozess zum Grünen Ring eine wichtige Motorfunktion, indem sie koordinierende Aufgaben übernimmt, so beispielsweise bei der Arbeitsgruppenleiterrunde, den Stadt-Umland-Konferenzen oder der Fördermittelakquisition. Eine stadtverwaltungsinterne Arbeitsgruppe Grüner Ring Leipzig existiert seit Juli 1996 und wurde mit einer AB-Maßnahme beim Amt für Umweltschutz, Bereich Umweltüberwachung, ausgestattet.

Neben der Stadt Leipzig sind die Umlandgemeinden zentrale Akteure im Prozess des Grünen Rings. Die Politik ist durch die hauptamtlichen Bürgermeisterinnen und Bürgermeister in den einzelnen Arbeitsformen vertreten. Weitere politische Vertreterinnen und Vertreter nehmen vereinzelt am Prozess teil.

Die Regionale Planungsstelle Westsachsen hat insbesondere die Aufgabe, entsprechend den Beschlüssen und Arbeitsaufträgen des Regionalen Planungsverbandes Westsachsen den Regionalplan mit integriertem Landschaftsrahmenplan auszuarbeiten, ihn ständig auf seine Aktualität zu überprüfen und fortzuschreiben, zur Umsetzung der regionalplanerischen Ziele beizutragen sowie regionalplanerische Stellungnahmen zu Bau- und Planungsvorhaben abzugeben. Mitglieder des Regionalen Planungsverbandes sind die kreisfreie Stadt Leipzig sowie die Landkreise Delitsch, Döbeln, Leipziger Land, Torgau-Oschatz und Muldentalkreis, die entsprechend ihrer Einwohnerzahl stimmberechtigte Verbandsräte und Stellvertreter entsenden. In Bezug auf den Entwicklungsprozess zum Grünen Ring Leipzig nimmt die Planungsstelle an den thematischen Arbeitsgruppen teil. Dadurch, dass sie von Beginn an die Arbeit zum Grünen Ring verfolgt hat und sich aktiv in den Prozess einbringt, fließen Maßnahmen des Grünen Rings unmittelbar in die Regionalplanung ein. Umgekehrt werden Anregungen der Regionalen Planungsstelle von den Akteuren des Grünen Rings aufgenommen. So wurden z.B. Vorschläge des „Entwicklungskonzeptes Landschaft" des Regionalplanes Westsachsen diskutiert und wiederum Bestandteil des Handlungskonzeptes.

Akteure aus dem Bereich Gesellschaft

Die Bewohnerinnen und Bewohner der Stadt Leipzig und der Umlandgemeinden sowie bürgerschaftliche Gruppen und Verbände sind ausdrücklich aufgerufen, an den Stadt-Umland-Konferenzen teilzunehmen und sich an den Arbeitsgruppen zum Grünen Ring zu beteiligen. Entsprechende Einladungen und Ankündigungen werden in der lokalen Presse veröffentlicht. Sowohl interessierte Bürgerinnen und Bürger als auch Vertreterinnen und Vertreter von Vereinen und Verbänden nehmen an den Sitzungen teil. Als Umweltverbände sind Ökolöwe, NABU und BUND zu nennen. Beteiligt ist ebenfalls der Verband „Wald für Sachsen".

Akteure aus dem Bereich Wirtschaft

Im Rahmen der Arbeitsgruppe Umwelttechnologien haben Unternehmen der Region Interesse entwickelt, dem Prinzip nachhaltigen Wirtschaftens nachzukommen. Beteiligte Unternehmen sind unter anderem die UWE GmbH Taucha und die Quelle AG.

Landwirtschaftliche Betriebe sind von einer Reihe von Maßnahmen des Grünen Ringes Leipzig berührt: Zum Beispiel, wenn es um Maßnahmen der Landschaftspflege, die Renaturierung von Gewässern oder um die Naherholung geht. Landwirtschaftsvertreter sind teilweise in den Arbeitsgruppen vertreten und werden in Einzelgesprächen zum Erfahrungsaustausch sowie bei der Umsetzung von Maßnahmen hinzugezogen.

Die LMBV (Lausitzer und Mitteldeutsche Bergbauverwaltungsgesellschaft mbH) stellt als Hauptarbeitgeber und maßgeblicher Gestalter der Landschaft einen zentralen Akteur in der Region dar.

Intermediäre Organisation: Geschäftsstelle Grüner Ring Leipzig

Die Geschäftsstelle Grüner Ring Leipzig ist beim Aufbauwerk Regierungsbezirk Leipzig GmbH (ARB) angesiedelt. Gesellschafter des Aufbauwerks sind die Stadt Leipzig sowie die Landkreise Döbeln und Muldentalkreis.

Das Aufbauwerk wurde 1992 von den damaligen Landkreisen des Regierungsbezirkes, der Stadt Leipzig, Gewerkschaften und dem Aufbauwerk

Sachsen zur Beratung und dem Controlling von Trägern der Arbeitsförderung gegründet. Zu seinen Aufgaben zählt es, Förderquellen für ausgewählte Projekte in den Bereichen Umwelt und Soziales zu erschließen. Außerdem wurden zahlreiche Projekte entwickelt oder in der Anlaufphase organisiert, die im besonderen Interesse der kommunalen Gesellschafter oder der regionaler Akteure liegen, wie die „Stiftung Wald für Sachsen", das Internationale Transferzentrum für Umwelttechnologie oder eine Projektarbeit zu Wasserwegen Leipzig/Südraum für das Regierungspräsidium Leipzig.

Die Finanzierung des Aufbauwerkes erfolgt – bis auf eine kleine Umlage der Gesellschafter – durch Aufträge für die Projektentwicklung, darunter auch Projekte, die durch die Europäische Kommission gefördert werden.

Im Rahmen des Grünen Rings Leipzig wurden dem Aufbauwerk 1997 Aufgaben, die zunächst ein Berater übernommen hatte, übertragen. Dies geschah zu dem Zeitpunkt, als die organisatorischen Arbeiten anwuchsen und die Stadt Leipzig sowie der beauftragte Berater diese allein nicht mehr übernehmen konnten. Der Berater ist weiterhin in freier Mitarbeit unterstützend tätig.

Aufgabe der Geschäftsstelle ist es, organisatorische und koordinierende Arbeiten im Rahmen des Prozesses zum Grünen Ring Leipzig zu übernehmen. So organisiert sie beispielsweise die Arbeitsgruppen in Abstimmung mit den Arbeitsgruppenleiterinnen und -leitern (Aufstellung der Tagesordnung, Einholen von Informationen). Die Geschäftsstelle unterstützt die Stadt Leipzig bei der Beantragung von Fördermitteln für einzelne Maßnahmen, beispielsweise nach der sächsischen Förderrichtlinie REGIO.

Wichtige Aufgaben sind weiterhin die Pflege der Kontakte zu den mitarbeitenden Kommunen, Gebietskörperschaften, Trägern öffentlicher Belange und weiteren Akteuren, deren Unterstützung bei der Informationsbeschaffung sowie die Vernetzung und die Unterstützung der Öffentlichkeitsarbeit. Bei auftretenden Konfliktthemen kommt der Geschäftsstelle eine vermittelnde Aufgabe zu. So lud die Geschäftsstelle im Falle eines alten Wasserwerks, das entweder saniert oder geschlossen werden sollte, die Verantwortlichen zu einer Informationsveranstaltung ein. Auf diese Weise wurden die beabsichtigten Planungen öffentlich gemacht. Im Vorfeld dieser Veranstaltung führte die Geschäftsstelle Einzelgespräche mit den verschiedenen Interessengruppen, um die Situation vorzuklären.

1.3 *Kommunikative Instrumente im Kontext des Instrumenten-Mix*

Die vorangegangene Beschreibung der Akteure und der Projektentwicklung beinhaltete bereits einzelne kommunikative Instrumente. In diesem Abschnitt werden diese nun ausführlicher erläutert und in den Kontext des Instrumenten-Mix gestellt. Die Struktur orientiert sich an den unterschiedlichen Instrumentensträngen: Regulative Instrumente, Finanzhilfen, kommunikative Instrumente, Marktteilnahme und Organisationsentwicklung. Die Abbildung zum Instrumenten-Mix gibt einen Überblick über das eingesetzte Instrumentenspektrum (vgl. Abb. 36).

Kommunikative Instrumente

Überblick

- Stadt-Umland-Konferenz
- Thematisch Arbeitsgruppen
- Arbeitsgruppenleiter-Runde
- Bilaterale Gespräche
- Öffentlichkeitsarbeit

Stadt-Umland-Konferenzen

Die Stadt-Umland-Konferenzen wurden vor dem Hintergrund der Konflikte zwischen der Stadt Leipzig und ihren Umlandgemeinden ins Leben gerufen. Im Rahmen der Stadt-Umland-Konferenzen treffen sich die Bürgermeisterinnen und Bürgermeister der Umlandgemeinden und der Stadt Leipzig als Entscheidungsträger und fassen Beschlüsse, welche die Freiflächenentwicklung betreffen. Da die Form der Zusammenarbeit themenbezogen eingegrenzt ist, konnte hier trotz gegensätzlicher Auffassungen in anderen Fragen (z.B. Eingemeindung) kooperiert werden.

Die Stadt-Umland-Konferenzen haben im Gesamtprozess eine hohe Bedeutung, da dort die Themen des Grünen Rings vorgestellt werden und die Akteure einen Überblick erhalten, was aktuell im Stadtumland hinsichtlich Planungen und Umsetzung von Maßnahmen passiert. Die Vertreterinnen und Vertreter der einzelnen Kommunen können dort zudem die Maßnahme, ihrer Gemeinden präsentieren.

An den Stadt-Umland-Konferenzen nehmen die an den thematischen Arbeitsgruppen Beteiligten teil. Sie tagen in der Regel einmal pro Jahr. In den Konferenzen werden die Ergebnisse der Arbeitsgruppen vorgestellt sowie die Hauptziele und Schwerpunkte der gemeinsamen Arbeit beschlossen. Darüber hinaus werden Fragen der Organisation und Finanzierung erörtert. Die Moderation und Leitung liegt beim Beigeordneten für Umwelt, Ordnung und Wohnen der Stadt Leipzig.

Thematische Arbeitsgruppen

Die Arbeitsgruppen entstanden nach der ersten Stadt-Umland-Konferenz und setzen sich aus Vertreterinnen und Vertretern verschiedenster Bereiche zusammen. Um einen möglichst großen Personenkreis anzusprechen, wurde die Möglichkeit der Teilnahme in der Presse bekannt gemacht, schriftliche Einladungen verteilt und Personen im Vorfeld unmittelbar angesprochen.

Abb. 36: *Einsatz des Instrumenten-Mix im Grünen Ring Leipzig*
(Graustufe = Intensität des eingesetzten Instrumentes: um so intensiver, desto bedeutsamer)

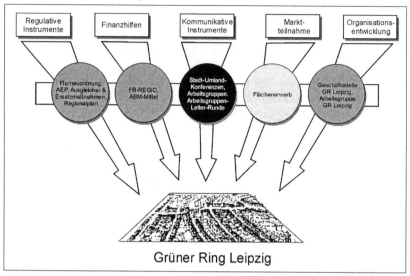

Quelle: Sinning 2000: 69

So sind die einzelnen Arbeitsgruppen keine festen Gremien, sondern die Zahl der Teilnehmerinnen und Teilnehmer schwankt je nach Themenschwerpunkt der Sitzung (siehe Kap. VIII). Im Laufe der Zeit bildeten sich fünf thematische Arbeitsgruppen, die durchschnittlich alle zwei Monate tagen:

- Gewässerrenaturierung,
- Landschaftspflege,
- Revitalisierung von Brachflächen,
- Naherholung und Tourismus,
- Umwelttechnologie.

Für jedes Treffen der Arbeitsgruppen gibt es ein Schwerpunktthema mit einer klaren Aufgabenstellung, an der gearbeitet wird. Die Arbeitsgruppen sollen folgende Aufgaben wahrnehmen (vgl. Kasek 1996):

- Die Abstimmung sowie den Informationsfluss zwischen den Kommunen und insbesondere zwischen der Stadt Leipzig und ihrem Umland sicherstellen,
- den Stand des Projektes prüfen und gegebenenfalls helfen, Probleme zu beseitigen, die den Fortgang der Arbeiten hemmen,

- neue Projekte zum Themengebiet anregen,
- Fördermittel akquirieren und
- die Öffentlichkeitsarbeit zum Themengebiet koordinieren.

Obwohl die Stadt-Umland-Konferenz Arbeitsschwerpunkte festlegt, haben die Arbeitsgruppen letztendlich Handlungsspielraum, welche Projekte sie vorrangig bearbeiten und wie sie die Details ausformen wollen. So zielt die Arbeitgruppe Umwelttechnologie z.b. auf die Gestaltung einer „Touristischen Route" im Leipziger Nordraum. Stationen der Umwelttechnologie sind u.a. ein Betriebsgelände in Taucha, eine Windkraftanlage des Versandhauses Quelle, eine Lärmschutzwand an der BAB 14 und die CO_2-Modellgemeinde Lützschena. Die Projekte sollen verdeutlichen, dass es ein Anliegen des Grünen Rings ist, Erhalt und Schaffung von Arbeitsplätzen zu unterstützen.

Moderiert werden die Arbeitsgruppensitzungen von einer Bürgermeisterin bzw. einem Bürgermeister oder von einer Amtsleiterin bzw. einem Amtsleiter, während die Geschäftsstelle des Grünen Ringes die Organisation, die Aufstellung der Tagesordnung in Abstimmung mit der Arbeitsgruppenleitung und die Nachbereitung der Sitzungen übernimmt. Die Arbeitsgruppensitzungen sind als offene Diskussion angelegt. Teilweise bilden sich Untergruppen, beispielsweise in der Arbeitsgruppe „Landschaft" aufgrund ihrer hohen Anzahl an Teilnehmerinnen und Teilnehmern.

Abb. 37: *Akteure der Arbeitsgruppen-Leiter-Runde*

Arbeitsgruppen-Leiter-Runde

- Landkreis Leipziger Land, Leiter des Amtes für Umweltschutz (AG-Leitung Gewässerrenaturierung)
- Ehemaliger Umweltdezernent der Stadt Leipzig (AG-Leitung Landschaftspflege)
- Bürgermeisterin Gemeinde Großpösna (AG-Leitung Naherholung und Tourismus)
- Geschäftsführer der Umweltschutz- und Entsorgungsgesellschaft mbH & Co.KG (AG-Leitung Umwelttechnologien)
- Bürgermeister und Beigeordneter der Stadt Leipzig, Dezernat Umwelt, Ordnung, Sport (Sprecher des Grünen Rings Leipzig)
- Vertreterin der Stadt Leipzig, Amt für Umweltschutz (AG-Leitung Brachflächenrevitalisierung)
- Vertreterinnen und Vertreter der Geschäftsstelle Grüner Ring Leipzig

Arbeitsgruppenleiter-Runde

Die Arbeitsgruppenleiter-Runde umfasst den ersten Bürgermeister und Beigeordneten des Dezernats Umwelt, Ordnung, Sport als Sprecher, die Leiterinnen und Leiter der einzelnen thematischen Arbeitsgruppen, den Leiter des

Umweltamtes der Stadt Leipzig sowie Mitarbeiter der Geschäftsstelle des Grünen Ringes, insgesamt umfasst rund zehn Personen. Sie tagt fast monatlich und forciert die Umsetzung der beschlossenen Projekte, bietet ein Forum für neue Ideen und Reflektionsmöglichkeiten für Probleme der Arbeitsgruppen oder bei der Umsetzung der Projekte. Außerdem bereitet die Arbeitsgruppenleiter-Runde die Stadt-Umland-Konferenzen vor.

Bilaterale Gespräche

Ab 1994 leistete der ehemalige Umweltdezernent der Stadt Leipzig wesentliche Vorarbeiten für die Entstehung des Grünen Ringes: Auch nach seinem Ausscheiden aus dem Amt führte er freiberuflich mit allen Bürgermeisterinnen und Bürgermeistern Interviews zum Thema „Natur- und Landschaftsverbund". Ziel dieser Gespräche war es, gemeinsame Probleme und Interessen herauszufinden, die Bereitschaft und das Interesse zur Beschäftigung mit diesem Thema zu testen sowie einen Konsens zu schaffen.

Ergebnis war eine 30-seitige Studie, die die Grundlage für die folgenden Beschlüsse und die gemeinsame Arbeit bildete. Diese Vorbereitungsphase für die eigentliche Arbeit des Grünen Rings war als vertrauensbildende Maßnahme sehr wichtig und nahm knapp zwei Jahre in Anspruch.

Öffentlichkeitsarbeit

Die Öffentlichkeitsarbeit soll die Bevölkerung der Region anregen, sich aktiv an dem Entstehungsprozess des Grünen Rings zu beteiligen. Darüber hinaus soll sie erreichen, dass die Bürgerinnen und Bürger eine Beziehung zu der Landschaft aufbauen und sie entsprechend schützen.

Die Strategie für die Öffentlichkeitsarbeit wird kontinuierlich weiterentwickelt. Das Logo des Grünen Rings Leipzig ist der zentrale Werbeträger und symbolisiert die Struktur der Region: Dörfer, Städte, Wegebeziehungen und Freiflächen. Bisher besteht die Öffentlichkeitsarbeit überwiegend aus Pressemitteilungen und Mitteilungen im Amtsblatt. Darüber hinaus existieren bereits Kalender, Informationsblätter, Wegweiser und Karten mit dem Logo des Grünen Ringes u.ä.m. Da es keine festen zuständigen Ansprechpartner seitens der Presse und keine Beauftragten innerhalb der Arbeitsgruppen gibt, wird über die Ergebnisse der Arbeitsgruppen wenig berichtet. Bürgerversammlungen oder öffentliche Veranstaltungen fanden bisher kaum statt. Mit dem Ziel, die Projekte stärker in das Bewusstsein der Bevölkerung zu rücken, wurden die Projekte durch Themenrouten miteinander verknüpft und für sie geworben.

Regulative Instrumente

Für das Handlungsfeld regionale Freiraumentwicklung kommen verschiedene regulative Instrumente zum Einsatz, die mit der kommunikativen Vorgehensweise des Grünen Rings verflochten sind. Der Regionalplan Westsachsen mit dem integrierten Landschaftsrahmenplan, Flurneuordnungsverfahren, Agrarstrukturelle Entwicklungsplanungen und teilweise die Bauleitplanung unterstützen die Umsetzung des Grünen Rings Leipzig.

Der Landesentwicklungsplan Sachsen vom 16.08.1994 enthält für den Grünen Ring Leipzig einige Vorbehaltsgebiete.[47]

Für den Regionalplan Westsachsen mit integriertem Landschaftsrahmenplan (entsprechend § 6 Abs. 1 SächsLPlG) liegt seit Juni 1998 ein Satzungsbeschluss vor. Er wurde zur Genehmigung beim zuständigen Ministerium eingereicht. Regionale Grünzüge[48] im verdichteten Raum Leipzig, die als zusammenhängendes Freiraumsystem erhalten werden sollen, finden sich hier wieder. Breuste und Kabisch (1996: 225) merken hierzu an: „Als eines der ersten Ergebnisse der Regionalplanung wurde eine Karte der (anzustrebenden) Regionalen Grünzüge erarbeitet, die angesichts der Einschränkung der Freiraumsituation im Verdichtungsraum um Leipzig vordringlich fertiggestellt wurde und die Bauentwicklung steuernd begleiten sollte. Regionale Grünzüge wurden als Ergänzung zu Instrumenten des regionalplanerische Freiraumschutzes verstanden. Sie weisen die Flächen aus, die von Bebauung frei bleiben sollten."

Im Zuge von Flurneuordnungsverfahren sollen alte Wegeverbindungen und Flurgehölze wiederhergestellt sowie Bach- und Flussrenaturierungen durchgeführt werden. Das Verfahren der Flurneuordnung ermöglicht den Kommunen die Inanspruchnahme öffentlicher Fördermittel.

Die Agrarstrukturelle Entwicklungsplanung ist ein Planungsinstrument, mit dem Maßnahmen des Grünen Rings umgesetzt werden können. So wurde beispielsweise in der Gemeinde Großpösna eine Agrarstrukturelle Entwicklungsplanung durchgeführt, deren Maßnahmen in enger Verknüpfung mit der Umsetzung des Grünen Rings Leipzig stehen. Es erfolgten unter anderem Pflanz- und Wegebaumaßnahmen.

§ 13 des ROG greift explizit den Gedanken Regionaler Entwicklungskonzepte auf. Damit erfährt die regionale Ebene eine Stärkung. Auch zum

---

47 „Vorbehaltsgebiet/-standort ist ein Gebiet, in dem einem bestimmten, überörtlich bedeutsamen fachlichen Belang bei der Abwägung mit konkurrierendem Nutzungsanspruch besonderes Gewicht beizumessen ist. Sie sind Grundsätze der Raumordnung und Landesplanung" (SMUL 1994: Z-34).

48 „In den Regionalen Grünzügen ist dem Erhalt der Freiräume Vorrang vor einer Bebauung im Sinne von Besiedlung einzuräumen. Abbauvorhaben mineralischer Rohstoffe sind in den Regionalen Grünzügen nur dann zulässig, wenn sie die Funktion des Regionalen Grünzuges nicht beeinträchtigen" (SMUL 1994: Z-40). Ausweisungskriterien sind vor allem hohe und sehr hohe Grundwasserneubildung, potentielle Kaltluftabflussbahnen, hohe und sehr hohe Kaltluftentstehung; Frischluftentstehung, hohe und sehr hohe bodenökologische Schutzwürdigkeit, hohe und sehr hohe Arten- und Biotopvielfalt sowie hohe und sehr hohe landschaftliche Erlebniswirksamkeit.

Grünen Ring Leipzig wurde ein Handlungskonzept nach dem Vorbild der Regionalen Entwicklungskonzepte erstellt.
Auch über die Bauleitplanung werden teilweise Maßnahmen zum Grünen Ring Leipzig umgesetzt. So wurde beispielsweise im Rahmen des Projekts „Taucha – ökologische Modellstadt Sachsens" ein ökologischer Wohn- und Gewerbepark ausgewiesen (vgl. SMUL 1998).

Finanzhilfen

Die meisten Fördermittel werden über die Förderrichtlinie-(FR-)REGIO, das Hauptförderprogramm der Landesplanung, bezogen. Die Förderrichtlinie unterstützt gezielt Regionale Entwicklungskonzepte und beispielhafte Projekte zur Umsetzung der Landes- und Regionalplanung, beispielsweise die Brachenrevitalisierung. Wenige Maßnahmen, wie z.B. der Radwegebau, wurden durch Programme der Wirtschaftsförderung bezuschusst. Das Fördermittelmanagement und die Antragstellung übernehmen die Stadt Leipzig und die Geschäftsstelle des Grünen Rings. Darüber hinaus erfolgt die Finanzierung der Koordinationsarbeit und Projektrealisierung in erster Linie durch Eigenmittel der beteiligten Kommunen.

In und um Leipzig fallen durch viele Bau- und Sanierungsprojekte Ausgleichsmaßnahmen in erheblicher Größenordnung an. So wurden allein 1997 und 1998 im Norden von Leipzig ca. 40 bis 50 Millionen DM für Ausgleichsmaßnahmen für Großprojekte (ICE-Strecke, Güterverkehrszentrum, Flughafen, Neue Messe etc.) ausgegeben. Zudem erwerben die beteiligten Kommunen Flächen für einzelne Projekte im Grünen Ring.

Weitere öffentliche Fördermittel fließen in konkrete Projektvorhaben. So konnten beispielsweise zur Finanzierung der Aufforstung in der Gemeinde Großpösna Mittel aus dem Aufforstungsprogramm des SMUL (Sächsisches Staatsministerium für Umwelt und Landwirtschaft) in Anspruch genommen werden, das Aufforstungsprojekte zu 80 % fördert. Die Durchführung der Agrarstrukturellen Entwicklungsplanung in der Gemeinde Großpösna wurde vom Amt für ländliche Neuordnung zu 90 % gefördert.

Die Projektumsetzung erfährt Unterstützung durch AB-Maßnahmen, die bei der Stadt Leipzig angesiedelt sind. Mehrere ABM-Kräfte des Grünen Rings unterstehen dem Amt für Umweltschutz und unterstützen die Aufgaben des Grünen Ringes tatkräftig. Sie leisten Vorbereitungs-, Abstimmungs- sowie praktische Arbeiten.

Organisationsentwicklung

Das Projekt Grüner Ring Leipzig zeigte frühzeitig, dass eine externe Koordinierungsstelle nötig war. Sie entstand mit der Geschäftsstelle Grüner Ring Leipzig beim Aufbauwerk Regierungsbezirk Leipzig GmbH (siehe Kap. II. 1.2). Damit wurden Dienstleistungen aus der Verwaltung der Stadt Leipzig bzw. der Umlandgemeinden nach außen verlagert und zentral zusammengefasst. Eine verwaltungsinterne Arbeitsgruppe Grüner Ring Leipzig existiert seit Juli 1996 innerhalb der Stadt Leipzig. Sie wurde mit einer AB-Maßnahme beim Amt für Umweltschutz, Bereich Umweltüberwachung, ausgestattet. „Sinn und Zweck ihrer Tätigkeit ergeben sich aus dem vielschichtigen ökologischen Konfliktpotential der Region, dem vermeintlichen und tatsächlichen Defizit an landschaftsbezogenen Erholungsmöglichkeiten und kulturellen Erlebnisbereichen" (Stadt Leipzig 1996: 24). Die Aufgaben der Arbeitsgruppe sind:

- Informationen über Projekte, die der Entwicklung erlebbarer Beziehungen zum natürlichen, kulturellen und touristischen Potential des Leipziger Umlandes förderlich sind, sammeln und analysieren; diese Informationen werden zusammengefasst und in Form von Faltblättern, Wanderkarten, einem gemeinsamen Veranstaltungskalender und Ausstellungen veröffentlicht.
- Verbindende Elemente zwischen den unterschiedlichen Aktivitätsbereichen und Interessenfeldern hervorheben sowie Vernetzungsmöglichkeiten und übergreifende Sichtweisen herausarbeiten.
- Kontakte zu Gemeinden, Zweckverbänden, Heimatvereinen etc. knüpfen.

Im Rahmen ihrer Möglichkeiten wirkt die verwaltungsinterne Arbeitsgruppe Grüner Ring Leipzig in den thematischen Arbeitsgruppen, die in Folge der Stadt-Umland-Konferenz eingerichtet wurden, mit und arbeitet ihnen zu (vgl. Stadt Leipzig 1996: 24).

2. Landschaftspark NiederRhein

Kurzübersicht

Gebiet:

Der Landschaftspark NiederRhein ist eine rund 9.000 ha große Fläche (90 qkm), westlich des Rheins, im Regierungsbezirk Düsseldorf. Das Gebiet umfasst die Städte Kamp-Lindfort, Moers, Neukirchen-Vluyn und Rheinberg (im Landschaftspark II zusätzlich die Gemeinden Alpen, Issum und Rheurdt).

Ziele:

Ziel ist es, einen Landschaftspark in Verknüpfung mit landschaftsbezogener Freizeit- und Tourismusnutzung, Gestaltung von Siedlungsrändern und der Stärkung der Wirtschaftskraft zu entwickeln.

Akteure:

Staat/Kommunen: unter anderem Politik und Verwaltung aus den Städten Kamp-Lintfort, Moers, Neukirchen-Vluyn und Rheinberg, Kommunalverband Ruhrgebiet, Kreis Wesel, Bezirksregierung Düsseldorf, Fachämter.

Wirtschaft: unter anderem Steinkohle AG, Touristikagentur Niederrhein, LEG Standort- und Projektentwicklung GmbH, LINEG (Linksrheinische Entwässerungsgenossenschaft).

Gesellschaft: unter anderem Naturschutzbund Deutschland Kreisverband Wesel, Fachverband Kies und Sandindustrie, Landwirtschaftsverband Wesel e.V., Service Civil International, Privatpersonen (z.B. Freizeitnutzer).

Kommunikative Instrumente:

Im Kontext eines Instrumenten-Mix kommen folgende kommunikativen Instrumente zum Einsatz: Kleiner Arbeitskreis, Arbeitskreis Projektsteuerung, Großer Arbeitskreis, Interne Workshops, Facharbeitskreise, Vier-Städte-Runde, Fachausschüsse, Einzelgespräche, Bereisungen, Telefonumfrage, Instrumente der Öffentlichkeitsarbeit.

2.1 Ziele, Ausgangsbedingungen, Entstehungsgründe und Projekte

Ziele und Aufgaben

Bei dem Landschaftspark NiederRhein[49] handelt es sich um ein ca. 9.000 ha (90 qkm) großes Gebiet entlang der A 57 westlich des Rheins. Es umfasst die Städte Kamp-Lintfort (40.204 E.), Moers (106.840 E.), Neukirchen-Vluyn (28.300 E.) und Rheinberg (30.708 E.) (Stand: 31.12.1998) im Regierungsbezirk Düsseldorf. Es liegt rund 10 km westlich von Duisburg und rund 12 km nördlich von Krefeld. Das Gebiet ist die Nahtstelle zwischen dem Ballungskern und der Ballungsrandzone des Ruhrgebiets.

Abb. 38: *Logo Landschaftspark NiederRhein*

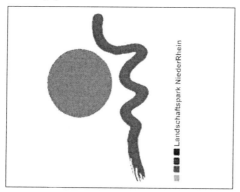

In enger interkommunaler Kooperation der Städte Kamp-Lintfort, Moers, Neukirchen-Vluyn und Rheinberg sowie mit Unterstützung des Landes Nordrhein-Westfalen und des Kommunalverbandes Ruhrgebiet (KVR) als Planungspartner soll der Landschaftspark NiederRhein entstehen, der ökologische Ziele mit landschaftsbezogener Freizeit- und Tourismusnutzung sowie einer Gestaltung der Siedlungsränder verbindet. Die Ziele des Landschafts-

---

49 Die Darstellung der Fallstudie beruht auf Recherchen und Interviews im Februar und März 2000. An dieser Stelle sei auf ein paar wesentliche Aspekte der weiteren Entwicklung hingewiesen: Die begonnene Phase II des Landschaftsparks NiederRhein konzentriert sich auf einige, ausgewählte Leitprojekte aus der Phase I, so dass von den hier vollständig dargestellten Leitprojekten einige zurückgestellt wurden. Eine wesentliche inhaltliche Neuorientierung in Phase II besteht darin, dass stärker strukturpolitische Ziele im Mittelpunkt stehen und Maßnahmen zur Beschaffung von Arbeitsplätzen forciert werden sollen. Zudem hat eine räumliche Erweiterung um die Gemeinden Alpen, Issum und Rheurdt stattgefunden.

parks verdeutlichen, dass es nicht um eine Maßnahme der klassischen Freiraumsicherung geht, sondern um einen integrierten Entwicklungsansatz, d.h. ökologische, soziale, kulturelle und wirtschaftliche Belange sollen in Einklang gebracht werden. Naherholung, Freizeit und Tourismus sowie die Gestaltung von Siedlungsrändern und kulturelle Besonderheiten sollen mit der Entwicklung eines attraktiven Landschaftsraums und der Stärkung der Wirtschaftskraft verbunden werden.

Abb. 39: *Planungsgebiet des Landschaftsparks NiederRhein*

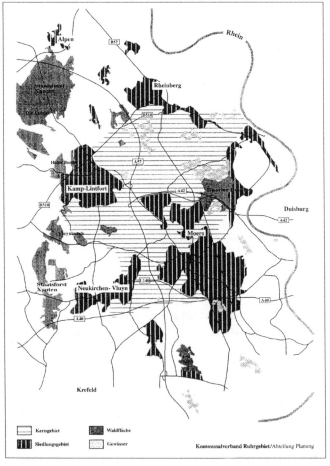

Quelle: KVR 1996: 3

Das Projekt Landschaftspark NiederRhein steht in der Tradition der Regionalen Grünzüge im Ruhrgebiet und des Emscher Landschaftsparks und ist eine räumliche Verbindung zum bestehenden Grünsystem des Ruhrgebiets, „eine Art linksrheinischer Brückenkopf des Emscher Landschaftsparks" (Reiß-Schmidt 1996: 273). In einem kooperativen Planungsprozess mit Arbeitskreisen, Workshops und Einzelgesprächen sowie unter Einbeziehung der politischen Gremien erarbeiteten die Akteure eine Rahmenplanung mit Leitprojekten.

Abb. 40: *Planerische Zielvorgaben für den Landschaftspark NiederRhein*

Planerische Zielvorgaben für den Landschaftspark NiederRhein (Auszug)

- Den Freiraum im Grenzraum zwischen den vier Städten in enger interkommunaler Kooperation sowohl für Naherholung, Freizeit und Tourismus als auch für Arten- und Biotopschutz aufwerten.
- Den Strukturwandel durch Entwicklung eines attraktiven Landschaftsraumes als weichen Standortfaktor unterstützen.
- Neue Felder für Arbeitsplätze im Sektor Freizeit und Tourismus erschließen.
- Spezifische natur- und kulturräumliche Besonderheiten des Raumes nutzen.
- Konflikte mindern, die u.a. durch die intensive Verkehrserschließung (Zerschneidung, Lärm- und Schadstoffbelastung), den Bergbau (Bergsenkungen, Belastungen durch Bergetransporte, Aufhaldungen), Siedlungsflächenerweiterungen (Freiflächenverlust) und Abgrabungswirtschaft (Grundwasserbeeinträchtigung, Veränderung der Landschaftsstruktur) ausgelöst werden.
- Siedlungsränder definieren, d.h. die Übergänge zwischen Ortsrandlagen und Landschaft gestalten.
- Den „Landschaftspark NiederRhein" als Regionalen Grünzug mit räumlicher Verbindung zum bestehenden Grünzugsystem und dem Emscher Landschaftspark entwickeln.
- Beispielhafte Leitprojekte zur Umsetzung des „Landschaftsparks NiederRhein" einschließlich Realisierungsmöglichkeiten (z.B. verschiedene Finanzierungsformen) schaffen.

Quelle: KVR 1996: 4

Ausgangsbedingungen und Entstehungsgründe für die interkommunale Kooperation

Das Gebiet des Landschaftsparks NiederRhein ist „ein beliebter Wohnstandort, verfügt über ein attraktives Angebot an Gewerbe- und Industrieflächen und eine leistungsfähige Infrastruktur. Darüber hinaus ist der Raum als sogenannter Ausgleichsraum für das Ruhrgebiet von regionaler Bedeutung. Dies gilt insbesondere für Möglichkeiten der Freizeitnutzung, die neben der regionalen Bedeutung auch wichtige teilregionale und örtliche Funktionen erfüllt (wohnungsnahe, landschaftsbezogene Freizeit)" (KVR 1996: I).

Der Regierungsbezirk Düsseldorf, zu dem der Landschaftspark gehört, hat mehr als 1.000 Einwohnern pro qkm und gehört damit zu den dichtbesiedelsten Regionen bundesweit (NRW: ca. 500 Einwohner je qkm, BRD rund 250 Einwohner je qkm). Von rund 5.300 qkm Gesamtfläche des Regierungsbezirks wurden beispielsweise 1994 30 % als Siedlungsfläche (Gebäude-, Betriebs-, Verkehrs- und Erholungsfläche) genutzt. 70 % verbleiben somit im Regierungsbezirk für den Freiraum (NRW 80 %) (vgl. Bezirksregierung Düsseldorf 1996a).

Der anhaltende wirtschaftliche und strukturelle Wandel in der Region, insbesondere durch den Rückgang des Bergbaus, prägt das Gebiet sowohl wirtschaftlich als auch in seiner Landschaftsstruktur. Die Rekultivierung von Bergehalden, Mülldeponien, Abgrabungsgewässern sowie eine Veränderung des Grundwasserstandes in Senkungsbereichen des Steinkohlebergbaus beinhaltet gleichermaßen eine Chance für eine landschaftliche Weiterentwicklung gegenüber der Flächeninanspruchnahme durch Siedlung und andere Nutzungen.

Der Anstoß für die interkommunale Zusammenarbeit zum Landschaftspark NiederRhein ging von dem Gemeinschaftsprojekt „Grafschafter Gewerbepark Genend" aus (vgl. Kahnert, Rudowsky 1999). Bei diesem Projekt waren ebenfalls die benannten vier Kommunen an der Planung beteiligt. Nach dieser bewährten interkommunalen Kooperation kam die Idee auf, diesen Ansatz auf die Landschaftsgestaltung zu übertragen, zumal Aussicht auf eine Finanzierung durch das Förderprogramm ÖPEL (Ökologieprogramm Emscher-Lippe) auch für den NiederRhein, also außerhalb des eigentlichen Fördergebietes, bzw. über das EU-Förderprogramm RECHAR bestand.

Ein weiterer Entstehungsgrund für die Idee des Landschaftsparks war der dringende Handlungsbedarf, die Freiraumqualitäten in diesem von starkem Siedlungsdruck, Zerschneidung durch Verkehrs- und Leitungsbänder sowie zahlreichen laufenden und geplanten großen Auskiesungen und Bergehalden des Steinkohlebergbaus geprägten Raum zu sichern und zu entwickeln. Diesen Handlungsdruck nahm man zum Anlass, nicht nur im Rahmen von Gewerbegebieten zusammenzuarbeiten, sondern auch in der Freiraumgestaltung eine gemeinsame Planung durchzuführen. Hinzu kam, dass sich die Probleme im Ballungsraum auch auf die Randbereiche, die sogenannten Ausgleichsräume für das Ruhrgebiet, auswirken. Der Freizeit- und Erholungsbedarf wächst auch in den Kommunen am Niederrhein. „Für diesen Bereich der Ballungsrandzone des Ruhrgebietes ist die Qualität des Wohn- und Arbeitsumfeldes ein wichtiger Entwicklungsfaktor. Auch als Ziel für Naherholung und Ausflugstourismus aus den Großstädten des Rhein-Ruhr-Gebietes hat er entwicklungsfähige Potenziale. Die Nutzung dieser Potenziale kann nicht zuletzt neue Arbeitsplätze für Dienstleistungsangebote in Freizeit und Tourismus schaffen. Dies ist neben der Verbesserung der generellen Standortqualität durch den Landschaftspark NiederRhein ein wesentliches Ziel in den stark vom Arbeitsplatzabbau im Bergbau betroffenen Städten" (Reiß-Schmidt 1996: 273).

Mit den Regionalen Grünzügen und dem Emscher Landschaftspark gab es bereits Erfahrungen mit derartigen Projekten der Freiraumentwicklung im Ruhrgebiet (vgl. Schwarze-Rodrian 1999). Positive Erfahrungen mit einer informellen Vorgehensweise aus der IBA Emscher Park ermutigten zudem, beim Landschaftspark NiederRhein in ähnlicher Weise vorzugehen. Neben der IBA Emscher Park wird auch eine gewisse Tradition im Ruhrgebiet mit dieser Arbeitsweise als befördernder Faktor gesehen: Mit der Schließung der Bergbauschächte hat die Landesregierung in dieser Region eine Kohlerunde eingerichtet. Um der Arbeitslosigkeit entgegenzuwirken und um den Strukturwandel zu unterstützen, hat sie entsprechende Förderprogramme bereitgestellt. Dabei wurden besonders interkommunale Projekte gefördert.

Handlungsfelder und Leitprojekte

In den Bereichen „Ökologie und Umwelt", „Freizeit und Tourismus", „Städtebau", „Verkehr" sowie „Kunst in der Landschaft" wurden verschiedene Leitprojekte (bzw. Pilotprojekte) für den Landschaftspark NiederRhein bestimmt, die die vier Städte beschlossen und die seit 1998 in die Umsetzung gingen:

Ökologie und Umwelt

- *Regionaler Freiraumkorridor entlang des Wiesfurthgrabens und Moersbachs:*
  Dieses Projekt umfasst die Renaturierung der Fließgewässer Wiesfurthgraben und Moersbach, die Erhaltung, Pflege und Entwicklung der Auenbereiche, die Entwicklung der Strukturelemente Hecken, Säume und Obstwiesen, die Erhaltung oder Wiederherstellung von landwirtschaftlich genutztem Grünland in den Auen sowie die Waldvermehrung.
  Die Freiraumkorridore entlang des Wiesfurthgrabens und des Moersbaches sollen beispielhaft Realisierungskonzepte für spätere Maßnahmen an weiteren Fließgewässern enthalten. Die Maßnahmen zur Fließgewässerrenaturierung wurden in der Verantwortung der LINEG (Linksniederrheinische Entwässerungsgenossenschaft) vorbereitet und sind in Abschnitten bereits realisiert.
- *Entwicklungsprojekt Schwafheim – Neukirchen:*
  Das Projekt umfasst den Freiraum zwischen dem Schwafheimer Bruchkendel und dem Restwaldgebiet am Klingerhuf in Neukirchen-Vluyn. In enger Zusammenarbeit von Naturschutzbund Deutschland (NABU),

Kreisgruppe Wesel, und LINEG sind hier insbesondere Vernässungen im Zusammenhang mit den vorhandenen Alluvialrinnen und mit bergbaubedingten Senkungen geplant.

Im südlichen Teil des Kreisgebietes ist der Waldbestand sehr gering und soll daher erweitert werden. Hierzu liegen bereits erste Planungen vor. Das Projekt beinhaltet eine Vernetzung umfangreicher ökologischer Verbesserungen mit Belangen der Landwirtschaft und mit Anforderungen ruhiger Naherholung in einem Raum, in dem angrenzend rund 250.000 Menschen leben.

- *Gemeinsamer Flächenpool für Ausgleichs- und Ersatzmaßnahmen:*
Kompensationen, die durch Eingriffe in Natur und Landschaft notwendig sind, sollen möglichst von den vier Städten in den regionalen Freiraumkorridoren gebündelt werden. Diese Kompensationsflächen werden mit Pflege- und Entwicklungsmaßnahmen belegt, die den Zielen des Landschaftsparkes NiederRhein entsprechen. Hierzu gehören z.B. Waldvermehrung, Vernässung, ökologische Aufwertung genutzter Bereiche etc. Dabei gilt das Angebot des Kreises Wesel als Untere Landschaftsbehörde an die vier Städte, Ausgleichs- und Ersatzmaßnahmen (z.B. durch die Einrichtung eines Ökokontos/Flächenpools) auch schon im Vorfeld des Eingriffs zu realisieren. Erste interkommunale Vereinbarungen wurden bereits getroffen (siehe auch Elemente der Prozessgestaltung).

Freizeit und Tourismus

- *Entwicklung der Auskiesungsseen für wasserorientierte Freizeit:*
Für den Bereich Baggersee „Am Reitweg" in Rheinberg soll ein Konzept für eine Freizeitnutzung unter besonderer Berücksichtigung von Abgrabungserweiterungen entwickelt und umgesetzt werden. Als erste Maßnahme erfolgte der Ankauf des Sees durch den KVR.
Am Lohheider See auf Duisburger Stadtgebiet (Grenzgewässer) ist eine kurz- bis mittelfristige Infrastrukturverbesserung angestrebt. Auch private Investitionsprojekte zu Freizeitwohnen am Wasser, z.B. am „Eversaler See" in Rheinberg und „Im Mühlenfeld" in Neukirchen-Vluyn, sind vorgesehen. Zudem sollen Handlungsempfehlungen für weitere Leitprojekte mit langfristiger Umsetzungschance formuliert werden.
- *Entwicklung der Bergehalden für Freizeit und Tourismus:*
Die Haldenstandorte sollen in den umgebenden Landschaftsraum integriert werden. Hierfür sind ökologisch tragfähige Folgenutzungskonzepte im Gesamtkontext nötig. Die Konzeptentwicklung und die kurz- bis mittelfristige Umsetzung soll für die Halden Pattberg und Norddeutschland erfolgen.
Erster Umsetzungsbaustein ist die Halde Pattberg. Dort wird die Infrastruktur verbessert, ein Baumkreis angepflanzt und eine künstlerische Gestaltung geschaffen. Der KVR hat die Halde dazu 1997 von der Stein-

kohle AG übernommen. Über eine AB-Maßnahme wurden Gehölzpflege und Weginstandsetzungen bereits durchgeführt. Die Gesamtplanung für die Halde Pattberg wurde vom KVR in Auftrag gegeben und zwischenzeitlich ein Konzept auf der Grundlage der Durchführung eines Workshops ausgewählt.

Die Halde Norddeutschland soll etwa im Jahre 2002 fertiggestellt sein. Die Aufhaldung ist bereits abgeschlossen. Sie soll für Paragleiter und andere Freizeitaktivitäten nutzbar gemacht werden. Auf der Halde Rheinpreußen ist die Errichtung eines Kunstobjektes als „Landmarke" vorgesehen. Dafür liegt bereits ein Entwurf der Kultur Ruhr GmbH vor.

- *Besichtigungsrouten:*
In Besichtigungsrouten sollen verschiedene Angebote (z.B. industriekulturelle Besonderheiten, historische Ortskerne, Aussichtspunkte, naturkundliche Projekte) eingebunden werden. Themenrouten stellen eine besondere Attraktivität dar. So wurde das Gebiet des Landschaftsparks NiederRhein beispielsweise mit den IBA-Projekten „Route der Industriekultur" und der „Tourismuseisenbahn" verknüpft.

Die „Route der Industriekultur" ist insgesamt rund 400 Kilometer lang und führt quer durch das Ruhrgebiet. Sie soll die besondere Dichte des industriellen Erbes in der Region als Markenzeichen hervorheben. Als touristische Straße führt sie an industriegeschichtlichen und industriekulturell bedeutsamen Punkten entlang und verbindet diese mit anderen Attraktionen (z.B. Betriebsbesichtigungen mit Veranstaltungen wie Musicals). Die Standorte sind so miteinander verknüpft, dass sie mit Bus und Bahn, mit dem Fahrrad oder zu Fuß, mit Personenschiffen oder mit dem Auto zu erreichen sind. Die „Route der Industriekultur" wurde 1999 in Trägerschaft des KVR offiziell eröffnet.

Das Leitprojekt „Besichtigungsrouten" umfasst weiterhin die Erarbeitung des Streckennetzes und die Auswahl der Verkehrsmittel, die Entwicklung eines abgestuften Systems regelmäßiger Besichtigungsangebote, die Beschilderung, Kartenwerke und Broschüren sowie Gastronomie- und Übernachtungsangebote unter besonderer Berücksichtigung der landwirtschaftlichen Betriebe. Bei der Umsetzung dieses Leitprojektes wird eng mit der Touristik-Agentur NiederRhein zusammengearbeitet, die bereits vier Pauschalangebote für Erlebnistouren entwickelt hat. Durch unterschiedliche Angebote werden Gruppen, als auch individuell Reisende angesprochen.

- *Reitwegenetz:*
Das vorhandene Reitwegenetz soll erweitert, verbunden und mit den Reitsporteinrichtungen verknüpft werden. Weiterhin sollen geeignete Trassen (z.B. nicht asphaltierte Wirtschaftswege) ermittelt und Ausstattungsstandards erarbeitet werden. Ein erster Umsetzungsbaustein war die Befragung der Landwirte und Reitervereine zum Status Quo und zu zu-

künftigen Interessenlagen. Aus privater Initiative heraus sind bereits Reitwege vorgeschlagen worden. Die Reitwege sollen in Zusammenarbeit von Kreis, Forstamt, Service Civil International (SCI) und Privaten umgesetzt werden. Eine konkrete Reitwegeplanung soll als nächster Schritt erfolgen. Für den Lauersforster Wald wurde bereits ein Konzept zur Trennung der Wegerouten für Reiter, Radfahrer und Spaziergänger entwickelt.

Städtebau

- *Siedlungsrandgestaltung an einer Engstelle des regionalen Freiraumkorridors zwischen den Städten Kamp-Lintfort und Moers:*
Dieses Leitprojekt bezieht sich überwiegend auf die Siedlungsränder entlang der Freiraumkorridore. Es sind unter anderem folgende Maßnahmen vorgesehen: Definition der Siedlungsränder (z.b. mit Baumreihen und arrondierender Bebauung als Begrenzung des Siedlungswachstums); Gestaltung der Übergangsbereiche (z.B. Anlage von Gärten, Biotopen und Spielmöglichkeiten); Einbindung in die Landschaft; Wegevernetzung und Schaffung von Querungsmöglichkeiten vielbefahrener Straßen; Herausarbeitung der Stadtein- und -ausgänge.

Verkehr

- *Optimierung des siedlungsnahen und regionalen Radwegenetzes:*
Zur Optimierung des Radwegenetzes sollen Fahrradstationen, Alltagsradwege, Streckenschlüsse, Wetterschutzhütten, Rastplätze und sichere Fahrradabstellmöglichkeiten geschaffen werden. Auch die Beschilderung, Beseitigung von Ausbaumängeln, Themen-, Tages-, Feierabend- und Urlaubsrouten sowie Gastronomie- und Übernachtungsmöglichkeiten sollen zur Attraktivität des Netzes beitragen.
    Die Erschließung des Landschaftsparks soll damit umweltverträglich erfolgen. Insbesondere der ÖPNV ist dabei zu fördern. Erste Umsetzungsbausteine sind offene Schutzhütten mit Infotafeln, neue einheitlich gestaltete Buswartehäuschen und Fahrradstationen, die der SCI erstellt. Pro Stadt wurden zunächst zwei Schutzhütten errichtet. Zudem liegt die Planung für ein Alltagsradwegenetz vor. Radwegeteilstücke als Netzschlüsse werden durch ein Arbeitsmarktprojekt umgesetzt. Zum Frühjahr 1999 befanden sich bereits zwei der sechs Teilstücke im Bau.

Kunst in der Landschaft

- *Künstlerische Gestaltung der Kultur- und Industrielandschaft:*
Durch dieses Leitprojekt sollen vor allem in Landschaftsteilen, in denen durch Überformung die ursprüngliche Prägung verlorengegangen ist, eine

neue Identität hergestellt werden. In einem ersten Schritt wurden als künstlerische Ausdrucksmittel Kunst- und Kulturereignisse, Landmarken, Landart und Skulpturenpark bestimmt.

Zwischen dem Kloster Kamp und der Schachtanlage Friedrich-Heinrich soll mit der Herstellung eines Skulpturenparks entlang der Großen Goorley eine Verbindung zwischen barocker und industrieller Kultur hergestellt werden. Ein Wettbewerb mit Künstlern und Landschaftsarchitekten hat hierzu bereits stattgefunden, jedoch ist die Finanzierung der Umsetzung nicht geklärt.

Als eine weitere Maßnahme soll die Halde Pattberg – Eigentümer ist seit September 1997 der KVR – zu einer Landmarke entwickelt werden. Gleichzeitig wird die Halde Ort für Veranstaltungen sein. So wurde das bereits seit einigen Jahren stattfindende Drachenfest durch ein Kultur- und Kunstprogramm ergänzt und damit kulturell „veredelt". Das erstmals im September 1998 erfolgreich gestartete Event wird seitdem alljährlich wiederholt. Es ist beabsichtigt, neben der Halde Pattberg noch zwei weitere Landmarken zu gestalten (Halde Rheinpreußen, Förderturm der Schachtanlage Rossenray).

Ein Startprojekt, das kontinuierlich weiter umgesetzt wird, ist der NiederRheinische Baumkreis. Um die Halde Pattberg, die zentral im Landschaftspark NiederRhein liegt, wird in einem Umkreis von ca. vier Kilometern ein Baumkreis angepflanzt.

Dieser durchzieht das Gebiet aller vier Städte und ist damit gleichzeitig Symbol für deren Zusammenarbeit. Auch die Bürgerinnen und Bürger waren aufgerufen, sich an der Entstehung des Baumkreises zu beteiligen. Erste Bäume wurden durch die vier Bürgermeister der beteiligten Städte gepflanzt. Auch weitere Pflanzungen sind zwischenzeitlich erfolgt. Dabei erhielten alle Bäume eine Nummer, teilweise mit einem Hinweis auf die Spender und dem Logo des Landschaftsparks NiederRhein. Die Schilderherstellung übernahm der Service Civil International (SCI).

2.2 Entwicklung, Organisation und Akteure

Entwicklung und Organisation des Landschaftsparks NiederRhein

Nachdem 1996 die Zusammenarbeit der Städte Kamp-Lintfort, Moers, Neukirchen-Vluyn und Rheinberg feststand, beschlossen die Kommunen, den KVR mit der Rahmenplanung zu beauftragen. Für seine Mitgliedskommunen bietet er auf Anfrage planerische Dienstleistungen an.

Die Planung des Landschaftsparks NiederRhein wurde als ein zweistufiges Verfahren durchgeführt:

Die erste Stufe beinhaltete die Erarbeitung eines Rahmenplanes mit den oben genannten Leitprojekten. Dazu wurden in einer umfassenden Bestandserhebung die folgenden Bereiche untersucht:

- Landschaftsstruktur, Hydrologie/Gewässer, Klima/Lufthygiene,
- Landschaftsplanung, Bauleitplanung, Ausgleichs- und Ersatzmaßnahmen,
- Landwirtschaft, Freizeit und Tourismus,
- Städtebau/Siedlungsränder, Verkehrserschließung,
- Bergbau, Abgrabungen.

Abb. 41: *Organigramm zum Landschaftspark II*

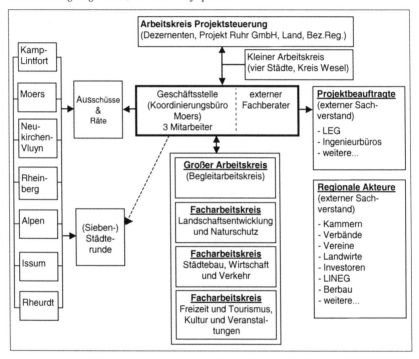

Die zweite Stufe, die 1998 anschloss, umfasst die Konkretisierung der Leitprojekte, die Erarbeitung eines Handlungs- und Maßnahmenkonzeptes (mit Verfahrensschritten und Kostenplänen) und die konkrete Ausbauplanung der für die Realisierung ausgewählter Leitprojekte. Beide Phasen wurden durch einen Kleinen und Großen Arbeitskreis sowie durch Thematische Arbeitskreise fachlich begleitet. Die Vier-Städte-Runde sowie die Fachausschüsse der Räte berieten die Zwischenergebnisse und gaben ihre Empfehlungen zum weiteren Fortgang des Projektes ab (siehe Kap. IV. 2.3).

Aufgrund der Bewerbung der am Landschaftspark NiederRhein beteiligten Städte für die REGIONALE 2006 (vgl. Stadt Kamp-Lintfort et al. 1998) ist eine neue Förderung für den sogenannten „Landschaftspark II" in Aussicht gestellt, wenngleich sie nicht den Zuschlag für die REGIONALE erhielten. Aus dem Organigramm wird deutlich, dass der Landschaftspark II sowohl eine räumliche Erweiterung um die Gemeinden Alpen, Issum und Rheurdt erfährt als auch eine neue Organisationsstruktur mit einem Arbeitskreis Projektsteuerung, einem externen Fachberater sowie neuen Facharbeitskreisen entsteht (siehe Kap. IV. 2.3.).

Akteure

Die an der Entwicklung des Landschaftsparks NiederRhein beteiligten Akteure entstammen aus allen drei Sphären Staat/Kommunen, Wirtschaft und Gesellschaft. Nach diesen Bereichen strukturiert werden die Akteure im folgenden mit ihren Rollen und Funktionen im Projekt dargestellt.

Akteure aus dem Bereich Staat und Kommunen

Entsprechend der interkommunalen Kooperation sind die Verwaltungen und politischen Vertreterinnen und Vertreter der vier Städte Kamp-Lintfort, Moers, Neukirchen-Vluyn und Rheinberg in den Entwicklungs- und Entscheidungsprozess des Landschaftsparks NiederRhein eingebunden. Bei der Stadt Moers ist die Geschäftsstelle für die Städtekooperation mit organisatorischer und koordinierender Funktion angesiedelt (siehe Kap. IV. 2.3). Die Politik ist durch die Bürgermeister und Fraktionsvorsitzenden der vier Kommunen, den Landrat und den Landtagsabgeordneten in der regelmäßig tagenden Vier-Städte-Runde vertreten.

Der KVR übernimmt im Landschaftspark NiederRhein Aufgaben der Planung. Dabei kommen ihm teilweise auch die Moderation und Vermittlung zwischen den beteiligten Akteuren zu. Der KVR bietet unter anderem planerische Dienstleistungen für Städte und Kommunen des Ruhrgebietes, so dass er auf Anfrage der beteiligten Kommunen des Landschaftsparks NiederRhein seine Unterstützung zusagte. Die Rahmenplanung wurde dabei über Fördermittel finanziert. Dem Team des KVR, das die Planung für den Landschaftspark übernommen hat, gehören fünf Personen an: eine Architektin als Projektleiterin, eine Landschaftsplanerin, zwei Stadtplanerinnen und eine Planungstechnikerin.

Zudem sind Flächen des Landschaftsparks im Besitz des KVR, der als eine seiner Verbandsaufgaben einen umfangreichen Liegenschaftsbesitz im Ruhrgebiet pflegt und entwickelt. So kaufte er beispielsweise die Halde Pattberg, die im Gebiet des Landschaftsparks gelegen ist, von der Steinkohle AG.

Der Kreis Wesel ist für die Landschaftspläne zuständig. Im Landschaftspark NiederRhein ist er Mitglied im Kleinen und Großen Arbeitskreis sowie den spezifischen Facharbeitskreisen und unterstützt die Umsetzung von Maßnahmen, unter anderem bei der Einrichtung eines Flächenpools, der Initiierung arbeitsmarktpolitischer Aktivitäten und Maßnahmen sowie bei Projekten in Verbindung mit Maßnahmen des ÖPNV.

Akteure aus dem Bereich Wirtschaft

Die Deutsche Steinkohle AG ist mit rund 1.000 ha der größte Grundstückseigentümer im Planungsgebiet des Landschaftsparks. Sie übernimmt in Bezug auf die Landschaft eine besondere Verantwortung hinsichtlich ihrer Bergbautätigkeiten. Bei den Sitzungen des Großen Arbeitskreises nahm jeweils ein Vertreter der Steinkohle AG teil.

Die LINEG (Linksniederrheinische Entwässerungsgenossenschaft) ist ein gesetzlich eingesetzter Wasser- und Bodenverband. Hauptaufgabe ist die Neuregelung des Grund- und Oberflächenwassers in den Bereichen, die durch die Wirkungen des untertägigen Steinkohleabbaus an der Tagesoberfläche verändert werden (Bergsenkungen).

Da die Freizeit- und Naherholungsinteressen im Landschaftspark NiederRhein eine wichtige Rolle spielen, ist auch die Touristikagentur NiederRhein als Akteur im Großen Arbeitskreis beteiligt.

Als wesentliche weitere Akteure aus dem Bereich Märkte sind der Fachverband Kies und Sand, Mörtel und Transportbeton NRW e.V. und die Landwirtschaft im Prozess zur Entwicklung des Landschaftsparks vertreten.

Akteure aus dem Bereich Gesellschaft

Der Naturschutzbund Deutschland (NABU), Kreisverband Wesel, der als Verband seit rund 20 Jahren existiert, befasst sich schwerpunktmäßig mit Themen der Landschaftspflege. Im Gebiet des Landschaftsparks NiederRhein hat der NABU, vor allem in Zusammenarbeit mit der LINEG, bereits vor den Planungen des KVR landschaftspflegerische Maßnahmen (z.B. die Wiedervernässung des Schwafheimer Meers, eines ehemaligen Rheinaltarmes) durchgeführt. Er verbindet seine Aktivitäten nun mit den Maßnahmen zum Landschaftspark.

Weiterhin sind das Landesbüro der anerkannten Naturschutzverbände (u.a. BUND), der SCI, Landschaftsverbände, der Fachverband Kies und Sandindustrie etc. am Projekt Landschaftspark NiederRhein beteiligt (siehe auch Abb. 38). Hinzu kommen Freizeitnutzerinnen und -nutzer sowie Erholungsuchende.

2.3 Kommunikative Instrumente im Kontext des Instrumenten-Mix

In der Beschreibung der Projektentwicklung und Akteure wurden bereits kommunikative Instrumente erwähnt, die beim Landschaftspark NiederRhein zum Einsatz kamen. In diesem Abschnitt sind sie noch einmal ausführlicher erläutert. Des Weiteren werden die regulativen Instrumente, Finanzhilfen und Instrumente der Organisationsentwicklung dargestellt. Die Abbildung 42 gibt einen Überblick über das eingesetzte Instrumentenspektrum.

Kommunikative Instrumente

Überblick

- Kleiner Arbeitskreis
- Arbeitskreis Projektsteuerung
- Großer Arbeitskreis
- Thematische Workshops
- Facharbeitskreise
- Praktiker-Arbeitskreis

- Politische Beschlussgremien
- Einzelgespräche
- Bereisungen
- Telefonumfrage
- Öffentlichkeitsarbeit

Abb. 42: *Einsatz des Instrumenten-Mix im Landschaftspark NiederRhein (Graustufe = Intensität des eingesetzten Instrumentes: je intensiver, desto bedeutsamer)*

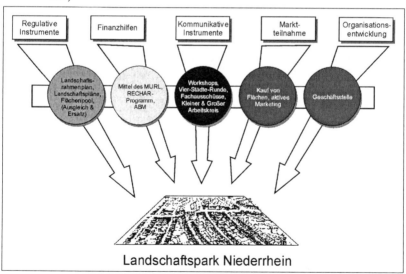

Quelle: Sinning 2000: 127

Kleiner Arbeitskreis

Der Kleine Arbeitskreis, der für den Landschaftspark NiederRhein I als Steuerungsgremium eingerichtet wurde, tagt ca. einmal monatlich. Ihm gehören jeweils Vertreterinnen und Vertreter der vier beteiligten Städte, des KVR, des Kreises Wesel und der Bezirksregierung an. Er koordiniert und stimmt die einzelnen Arbeitsschritte ab. Der Arbeitskreis sorgt für eine kontinuierliche projektbegleitende Einbeziehung der einzelnen Mitglieder und dient zur Vorbereitung des Großen Arbeitskreises. Diese Vorbereitung bezieht sich sehr stark auf inhaltliche Fragen und projektorientierte Zusammenhänge.

Abb. 43: *Mitglieder des Kleinen Arbeitskreises*

- Städte Moers, Kamp-Lintfort, Rheinberg und Neukirchen-Vluyn
- KVR
- Landkreis Wesel
- Bezirksregierung Düsseldorf

Arbeitskreis Projektsteuerung

Im Landschaftspark II wird der Kleine Arbeitskreis durch einen „Arbeitskreis Projektsteuerung" ergänzt. Ihm gehören die jeweiligen Fachdezernenten der beteiligten Städte, ein Vertreter der sieben beteiligten Kommunen, ein Vertreter der Landesregierung, ein Vertreter der Bezirksregierung, ein Vertreter der Projekt Ruhr GmbH, eine Vertreterin bzw. ein Vertreter des KVR und ein externer Fachberater an. Der „Arbeitskreis Projektsteuerung" soll das Projekt fachlich und koordinierend begleiten, für eine zeitnahe Umsetzung sorgen und Entscheidungen treffen. Im Landschaftspark I waren Umsetzungsdefizite aufgetreten, denen mit der zusätzlichen Einrichtung des „Arbeitskreises Projektsteuerung" entgegengetreten werden soll.

Großer Arbeitskreis

Der Große Arbeitskreis setzt sich aus verschiedenen Interessenvertretern, eingeschlossen die Träger öffentlicher Belange, zusammen (vgl. Abb. 44). Er kommt rund einmal im Jahr zusammen, wird über den aktuellen Stand der Planungen und Umsetzung der Projekte informiert und gibt Anregungen, die anschließend nach Möglichkeit in die weitere Arbeit einfließen. In gewisser Weise hat der Große Arbeitskreis eine Kontrollfunktion bezogen auf die Vertretung der Belange der einzelnen Interessengruppen und auf die Planungs- und Umsetzungsschritte. Durch den Großen Arbeitskreis werden die verschiedenen Nutzungsinteressen an einen Tisch geholt.

Abb. 44: *Mitglieder des Großen Arbeitskreises*

Staat/Kommunen:
- Arbeitsamt Wesel
- Arbeitsamt Wesel, Außenstelle Moers
- Bergamt Moers
- Bezirksregierung Düsseldorf
- Forstamt Wesel
- Geschäftsstelle Landschaftspark NiederRhein bei der Stadt Moers, Planungsstab
- Kommunalverband Ruhrgebiet, Abt. Planung
- Kreis Wesel
- Landwirtschaftskammer Rheinland, Kreisstelle Wesel
- LÖBF/LAfAO (Landesanstalt für Ökologie, Bodenordnung und Forsten/Landesamt für Agrarordnung NRW)
- Regionalsekretariat NRW c/o Kreis Wesel
- Staatliches Umweltamt Duisburg
- Stadt Duisburg
- Stadt Kamp-Lintfort
- Stadt Krefeld, Grünflächenamt
- Stadt Moers
- Stadt Neukirchen-Vluyn
- Stadt Rheinberg

Wirtschaft:
- LEG Standort- und Projektentwicklung GmbH
- LINEG (Linksniederrheinische Entwässerungsgenossenschaft)
- Steinkohle AG, Bergwerk Friedrich Heinrich/Rheinland und Bergwerk Niederberg
- Touristikagentur Niederrhein

Gesellschaft:
- BUND
- Fachverband Kies und Sandindustrie, Mörtel und Transportbeton NW e.V.
- Kreisvorsitzende der Rheinischen Landfrauenvereinigung im Kreis Wesel
- Kulturraum Niederrhein e.V.
- Landschaftsverband Rheinland, Rheinisches Amt für Bodendenkmalpflege
- Landschaftsverband Rheinland, Rheinisches Straßenbauamt
- Landwirtschafts-Verband Wesel e.V.
- Naturschutzbund Deutschland, Kreisgruppe Wesel e.V.
- SCI
- Verein Niederrhein e.V.

Der typische Verlauf einer Sitzung des Großen Arbeitskreises sieht wie folgt aus: Die Moderation übernimmt in der Regel – ebenso wie im Kleinen Arbeitskreis – die Geschäftsstelle des Landschaftsparks in Moers. Zunächst stellt der KVR vor, welche aktuellen Entwicklungen, Planungen und Informationen es zum Zeitpunkt der Sitzung gibt. Daraufhin werden die einzelnen vorgestellten Bereiche gemeinsam diskutiert. Alle Anregungen und Bedenken werden im Protokoll festgehalten. Ein wichtiges Element der Sitzungen sind die Pausen. So betont ein Teilnehmer: „Sie wurden nicht bewusst eingebaut, aber sie stellten sich als sehr wichtig heraus. Hier konnte man untereinander sprechen und vieles klären."

Thematische Workshops

Neben dem Großen und Kleinen Arbeitskreis gab es im Dezember 1996 einen Workshop zum Thema „Freizeit und Tourismus". Dieser wurde von den Städten Kamp-Lintfort, Moers, Neukirchen-Vluyn sowie Rheinberg mit dem KVR durchgeführt. Eingeladen waren auch verschiedene Akteure aus der Region. Ziel dieses Workshops war es, sich über aktuelle Probleme auszutauschen und erste Ansätze für ein Leitbild zu erstellen. Die Veranstaltung wurde durch einen Moderator geleitet (Vertreter der Stadt Moers) und beinhaltete einzelne Arbeitsgruppen zu verschiedenen Themen, die teilweise mit Moderationstechniken wie Metaplan arbeiteten. Ein weiterer Workshop zum Thema „Kunst in der Landschaft" wurde im Mai 1998 durchgeführt.

Facharbeitskreise

Zu einzelnen Leitprojekten gibt es Facharbeitskreise, die je nach Themenstellung mit entsprechenden Akteuren besetzt sind und vor allem die Umsetzung voranbringen sollen. Inhaltliche Schwerpunkte, einzelne Umsetzungsschritte und Finanzierungsmöglichkeiten sowie Vorschläge zur Aufgabenverteilung werden hier entwickelt. Dabei werden auch Fragen der möglichen Trägerschaften (Umsetzung der Leitprojekte) und Betreiberkonzepte für einzelne Angebote im Rahmen der Leitprojekte diskutiert. Die Moderation der projektbegleitenden Facharbeitskreise moderiert teilweise der KVR und teilweise die Geschäftsstelle.

Nachdem im Landschaftspark I die Facharbeitskreise je nach Bedarf tagten, sollen sie im Landschaftspark II zum festen Bestandteil der Arbeit werden. Angestrebt sind Facharbeitskreise zu den Themenfeldern „Landschaftsentwicklung und Naturschutz", „Städtebau, Wirtschaft und Verkehr" sowie „Freizeit und Tourismus, Kultur und Veranstaltungen".

Praktiker-Arbeitskreis

Der Praktiker-Arbeitskreis ist mit Fachstellen der Städte, die mit der Umsetzung beauftragt sind, besetzt. Zum Beispiel kommen beim Radwegebau die Tiefbauämter zusammen.

Politische Beschlussgremien

Die Vier-Städte-Runde setzt sich aus den Stadtdirektoren, Bürgermeistern, Fraktionsvorsitzenden, Vertretern der Bezirksregierung und des Kreises Wesel, dem Landrat sowie Landtagsabgeordneten der vier beteiligten Kommunen zusammen. Sie tagen zu verschiedenen Themen, unter anderem dem Landschaftspark, die sie gemeinsam betreffen. Die Fachausschüsse der Räte stellen ein weiteres politisches Gremium dar. Beide Gremien sind für den Landschaftspark wichtige Beschlussgremien für die weiteren Arbeitsschritte. Hier werden wesentliche Zwischenergebnisse präsentiert und bei Bedarf abgestimmt. Im Landschaftspark II werden diese Gremien durch den Arbeitskreis Projektsteuerung entlastet.

Einzelgespräche

Nach Bedarf führen der KVR, die Geschäftsstelle und weitere Akteure, wie beispielsweise beauftragte Planungsbüros, mit den jeweiligen Interessensvertretern Gespräche, die zur Klärung weiterer Arbeitsschritte und zum Informationsaustausch dienen. Während der Konkretisierung der Projektideen wurden beispielsweise eine Vielzahl von Einzelgesprächen geführt, um die Projekte an den Vor-Ort-Erfordernissen auszurichten. Die bilateralen Gespräche haben sich als sehr wichtig und nützlich herausgestellt und erfüllen zahlreiche Aufgaben (Informationsaustausch, Vorbereitung der einzelnen Arbeitskreissitzungen etc.). So konnten beispielsweise einige Probleme und Fragestellungen im Vorfeld von Arbeitskreissitzungen geklärt werden, was in einer großen Runde in dieser Art nicht möglich gewesen wäre.

Bereisungen

Der NABU unterstützt die Aktivitäten im Landschaftspark NiederRhein zum Teil auch auf eigene Initiative. So organisierte er beispielsweise zahlreiche Bereisungen mit jeweils rund 20 Personen zu einzelnen geplanten Projekten im Landschaftspark, um die Umsetzung zu forcieren. Es nahmen Vertreterinnen und Vertreter der Landwirtschaft, des Forstamtes, der Nordrhein-Westfalen Stiftung, der LINEG, des KVR, der Jägerschaft, der Politik etc. teil.

Die Bereisungen dienten dazu, die inhaltlichen Zusammenhänge zu vermitteln, da diese nicht für alle einsichtig waren. Laut eines Vertreters des NABU zielte man nicht nur auf ökologische Maßnahmen ab, sondern man will auch versuchen, ruhige Erholung in das Gebiet zu bringen. Die Resonanz bei der Bereisung hatte gezeigt, dass das Interesse vorhanden ist.

Bei den Bereisungen wurde die Zusammensetzung der Akteure bewusst so gewählt, dass nach Einschätzung des NABU es trotz unterschiedlicher Auffassung der geplanten Projekte zu einer offenen und zwanglosen Gesprächsatmosphäre kommen konnte. Die Begrenzung der Teilnehmerinnen und Teilnehmer auf eine Anzahl von maximal 20 wurde gezielt vorgenommen, so dass ein intensiver Austausch möglich war.

Repräsentative Telefonumfrage

Zum Freizeitverhalten und zu den Freizeitwünschen der örtlichen Bevölkerung wurde eine repräsentative Umfrage durchgeführt. Ergebnis war, dass „Natur" und „Landschaft" zu den wichtigsten Freizeitaspekten gehören. Aktuell werden Spazieren gehen, Wandern, Radfahren und Schwimmen am häufigsten ausgeübt. Für weitere sportliche Aktivitäten (insbesondere Wassersport) sind Zuwachsraten zu erwarten, wenn entsprechende Angebote geschaffen werden. Ziel dieser Umfrage war es, die Planung stärker auf die Interessen der Bevölkerung abzustimmen.

Öffentlichkeitsarbeit

Zur Öffentlichkeitsarbeit, die für den Landschaftspark betrieben wird, gehören die Pressearbeit, Herausgabe von Informationsbroschüren und Veranstaltung von Festen sowie Bürgerversammlungen zur Information über einzelne Vorhaben. So wird auf der Halde Pattberg jährlich das Drachenfest gefeiert, das bei der Bevölkerung großen Anklang findet (bis zu 30.000 Besucher).

Zudem wurde ein Logo durch den KVR für den Landschaftspark NiederRhein entwickelt, das auf Buttons, Infoblättern, Schildern etc. verbreitet und auch an jedes Projekt des Landschaftsparks vergeben wird. Die Eintrittskarten für das jährliche Jazzfestival in Moers wurden 1998 mit einer Werbung zum Landschaftspark NiederRhein bedruckt.

Regulative Instrumente

Planungen

Die Planungskonzeption baut auf bereits vorhandene Planungen auf (Gebietsentwicklungsplan, Landschaftsrahmenpläne, Landschaftspläne, Freiflächenpläne, Landschaftspflegerische Begleitpläne etc.). So sind im Gebietsentwicklungsplan des Regierungsbezirks Düsseldorf von 1996 weite Teile des Landschaftsparks NiederRhein als „Regionale Grünzüge"[50] bzw. als „Bereiche für den Schutz der Landschaft und landschaftsorientierte Erholung"[51] ausgewie-

---

50 Das Planzeichen Regionale Grünzüge im Gebietsentwicklungsplan beinhaltet „Freiraumbereiche – insbesondere in Verdichtungsgebieten -, die als Grünverbindung oder Grüngürtel wegen ihrer freiraum- und siedlungsbezogenen Funktionen (insbesondere räumliche Gliederung und klimaökologischer Ausgleich, Erholung, Biotopvernetzung) zu erhalten, zu entwickeln oder zu sanieren und vor anderweitiger Inanspruchnahme besonders zu schützen sind" (Bezirksregierung Düsseldorf 1996b: IV).
51 Die Freiraumfunktion „Schutz der Landschaft und landschaftsorientierte Erholung" bezieht sich auf „Allgemeine Freiraum- und Agrarbereiche (…), Waldbereiche (…) und Oberflä-

sen. Des Weiteren existieren für die unterschiedlichen Teilräume des Kreises Wesel Landschaftspläne, die in NRW mit Rechtskraft allgemeinverbindlich sind und umgesetzt werden müssen. Sie stellen eine wichtige Informationsgrundlage für den Landschaftspark dar, wenngleich sie als formales Instrument im Planungsprozess zum Landschaftspark in den Hintergrund rücken.

Flächenpool

Für die Realisierung und Finanzierung von Projekten im Landschaftspark soll eine regionale Steuerung und Bündelung von Ausgleichs- und Ersatzmaßnahmen zum Zuge kommen. Für diesen Zweck ist die Einrichtung eines Flächenpools im Rahmenplan zum Landschaftspark NiederRhein genannt. Von Seiten der Politik wurde dieses Vorhaben begrüßt. Der Vorteil, der in einem gemeinsamen Flächenpool gesehen wird, besteht vor allem in der bevorzugten Realisierung von Maßnahmen im Gebiet des Landschaftsparks. Neukirchen-Vluyn, Kamp-Lintfort und Moers haben dazu entsprechende öffentlichrechtliche Verträge mit dem Landkreis geschlossen, bei Rheinberg steht dies noch aus. Inwiefern Ausgleichsmaßnahmen in den Nachbarstädten von den einzelnen Kommunen angenommen werden, ist noch nicht abzusehen.

REGIONALE 2006

Der Landschaftspark NiederRhein bewarb sich für die REGIONALE 2006. Die REGIONALE ist nach einem im März 1997 erschienenen Runderlass des damaligen Ministeriums für Stadtentwicklung, Kultur und Sport (MSKS) eine neue Möglichkeit, öffentliche Mittel konzentriert für ein Projekt zu verwenden. Die Teilnahme findet per Wettbewerb statt (siehe Exkurs REGIONALE). Voraussetzung für die Wettbewerbsteilnahme ist unter anderem die Durchführung von „regionalen Werkstätten", in denen die regionalen Akteure ihre Bewerbung konkretisieren. Deshalb fand im Sommer 1998 mit den Kommunen, dem Kreis und dem KVR ein solches Werkstattgespräch statt. Hier wurde die Zielsetzung und das Programm für die REGIONALE 2006 festgelegt.

Dem Bewerbungskonzept schlossen sich – über die vier Kommunen hinaus – die drei weiteren Kommunen Alpen, Issum und Rheurdt an. Zwar erhielt die Bewerbung des Landschaftsparks NiederRhein nicht den Zuschlag für die Durchführung REGIONALE 2006, doch beurteilte das Ministerium

---

chengewässer (...), in denen wesentliche Landschaftsstrukturen und deren landschaftstypische Ausstattung mit natürlichen Landschaftsbestandteilen gesichert oder zielgerichtet entwickelt werden sollen, die hinsichtlich der Vielfalt, Eigenart und Schönheit des Landschaftsbildes und anderer Bedingungen für die landschaftsgebundene Erholung gesichert oder zielgerichtet entwickelt werden sollen, festgesetzte Landschaftsschutzgebiete und Freiraumbereiche, die künftig in ihren wesentlichen Teilen entsprechend geschützt werden sollen" (ebd.).

die Bewerbung als so gut, dass das Projekt nun nach ähnlichen Förderprinzipien auf der Grundlage eines aufzustellenden Masterplans für den Landschaftspark NiederRhein berücksichtigt wird.

Exkurs: „REGIONALE"

Das Land Nordrhein-Westfalen bietet den Regionen des Landes mit dem Runderlass des MSKS vom 13.03.1997 alle zwei Jahre die Möglichkeit, eine REGIONALE „Kultur- und Naturräume in Nordrhein-Westfalen" durchzuführen. Mit diesem neuen Konzept der Landesregierung sollen die Landesgartenschauen eine neue Ausrichtung erhalten.

Das Wort „REGIONALE" ist als eine Wortschöpfung aus den Begriffen „Region" und „Biennale 1" zu verstehen. „Gegenstand der REGIONALE ist die gemeinschaftliche Vorbereitung, Realisierung und Präsentation von Projekten, Ereignissen und Initiativen, die in der Region in einem konzeptionellen Zusammenhang entwickelt werden, um das regionale Profil zu schärfen" (MSKS 1997: 350).

Der Schwerpunkt der Projekte soll darin liegen, die Qualität der „weichen" Standortfaktoren – z.B. die Freizeit-, Kultur-, Erholungs-, Gesundheits- oder Tourismusangebote – zu verbessern, um so im internationalen Wettbewerb ein „regionales Profil" zu entwickeln.

„Ziel der REGIONALE ist ein nachhaltiger Nutzen für die Regionen, um eine Identifikation nach innen und eine Profilierung nach außen zu fördern" (ebd.). Besonders die Einbeziehung von Landesgartenschauen in die „REGIONALE" wird herausgestellt, denn sie sollen in Zukunft stärker in die allgemeinen Konzepte der regionalen Struktur-, Kultur- und Landschaftsentwicklung eingebunden werden. Präsentation und Konzept der jeweiligen Gartenschau soll dabei – ohne die sonst üblichen Landesvorgaben – in eigener regionaler Verantwortung liegen, um die Besonderheiten der Region in kommunaler Zusammenarbeit zu entwickeln und hervorzuheben.

Maßnahmen und Projekte können in schon bestehende Förderprogramme integriert werden. Es wird jedoch keine zusätzliche Förderung zur Umsetzung der Projekte bereitgestellt. Lediglich die Ausgaben für Planung und Organisation werden mit Landesmitteln bezuschusst.

Die eigentlichen Inhalte der „REGIONALE" werden in der Ausschreibung als „Handlungsfelder" beschrieben. Sie sollen die kulturellen und naturräumlichen Besonderheiten der Region herausarbeiten, um so unverkennbare „Begabungen" daraus abzuleiten. Folgende Handlungsfelder werden vorgeschlagen:

Stadtbaukultur in der Region
In diesem Handlungsfeld soll es um Projekte in der bebauten Umwelt, also in den Städten und Dörfern der Region gehen. Mögliche Maßnahmen können im Bereich der Denkmalpflege, der Belebung der Innenstädte, der Verbesserung des Wohnumfeldes oder des ökologischen Siedlungsbaus liegen.

Naturschutz, Landschaftsentwicklung, Gartenkunst
Mit diesem Handlungsfeld sind Projekte angesprochen, die in besonderem Maße zum Schutz, zur Pflege und Entwicklung der regionstypischen (z.B. von Heimat und Umwelt in Form von Rad- und Wanderwegen) Landschaft beitragen.

Neben der Ökologie sollen auch Schwerpunkte auf das Naturerleben oder die Darstellung von Garten- und Landschaftsbaukunst gesetzt werden.

Einbeziehung von Wirtschaft und Arbeit
Das dritte Handlungsfeld umfasst den Bereich Wirtschaft und Arbeit. Wichtige Projekte können in diesem Zusammenhang die Entwicklung von sog. „Zukunftsstandorten" (Dienstleistungszentren, Technologie- und Wissenschaftsparks etc.), besondere Strategien und Angebote im Bereich Fremdenverkehr und Tourismus (Regionalmarketing, Fremdenverkehrsgemeinschaft etc.) oder im Bereich Qualifizierung von Arbeit und Beschäftigung sein.

Zentraler Gedanke bei der Durchführung der REGIONALE ist die Entwicklung von Leitprojekten aus den drei Handlungsfeldern in Anlehnung an die Erfahrungen der IBA Emscher-Park. Dort hat man festgestellt, „dass solche mit großer Qualität geschaffenen Leitprojekte und ihre Präsentation wichtig sind, um den strukturpolitischen und für die regionale Entwicklung zentralen Ansatz einer Gesamtstrategie deutlich und verständlich zu machen" (ebd.). Wie auch immer diese Leitprojekte aussehen, sie müssen in der Region Akzente setzen, zeigen, dass etwas entwickelt wird und auf andere Aktivitäten bzw. weitere Projekte ausstrahlen.

Die Abgrenzung der Regionen ist nicht vorgegeben. Es wird dabei auf die Eigeninitiative und Kooperationsbereitschaft der Kommunen gesetzt, welche ihre Zusammenarbeit aber besonders „aus dem Gesichtspunkt künftiger kultureller wie wirtschaftlicher Verflechtungen ableiten" sollen. Es können aber auch bestehende organisatorische Strukturen als Bezugsraum genommen werden, da diese vielfach schon über eine längere Kooperationserfahrung verfügen. Die Umsetzung von Projekten soll durch „eine breite Mitwirkung in den Regionen" erreicht werden, bei der nicht nur öffentlich-rechtliche Körperschaften, sondern auch Vereine und Initiativen der Bürgerschaft aktiv an der Gestaltung der REGIONALE teilnehmen können.

Voraussetzung ist, dass die regionalen Akteure und Verbände ihre Bewerbung in „regionalen Werkstätten" konkretisieren. „Die Ergebnisse der regionalen Werkstätten sind als Entwurf für ein Memorandum festzuhalten, dem die Räte der Städte und Gemeinden nach Erörterung zustimmen sollen" (MSKS 1997: 351).

Die erste REGIONALE des Landes Nordrhein-Westfalen fand in der Region Ost-Westfalen Lippe im Jahr 2000 statt. Die REGIONALE 2002 wird in der Region Düsseldorf/Mittlerer Niederrhein in Kooperation mit den niederländischen Gewesten Noord- und Midden-Limburg (EUROGA 2002plus) stattfinden. 2004 folgt die REGIONALE links und rechts der Ems und 2006 im Bergischen Städtedreieck.

Eine erste im Prinzip positive Zwischenbilanz zu den bisherigen Erfahrungen und weiterführenden Empfehlungen für zukünftige Prozesse liegt inzwischen vor (vgl. Wachten, Scheuvens, Lehmann 2001).

Finanzhilfen

Für die Finanzierung des Landschaftsparks I standen insgesamt 3,8 Millionen DM zur Verfügung (EU-Programm RECHAR II). Die Förderung des Ministerium für Umwelt, Raumordnung und Landwirtschaft (MURL) NRW umfasste dabei 3,04 Millionen DM (80 % der zuwendungsfähigen Gesamtausgaben). Die Zuwendung war gebunden an Teilmaßnahmen: Planung, Organisation

und Öffentlichkeitsarbeit sowie einzelne Umsetzungsmaßnahmen, wie der Baumkreis und Verbesserungen der Radverkehrsinfrastruktur.
Weiterhin wurden Mittel für AB-Maßnahmen eingesetzt. Insgesamt standen in der Region NiederRhein rund zehn Millionen DM für arbeitsmarktpolitische Maßnahmen zur Verfügung. Diese Mittel werden aber nur für projektgebundene Maßnahmen bereitgestellt. Für die Realisierung der einzelnen Maßnahmen im Landschaftspark sind im Rahmen von Arbeitsmarktprogrammen/Qualifikations- und Beschäftigungsmaßnahmen bislang rund 50 arbeitslose Jugendliche und mehrere Anleitende eingestellt worden.

Während das MURL die erste Planungsphase des Landschaftsparks I förderte (Erstellung der Rahmenplanung), steht eine Finanzierung der zweiten Planungsphase voraussichtlich aus dem EU-Programm RECHAR II (Wirtschaftliche Umstellung von Kohlerevieren) zur Verfügung (80 % Förderung). Der Rest ist Eigenanteil der Städte und des KVR.

Für den Landschaftspark II werden Mittel in Höhe von ca. 200 Millionen DM erwartet. Dabei wird voraussichtlich auf Mittel aus verschiedenen vorhandenen Fördertöpfen, wie beispielsweise Ziel-2-Mittel des Wirtschaftsministeriums oder Städtebauförderungs-Mittel zurückgegriffen werden.

Organisationsentwicklung

Geschäftsstelle und Fachberatung

Mit der Geschäftsstelle für die interkommunale Kooperation der vier beteiligten Städte, die bei der Stadt Moers angesiedelt wurde, entstand eine neue Organisationseinheit anlässlich des Projekts Landschaftspark NiederRhein. Die Geschäftsstelle übernimmt die organisatorische und inhaltliche Vorbereitung, Nachbereitung und Moderation der Sitzungen des Kleinen und Großen Arbeitskreises sowie der Facharbeitskreise und koordiniert den Prozess in enger Abstimmung mit den beteiligten Kommunen und dem KVR. Darüber hinaus übernimmt die Geschäftsstelle die Präsentation des Projektes in den politischen und anderen öffentlichen Gremien. Die Geschäftsstelle ist mit zwei Personalstellen ausgestattet und soll im Landschaftspark II durch eine weitere Stelle aufgestockt werden.

Des Weiteren wird ein externer Fachberater die Geschäftsstelle fachlich unterstützen und darauf achten, dass der von der Landesregierung geforderte Qualitätsanspruch der Maßnahmen eingehalten wird.

3. Auswertung der Fallstudien hinsichtlich der Leistungsfähigkeit und der Grenzen kommunikativer Planungsinstrumente

Die Fallstudien geben einen Einblick in die Praxis stadtregionaler Freiraumentwicklung und den Einsatz kommunikativer Verfahren. Dabei wird deutlich, dass sich kommunikative Planungsinstrumente jeweils im Kontext regionsspezifischer Rahmenbedingungen, verschiedener Akteurskonstellationen und eines individuellen Instrumenten-Mix bewegen. Im Kapitel Auswertung der Fallstudien werden zunächst die Gemeinsamkeiten und Unterschiede der beiden Fallstudien hinsichtlich ihrer Ausgangsbedingungen und Organisationsstrukturen vergleichend betrachtet (Kap. 3.1). Danach liegt der Fokus auf den Potenzialen und Restriktionen kommunikativer Instrumente, die im Untersuchungsrahmen allgemein dargestellt und an dieser Stelle auf die Fallstudien bezogen ausgewertet werden (Kap. 3.2 bis 3.6). Anhand der Fälle geht es um die Frage, was kommunikative Instrumente in der Praxis konkret leisten bzw. welche Potenziale in welcher Form zum Tragen kommen und welche Restriktionen ihnen entgegen stehen. Abschließend resümiert das Fazit die spezifischen Potenziale und Restriktionen kommunikativer Instrumente in der Praxis der stadtregionalen Freiraumentwicklung, den Einsatz kommunikativer Instrumente im Kontext des Instrumenten-Mix sowie den Beitrag kommunikativer Instrumente zur Freiraumsicherung, -entwicklung und -In-Wert-Setzung (Kap. 3.7).

3.1 Ausgangsbedingungen und Organisationsstrukturen der Fallstudien

Ausgangs- und Rahmenbedingungen

In beiden untersuchten Fallstudien handelt es sich um interkommunale Zusammenarbeit in Verdichtungsräumen, die sich die Förderung stadtregionaler Freiraumentwicklung zur Aufgabe gesetzt hat. Dabei spielt die Entwicklung von Bergbaufolgelandschaften in beiden Fällen eine Rolle. Dem Landschaftspark NiederRhein und dem Grünen Ring Leipzig liegen hinsichtlich der Freiraumentwicklung jeweils ein integriertes Aufgabenverständnis im Sinne der Nachhaltigkeit zu Grunde, wenngleich die Nachhaltigkeit in beiden Fällen nicht explizit benannt wird.

Die beiden stadtregionalen Freiraumsysteme, die mit ähnlich großen Flächenanteilen (Landschaftspark NiederRhein ca. 90 qkm, Grüner Ring Leipzig ca. 100 qkm) entwickelt werden sollen, sind von unterschiedlichem Charakter. Während es sich in Leipzig um ein ringförmiges Freiraumsystem im Übergang von der Stadt Leipzig zu ihren Umlandgemeinden handelt, liegt der Landschaftspark NiederRhein „parkförmig" zwischen den vier Städten. Im Sinne des „Zwischen-stadt-Modells" findet sich beim Grünen Ring Leipzig und beim Landschaftspark NiederRhein eine Durchdringung von Siedlung und Landschaft „am Rande und zwischen den Städten."

Während es sich beim Grünen Ring Leipzig um einen monozentrisch strukturierten Verdichtungsraum handelt, ist der Landschaftspark Nieder-Rhein ein interkommunaler Zusammenschluss mit polyzentrischer Struktur in dem größeren Kontext des Verdichtungsraums Rhein-Ruhr. Diese unterschiedlichen Strukturen haben zudem zur Folge, dass beim Grünen Ring Leipzig eine Vielzahl (Stadt Leipzig und 12 Umlandkommunen) und zugleich ungleiche Partner hinsichtlich der Größe der Kommunen zusammenarbeiten, während es sich im Landschaftspark NiederRhein um relativ gleich große Städte und eine überschaubare Anzahl von Kommunen handelt (zunächst vier Städte, im Landschaftspark II zusätzlich drei Gemeinden). Mit wachsender Akteurszahl nimmt die Komplexität der Interessen und Meinungen zu, so dass der Koordinationsaufwand steigt, was folglich den Grünen Ring Leipzig vor höhere Anforderungen stellt als den Landschaftspark NiederRhein.

Beide Fallbeispiele sind projektbezogene, freiwillige Kooperationen ohne rechtlich formalisierte Strukturen, wie dies beispielsweise bei Zweck- oder Kommunalverbänden der Fall wäre. Eine Institutionalisierung der interkommunalen Aufgabe der Sicherung und Entwicklung der Freiraumsysteme ist in beiden Fällen nicht angestrebt. Allerdings finden sich in beiden Fällen Geschäftsstellen, die für die Kooperationen jeweils koordinierende, organisatorische und inhaltliche Aufgaben übernehmen und damit die übrigen Akteure entlasten.

Durch die Lage des Grünen Rings Leipzig in den neuen Bundesländern unterscheiden sich die Ausgangs- bzw. Rahmenbedingungen von denen des Landschaftsparks NiederRhein. Die Fallstudie zeigt, dass der Grüne Ring Leipzig in den Anfängen kaum auf vorhandene formale Planungen (z.B. Regionalpläne, Landschaftspläne oder Agrarstrukturelle Entwicklungsplanungen) aufbauen konnte. Diese entstanden erst im Laufe der letzten Jahre und haben durch ihre Einführung einen neuen Stellenwert erhalten. Einerseits konnte man auf den Erfahrungen, die in den alten Bundesländern bereits gemacht worden waren, aufbauen und profitieren, andererseits lagen kaum Erfahrungen und Grundlagen vor Ort vor, was die Arbeit teilweise erschwerte. Aus den Erfahrungen mit der Suburbanisierung in Westdeutschland hat die ostdeutsche Stadtregion Leipzig allerdings kaum profitiert. Wie in den meisten ostdeutschen Städten hat auch in Leipzig die Suburbanisierung nach der Wende in deutlichem Maße stattgefunden.[52]

---

52 Ein Siedlungsflächenzuwachs von bis zu 50 % in den Umlandgemeinden von Leipzig war bereits in den ersten Jahren nach der Wende zu verzeichnen. Dabei ist der Suburbanisie-

Für die regionale Freiraumsicherung, -entwicklung und -In-Wert-Setzung kommt in den beiden Fallstudien ein Instrumenten-Mix aus regulativen Instrumenten, Finanzhilfen, Instrumenten der Marktteilnahme, der Organisationsentwicklung und kommunikativen Instrumenten zum Einsatz. Dabei sind beide Fallstudien durch eine starke Ausprägung der kommunikativen Instrumente charakterisiert, weshalb sie unter anderem als empirischer Untersuchungsgegenstand der Arbeit ausgewählt wurden.

Organisationsstrukturen

Die beschriebenen Ausgangs- und Rahmenbedingungen wirken sich auch auf die Organisationsstrukturen in den beiden Fallstudien aus. Der vorherrschende kooperative Steuerungsmodus in den beiden Fallstudien macht sich unter anderem an der Vielfalt der eingesetzten kommunikativen Instrumente im Kontext eines Instrumenten-Mix deutlich. Dabei werden die kommunikativen Instrumente als Ergänzung zu den etablierten Instrumenten der Freiraumentwicklung verstanden. Sie sind jeweils in eine kommunikative Gesamtstrategie eingeordnet, die als rahmensetzende Struktur von Anfang an vorhanden war. Damit unterscheidet sich das Vorgehen in den untersuchten Fällen von der häufig kritisierten Reduzierung von Kommunikationsangeboten: „Es scheint vor allem an einer übergeordneten Kommunikations-Strategie zu fehlen. Statt dessen gibt es isolierte Kommunikations-Maßnahmen, die sich nicht einem mittelfristig formulierten, gemeinsamen Dach unterordnen" (Selle 1996c: 78, nach: Maser 1988: 60).

Die gewählten Kommunikationsstrategien der beiden Fallstudien unterscheiden sich in hinsichtlich der Aufbau- und Ablauforganisation in einigen Elementen. In beiden Fällen gibt es eine Entscheidungs-, eine Steuerungs- und eine Arbeitsebene. Diese sind jeweils unterschiedlich strukturiert. Entscheidungs- und Austauschgremium beim Grünen Ring Leipzig ist die Stadt-Umland-Konferenz, zu der alle Bürgermeisterinnen und Bürgermeister zusammen kommen. Im Landschaftspark NiederRhein finden die politischen Entscheidungen und Beratungen in den Ausschüssen, den Stadträten und der Vier-Städte-Runde statt. Steuerndes Gremium ist in Leipzig vor allem die Arbeitsgruppenleiter-Runde. Die Arbeitsgruppenleiter wurden nach inhaltlichen und weniger nach paritätischen Gründen ausgewählt, so dass dort nicht alle Kommunen oder regionalen Verwaltungseinheiten vertreten sind. Anders ist die Steuerungsebene beim Landschaftspark NiederRhein aufgebaut. Hier sind im Kleinen Arbeitskreis (Landschaftspark I) bzw. im Arbeitskreis Projektsteuerung (Landschaftspark II) Vertreterinnen und Vertreter aller beteilig-

---

rungsprozess sowohl Stadtgrenzen überschreitend als auch innerhalb von Leipzig (Wanderungsprozess aus den Altbauquartieren an den Stadtrand) zu verzeichnen (siehe Kap. IV. 1.1).

ten Städte bzw. Gemeinden sowie als regionale Verwaltungseinheiten der Landkreis, die Bezirksregierung und der Kommunalverband Ruhrgebiet integriert. Die Arbeitsebene ist in beiden Fällen überwiegend thematisch strukturiert. So finden sich im Landschaftspark NiederRhein thematische Workshops und Facharbeitskreise, im Grünen Ring Leipzig thematische Arbeitsgruppen. Doch ist hier, insbesondere im Landschaftspark II, eine stärkere Projektorientierung angestrebt.

Zudem spielen in beiden Fallstudien intensive bilaterale Gespräche eine wichtige Rolle. So führten sie beim Grünen Ring Leipzig in der Anfangsphase zu einem Minimalkonsens, auf dessen Grundlage die Umweltklärung verabschiedet werden konnte. Beim Landschaftspark NiederRhein wurden sie vor allem immer wieder zur Konzeptualisierung der einzelnen Projekte eingesetzt.

Aufbauorganisatorisch ist die Hinzuziehung von intermediären Organisationen auffällig. Während im Fall Landschaftspark NiederRhein mit dem Kommunalverband Ruhrgebiet eine erfahrene, regionale Planungsorganisation eine intermediäre Rolle einnimmt und den Landschaftspark betreut, musste im Fall Grüner Ring Leipzig erst eine adäquate Einrichtung geschaffen werden. Dies war zunächst ein freiberuflicher Berater, später die Geschäftsstelle Grüner Ring Leipzig beim Aufbauwerk Leipzig als externe Partnerin. Gleichwohl setzen die Akteure des Landschaftsparks NiederRhein ebenfalls eine, allerdings intern – bei einer der beteiligten Kommunen angesiedelte Geschäftsstelle ein, die organisatorische, koordinierende und vermittelnde Aufgaben ähnlich der Geschäftsstelle Grüner Ring Leipzig übernimmt.

Die Zusammenarbeit der Akteure erfolgt in beiden Fallbeispielen problembezogen, ohne vorrangig Konfliktbearbeitung bzw. -lösung in den Mittelpunkt zu stellen. Dies führte zu einem projektorientierten Arbeitsansatz. Die Rahmenplanung des Landschaftsparks NiederRhein und das Handlungskonzept Grüner Ring Leipzig formulieren Ziele und Leitlinien sowie Leitprojekte, die prioritär angegangen werden sollen.

Die Akteure des Landschaftsparks NiederRhein und des Grünen Rings Leipzig stammen aus den Sphären Staat/Kommunen, Wirtschaft und Gesellschaft. Dabei dominieren zahlenmäßig in beiden Fällen die staatlichen bzw. kommunalen Akteure.

3.2 Integration von Interessen und Akteuren erhöhen

Kreative Potenziale, Konsensfindung und Konfliktregelung

Bei der Analyse der beiden Fallregionen Landschaftspark NiederRhein und Grüner Ring Leipzig zeigt sich in Bezug auf die Integration von Interessen und Akteuren ein differenziertes Bild. In beiden Fällen findet grundsätzlich eine vielfältige Integration von Interessen und Akteuren aus den Sphären Staat/Kommunen, Wirtschaft und Gesellschaft mit Hilfe des Einsatzes kommunikativer Instrumente statt. Die beteiligten Akteure der stadtregionalen Freiraumentwicklung kommen dabei überwiegend aus staatlichen und kommunalen Institutionen, während Vertreterinnen und Vertreter aus den Bereichen Gesellschaft, organisierte Interessengruppen, Verbände etc. und die Wirtschaft bis auf die Arbeitsgruppe Umwelttechnologien im Grünen Ring Leipzig in der Minderheit sind. Auffällig ist jedoch die Vielzahl und Vielfalt der Akteure in beiden Fallbeispielen. Neben den Vertreterinnen und Vertretern aus Verwaltung und Politik der beteiligten Städte und Gemeinden sowie den Trägern öffentlicher Belange wirken im Grünen Ring Leipzig beispielsweise der Landessportbund Sachsen, Unternehmen, private Planungsbüros und auch vereinzelt Privatpersonen mit. Im Landschaftspark NiederRhein handelt es sich zusätzlich um den SCI, die Touristikagentur, Kanusportvereine und weitere Vereine.

Mit Hilfe kommunikativer Instrumente konnten in den beiden Fallstudien zahlreiche Akteure als *kreatives Potenzial aktiviert* werden. Dabei führen sie sowohl „alte" als auch „neue" Akteure aus der Region zusammen. Mit neuen Akteuren sind vor allem Akteure über die Träger öffentlicher Belange hinaus gemeint. Während sie bei formalen Planungen nicht gehört werden, besteht durch die kommunikativen Instrumente die Möglichkeit sich einzubringen. Durch die Novellierung des Raumordnungsgesetztes (ROG 1998) besteht erstmals die formale Möglichkeit der Öffentlichkeitsbeteiligung. Diese ist bislang jedoch noch nicht in die Landesgesetzgebung in Sachsen und NRW umgesetzt.

Im Grünen Ring Leipzig können beispielsweise die Wirtschaftsakteure, die im Bereich Umwelttechnologie aktiv sind, im Landschaftspark Nieder-Rhein die Tourismusakteure, die sich für Freizeit- und Naherholungsaktivitäten einsetzen (Hotelier, Tourismusagentur u. ä. m.), als „neue" Akteure gelten. Hierzu hat sicherlich der projektorientierte Ansatz in beiden Projekten beigetragen, der den Nutzen einer Mitwirkung für die Akteure greifbar gemacht hat. Beispielsweise konnte der ÖKOLÖWE eigene Ideen mit einbringen, die Fuß fassten. Bei den Rad- und Wanderwegekonzepten wurden nicht nur das Stadtgebiet, sondern auch angrenzende Erholungsbereiche, wo ADFC und Ökolöwe Anfang der 90er Jahre bereits erste Anfänge gestartet hatten, dargestellt. Die ersten Vorlagen wurden für die Planungen aufgegriffen. Die Gemeinden konnten unter anderem unter dem Dach des Grünen Rings Fördermittel erhalten, die ihnen ansonsten nicht zur Verfügung gestanden hätten.

Für die Aktivierung des kreativen Potenzials ist es wichtig, dass die Akteure ihren Nutzen der Mitarbeit im Grünen Ring Leipzig bzw. im Landschaftspark NiederRhein erkennen. Die freiwillige Zusammenarbeit der Akteure war neu und führte teilweise zu Irritationen, da man kaum Erfahrungen damit hatte. Das Vertrauen zu dieser Vorgehensweise und die Begeisterung für die Sache ist nach anfänglicher Zurückhaltung mit der Zeit gewachsen. Insbesondere erste umgesetzte, sichtbare Maßnahmen trugen dazu bei. Auch betonten Akteure, dass die Motivation bei Verwaltungsmitarbeiterinnen und -mitarbeitern in den kommunikativen Arbeitsformen groß ist, da sie für sich die Chance sehen, quer zu der Linienorganisation etwas zu bewegen. Hier kann man Projekte verfolgen, die im regulären Verwaltungshandeln nicht möglich sind. Es können Projekte vom Anfang bis zum Ende, von der Idee bis zur Umsetzung begleitet und mitbestimmt werden. So entsteht eine zusätzliche Zufriedenheit, was insbesondere für untere und mittlere Ebenen gilt. Auch unkonventionelle Umgangsweisen werden als Gewinn empfunden. Der beteiligte Naturschutzverband im Landschaftspark NiederRhein erkennt beispielsweise an, dass er seine Vorstellungen einbringen kann und dass einiges davon, wenn auch nicht alles, realisiert wird. Die beteiligten Kommunen sehen vorrangig den Nutzen, dass sie über die interkommunale Kooperation an zusätzliche Finanzmittel kommen und eine gemeinsame Realisierung von Maßnahmen gelingt.

Ein weiteres Potenzial kommunikativer Instrumente hinsichtlich der Integration von Interessen und Akteuren ist die Konsensfindung und Konfliktregelung. Beim Grünen Ring Leipzig hatte die bilaterale Gesprächsserie zu Beginn des Prozesses einen hohen Stellenwert hinsichtlich der Ermittlung von Interessen und Positionen, auf deren Grundlage eine *Konsensfindung* stattfinden konnte. Es bewährte sich, mit den Bürgermeisterinnen und Bürgermeistern als zentralen Schlüsselpersonen und Entscheidungsträgern sowie mit einzelnen Betroffenen im Vorfeld Kontakt aufzunehmen. Hier konnte eine Vertrauensbasis geschaffen und ein gewisser Grundkonsens gefunden werden. Nur durch diesen Kommunikationsverlauf war es möglich, bei der ersten Stadt-Umland-Konferenz die Umwelterklärung gemeinsam zu verabschieden. Auch im Laufe des Prozesses spielte die Konsensfindung für gemeinsame Entscheidungen immer wieder eine wichtige Rolle. In den Arbeitsgruppen und auf den Stadt-Umland-Konferenzen des Grünen Rings Leipzig wurde zunächst ein Grundkonsens hergestellt, dass das jeweilige Projekt gewollt ist. Folgendes Prinzip zeigt sich: Ist dieser Grundkonsens vorhanden, ist laut der Vor-Ort-Akteure vieles beim weiteren Arbeitsprozess und bei der Umsetzung leichter, da Überzeugungsarbeit nicht mehr nötig ist und Blockierer einer ganzen Gruppe gegenüberstehen. Auch die kommunikative Vorgehensweise zur Erstellung des Handlungskonzeptes war von Konsensorientierung geprägt. Beim Landschaftspark NiederRhein erfolgte die Konsensfindung vor allem über die gemeinsamen Arbeitskreissitzungen. Die Ergebnisse schlugen sich in der Rahmenplanung und den Leitprojekten zum Landschaftspark nieder.

Das Potenzial, mit Hilfe des Einsatzes kommunikativer Instrumente *Konfliktregelung* zu betreiben, nahmen die Akteure der beiden Fallbeispiele nicht ausdrücklich wahr. So wurden Konflikte, wie sie klassisch zwischen Siedlungs- und Gewerbeentwicklung sowie Naturschutz auftreten, im Rahmen des Grünen Rings nicht angegangen. Aus Sicht der Akteure hätten sie diese nicht lösen können. In den meisten Fällen wird dies als Angelegenheit der jeweils betroffenen Kommunen gesehen, und es kommen die dort bestehenden formalen Planungsinstrumente, wie F- und B-Plan etc., zum Zuge. Gerade die rechtlichen Instrumente werden im Falle von Konflikten, insbesondere wenn es um landschaftspflegerische Belange geht, als wichtig erachtet. Ohne rechtliche Instrumente seien die „grünen Belange" ansonsten zu schwach.

Ein Konflikt, der mit Hilfe von kommunikativen Verfahren beim Grünen Ring Leipzig und dem Forum Südraum ausgetragen wurde, war das Thema Autobahnbau. Konkret stritten die Gemeinden und das Autobahnamt über die landschaftsgestalterische Einbindung. Die Gemeinden forderten eine ausreichend breite Brücke, über die die Autobahn geführt werden sollte, damit der Landschaftsverbund unter der Brücke gewährleistet blieb. Das Autobahnamt war dagegen der Auffassung, dass die Brücke nur in einer geringeren Breite finanzierbar wäre, womit der Landschaftsverbund jedoch nicht ausreichend zu gewährleisten war. Betroffen waren die Stadt Leipzig, die Stadt Markkleeberg und die Gemeinde Großpösna. Diese hatten an den formalen Verfahren zur Autobahnplanung zwar teilgenommen, konnten sich als Einzelgemeinden jedoch mit ihren Forderungen nicht durchsetzen. Mit dem Grünen Ring und dem Forum Südraum bestanden Zusammenschlüsse für gemeinsame Interessen. So befasste sich die Arbeitsgruppe Landschaft und Gewässer des Grünen Rings auch mit dem Autobahnbau. Das Forum Südraum erreichte mit Unterstützung des Grünen Rings, dass die Auswirkungen der Brücke auf die Landschaft noch einmal untersucht und die Kosten für die Brücke neu berechnet wurden. Dabei wurde nachgewiesen, dass es eine kostengünstigere Konstruktion gab. In der Folge wurde die Brücke entsprechend breiter gebaut – ein Erfolg der Zusammenarbeit.

Weitere Konfliktthemen will man auf der Basis einer längeren Zusammenarbeit angehen. Für die Konflikte gilt es nach Auffassung der Vor-Ort-Akteure, zukünftig auf der kooperativen Arbeitsatmosphäre aufzubauen und vermittelnd über die Geschäftsstelle und die Arbeitsgruppenleitersitzungen Lösungen zu finden. Zu den weiteren Konfliktthemen gehören beispielsweise Reitwege und Naherholung, für die auch Kasek (1997b: 5) Handlungsbedarf sieht und diesen wie folgt benennt: „Reiter, die immer tiefer in den Auwald eindringen und dabei viel zerstören, die LMBV, die aus der Braunkohlenmondlandschaft mit möglichst wenig Geld eine sichere Seenlandschaft (...) machen will und die Kommunen, die eine attraktive Erholungslandschaft wollen."

Überdies wurden Konfliktbereiche im Südraum Leipzig herausgearbeitet, wo Ausgleichsmaßnahmen stattfinden und zukünftig bearbeitet werden sollen. Die Ausgleichsmaßnahmen, die bisher im Nordraum Leipzig durch Großinvestitionen umgesetzt sind, wurden analysiert und Entwicklungspotenziale für weitere Ausgleichsmaßnahmen und Investitionen aufgezeigt. In diesem Zusammenhang gab es Konflikte beispielsweise über die Lage des Gewässerverbundes sowie zwischen Gewässerbau und Naturschutz.

Auch im Landschaftspark NiederRhein klammerten die Akteure zunächst harte Konflikte zwischen Siedlung- und Gewerbeentwicklung sowie Naturschutz aus. Dennoch traten beispielsweise Verteilungskonflikte bezüglich der verfügbaren Landesmittel auf. Die Kommunen waren mit der Umsetzung der Maßnahmen unterschiedlich schnell, so dass sie untereinander in Konkurrenzen um Fördermittel gerieten. Bei den Gemeinschaftsprojekten, beispielsweise den Radwegen oder dem Baumkreis, erfolgte eine anteilige Finanzierung. Bei den Maßnahmen, die auf den jeweiligen kommunalen Gebieten umgesetzt wurden, musste jede Kommune selbst die Finanzierung gewährleisten. Allerdings erhielten sie eine 80-prozentige Förderung durch das Land.

Beim Landschaftspark NiederRhein bestanden die größten Schwierigkeiten mit der Landwirtschaft, da sie durch den Begriff Landschaftspark befürchtete, dass sie ihren Nutzungen und Interessen nicht mehr nachkommen könnte. Der Begriff assoziierte zunächst nicht, dass es um einen integrierten, nutzungsorientierten Ansatz ging. Bei der Landwirtschaft bestanden Bedenken bezüglich anstehender Nutzungskonflikte (vor allem mit Naturschutz- und Naherholungsinteressen). Über viele Einzelgespräche sollen die Bedenken weiter ausgeräumt werden, was allerdings noch nicht geschehen ist.

Der Aktivierung kreativer Potenziale, der Konsensfindung und der Konfliktregelung durch den Einsatz kommunikativer Instrumente stehen verschiedene Restriktionen entgegen. So können durch die Aktivierung zahlreicher „alter" und „neuer" Akteure *Konkurrenzen zu bestehenden regionalen Institutionen entstehen*. In den beiden Fallbeispielen können ansatzweise Strukturen identifiziert werden, die auf solche Konkurrenzbeziehungen hinweisen. Sie werden allerdings von den Vor-Ort-Akteuren als nicht sehr bedeutsam eingeschätzt. So hatte beispielsweise der NABU im Landschaftspark NiederRhein sehr gute Kontakte zur Landwirtschaft und zur LINEG aufgebaut. Er führte bereits Gespräche bevor der KVR diese Kontakte aufbauen konnte. Beim Grünen Ring Leipzig wurden im Prinzip Aufgaben der Regionalplanung übernommen. Die Regionalplanung versuchte durch die eigene Präsenz in vielen der Arbeitsformen ihr Wissen und ihre Belange einzubringen. Durch ein integrierendes Verständnis – „der Grüne Ring Leipzig ist beste umsetzungsorientierte Regionalplanung" – konnten die Konkurrenzen gering gehalten werden. Teilweise erwies sich aufkommende Konkurrenz auch fruchtbar für die Aktivierung von Akteuren. So erklärte sich die Stadt Leipzig bereit, im Rahmen des Grünen Rings die Ausschilderung von Rad- und Wanderwegen im Nordwesten vorzunehmen. Als die dortigen Akteure davon erfuhren, drängten sie darauf, dies selbst durchzuführen. Dies entspricht der Philosophie des Grünen Rings, bei der die Kommunen möglichst eigeninitiativ werden sollen.

Die *Diskrepanz zwischen haupt- und ehrenamtlich Tätigen* war in den Fallbeispielen nur am Rande ein Thema. Ein Grund dafür ist, dass die meisten beteiligten Akteure hauptamtlich tätig sind. Die Umweltverbände sahen die Diskrepanz durchaus, wenngleich auch hier Hauptamtliche bzw. Pensionäre involviert waren.

Zudem ist zu beachten, dass insbesondere die kleineren *Kommunen* bei den Teilnehmerinnen und Teilnehmern an den einzelnen thematischen Arbeitsgruppen- und weiteren interkommunalen Sitzungen *an ihre Kapazitätsgrenzen* im Grünen Ring Leipzig *stießen*. „Wenn eine Kommune lediglich zwanzig Mitarbeiter hat, müssen die Ressourcen entsprechend effizient eingesetzt werden", so ein Bürgermeister.

In beiden Fällen ist das *Verhandlungsdilemma* bzw. unterschiedliche Strategien der Interaktion, die das Verhandlungsdilemma nicht zum Tragen kommen ließen, zu beobachten. Im Falle des Grünen Rings Leipzig wurden die gemeinsamen Interessen im Vorfeld der ersten Stadt-Umland-Konferenz ausgelotet. Dies ermöglichte, den gemeinsamen Nutzen in den Mittelpunkt der Arbeit zu rücken, so dass ein kooperativer Interaktionsstil im Vordergrund stand. Verschiedene Strategien unterstützen diesen kooperativen Interaktionsstil. Die verschiedenen Arenen im Beispiel Grüner Ring Leipzig, Kommunalparlamente, Verwaltungen, Fachinstitutionen, Landesbehörden etc., sind untereinander verbunden und stehen in Wechselbeziehung. So beförderte das kooperativ angelegte Förderprogramm FR-Regio des Landes Sachsen die gemeinsame Bearbeitung des Themas Brachenrevitalisierung durch die regionalen Akteure. Die am Grünen Ring beteiligten Kommunen erkannten einen gemeinsamen Nutzen. Nur über eine gemeinsame Beantragung konnten sie an die Fördermittel gelangen.

Gleichzeitig erwies es sich als entscheidend, die verschiedenen Arenen in die kommunikative Strategie effektiv einzubeziehen und eine angemessene Prozesssteuerung, insbesondere durch die Arbeitsgruppenleiter-Runde in Zusammenarbeit mit der Geschäftsstelle, durchzuführen. Im Fall Grüner Ring Leipzig wurden zudem allgemeine Problemlösungen vor expliziten Verteilungskonflikten verhandelt. So haben zu Beginn des Prozesses die Bürgermeisterinnen und Bürgermeister die Umwelterklärung mit allgemeinen Zielsetzungen verabschiedet. Erst später in den thematischen Arbeitsgruppen ging es um die konkrete Umsetzung von Maßnahmen.

Das Projekt Landschaftspark NiederRhein zeigt, dass die fehlende bzw. geringe Einbindung der Politik und der Umsetzungsakteure in der ersten Phase zu Umsetzungsschwellen führte. Durch die zu geringe Verbindung der verschiedenen Arenen konnte ein kooperativer Interaktionsstil, der einen gemeinsamen Nutzen für alle Beteiligten erzielt, nur begrenzt zum Tragen kommen (siehe auch Abb. 43).

Im Prozess der Freiraumentwicklung zum Grünen Ring Leipzig treten *Transaktionskosten* in der Form zum Vorschein, dass beispielsweise eine

Diskrepanz zwischen zeitlichem Aufwand und der Belastbarkeit insbesondere der Arbeitsgruppenleiter auftritt. Da diese hauptberuflich vielen anderen Verpflichtungen nachkommen müssen, tritt schnell die Grenze der Belastbarkeit ein, und es fehlt ihnen häufig die Zeit, die Arbeit zum Grünen Ring entsprechend ihrer Ansprüche durchzuführen. Eine Entlastungsstruktur, wie sie durch die Geschäftsstelle geschaffen wurde, ist deshalb aus Sicht der Stadt Leipzig sehr wichtig. Beim Landschaftspark NiederRhein wird diese Diskrepanz zwischen zeitlichem Aufwand und Belastbarkeit vor allem in der Geschäftsstelle gesehen. Die personellen Kapazitäten insbesondere zur Wahrnehmung der sehr zahlreichen Gesprächstermine und Sitzungen stoßen an ihre Grenzen.

Demokratische Grundprinzipien und kooperative Staatspraxis

– Zwischen Integration und Selektivität bzw. Exklusivität sowie Nicht-Öffentlichkeit

In beiden Fallbeispielen bestehen vielseitige *Mitwirkungsformen der Akteure* in unterschiedlicher Intensität. Im Grünen Ring Leipzig handelt es sich dabei vor allem um thematische Arbeitsgruppen, Stadt-Umland-Konferenzen, Arbeitsgruppenleiter-Runden und bilaterale Gespräche. Im Landschaftspark NiederRhein sind es vor allem der Große und der Kleine Arbeitskreis, der Arbeitskreis Projektsteuerung bzw. der Facharbeitskreis, thematische Workshops, politische Beschlussgremien und Bereisungen. Die Zusammensetzung der Akteure in den einzelnen Arbeitsformen ist dabei sehr unterschiedlich (siehe auch Kap. IV. 1.2 und 2.2). So ist beispielsweise die Arbeitsgruppe Umwelttechnologie im Grünen Ring Leipzig überwiegend mit Unternehmen besetzt, während an der Arbeitsgruppe Brachenrevitalisierung vor allem staatliche Akteure mitwirken. Die Politik ist bei den Arbeitsformen des Grünen Rings nur vereinzelt vertreten. In der jährlichen Stadt-Umland-Konferenz kommen allerdings alle Bürgermeister zusammen.

Ein weiteres Potenzial kommunikativer Instrumente ist zudem, dass mit ihrer Hilfe mehr *Transparenz und Öffentlichkeit* hergestellt werden kann. Neben den kommunikativen Instrumenten zur Beteiligung und Kooperation haben hier auch die kommunikativen Instrumente zur Information besondere Bedeutung. Im Landschaftspark NiederRhein sind die jährlichen Drachenfeste auf der Halde Pattberg mit Informationsständen und Informationsmaterial sowie beim Grünen Ring Leipzig der Jahreskalender und die Ausstellung zum Grünen Ring Beispiele für die Herstellung von mehr Öffentlichkeit und Transparenz. In beiden Beispielen wird der Entwicklungsprozess nur eingeschränkt durch Pressearbeit öffentlich gemacht.

Trotz breiter Integration von Akteuren und Interessen in unterschiedlicher Intensität zeigt sich, dass sowohl eine soziale als auch eine inhaltliche

Selektivität zu beobachten ist. Eine *soziale Selektivität* tritt in beiden Beispielen vor allem hinsichtlich der Beteiligung der Bürgerinnen und Bürger auf. Zwar werden aus der Sphäre Gesellschaft Vereine und Verbände eingebunden, doch sind die Bürgerinnen und Bürger sowie ihre Interessen dadurch in die Entwicklung der Projekte Landschaftspark NiederRhein und Grüner Ring Leipzig nur unmittelbar berücksichtigt. Bürgerbeteiligung findet in beiden Fallbeispielen überwiegend als Bürgerinformation in Form von Öffentlichkeitsarbeit und Aktionen statt. Ansätze, wie die angedachten Bürgerforen zum Handlungskonzept des Grünen Rings Leipzig, wurden noch nicht verwirklicht. Beim Landschaftspark NiederRhein fand eine Telefonumfrage zum Thema Naherholung statt, um die Interessen und Bedürfnisse der Bewohnerinnen und Bewohner zur Nutzung des Landschaftsparks herauszufinden. Weitere Aktionen wie das Drachenfest auf der Halde Pattberg oder Radtouren wenden sich ebenfalls an interessierte Bürgerinnen und Bürger. Teilweise sind auch die Bevölkerung sowie Vereine und Verbände bei den Umsetzungsmaßnahmen beteiligt, wie beispielsweise bei der Radwegeplanung im Grünen Ring Leipzig. Auf der interkommunalen Ebene sind überwiegend „Multiplikatoren bzw. Funktionäre" vertreten.

Damit ergibt sich ein Defizit bei der Projektentwicklung, denn den Fachleuten fehlt der Einblick in die Lebenswelt der Betroffenen, der in der jeweiligen Region lebenden Menschen, so dass eine angemessene Berücksichtigung der Wünsche und Bedürfnisse der Bevölkerung in Frage gestellt ist. Dies untermauert auch eine Untersuchung von Helbrecht, Danielzyk und Butzin (1991: 234) über Wahrnehmungsmuster und Bewusstseinsformen als qualitative Faktoren der Regionalentwicklung am Beispiel des Ruhrgebiets, in der unter anderem festgestellt wurde: „Ein Defizit der Experten ist die fehlende Sensibilität für die kleinräumigen Wahrnehmungsweisen der Bevölkerung. Jeglicher Einblick in die Lebenswirklichkeit der Betroffenen, die dort vorhandenen alltagsweltlichen Umdeutungsprozesse, Formen der Wahrnehmung, des Erlebens und Bewertens, ist den Experten aufgrund ihrer professionellen Deutungsroutinen verwehrt. Die Fähigkeiten der Entscheidungsträger, die Wünsche und Bedürfnisse der Bevölkerung bei planungspolitischen Entscheidungen angemessen zu berücksichtigen, müssen als stark eingeschränkt bewertet werden." Hier wird deutlich, dass die Sichtweise der Bürgerinnen und Bürger lebensweltlich, d.h. an ihrem Alltag orientiert ist. Gerade das daraus resultierende Alltagswissen der Bevölkerung kann also das Expertenwissen um wichtige Aspekte ergänzen und für die Planungs- und Entwicklungsaufgaben zusätzliche Impulse geben. Die unterschiedlichen Perspektiven der Experten- und Alltagswelt kommunikationsfähig zu machen, stellt deshalb eine zentrale Herausforderung dar, die in den beiden untersuchten Fallbeispielen nur in geringem Umfang angegangen wurde.

Im Hinblick auf die Vertretung der Akteure aus den verschiedenen Sphären sind tendenziell neben gesellschaftlichen Akteuren, Bürgerinnen und

Bürgern, Vereinen und Verbänden, die Wirtschaft am Geringsten vertreten. Zwar ist die Arbeitsgruppe Umwelttechnologien im Grünen Ring Leipzig überwiegend mit Akteuren aus der Wirtschaft besetzt, doch sind sie in den übrigen Arbeitsformen kaum vertreten. Hier wird deutlich, dass die Mitwirkungsbereitschaft stark nach Thema und Kooperationsnutzen erfolgt.

Die Auswahl der Teilnehmenden für die einzelnen Arbeitsformen orientierte sich an funktionalen und Proporz-Kriterien. Sie erfolgt gezielt durch Einladungen. Durch Mund-zu-Mund-Propaganda konnten weitere Teilnehmerinnen und Teilnehmer nach Absprache mit den Arbeitsgruppenleitern hinzukommen. So musste beispielsweise beim Landschaftspark NiederRhein im Kleinen Arbeitskreis aus den beteiligten Städten je eine Vertreterin bzw. ein Vertreter bei der Entwicklung des Projekts beteiligt sein, der beauftragte Dienstleister KVR und der Kreis Wesel wurden als Akteure hinzugezogen, die Bezirksregierung nahm unter anderem als Behörde teil, die für die Fördermittelabwicklung zuständig ist. Im Großen Arbeitskreis sollten alle Nutzungsinteressen vertreten sein, die im Landschaftspark von Bedeutung sind. Dies waren im Wesentlichen die Träger öffentlicher Belange. Darüber hinaus wurden weitere relevante Akteure hinzugezogen.

Der Ausschluss von Akteuren erfolgte im Falle einer Arbeitsgruppe im Grünen Ring Leipzig. Hier war der Anteil der teilnehmenden Ingenieurbüros stark angestiegen, so dass die Kommunalvertreter sich zurückgedrängt fühlten und ihre inhaltliche Diskussion zu kurz kam. In der Folge entschloss man sich, die Ingenieurbüros nicht mehr einzuladen.

Auch führte die Förderpraxis zur Brachenrevitalisierung teilweise zum Ausschluss von Akteuren. Die Mittel aus der entsprechenden Landesförderung FR-Regio mussten in einem kurzen Zeitraum abgerufen werden, so dass die Arbeitsgruppe „Brachenrevitalisierung" des Grünen Rings Leipzig und einzelne Kommunen aufgefordert werden, sehr zügig Vorschläge für Maßnahmen einzureichen. Dieses gestraffte und zeitintensive Vorgehen ermöglichte nicht, die Vereine und Verbände in dem Maße wie zuvor einzubinden.

In beiden Beispielen zeigte sich, dass die hauptamtlichen Vertreterinnen und Vertreter von Umweltverbänden nicht alle Themengebiete der Arbeitsgruppen des Grünen Rings inhaltlich und zeitlich abdecken konnten. Sie mussten auf ehrenamtlich Tätige zurückgreifen. Dadurch kam es zu einem mittelbaren Ausschluss. Denn es besteht die Einschränkung, dass die Treffen der Arbeitsgruppen zu Tageszeiten stattfinden, an denen Berufstätige kaum teilnehmen können. In der Regel sind die Beratungen zwischen 9.00 und 15.00 Uhr angesetzt.

Zeitlich fühlen sich die kleinen Kommunen im Grünen Ring Leipzig teilweise überfordert. Der Zeitaufwand für die Arbeitsgruppen kann dort personell kaum geleistet werden. So konnte nicht immer eine Vertreterin bzw. ein Vertreter aller Kommunen an den Arbeitsgruppensitzungen teilnehmen. Der

Informationsfluss zu den fehlenden Kommunen wurde über Protokolle hergestellt.

Die Zeitpunkte der Arbeitssitzungen können auch ein Grund dafür sein, dass die Zahl der vertretenen Politikerinnen und Politiker überwiegend recht gering war.

Hinsichtlich der *inhaltlichen Selektivität* lässt sich in beiden Fällen feststellen, dass Konfliktthemen bewusst ausgeklammert wurden. Zu diesen Themen gehören vor allem Flächennutzungskonkurrenzen, Siedlungs- und Gewerbegebietsentwicklung, Verkehrsentwicklung und Landwirtschaft. Als Grund dafür wurde benannt, dass kein zu weitreichender Eingriff in die kommunale Planungshoheit erfolgen sollte. Stattdessen wurde die Strategie verfolgt, zunächst konsensfähige Themen und Projekte zu behandeln, den Raum zwischen den Siedlungen aufzuwerten und eine integrierte Entwicklung zu betreiben. Konsensfähig waren dabei vor allem Themen, die einen Kooperationsgewinn für alle beteiligten Kommunen darstellten, beispielsweise Landschaftsverbund, Tourismus und Naherholung.

Die Konzentration auf gemeinsame „Gewinn-Themen" bestätigt sich größtenteils in den beiden Projekten. Mit dem Motto „mit Konsensthemen beginnen, Konflikte später bearbeiten" kann das Vorgehen beim Grünen Ring Leipzig beschrieben werden. Denn im Prozess des Grünen Rings begannen die Akteure zunächst mit den Themen, für die ein gemeinsames Entwicklungsziel und -interesse bestand. Dieser Minimalkonsens wurde durch die bilateralen Gespräche zu Beginn herausgearbeitet und schlug sich in der Umwelterklärung nieder. Möglich war dieses Vorgehen sicherlich auch dadurch, dass im Leipziger Umland große Freiflächen vorhanden waren, die diese Ausweichstrategie ermöglichten (spezifische Stadt-Umland-Situation in den neuen Bundesländern). So konnte man mit Flächen ohne größere Nutzungskonflikte beginnen. Auch enthielt das Konzept des Grünen Ringes von vorne herein keine Flächen, die die Kommunen zur Baulandausweisung vorgesehen hatten. Damit sind in diesem Bereich kaum Interessensgegensätze zu erwarten.

Die Kooperation der Akteure beim Landschaftspark lebt ebenfalls davon, dass auf allen Seiten Kooperationsgewinne ersichtlich sind. So sieht z.B. die Deutsche Steinkohle AG (DSK) den Vorteil, dass die Haldenproblematik im Rahmen des Landschaftsparkkonzepts relativiert wird und die Maßnahmen zudem einen Marketingeffekt nach sich ziehen. Der NABU hofft seine begonnenen Projekte mit Unterstützung weiterer Akteure zum Landschafts- und Naturschutz fortsetzen zu können, da sie sich gut in das Gesamtkonzept integrieren lassen.

Vereinzelt griffen die Akteure in der Folge, nachdem eine Kooperationsbasis geschaffen worden war, Konfliktthemen auf. So soll im Grünen Ring Leipzig eine Unterarbeitsgruppe Landwirtschaft entstehen. Sie soll von einem landwirtschaftlichen Berater geleitet werden, der „die Sprache der Landwirte spricht" und selbst aus der Landwirtschaft kommt. Die Auswahl dieser Leitungsperson ist als zusätzliche Maßnahme zu werten, die Vertrauensbasis zu den Betroffenen – in diesem Fall der Landwirtschaft – zu stärken. Ziel der Unterarbeitsgruppe ist es, die landwirtschaftlichen Maßnahmen aus dem Handlungsprogramm umzusetzen. Im Landschaftspark NiederRhein II ist vorgesehen, auch die Themen Siedlungsentwicklung und Strukturpolitik zu bearbeiten. Es soll dabei ein besonderes Augenmerk auf die Schaffung von Arbeitsplätzen gelegt werden.

In den beiden Fallbeispielen Grüner Ring Leipzig und Landschaftspark NiederRhein ergänzen die verschiedenen kommunikativen Instrumente die formalen Normen und Verfahren der repräsentativen Demokratie. Die angebotenen Arbeitsformen finden zusätzlich zu formalen Planaufstellungsverfahren oder Trägerbeteiligungen (Regionalplan, Landschaftsplan, AEP etc.) statt.

Die *unzureichende Organisation von Interessengruppen* (Verbände, Vereine etc.) auf regionaler Ebene bestätigt sich in den beiden Fallbeispielen als Restriktion. Die Interessengruppen sind vor allem auf Kreisebene (z.B. NABU beim Landschaftspark NiederRhein) oder Stadtebene (z.B. Ökolöwe beim Grünen Ring Leipzig) und damit nicht auf der Ebene der Freiraumkooperation organisiert.

Mit dem Spannungsverhältnis zwischen Öffentlichkeit als wichtiges Prinzip in den kooperativen Prozessen des Grünen Ring Leipzig und des Landschaftsparks NiederRhein und der Vertraulichkeit bzw. *Nicht-Öffentlichkeit als Voraussetzung einer* effektiven *Konsensfindung*, wurde in beiden Fällen in der Weise umgegangen, dass gezielte, punktuelle Öffentlichkeit hergestellt wurde. Durch die oben genannten informierenden Formen zur Herstellung von Öffentlichkeit konnte die Vertraulichkeit vor allem in den Arbeitsgremien (thematische Arbeitsgruppen beim Grünen Ring Leipzig und Arbeitskreissitzungen beim Landschaftspark NiederRhein) bewahrt werden. In wie fern diese Vertraulichkeit dem Anspruch an Öffentlichkeit und Transparenz genügt, kann nicht beurteilt werden.

– Zwischen Entscheidungsvorbereitung und Kontrolldefiziten

Mit der breiten Integration der Akteure und deren Interessen in den beiden untersuchten Fallbeispielen besteht das Potenzial, die *Entscheidungen bzw. die Entscheidungsvorbereitung auf eine breitere demokratische Basis* zu *stellen*. Die Gefahr, dass dadurch *Entscheidungen* im Vorfeld der parlamentarischen Verhandlungen und damit ohne Kontrollmöglichkeit der politischen Gremien *vorstrukturiert* werden, wird von Seiten der Akteure in den Fallbeispielen nicht gesehen.

Beim Grünen Ring Leipzig wurde die interkommunale Kooperation von der unteren politischen Ebene aus aufgebaut. Von den Bürgermeisterinnen und Bürgermeistern ausgehend, wurden die Akteure für die einzelnen Arbeitsformen zusammengestellt. Im Vorfeld der Kooperationsbemühungen gab es bilaterale Gespräche des ehemaligen Leipziger Umweltdezernenten mit den

Bürgermeisterinnen und Bürgermeistern und die erste Stadt-Umland-Konferenz, bei der diese die Umwelterklärung verabschiedeten. Für die thematischen Arbeitsgruppen wurden die Teilnehmerinnen und Teilnehmer dann fachspezifisch ausgewählt, z.b. aus den zuständigen Landesverwaltungen, dem staatlichen Umweltfachamt, der Regionalplanung, den Umweltverbänden etc. Die Kommunen schickten ebenfalls Vertreterinnen und Vertreter. Zwar findet in den thematischen Arbeitsgruppen eine Entscheidungsvorbereitung statt, indem beispielsweise Gutachten eingeholt werden oder eine Prioritätensetzung erfolgt, welche Maßnahmen in die Umsetzung gehen sollen. Jedoch behalten sich die Bürgermeisterinnen und Bürgermeister und die Kommunalparlamente das Recht vor, zu entscheiden. So betonen auch die Vor-Ort-Akteure, dass die Arbeitsgruppen nicht die Legitimation haben, selbst zu entscheiden. Bei Punkten, die Entscheidungen vor Ort erfordern, nehmen sie die Aspekte zur Beratung und Abstimmung mit in ihre Ämter bzw. Kommunen. In der darauf folgenden Sitzung kann dann entsprechend an der Empfehlung weitergearbeitet werden. Mit der Politik werden die Inhalte und Ergebnisse der Vorarbeiten sowohl auf der jährlichen Stadt-Umland-Konferenz als auch in den Ausschüssen und Räten der einzelnen Kommunen abgestimmt und beschlossen. Insbesondere wenn die Empfehlungen bzw. Maßnahmen aus den Arbeitsgruppen mit finanziellen Mitteln (Beantragung von Fördermitteln, Einstellung von Finanzierungen in die kommunalen Haushalte) verbunden sind, bedarf es eines formalen Ratsbeschlusses. Das Wechselspiel von informeller Entscheidungsvorbereitung und legitimierten Entscheidungsprozessen zeigt die Arbeitsgruppe Umwelttechnologie. Sie ließ ihre erarbeiteten Maßnahmen und Projekte auf den Stadt-Umland-Konferenzen beraten, obwohl diese nicht unbedingt von politischen Entscheidungen abhingen. Damit sollte die Legitimation der Maßnahme erhöht werden.

Die politische Kommunikationsebene der Stadt-Umland-Konferenzen findet sich auch beim Landschaftspark NiederRhein. Im Landschaftspark I fand die Diskussion mit der Politik im Rahmen der Vier-Städte-Runde und durch regelmäßige Berichte in den entsprechenden Ausschüssen statt. Im Landschaftspark II reagierte man auf den Bedarf, die Politik einzubinden, indem ein weiteres Lenkungsgremium, der „Arbeitskreis Steuerung", die Organisationsstruktur ergänzte. Darin sind die Fachdezernenten der beteiligten Städte eingebunden, so dass Entscheidungen im Rahmen des Landschaftsparks NiederRhein schneller gefällt werden und die Dezernenten stärker in die laufende Arbeit integriert sind. Zudem findet eine stärkere Anbindung der Arbeit an die Ausschüsse und Räte der Städte statt.

3.3 Akzeptanz schaffen und Identifikation stiften

In den beiden untersuchten Beispielen Grüner Ring Leipzig und Landschaftspark NiederRhein war die Akzeptanzschaffung und Identifikationsbildung eine wichtige Voraussetzung, um die nötige Unterstützung für die Projekte aufzubauen und die Potenziale hinsichtlich der Realisierung der Maßnahmen auszuschöpfen. In beiden Fällen entwickelten sich für die regionalen Akteure mit den Projekten jeweils neue Sinnzusammenhänge, „kollektive Imaginationen" (vgl. Fach et al. 1998), die die einzelnen Maßnahmen und Projekte der Freiraumentwicklung zu einem Ganzen zusammenfügten. Dabei wurden verschiedene Wege der Akzeptanzschaffung und Identifikationsstiftung gewählt.

In beiden Projekten erwuchs die Akzeptanz für das Projekt erst im Laufe der Zeit. Akzeptanzbefördernd wirkte sich beim Landschaftspark Nieder-Rhein die Bewerbung um die REGIONALE 2006 aus. Hier fanden klärende Gespräche über Sinn und Zweck des Landschaftsparks und die Bildung eines gemeinsamen Arbeitszusammenhangs statt. Die individuellen Gedanken und Handlungsansätze wurden in eine gemeinsame Strategie zusammengefügt. Der bei der Teilnahme an der Ausschreibung zur REGIONALE 2006 geforderte kooperative Ansatz machte den Einsatz kommunikativer Instrumente unabdingbar. Eine ähnliche Rolle spielte das regionale Handlungskonzept des Grünen Ringes Leipzig, das eine gemeinsame Orientierungs- und Handlungsstrategie für alle beteiligten Kommunen darstellt. Dort findet sich zusätzlich zu der verabschiedeten Umwelterklärung ein Konsens der Kommunen wieder.

Beim Grünen Ring Leipzig und Landschaftspark NiederRhein standen die Bemühungen um Akzeptanz und Identifikation gleich zu Beginn des Projekts im Mittelpunkt der Bemühungen. Insbesondere beim Grünen Ring Leipzig ging es darum, mit der Suche nach einem möglichen Konsens zu beginnen. Über bilaterale Einzelgespräche mit den Bürgermeisterinnen und Bürgermeistern der einzelnen Kommunen lotete der damalige Umweltdezernent der Stadt Leipzig den kleinsten gemeinsamen Nenner für das Projekt Grüner Ring Leipzig aus und schaffte damit bei den Kommunen Akzeptanz für die Mitwirkung an dem gemeinsamen Prozess. Dies war eine wichtige Voraussetzung für den Start des Projekts. Zudem wurde das Projekt Grüner Ring Leipzig zu einer Zeit entwickelt, als auch eine Reihe kommunaler Zweckverbände gebildet wurden und erste Schwierigkeiten der Finanzierung auftraten. Die beteiligten Gemeinden fragten deshalb zu Beginn des Prozesses sehr genau, was die zusätzliche Arbeitsbelastung in den einzelnen Arbeitsgremien bringen würde, so dass einige Überzeugungsarbeit von Seiten der Stadt Leipzig nötig war, bis die Gemeinden mitmachten. Die Verabschiedung der gemeinsamen Umwelterklärung auf der ersten Stadt-Umland-Konferenz trug ebenfalls zur Akzeptanz- und Identifikationsbildung bei. Sie war ein erstes sichtbares Resultat des gemeinsamen Arbeitsprozesses.

Im Laufe der Zeit ist nach Einschätzung der regionalen Gesprächspartner die Identifikation mit dem Grünen Ring Leipzig gewachsen. Während am Anfang die Kreis- und Gemeindegebietsreform stärker in den Köpfen präsent war, sind allmählich die Vorteile des Grünen Rings erkannt worden, unter anderem die Vermarktungsmöglichkeiten der Region und die wirtschaftlichen

Effekte in den Bereichen Tourismus und Gewerbeansiedlung. Die Freiwilligkeit des Zusammenschlusses der Kommunen hat dabei nach Aussagen der regionalen Akteure eher Akzeptanz gefunden als so manche institutionalisierte Kooperationsform, wie beispielsweise die Zweckverbände. Die Identifikation der Kommunen macht sich auch dadurch bemerkbar, dass die Zusammenarbeit inzwischen häufiger positiv hervorgehoben wird.

Beim Landschaftspark NiederRhein macht sich die Akzeptanz bzw. Identifikation auf der politischen Ebene etwa daran deutlich, dass die Maßnahmen finanziert werden und Anträge zu Maßnahmen zum Beispiel im Freizeitbereich in den Landschaftspark integriert werden. Es ist teilweise ein Wir-Gefühl entstanden, was sich daran deutlich macht, dass einige Akteure mittlerweile in der Wir-Form sprechen. Beim Landschaftspark NiederRhein trugen auch eine Reihe von Informationsveranstaltungen außerhalb der formalen Gremien dazu bei, dass insbesondere in der Politik die Akzeptanz stieg. Eine Akzeptanzsteigerung durch sichtbare Maßnahmen ist dagegen beim Landschaftspark NiederRhein kaum erfolgt. Ein Gesprächspartner schätzt die Situation so ein, dass zwar bereits viel Geld in Maßnahmen geflossen ist, aber kaum jemand zum Beispiel die neu instand gesetzten Wege in der Nähe der Halde Pattberg wahrnimmt.

Die Landwirtschaft identifiziert sich, laut Aussage der Vor-Ort-Akteure bislang nicht mit dem Landschaftspark NiederRhein. Dies deutet darauf hin, dass die Identifikation mit der Nähe der Akteure zum Projekt wächst. Auch aus den Gesprächen mit den regionalen Akteuren des Grünen Rings Leipzig lässt sich ableiten, dass je nach Nähe der Gesprächspartner zum Projekt die Identifikation mit dem Grünen Ring unterschiedlich stark eingeschätzt wird.

In beiden Fallbeispielen wird über Symbole der Belang Freiraum mit seinen *inhaltlichen und emotionalen Qualitäten* vermittelt. Kommunikative Instrumente transportieren dabei die Botschaft. Im Fall Leipzig handelt es sich um den „Grünen Ring" und im Fall NiederRhein um den „Landschaftspark", die jeweils den „Park in den Köpfen" in der Öffentlichkeit verankern sollen. Dabei gab es mit dem Begriff Landschaftspark im Falle des Niederrhein-Beispiels anfänglich Missverständnisse. Im Zusammenhang mit der Bewerbung um die REGIONALE 2006 wurde der Park zunächst lediglich mit Landschaftsschutz und Grünmaßnahmen verbunden. Erst die Diskussion um die Wettbewerbsinhalte trug zur Klärung der Zielsetzung im Sinne einer nachhaltigen Entwicklung bei.

Logos, die in verschiedensten Formen Verwendung finden, beispielsweise auf T-Shirts, Buttons, Wegweisern etc. und Öffentlichkeitsmaßnahmen wie Kalender, Pflanzaktionen, z.B. der Baumkreis um die Halde Pattberg, transportieren die Symbole öffentlichkeitswirksam nach außen. Das Logo wird von verschiedenen Akteuren immer öfter genutzt, woran man ebenfalls eine gestiegene Akzeptanz und Identifikation festmachen kann. Es wird an einem gemeinsamen Ziel gearbeitet und mit dem Label nimmt man an dem Erfolg ein Stück weit teil.

All diese öffentlichkeitswirksamen Maßnahmen sind gleichzeitig Versuche, die emotionalen Qualitäten der Vorhaben zu vermitteln, im Sinne eines Begreifens mit „Herz und Verstand". Diese Emotionalisierung wird in beiden Fällen auch über den Ausbau von Rad- und Fußwegenetzen vermittelt und „er-fahrbar" gemacht. Die Instandsetzung und Konzeptionierung von Rad- und Fußwegenetzen sind erste Umsetzungsmaßnahmen. So erstellten die regionalen Akteure im Leipziger Raum als eines der ersten Projekte zwei Rad- und Wanderwegekarten, um der regionalen Bevölkerung sowie Besucherinnen und Besuchern zu ermöglichen, die Region bzw. den Grünen Ring zu „er-fahren". Auch die Aktionen im Landschaftspark NiederRhein, beispielsweise Drachenfeste oder Läufe im Landschaftspark, sind als Maßnahmen zur Vermittlung emotionaler Qualitäten zu deuten.

Zur *Gewährleistung von Verhaltenssicherheit* trugen beim Grünen Ring Leipzig unter anderem der Erfahrungsaustausch auf den Stadt-Umland-Konferenzen und in den thematischen Arbeitsgruppen bei, beim Landschaftspark NiederRhein waren es vor allem der Kleine und Große Arbeitskreis sowie thematische Workshops. In diesen langfristig angelegten Arbeitsformen konnten die einzelnen Akteure auf der Basis gewachsenen Vertrauens ihr individuelles Denken und Handeln in die gemeinsame Orientierungs- und Handlungsstrategie des Grünen Rings Leipzig (unter anderem Regionales Handlungskonzept) bzw. des Landschaftsparks NiederRhein (unter anderem Rahmenplanung und Masterplan) einordnen.

Zur *Erhöhung der Zufriedenheit mit den Ergebnissen* lässt sich in beiden Fallbeispielen keine eindeutige Aussage treffen. Die Äußerungen der Akteure sind sehr ambivalent, was vor allem mit der unterschiedlich intensiven Einbindung der Akteure in den Prozess als auch mit der mehr bzw. minder erreichten Umsetzungsorientierung der Projekte einhergeht. Des Weiteren liegen den Akteuren im Grünen Ring Leipzig und im Landschaftspark Nieder-Rhein unterschiedliche Erwartungen hinsichtlich des Zeithorizonts der Umsetzung einzelner Vorhaben und verschiedene Maßstäbe zur Einschätzung der Zufriedenheit zu Grunde.

Im Landschaftspark NiederRhein schätzen es die Akteure tendenziell so ein, dass die *Eigenverantwortung bei den Akteuren gestärkt* wird, wenngleich dies schlecht mess- und einschätzbar ist. Das Argument, dass eine höhere Verlässlichkeit besteht – Aufgaben, welche die einzelnen Akteure übernommen haben, führen sie tatsächlich aus und schieben sie nicht auf die lange Bank – wird durch andere Aussagen, dass die Arbeit in den Kommunen vielfach schleifen gelassen wurde, entkräftigt. Eine belegbare Aussage zur Stärkung der Eigenverantwortung der Akteure im Prozess der stadtregionalen Freiraumentwicklung kann hier entsprechend nicht getroffen werden. Ähnlich verhält es sich beim Grünen Ring Leipzig.

Die Identifikation der Bevölkerung mit dem Grünen Ring Leipzig und dem Landschaftspark NiederRhein ist nach Aussage der Interviewpartner nicht sehr ausgeprägt. So schätzen sie ein, dass die meisten Bürgerinnen und Bürger voraussichtlich nicht wüssten, was der Grüne Ring bzw. der Landschaftspark ist. Sie nehmen stärker die umgesetzten Maßnahmen in ihren Kommunen wahr. Dies weist auf Restriktionen in Form *unterschiedlicher Wahrnehmungsmuster* von Experten und Betroffenen bei regionalen Entwicklungsthemen hin und unterstreicht die Schwierigkeit, bei den Bürgerinnen und Bürgern als Nutzende des Freiraums Identifikation herzustellen. Trotz Symbolik, scheint es nach diesen Aussagen noch nicht gelungen zu sein, den Park in die Köpfe dieser Zielgruppe zu transportieren. Dagegen ist es bei der Politik mehr und mehr gelungen, eine Identifikation mit den jeweiligen Projekten zu erreichen. Insbesondere, wenn es sich um Integrations- bzw. Gemeinschaftsprojekte handelt, wie dies beispielsweise bei der Halde Pattberg im Landschaftspark NiederRhein der Fall ist, ist eine gemeinsame Identifikation zu beobachten.

Ein weiteres Umsetzungshemmnis zeigt sich im Landschaftspark NiederRhein in Form von *negativen Vorerfahrungen*. Für diesen Raum gibt es bereits einige landschaftsplanerische Arbeiten, die aber nur bedingt umgesetzt wurden. Daher ist die Motivation bei einzelnen Akteuren nicht sehr groß, sich für die Umsetzung des Landschaftsparks einzusetzen. Sie befürchten aus ihren Vorerfahrungen heraus, dass die Umsetzungsbemühungen nicht erfolgreich sein werden. Auch beim Grünen Ring Leipzig bestanden negative Vorerfahrungen, denn die Spannungen zwischen der Stadt Leipzig und den Umlandgemeinden wegen Eingemeindungsdiskussionen zu Beginn der gemeinsamen Arbeit wirkten sich akzeptanzhemmend aus. Angesichts dieser Ausgangslage der Zusammenarbeit musste trotz gemeinsamen Minimalkonsenses auf der ersten Stadt-Umland-Konferenz im Laufe des Projekts immer wieder ein gemeinsamer Nenner ausgelotet werden.

Wertunterschiede als Restriktion konnten in den beiden Fallbeispielen Grüner Ring Leipzig und Landschaftspark NiederRhein nicht identifiziert werden. Dies bedeutet jedoch nicht zwangsläufig, dass keine verhandelbare Wertunterschiede vorhanden sind. Vielmehr deutet dies darauf hin, dass sie in den Aushandlungsprozessen nicht thematisiert werden.

Schließlich zeigt sich die *Verantwortungsteilung zwischen regionaler und kommunaler Ebene* als hemmender Faktor für die Akzeptanz und Identifikation mit der stadtregionalen Freiraumentwicklung in beiden Fallbeispielen. So werden Themen wie die Ausweisung von kommunalen Gewerbe- und Siedlungsgebieten für die jeweiligen Projekte der stadtregionalen Freiraumentwicklung zunächst ausgeklammert, wenngleich die beteiligten Kommunen des Landschaftsparks NiederRhein gleichzeitig ein interkommunales Gewerbegebietsprojekt betreiben. Die kommunale Zuständigkeit für die Umsetzung der einzelnen Maßnahmen ist eindeutig definiert. Insbesondere das Selbstverständnis der Bürgermeisterinnen und Bürgermeister bezüglich ihrer Verantwortungsübernahme in erster Linie für die kommunale und erst in zweiter Linie für die regionale Ebene wurde in den Gesprächen sehr deutlich. Sie werden von den Einwohnern am ehesten an den Leistungen in ihrer Kommune und nicht in ihrer Region gemessen. Für eine Wiederwahl ist dies ein entscheidendes Argument.

3.4 Qualität von Lösungen verbessern

Den beiden Fallbeispielen Grüner Ring Leipzig und Landschaftspark Nieder-Rhein liegt der Ansatz der nachhaltigen Entwicklung zu Grunde und bauen entsprechend auf einem integrierten Arbeitsansatz mit kommunikativer Vorgehensweise auf. Dabei liegt den Akteuren vor-Ort jedoch kein explizites Leitbild unter dem Namen „nachhaltige Entwicklung" als Maßstab vor. Vielmehr sind im Rahmen der Freiraumentwicklung Ziele einer integrierten Strategie formuliert, die auf eine Verknüpfung von Ökologie, Ökonomie, Sozialem und Kultur sowie Kooperation umfassen (siehe Kap. IV. 1.1 und 2.1).

Die Stadt Leipzig und die ehemals 26 Umlandkommunen haben sich mit der gemeinsam verabschiedeten Umwelterklärung einen operationalisierten Zielkatalog gesteckt, an dem man den Erfolg messen kann. Zwar ist bislang nur ein Teil der festgelegten Ziele erreicht, doch der projektorientierte Ansatz macht erste Ergebnisse sichtbar (Aufforstungen, Brachenrevitalisierung, Radwegekonzept etc.).

Der Grüne Ring Leipzig begreift sich als ganzheitliche Entwicklungsstrategie für die Umwelt, die sich in alle Lebensbereiche erstreckt. So bezieht er unter anderem auch den Bereich der Wirtschaft ein: Das Arbeitsfeld „Umwelttechnologien" stellt ein innovatives Arbeitsfeld im Grünen Ring Leipzig dar. Die Wirtschaft hat dieses Thema selbst angeregt und setzt erste Maßnahmen um. Auch der Bereich der Landwirtschaft soll im Sinne einer ökologischen Wirtschaftsweise umstrukturiert werden. Attraktive Angebote sollen den Grünen Ring ferner für den Tourismus und die Naherholung aufwerten und der Region neue Einkommensmöglichkeiten bieten. Die gewählte Strategie der Freiraumentwicklung umfasst damit neben dem Freiraumschutz auch eine qualitative Ausgestaltung der Flächennutzung.

Auch das Gebiet des Landschaftsparks NiederRhein, das durch den Bergbau geprägt ist, erfährt durch das Projekt eine In-Wert-Setzung. Ökologische, ökonomische, kulturelle, historische, soziale und ästhetische Potenziale werden aufgegriffen und für die Weiterentwicklung des Parks genutzt. Die Qualifizierung des Gebietes beginnt bereits mit dem Begriff des Landschafts-"Parks". Der Begriff „Park" assoziiert die Möglichkeit der Erholung, der landschaftlichen Gestaltung, der Nutzung für die Bewohnerinnen und Bewohner, der Ästhetik etc. Das übergeordnete Ziel, den Landschaftspark NiederRhein als Regionalen Grünzug mit räumlicher Verbindung zum bestehenden Grünzugsystem und zum Emscher Landschaftspark zu entwickeln, zeigt als weitere Qualität den Vernetzungsgedanken verschiedener Freiraumsysteme auf. Und nicht zuletzt findet eine Wiedernutzbarmachung der Auskiesungsflächen und eine Gestaltung der Halden statt.

Die Verbesserung der Qualität von Lösungen lässt sich nur begrenzt messen. Aus den qualitativen Interviews mit den vor-Ort-Akteuren leiten sich einige Einschätzungen ab, die im Folgenden in Bezug auf die Potenziale und Restriktionen der kommunikativen Instrumente hinsichtlich der Verbesserung der Sach- bzw. Verfahrensqualität von Lösungen wiedergegeben sind.

Sachqualitäten durch Informationsbeschaffung

In den Fallbeispielen wird der *Zugang zu Informationen* über die gewählten kommunikativen Instrumente im Allgemeinen als *erleichtert* eingeschätzt. So werden beispielsweise in den Arbeitsgruppen bzw. Arbeitskreisen die einzelnen Planungsabsichten der Gemeinden vorgestellt. Es kann geklärt werden, welche Informationen man braucht, und es ergeben sich Informationen, von deren Existenz man nicht erfahren hätte. Neben den Informationszugängen, die sich unmittelbar aus den gemeinsamen Arbeitssitzungen erschließen, schaffen bilaterale Einzelgespräche am Rande der Veranstaltungen, vor oder nach den Sitzungen weitere Informationszugänge durch den unmittelbaren Kontakt zu den einzelnen Personen. Dies wird als positiver Zusatznutzen bzw. Synergieeffekt gewertet.

Über die kommunikativen Instrumente, wie sie beim Landschaftspark NiederRhein und beim Grünen Ring Leipzig zum Einsatz kommen, läuft der Informationsfluss direkter und schneller. Während die Akteure bei formalen Planungen häufig erst bei der TöB-Beteiligung von den beabsichtigten Projekten erfahren, erhalten sie bei der informellen Planung mit Arbeitsgruppen etc. viel eher die entsprechenden qualitativen Sachinformationen. Auch wenn die Akteure über schriftlichen Wege die (meisten) Informationen auch bekommen könnten, so schätzen die Akteure der beiden Fallbeispiele diesen schriftlichen Weg als wesentlich zeit- und kostenaufwändiger ein.

Des Weiteren ermöglicht das zusätzliche Angebot der kommunikativen Instrumente eine *breitere Informationsgrundlage*. Denn über den informellen Weg können neben den Sachinformationen zusätzlich *Informationen über Interessenlagen, Positionen, Motivationen und Kontakte* unter den Akteuren ermittelt werden. Gerade in Anbetracht der Komplexität der interkommunalen Zusammenarbeit betonen die Akteure, dass der Informationszugang leichter und die dort erschlossene Informationsgrundlage breiter ist als über den rein formellen, vorgeschriebenen Dienstweg. Weiterhin betonten die Vor-Ort-Akteure, dass sie die Pausen für informelle Gespräche nutzten und dies für außerordentlich wichtig erachten, um an vielfältige Informationen zu gelangen.

Sachqualitäten durch rahmensetzende Vorgaben und Innovationen

Nach Einschätzung der Akteure im Grünen Ring Leipzig sind viele Maßnahmen erst dadurch möglich geworden, dass in verschiedenen Arbeitsformen kooperiert wurde. Einen wichtigen Anreiz stellten dabei Fördermöglichkeiten dar. Diese beinhalteten bestimmte Qualitätsanforderungen. So bestehen beispielsweise für den Landschaftspark NiederRhein II durch die Ausschreibung der REGIONALE Qualitätsanforderungen. Die Qualitäten, die mit dem Runderlass des Ministeriums für Stadtentwicklung, Kultur und Sport zur Durchführung der REGIONALE „Kultur- und Naturräume in Nordrhein-Westfalen" (vgl. MSKS 1997) verbunden sind, beinhalten einen integrierten Ansatz des Projekts. Stadtbaukultur, Naturschutz, Landschaftsentwicklung, Gartenkunst, Wirtschaft und Arbeit sind die benannten Handlungsfelder. Die Qualitätskriterien der IBA Emscher Park und die dabei gemachten Erfahrungen stellen ein Vorbild für die REGIONALE dar. Ziel ist es, über einen „Filter" oder eine Art „TÜV", der vor der Vergabe von Fördermitteln steht, die Qualitätssicherung zu gewährleisten.

Beim Grünen Ring Leipzig kam die Förderrichtlinie FR-Regio zum Tragen. Hier wurden als Qualitäten die interkommunale Kooperation und die Revitalisierung von Brachen festgeschrieben.

Auf die Frage der *Sachinnovationen*, die durch die kommunikative Vorgehensweise erzeugt wurden, benannten die Akteure im Grünen Ring Leipzig vor allem die Thematik Umwelttechnologien und die Kommunalgrenzenüberschreitenden Projekte, beispielsweise das interkommunale Rad- und Fußwegekonzept. Im Landschaftspark NiederRhein schätzen die Vor-Ort-Akteure die Impulse für den Fremdenverkehr und die Naherholung als Sachinnovation ein.

Für die *Kurzfristorientierung* als Restriktion wurden keine unmittelbaren Belege gefunden. Es ist zu vermuten, dass diese weniger zum Tragen kommt, da die Gremien nur wenige politische Akteure umfasst. Während die Politik überwiegend in den Zeiträumen der Legislaturperiode arbeitet, sind Verwaltung und andere Fachakteure weniger auf zeitlich begrenzte Räume festgelegt.

Eine *Dominanz institutionalisierter Interessen* bei den eingesetzten Arbeitsformen im Grünen Ring Leipzig und Landschaftspark NiederRhein ist tendenziell festzustellen. Inwiefern dadurch stärker an Bestehendem festgehalten wurde und Innovationen nicht zum Zuge kamen, lässt sich aus den Interviews kaum beantworten. Jedoch zeigen beide Fälle, dass im Grünen Ring Leipzig und im Landschaftspark NiederRhein mit den Geschäftsstellen jeweils „Sonderorganisationen" eingesetzt wurden, die eher Innovationen erzeugen können. Für die Geschäftsstelle beim Grünen Ring Leipzig wurden durch das Personal des Aufbauwerks Leipzig auch „neue Personen" integriert, während im Landschaftspark NiederRhein für die Geschäftsstelle auf eine Person aus der bestehenden Verwaltung zurückgegriffen wurde. Letzteres kann für die Innovationsfähigkeit hemmend wirken.

Negative Koordination spiegelt sich in beiden Fällen in der Weise, dass beim Grünen Ring Leipzig gleich zu Beginn ein Minimalkonsens im Sinne des „kleinsten gemeinsamen Nenners" ausgelotet wurde. Auch im weiteren Verlauf des Projekts orientierten sich die beteiligten Akteure daran. Darüber hinausgehende Entwicklungsmöglichkeiten, wie beispielsweise innovative Siedlungs- und Gewerbeentwicklungskonzepte kamen nur erschwert zum Zuge. Auch beim Landschaftspark NiederRhein findet sich in ähnlicher Weise – insbesondere bei der Realisierung von Maßnahmen – eine Orientierung am Machbaren, am „kleinsten gemeinsamen Nenner" wieder.

Sachqualitäten durch Verfahrensqualität entwickeln und umsetzen

Das Potenzial unter den Teilnehmenden einen *Diskussionsprozess über die angestrebten Ziele* auszulösen, wurde in beiden Fallbeispielen wahrgenommen. Nicht das gesamte benötigte Wissen – sowohl fachlich, instrumentell als auch organisatorisch – war bei den Akteuren zu Beginn der Prozesse vorhanden, um im Sinne einer nachhaltigen Entwicklung zu agieren. So fand sowohl während des Prozesses zum Grünen Ring Leipzig als auch im Landschaftspark NiederRhein eine Qualifizierung über verschiedene Arbeitsformen statt. Beispielsweise vermittelte der NABU im Landschaftspark NiederRhein Qualitäten der Freiraumentwicklung über eine Exkursion in ein Teilgebiet. An konkreten Anschauungsobjekten fanden Gespräche mit den teilnehmenden Akteuren, wie beispielsweise Landwirten oder Vertreterinnen und Vertretern der Kommunen, statt. Der Sinn und Zweck beispielsweise von Renaturierungsmaßnahmen wurde verdeutlicht und erörtert. Auch Workshops zu ausgewählten Themen des Landschaftsparks dienten dazu, mit externen Sachverstand den eigenen Horizont zu erweitern und Qualitäten der Landschaftsentwicklung unter den beteiligten Akteuren zu diskutieren. Die Werkstätten, welche die Kommunen des Landschaftsparks NiederRhein im Rahmen der Bewerbung zur REGIONALE durchführten, bezeichneten die Akteure als kreativitätserzeugendes und innovationsförderndes Instrument.

Eine systematische Qualifizierung der Akteure fand jedoch in beiden Beispielen nicht erkennbar statt. Auch kamen keine Wettbewerbe zur Förderung der Kreativität und des Ideenreichtums zum Einsatz.

Das neue Organisationsmodell zum Landschaftspark NiederRhein sieht externen Sachverstand in Form eines Beraters vor, um Qualitäten zu sichern. In der Steuerungseinheit sollen entsprechende Qualitätskriterien gemeinsam erarbeitet werden. Im Rahmen des Grünen Rings Leipzig wurde *externer Sachverstand* über Vorträge im Rahmen der Stadt-Umland-Konferenzen transportiert. So fand beispielsweise ein Austausch mit dem Projekt Grüner Ring der Region Hannover statt.

Nach Auffassung der Akteure im Landschaftspark NiederRhein ist das Qualitätsniveau der Maßnahmen durch einen intensiveren Austausch über die Maßnahmen allgemein gestiegen. Auch im Grünen Ring Leipzig betonen die

Akteure, dass durch den Austausch unter den Akteuren („wie habt ihr das gemacht") bessere Lösungen in den einzelnen Kommunen entstehen konnten. Hemmschwellen, Nachbarkommunen anzusprechen und nach Erfahrungen mit der Entwicklung und Umsetzung von Maßnahmen zu fragen, wurden abgebaut. Auch die Wirksamkeit der einzelnen Maßnahmen für die Region hat sich nach Ansicht der Akteure verbessert: Es wird eher überlegt, ob eine Maßnahme durchgeführt werden soll oder nicht, und wie sich die Kommune sinnvoll in das Gesamtkonzept einbringen kann.

Doch nicht allein der kommunikative Prozess erzeugte bzw. beförderte Qualitäten in den Projekten. Planungsdienstleister wurden für fachliche Aufgaben in beiden Fallregionen hinzugezogen. Sie brachten durch ihren Sachverstand zusätzlich Qualitäten in die Planung ein.

3.5 Lernprozesse ermöglichen

Im Folgenden wird beschrieben, welche Leistungen kommunikative Instrumente hinsichtlich der Förderung von Lernprozessen erbringen und welche Restriktionen ihnen entgegen stehen. Dabei wird nach den drei Aspekten Inhalte, Arbeitsweise und Akteure unterschieden. Es sei an dieser Stelle darauf hingewiesen, dass es sich bei den beschriebenen Lernprozessen um rudimentäre Feststellungen handelt. Mit Hilfe des gewählten Untersuchungsansatz (teilstrukturierte, offene Interviews zu einem bestimmten Zeitpunkt) lassen sich punktuelle Lernprozesse benennen, jedoch nicht über einen Entwicklungszeitraum beobachten. Hierzu wäre ergänzend eine erweiterte Untersuchung über einen längeren Zeitraum nötig.

Lernprozesse bezogen auf die Inhalte regionaler Freiraumentwicklung

In beiden untersuchten Beispielen sind die regionalen Akteure mit der Bearbeitung vielfältiger neuer Themen und Projekte einer nachhaltigen, stadtregionalen Freiraumentwicklung konfrontiert. Dabei fanden *inhaltliche Qualifizierungsprozesse* durch fachlichen Austausch der Akteure über Inhalte der regionalen Freiraumentwicklung statt. Allerdings nahmen die Vor-Ort-Akteure dies nicht als eigene Qualifizierung wahr. Im Fallbeispiel Grüner Ring Leipzig standen dabei die thematischen Arbeitsgruppen im Vordergrund, wenn es um den Austausch von Erfahrungen über durchgeführte Maßnahmen und gefundene Lösungen ging. Zum Beispiel führte die Gemeinde Großpösna Aufforstungsmaßnahmen durch, welche die Stiftung Wald für Sachsen sponsorte. Für eine Aufforstungsmaßnahme in einer anderen Gemeinde aus dem Leipziger Umland wurde auf diese Erfahrungen zurückgegriffen, die Geschäftsstelle Grüner Ring Leipzig stellte den Kontakt zur Stiftung her.

In den Stadt-Umland-Konferenzen gab es fachliche Anregungen durch Vorträge und anschließende Diskussionen, die den Transfer von Informationen und Erfahrungen ermöglichten. Auch Beratungen am Rande von Veranstaltungen beförderten Lernprozesse zu fachlichen Fragen der Renaturierung, Rad- und Wanderwegeführung etc. Nicht nur Themen, die unmittelbar in der Sitzung behandelt wurden, sondern auch Beratungen über weitergehende Themen kamen dabei zum Tragen.

Im Fallbeispiel Landschaftspark NiederRhein kommen hinsichtlich der Lernprozesse in Bezug auf die fachlich-inhaltliche Bearbeitung der Große und Kleine Arbeitskreis sowie thematische Workshops und Facharbeitskreisen zum Einsatz. Im Mittelpunkt stand die inhaltliche Bearbeitung vielfältiger Handlungsfelder einer nachhaltigen stadtregionalen Freiraumentwicklung. In Bezug auf die integrierte Sichtweise einer nachhaltigen Entwicklung betonte beispielsweise ein Vertreter eines Umweltverbands, dass die Maßnahmen aus der Sicht seines Verbandes vorrangig aus dem ökologischen Blickwinkel betrachtet werden, während die Kommunen vorrangig die Freizeit- und Erholungsnutzung sehen. In den gemeinsamen Sitzungen wurde den Akteuren deutlich, dass beide Sichtweisen gut vereinbar sind. Dies verdeutlicht den wechselseitigen Qualifizierungsprozess. Die beschriebenen inhaltlichen Lernprozesse hatten für die Vor-Ort-Akteure insbesondere für die Verbesserung der Qualität der Lösungen Bedeutung.

Aber nicht alle Themen der einzelnen Kommunen sind auch für die anderen Beteiligten interessant, so dass sich der Austausch im Grünen Ring Leipzig und beim Landschaftspark NiederRhein jeweils auf die Hauptinteressenschwerpunkte konzentrierte. Darüber hinaus gehende Themen, wie beispielsweise der Ausbau einer Regionalbahn in der Region Leipzig, der nur für einzelne Kommunen von Interesse ist, oder der Ausbau dezentraler Kläranlagen wurden zunächst zurückgestellt. Dies zeigt, dass *spezifische Probleme und Fragestellungen nur begrenzt thematisierbar* sind.

Lernprozesse bezüglich der Arbeitsweise regionaler Freiraumentwicklung

Das Verfahren der interkommunalen Zusammenarbeit aus Stadt-Umland-Konferenzen, thematischen Arbeitsgruppen, einer externen Geschäftsstelle etc. war für die beteiligten Akteure im Grünen Ring Leipzig neu. Zwar kannten sie Arbeitsgruppensitzungen oder ähnliche Arbeitsweisen beispielsweise aus dem Forum im Südraum-Leipzig, auf dessen Erfahrungen sie zurückgreifen konnten, jedoch handelt es sich beim Grünen Ring Leipzig um eine Zusammenarbeit über mehrere Jahre und um Arbeitsformen und -strategien, die in der Gesamtstruktur neu waren.

Im Zuge der Arbeit konnten die Akteure die Vor- und Nachteile der regionalen Kooperationsprozesse kennen lernen, so dass *organisatorisch-verfahrensbezogene Qualifizierungsprozesse* stattfanden. Die „feste Struktur" in Form von Geschäftsstellen – im Falle des Grünen Rings Leipzig extern organisiert, im Falle des Landschaftsparks NiederRhein bei einer der beteiligten Kommunen angesiedelt – ermöglichte eine wesentliche organisatorische Unterstützung des Prozesses; die regionale Kooperation erhielt eine „eigene Adresse". Auch eine Steuerungs- und eine Arbeitsebene lassen sich in beiden Fällen wiederfinden. So koordiniert und lenkt im Grünen Ring Leipzig die Arbeitsgruppenleiterrunde, in den thematischen Arbeitsgruppen findet die Hauptbearbeitung statt. Beim Landschaftspark NiederRhein hat der Kleine Arbeitskreis bzw. das neu einzurichtende Lenkungsgremium steuernde Funktionen und der Große Arbeitskreis und die thematischen Workshops – später ergänzend Facharbeitskreise – stellen die Arbeitsebene dar. Beim Landschaftspark NiederRhein griffen die Akteure auf die Erfahrungen des KVR mit der Ablauf- und Aufbauorganisation in anderen Projekten der stadtregionalen Freiraumentwicklung zurück, so dass sie von den Vorerfahrungen andernorts profitieren konnten. Die weiteren am Landschaftspark beteiligten Akteure benannten nur wenige Vorerfahrungen mit informellen Arbeitsformen (z.B. mit Arbeitskreisen im Kontext der regionalen Kooperation EUREGIO).

Gleichwohl durchliefen die beteiligten Akteure in der laufenden Arbeit Lernprozesse bezüglich der Arbeitsweise bzw. der Ablauf- und Aufbauorganisation, so dass eine *flexible Anpassungsfähigkeit an Problemsituationen* möglich war. Die Ablauforganisation zum Grünen Ring stand nicht von Anfang an fest, sondern entwickelte sich flexibel aus dem Prozess und aus dem Bedarf heraus. Zwar gab es die einzelnen Elemente der Aufbauorganisation – thematische Arbeitsgruppen, Arbeitsgruppenleiterrunde und Stadt-Umland-Konferenz – bereits frühzeitig, jedoch ergab sich die zeitliche und detaillierte Ablauforganisation erst im Laufe des Prozesses.

Im Falle des Landschaftsparks NiederRhein setzten die Akteure die in der ersten Phase gemachten Erfahrungen und Lernprozesse mit der Arbeitsweise in der zweiten Projektphase in Form einer veränderten Ablauf- und Aufbauorganisation um. Die mangelnde Integration der Politik behoben sie, indem Dezernenten der beteiligten Kommunen in das Steuerungsgremium eingebunden wurden. Einen zusätzlichen Impuls zur Sicherung der Qualität von Lösungen erfuhr die Aufbauorganisation auf Wunsch der Landesregierung durch die Einschaltung eines anerkannten, externen Fachberaters.

Die thematischen Arbeitsgruppen sind ebenfalls Beispiele für organisationsbezogene Lernprozesse. Die Akteure fanden heraus, wo zu bearbeitende Schwerpunkte lagen, wie man sich verständigt, wie man zu abgestimmten Meinungen kommt und wie man die Arbeit effektivieren kann. Die Arbeitsgruppe Landschaftspflege zeigte beispielsweise regen Zuspruch. So kamen rund 70 Teilnehmerinnen und Teilnehmer zusammen. Da den Beteiligten nach kurzer Zeit deutlich wurde, dass der große Rahmen keine effektive Arbeit ermöglichte, teilten sie die Gruppe in Untergruppen. Sie konnten in dieser Struktur intensiver arbeiten und bereiteten Aufgaben für die Arbeitsgruppe vor. Ähnlich agierte die Arbeitsgruppe Umwelttechnologie, die sich mit Untergruppen eine höhere Effektivität verschaffte.

Als weiterer Lerneffekt für die beteiligten Akteure erwies sich der Umstand, dass sie nicht alle Themen und Projekte parallel bearbeiten konnten, sondern Prioritäten setzen mussten. Ergebnis war die Auswahl von Schlüsselprojekten für das Regionale Handlungskonzept des Grünen Rings Leipzig. Eine Erkenntnis der Zusammenarbeit war auch, dass man durch die freiwillige Zusammenarbeit etwas erreichen kann, dies aber nur dann, wenn man aktiv mitarbeitet.

Für die Erhaltung der Flexibilität der Inhalte und Arbeitsweisen ist vor allem auch die Flexibilität und Lernbereitschaft der beteiligten Akteure in den Fallbeispielen gefragt. So hatte z.B. der Landkreis Wesel in der ersten Phase die Erfahrung gemacht, dass die Projekte teilweise nicht mit den Fachämtern abgestimmt waren, bevor sie zur Genehmigung beantragt wurden. Deshalb legte er für die Projekte zur REGIONALE 2006 entsprechende Gesprächstermine mit den Städten und Gemeinden fest. So konnten fachliche Anregungen und Bedenken frühzeitig einbezogen werden und der Informationsfluss war gewährleistet. Der Landkreis unterstützte außerdem die Arbeit im Landschaftspark NiederRhein, indem er die jeweils anstehenden Arbeiten im Arbeitsablauf des Landkreises teilweise vorzog, damit der Prozess nicht blockiert wurde. Auch zeigte er Flexibilität, indem er Planungen auf die gegebenen Anforderungen hin änderte und mit der Bezirksregierung abklärte.

Durch die Arbeit im Landschaftspark NiederRhein kamen teilweise ressortübergreifende Arbeitsweisen in den einzelnen Verwaltungen zum Tragen. Der jeweilige Projektbeauftragte rief entsprechend zu den Themen die zuständigen Personen aus den einzelnen Ämtern zusammen.

Beim Grünen Ring Leipzig und beim Landschaftspark NiederRhein kam es immer wieder vor, dass *Teilnehmende* bei den Sitzungen der Arbeitsformen *nicht kontinuierlich anwesend* waren und so inhaltliche Lernprozesse eingeschränkt wurden. Um den fehlenden Informationsfluss auszugleichen, wurden verschiedene Gegenmaßnahmen ergriffen, wenngleich die Lernprozesse dadurch nicht ersetzt werden konnten. Beim Grünen Ring Leipzig erhielten (die anwesenden und entschuldigten) Teilnehmerinnen und Teilnehmer im Anschluss der Sitzungen die entsprechenden Protokolle zugesandt, so dass der Informationsfluss – insbesondere auch für die verhinderten Akteure – über den schriftlichen Wege erfolgte. Die meisten Akteure entschuldigten sich vor den Sitzungen, wenn sie verhindert waren, so dass die Arbeitsgruppenleitung vor den Sitzungen bei Bedarf Informationen oder Einschätzungen von ihnen abrufen konnte. Häufig wurden auch Vertreterinnen und Vertreter gesandt. Bei der Erarbeitung des Handlungskonzepts des Grünen Rings Leipzig brachte die Nichtanwesenheit einiger Kommunen bei den begleitenden Workshops allerdings erhöhten Arbeitsaufwand. Das beauftragte Planungsbüro musste die Kommunen dann selbst aufsuchen, um entsprechende Gespräche zu führen bzw. Informationen einzuholen.

Die Diskontinuitäten der Akteure trat also zwar auf, doch thematisierten die Akteure diese nicht in der Weise, dass dadurch eine *Instabilität der Arbeits- und Organisationsformen* entstand. Der Wechsel bzw. das Fehlen einzelner Akteure bei Sitzungen wurde durch andere Dialogformen aufgefangen, so dass keine nennenswerten Probleme auftraten.

Lernprozesse auf verschiedenen Akteursebenen

Als Lernprozesse innerhalb einer Organisation bzw. Institution beschreiben einige kommunale Akteure, dass sie in der Folge die Nachbargemeinden frühzeitiger beteiligen, und dass sie die Beteiligung nicht nur auf das formelle Verfahren beschränken. Sie sprechen Projekte informell im Vorfeld von Planungen ab und klären gemeinsam Verfahrenswege. Dies führt aus ihrer Sicht zur schnelleren Bearbeitung, bei der weniger Konflikte auftreten. Gleichzeitig betonen die Akteure der beiden Fallbeispiele, dass diese intensivere Kommunikation für sie neu ist und damit zahlreiche Lernprozesse verbunden sind.

Als wichtigen Lernprozess unter den Akteuren verschiedener Kommunen und Organisationen nennen die befragten Akteure, dass sie durch die Zusammenarbeit die Sichtweisen der anderen Akteure kennen und Probleme sowie deren Hintergründe verstehen lernen. Dies betrifft auch Vorgehensweisen und Entscheidungen, die gewählt wurden (z.B. hinsichtlich Gewerbegebietsausweisungen oder Aufforstungsmaßnahmen im Grünen Ring Leipzig), die ohne den Dialog nicht nachzuvollziehen wären. Darüber hinaus wird der Erfahrungsaustausch, beispielsweise über die Beantragung von ABM-Stellen, und die damit verbundenen Lernprozesse am Rande der Veranstaltungen als zusätzlicher Effekt genannt.

Sowohl die regionalen Akteure des Grünen Rings Leipzig als auch die Akteure des Landschaftsparks NiederRhein betonen, dass das *gemeinsame regionale Denken und Handeln gestärkt* wurde. Der Blick wurde insbesondere bei den Themen geöffnet, die gemeindeübergreifend gelöst werden müssen, wie beispielsweise die Rad- und Fußwegeplanung, gemeindeübergreifende Grünzügeplanung, die Rekultivierung von Fließgewässern, die Haldekonzepte oder den interkommunalen Flächenpool. Auch die Vor-Ort-Akteure der beiden Fallbeispiele schätzen die Situation so ein, dass nach den ersten Jahren der Kooperation die Bereitschaft und Erkenntnis gewachsen ist, über Stadt- und Ressortgrenzen hinweg weiter zusammenzuarbeiten.

Bei Themen der Gewerbe- und Wohngebietsentwicklung herrscht in den Kommunen jedoch nach wie vor überwiegend „Kirchturm-Denken" bzw. *kommunalegoistisches Denken und Handeln* vor. Die Kommunen des Grünen Rings Leipzig erhofften sich in der Folge der Ausweisung von Gewerbe- und Wohngebieten höhere Steuereinnahmen, so dass sie hier nicht zu Gunsten einer regional abgestimmten Lösung agierten. Im Landschaftspark Nieder-

Rhein kooperieren die Kommunen dagegen bei dem gemeinsamen Gewerbegebiet Genend und werden dabei finanziell durch das Land unterstützt, um der gemeinsamen Notsituation hinsichtlich der Arbeitsplatzverluste entgegenzutreten (vgl. Kahnert, Rudowsky 1999). In Fragen des Projekts Landschaftspark überwiegt jedoch nach Ansicht der befragten Akteure nach wie vor „Kirchturm-Denken".

Regionales oder kommunalegoistisches Denken und Handeln ist neben der jeweiligen Themenstellung auch von den Rollen der Akteure abhängig. So hat ein Bürgermeister zunächst die Aufgabe, für seine Kommune zu handeln. Aber er muss zugleich – wie es ein Bürgermeister formulierte – um Vorteile zu erzielen, regional denken, da manche regionale Entscheidungen notwendig sind, um die Entwicklung der eigenen Kommune positiv zu beeinflussen. Andere Institutionen, wie z.B. der Landkreis bzw. die Regionalplanung sind dagegen von vorne herein gezwungen, regional zu denken und zu handeln.

Routinen innerhalb der eigenen Organisation wurden laut der Gesprächspartner der Fallbeispiele durch den Einsatz kommunikativer Instrumente nur *in geringem Maße verändert.* Der kurze informelle Dienstweg wird eher gewählt statt über die hierarchischen Zuständigkeitsebenen zu gehen. Als Veränderung der Verwaltungsroutinen sind zudem das Outsourcing koordinierender Tätigkeiten an die jeweiligen Geschäftsstellen im Grünen Ring Leipzig und im Landschaftspark NiederRhein zu nennen sowie die neu eingerichtete Arbeitsgruppe Grüner Ring beim Umweltamt der Stadt Leipzig.

Im Hinblick auf die Restriktion der *gleichwertigen Anerkennung der Akteure* spielten die verschiedenen Hierarchien in den untersuchten Beispielen eine geringe Rolle. Zwar gab es eine sichtbare Unterscheidung der Hierarchie durch die Sitzordnung bei den Stadt-Umland-Konferenzen – so saßen entsprechend die Bürgermeisterinnen und Bürgermeister sowie weitere offizielle Vertreterinnen und Vertreter der Stadt Leipzig und anderer Einrichtungen am Konferenztisch, die übrigen Teilnehmerinnen und Teilnehmer versammelten sich dahinter. Doch spielte diese Ordnung in anderen Kommunikationssituationen, wie z.B. in den Pausengesprächen der Stadt-Umland-Konferenzen oder in den thematischen Arbeitsgruppen, keine oder kaum eine Rolle. Vereinzelt gab es zwischen den kleineren Umlandgemeinden und der Stadt Leipzig Irritationen, wenn der Dezernent der Kernstadt eingeladen wurde und stattdessen der Sachgebietsleiter oder ein Sachbearbeiter kam. Ähnliches wurde auch beim Landschaftspark NiederRhein benannt.

3.6 Umsetzungsorientierung fördern

In beiden Regionen findet sich in den jeweiligen konzeptionellen Rahmen ein projektorientierter Ansatz und eine kommunikative Vorgehensweise bzw. kommunikative Gesamtstrategie. Die Umsetzungsorientierung war für den gewählten Verfahrensansatz dabei ein wesentliches Motiv. Im Beispiel Grüner Ring Leipzig wurden erste Umsetzungsmaßnahmen in allen thematischen Arbeitsgruppen forciert. Zudem wird das Projekt Grüner Ring Leipzig selbst als Umsetzungsinstrument bezeichnet. Im regionalen Handlungskonzept sind alle Planungen der Gemeinden systematisch untersucht und die umsetzungsrelevanten Maßnahmen extrahiert worden. Ergebnisse bzw. Maßnahmen aus vorhandenen formalen Planungen wurden damit in den Grünen Ring integriert. Im Landschaftspark NiederRhein zeigt sich der projektorientierte Ansatz durch umsetzungsfähige Leitprojekte, die im Kontext einer Gesamtstrategie kurzfristig realisiert werden sollten. Auch hier wurden die Ergebnisse und Maßnahmen aus formalen Planungen aufgegriffen.

Die kommunikative Vorgehensweise umfasst hinsichtlich der Umsetzungsorientierung die im Folgenden beschriebenen Potenziale und Restriktionen. In beiden Fallbeispielen vermieden die Akteure, Konfliktthemen zu thematisieren, bzw. fand dies nur am Rande statt, so dass die *Antizipation von* größeren bzw. konfliktreichen *Planungs- und Vollzugswiderständen* nur eingeschränkt beurteilt werden kann. Durch die gemeinsame informelle Arbeitsweise konnten Missverständnisse von Beginn an vermieden werden. Zum Beispiel bestand beim Grünen Ring Leipzig in der Arbeitsgruppe „Brachenrevitalisierung" zunächst das Missverständnis, dass die Umlandkommunen zu kurz kommen könnten, wenn die Stadt Leipzig die federführende Funktion bei der Beantragung von Fördermitteln zur Brachenrevitalisierung übernimmt. Durch die Gespräche in der Arbeitsgruppe wurde diese Befürchtung frühzeitig ausgeräumt, indem die Stadt Leipzig ihre Rolle als Antragstellerin, aber nicht alleinige Entscheiderin klar stellte.

Auch waren beim Grünen Ring Leipzig bestimmte Genehmigungsverfahren gar nicht erst erforderlich, da man sich vorher einigen konnte, während ansonsten Streitigkeiten und langwierige Abwägungsprozesse entstanden wären. Als Beispiele nannten die Vor-Ort-Akteure die Brachenrevitalisierung und die Radwegekonzepte.

Durch die detaillierte Behandlung einzelner Sachverhalte konnten nach Ansicht der beteiligten Akteure Konflikte bereits im Vorfeld von Planungsentwürfen geklärt werden. Dies wäre ihrer Meinung nach anders verlaufen, wenn die Planungen erst in einem fortgeschrittenen Arbeitsstadium vorgelegt worden wären. Der Landschaftspark NiederRhein zeigt dies beispielhaft: Entlang eines Grabens sollten in einer Kommune Wege verlängert werden. Dem stimmten jedoch die LINEG und die Untere Landschaftsbehörde nicht zu. In der Folge wurde ein Kompromiss gefunden, bei dem alle Beteiligten ein wenig von ihren ursprünglichen Vorstellungen abwichen. Ähnlich im Falle einer Hochmülldeponie im Landschaftspark NiederRhein. Im Gebietsentwicklungsplan (GEP) war diese ursprünglich enthalten. Die Planung des Landschaftsparks NiederRhein hat die Ablehnung des Vorhabens dabei unterstützt.

Ein Beispiel aus Leipzig, bei dem Konflikte zwischen zwei Kommunen im Vorfeld ausgeräumt wurden, ist die Planung einer Regattastrecke, die beide Kommunen für ihre Seen vorgesehen hatten. Da sich nach Einschätzung von Fachleuten nur eine Regattastrecke in der Region tragen würde, einigte man sich nach Gesprächen in der Arbeitsgruppe Gewässerrenaturierung und in Einzelgesprächen zwischen den betroffenen Akteuren auf den Standort mit den günstigeren Bedingungen. Durch diese frühzeitige informelle Einigung ersparten sich die Akteure nach eigener Einschätzung aufwändige formale Abwägungsprozesse und langwierige Streitigkeiten.

Nach Einschätzung der Akteure vom NiederRhein ist dabei zu beachten, dass die Politik eher zustimmt, wenn die verschiedenen Akteure an einem Tisch gesessen, eine gemeinsame Lösung gefunden und die Konflikte und Interessensgegensätze bereits ausgeräumt haben. Dies deutet darauf hin, dass die Politik das kooperative Verfahren als „Sicherheitsfilter" ansieht. Es gewährleistet, dass vielfältige Interessen berücksichtigt sind, so dass die Politik von einer ausgewogenen Entscheidungsvorbereitung ausgehen kann. Gleichzeitig behält die Politik jedoch die Entscheidungsmacht und bestimmt, welche Maßnahmen, zu welchem Zeitpunkt umgesetzt werden oder nicht. Dies führte im Falle des Landschaftsparks NiederRhein in einzelnen Kommunen unter anderem dazu, dass die Umsetzung hakte (siehe auch Kap. IV. 3.6).

Die eingesetzten kommunikativen Instrumente eröffnen in Bezug auf die Einbindung von Akteuren bzw. Institutionen das Potenzial, auch *Umsetzungsakteure frühzeitig einzubinden*. Dies wurde jedoch im Landschaftspark NiederRhein I versäumt. So beschreiben die Vor-Ort-Akteure, dass die zuständigen Ämter nicht frühzeitig in den Prozess eingebunden waren. Beispielsweise erfolgte erst zu einem späten Zeitpunkt eine Klärung der Umsetzbarkeit eines Radweges mit dem Tiefbauamt. Eine realistische Planung konnte erst zu diesem späten Zeitpunkt erfolgen. Zudem war die Motivation bei den Ämtern geringer, da sie nicht vorher eingebunden waren, obwohl die Maßnahmen ihren Kompetenzbereich betrafen. Dieses Beispiel bestätigt, dass Umsetzungsblockaden dadurch entstehen können, dass die entsprechenden Akteure nicht frühzeitig eingebunden werden, obwohl über die eingesetzten kommunikativen Instrumente gute Möglichkeiten dazu bestünden. Im Landschaftspark NiederRhein II reagierte man auf dieses Defizit, indem die Verwaltungsspitzen sowie ein externer Fachberater in die Steuerungsgruppe einbezogen wurden.

Auch im Grünen Ring Leipzig traten Schwierigkeiten auf, Umsetzungsakteure frühzeitig zu gewinnen. So verfolgt beispielsweise die Arbeitsgruppe Umwelttechnologie als ein Schlüsselprojekt die Entwicklung von Umweltstandorten in Gewerbegebieten. Die Vermittlung dieses entwickelten Projekts an die Bürgermeisterinnen und Bürgermeister stellt sich in der Umsetzungsphase als schwieriges Unterfangen dar.

Dies zeigt auch, dass die Umsetzung – so die Einschätzung der Gesprächspartner – in hohem Maße von den Gemeinden abhängig ist, insbesondere von den Bürgermeisterinnen und Bürgermeistern, die die Maßnahmen forcieren müssen. Je nach Nutzen nehmen sie beispielsweise die Maßnahmen aus dem Handlungskonzept bzw. dem Grünen Ring ernst oder weniger ernst. Allerdings besteht durch die Verabschiedung des regionalen Handlungskonzeptes durch die Bürgermeisterinnen und Bürgermeister auf der Stadt-Umland-Konferenz eine hohe Bindungswirkung.

In beiden Beispielfällen wurden durch den Einsatz kommunikativer Instrumente *Umsetzungskoalitionen ermöglicht*. Dies war vor allem deswegen der Fall, da es sich bei beiden Beispielen überwiegend um Entwicklungsaufgaben der stadtregionalen Freiraumentwicklung handelt. Der Landschaftspark NiederRhein und der Grüne Ring Leipzig behandeln beispielsweise die Themen Fremdenverkehr und Naherholung, Landschaftspflege, Gewässerrevitalisierung, Brachflächen- und Haldenrekultivierung. Hier bestehen vorrangig „win-win-options", die mit Hilfe kommunikativer Instrumente erschlossen werden können und bei denen der gegenseitige Nutzen der Akteure Umsetzungskoalitionen befördert.

Ordnungsaufgaben, wie beispielsweise Bauland- und Gewerbegebietsausweisungen bzw. Standortfragen, bei denen es um konkurrierende Raumansprüche geht und bei denen vor allem „win-lose-options" bestehen, klammerten die Akteure in den Fallbeispielen dagegen zunächst aus.

Hinsichtlich der Arbeitsweise können kommunikative Instrumente helfen, *formale Planungs- und Genehmigungsverfahren* zu *vereinfachen*. Ob gleichzeitig aber auch eine Beschleunigung der Umsetzung erzielt werden kann, schätzen die Akteure vor-Ort als fraglich ein. Die Umsetzung wird in den beiden Fallbeispielen durch verschiedene Faktoren, beispielsweise den Aufbau von Kontakten untereinander, die bereits erzielten Konsense in den Stadt-Umland-Konferenzen in Leipzig und durch frühzeitige Abstimmungen mit Blick auf das später stattfindende formale Verfahren erleichtert. So kann nach Einschätzung der Gesprächspartner vermieden werden, dass gegeneinander gearbeitet wird und Parallelarbeit entsteht. Zeit und Kosten können eingespart werden. Das „Lernen voneinander" ist für die Umsetzungserleichterung wichtig. So können die Gemeinden nach Aussage der Leipziger Akteure untereinander auf Erfahrungen mit der Umsetzung einzelner Maßnahmen zurückgreifen. Doch ist eine Beschleunigung der Umsetzung nicht wirklich mess- und nachweisbar. So beschreibt ein Akteur des Grünen Rings Leipzig, dass es offen bleibt, ob ohne den Grünen Ring die Maßnahmen, die umgesetzt wurden, überhaupt realisiert worden wären. Denn es gibt keine Vergleichsmöglichkeit, keinen vergleichbaren Maßstab.

Dies weist bereits darauf hin, dass keine einheitliche Meinung, ob mit Hilfe der kommunikativen Instrumente die *Koordination zu beschleunigen* sei, bei den interviewten Akteuren der beiden Fallbeispiele besteht. Die Beschleunigung der Koordination ist aus ihrer Sicht sowohl von der Planungsphase (Ideenfindung bis Umsetzungs- bzw. Nutzungsphase) als auch von dem jeweiligen Projekt abhängig und kann pauschal nicht bestätigt werden. Allerdings gilt in beiden Fällen, dass eine schnellere Einigung möglich ist, wenn die Akteure zusammenkommen. Alle Beteiligten können ihre Sicht der Dinge präsentieren und gemeinsam nach Lösungen suchen.

Die Umsetzungsorientierung durch Koordination erfolgte im Grünen Ring Leipzig vor allem durch das Handlungskonzept: „Ziel ist die Koordination und Förderung von Naturschutz, Landschaftspflege, Naherholung und umweltverträglichem Wirtschaften in der Kulturlandschaft rund um die 500.000 Einwohner zählende Großstadt" (GRL 1998: 10). Das Handlungskonzept beinhaltet die in einem aufwendigen Dialogprozess mit allen Akteuren gebündelten und abgestimmten Maßnahmen und Projekte zum Grünen Ring Leipzig. Zudem enthält es eine Prioritätensetzung für die Umsetzung der einzelnen Maßnahmen, die aus dem gemeinsamen Abstimmungsprozess hervorgegangen sind. Gleichzeitig basiert es auf dem Regionalen Entwicklungskonzept (REK) Halle – Leipzig und dem Regionalplan Westsachsen, die ebenfalls Koordinationsaufgaben erfüllen. Das Handlungskonzept Grüner Ring Leipzig ist damit im Bereich der Freiraumentwicklung als Bindeglied und Katalysator für bereits vorliegende Planungen (REK, Regionalplan, kommunale Landschaftsplanung, Pflege- und Entwicklungspläne, Ortsentwicklungskonzepte, AEP etc.) zu betrachten. „Es galt, die Ziele der Regionalplanung mit der Vielzahl der vorliegenden Einzelplanungen abzugleichen und diese im Sinne der Gemeinden im Verbund kompatibel zu machen. (...) Das Handlungskonzept ist damit keine Planung im eigentlichen Sinne, sondern ein Instrument, das die Umsetzung von Planung befördern soll" (GRL 1998: 22).

Beim Landschaftspark NiederRhein übernahm die Rahmenplanung in ähnlicher Weise die Koordination und Umsetzungsorientierung der Maßnahmen und Projekte (vgl. KVR 1997). Auch hier dienten bestehende Planungen (Gebietsentwicklungsplan, Landschaftsrahmenpläne, Landschaftspläne, Freiflächenpläne, Landschaftspflegerische Begleitpläne etc.) als Grundlage, auf die Maßnahmen und Projekte Landschaftspark NiederRhein aufbauen. Die Abstimmung der verschiedenen Nutzungsansprüche erfolgte über das kommunikative Verfahren mit einem Kleinen und Großen Arbeitskreis, thematischen Workshops etc. Die Rahmenplanung beinhaltete ebenfalls eine Prioritätensetzung in Form von Pilotprojekten, die prioritär umgesetzt werden sollen.

Als Restriktion, die die Umsetzungsorientierung hemmt, zeigen sich in den Fallbeispielen *Kommunikationsprobleme zwischen den beteiligten Akteuren*. So traten Probleme beispielsweise dadurch auf, dass der Informationsfluss nicht funktionierte. Im Landschaftspark NiederRhein wurden Einladungen zu Veranstaltungen des Landschaftsparks NiederRhein intern nicht weiter gegeben, so dass für keine Vertretung gesorgt werden konnte. Jedoch betonten die Vor-Ort-Akteure auch den Abbau von Kommunikationsproblemen dadurch, dass man sich überhaupt kennen lernte. Indem man an einem Tisch saß, konnte auf kurzem Wege vieles bereits abgeklärt werden. Im Kleinen Arbeitskreis des Landschaftsparks NiederRhein war beispielsweise die Bezirksregierung mit einem Vertreter anwesend. Die sonst eher „anonyme" Behörde bekam so für die anderen Akteure ein Gesicht und man konnte auch im Nachgang der Sitzungen leichter mit der entsprechenden Person Dinge abklären, was vorher schwieriger war.

Um Vermittlungsarbeit zu leisten und Verantwortlichkeiten für die Umsetzung einzelner Arbeitsschritte in den Arbeitsgruppen des Grünen Rings Leipzig zu schaffen, hatten die Arbeitsgruppenleiter eine wichtige Aufgabe. Sie fragten immer wieder nach dem Stand der Planungen und hielten die verschiedenen Arbeitsschritte koordinierend zusammen. Für konkrete Maßnahmen wurde die Zuständigkeit direkt geregelt. Durch die Planungshoheit der Kommunen waren sie es auch, die die Umsetzung forcieren mussten.

Für die neue Aufgabe Grüner Ring Leipzig richtete die Stadt Leipzig eine verwaltungsinterne Arbeitsgruppe neu ein. Zusätzlich wurden zunächst ein Berater und später das Aufbauwerk Leipzig mit den Organisations- und Koordinationsaufgaben zum Grünen Ring beauftragt. Diese neuen Strukturen haben hinsichtlich der Umsetzungsorientierung eine wichtige Funktion. Sie leisten „*Übersetzungsarbeit*" und stellen eine Entlastung der „Regelverwaltung" dar, die den Kommunikationsprozess eher als zusätzliche Bürde empfindet und ihn in der Folge eher verhalten betreiben würde. Die neuen Strukturen gewährleisten damit, dass der Arbeitsprozess und die Umsetzung zügig voranschreiten können. Beim Landschaftspark NiederRhein gibt es ähnliche Strukturen. Hier übernimmt der KVR als Dienstleister teilweise die Funktion der „Übersetzungsarbeit".

Eine weitere Restriktion kommunikativer Instrumente besteht darin, dass es sich überwiegend um informelle Aushandlungsergebnisse handelt, die *keine Rechtsverbindlichkeit* haben. Sollen die Ergebnisse rechtsverbindlich gemacht werden, müssen sie in den formalen Planungen oder über politische Beschlüsse verankert werden, was nicht immer geschieht. In den Arbeitsgremien des Grünen Rings Leipzig sind beispielsweise die Regionalplanung und die Kommunen mit ihrer Zuständigkeit für die Bauleitplanung personell vertreten. In der Folge der Aushandlungen zum Grünen Ring Leipzig entstand eine rechtliche Verbindlichkeit z.T. dadurch, dass die Ergebnisse in die formalen Planungen, unter anderem Regionalplan Westsachsen und B-Pläne, einflossen. Neben der Rechtsverbindlichkeit betonen die Akteure des Grünen Rings Leipzig, dass man auf der entstandenen Vertrauensbasis sehr gut zusammenarbeiten kann. Die Motivation, Leistungen zu erbringen, ist anders ausgeprägt, als wenn die Arbeit nur nach bestimmten Prinzipien vorgeschrieben wäre. Eine Verbindlichkeit entsteht auch, wenn die Maßnahmen in der Stadt-Umland-Konferenz, als informelles Entscheidungsgremium, vereinbart und anschließend in den Kommunen in den Haushaltsplänen verankert werden. Wenn z.B. bei der Planung des Radwegenetzes die Gemeinde A eine Wegebaumaßnahme beabsichtigt und Geld in den Haushalt einstellt, dann versucht die Gemeinde B, nach Absprache nachzuziehen.

Im Projekt Landschaftspark NiederRhein trat die Rechtsverbindlichkeit der Vorhaben entweder erst nach den formalen Verfahren ein, z.b. musste bei der Planung eines Sees zunächst ein Planfeststellungsverfahren durchgeführt werden, oder der die Verbindlichkeit wurde durch Ratsbeschlüsse hergestellt. Restriktionen in Bezug auf die Verbindlichkeit lagen beim Landschaftspark NiederRhein darin, dass die Entscheidung über die Umsetzung auf kommunaler Ebene erfolgte und dort die zuständigen Fachämter die Prioritäten einzelner Maßnahmen teilweise anders setzten als es im Rahmen der Gremien des Landschaftsparks besprochen worden war.

In beiden Fallbeispielen kamen die Vor-Ort-Akteure durch die interkommunale Kooperation leichter bzw. überhaupt erst an bestimmte Fördermittel heran. So hat beispielsweise das Sächsische Landesentwicklungsministerium über die Förderrichtlinie-(FR-)Regio die Förderung der Brachenrevitalisierung an eine interkommunale Kooperation gebunden. Das Handlungskonzept Grüner Ring Leipzig, das im gemeinsamen Dialog erstellt wurde, ist folglich die Grundlage für die Genehmigung von Fördermitteln. Die Teilnahme des Landschaftspark NiederRhein an der REGIONALE war an kooperative Workshops gebunden. Ohne diese Workshops wäre eine Förderung für den Landschaftspark II nicht zu erzielen. Jedoch zeigte sich, dass auch in den Fallbeispielen die *Inkompatibilität mit Förderinstrumenten und Genehmigungsverfahren* eine Restriktion hinsichtlich der Umsetzungsorientierung beim Einsatz kommunikativer Instrumente ist. In den beiden prozesshaften Freiraumentwicklungsprojekten zeigte sich, dass eine flexible zeitliche Ausgestaltung der Förderinstrumente förderlich wäre. Der bei der Vergabe der Fördermittel zur Brachenrevitalisierung entstandene Zeitdruck beim Grünen Ring Leipzig führte beispielsweise dazu, dass Akteure aus dem Bereich Gesellschaft nur begrenzt an den eng getakteten Sitzungen der Arbeitsgruppe teilnehmen konnten. Angesichts der Vielfalt der beteiligten Akteure und der Finanzierungswege für das Projekt Landschaftspark NiederRhein stellt die Umsetzung besondere Anforderungen an das Projektmanagement. Da die Umsetzung der Projekte mit den Fristen der Inanspruchnahme der Fördergelder abgeglichen werden muss, ist eine flexible zeitliche Ausgestaltung des prozesshaften Projekts nur bedingt möglich. Ein Akteur des Landschaftsparks NiederRhein bedauerte beispielsweise, dass immer nur Mittel abgerufen werden, wenn sie innerhalb der nächsten zwei Monate ausgegeben werden, ansonsten müssen Zinsen gezahlt werden. Das führte teilweise zu Verzögerungen der Maßnahmen. Zudem wird die Abstimmung mit Fachämtern und Genehmigungsbehörden als nicht kalkulierbarer Zeitfaktor genannt.

Ressourcenengpässe in Form von finanzieller und personeller Knappheit traten im Landschaftspark NiederRhein und Grünen Ring Leipzig ebenfalls als Restriktion auf. So traten im Grünen Ring Leipzig häufig Personalwechsel auf und erschwerten die Arbeit der Arbeitsgruppe Grüner Ring Leipzig erheblich. Durch den Umstand, dass die meisten Mitarbeiterinnen und Mitarbeiter lediglich auf ABM-Basis beschäftigt werden können und die ABM-Stellen in der Regel nur für ein bis zwei Jahre bewilligt werden, kommt es häufig zu personellem Wechsel und durch die jeweils neue Einarbeitungszeiten zu Kapazitätsengpässe. Dies hemmt eine kontinuierliche und effektive Arbeit.

Im Projekt Landschaftspark NiederRhein betreiben viele Mitwirkende dieses Projekt als eine Aufgabe neben weiteren, und die Arbeitskapazitäten bzw. die finanziellen Ressourcen für weitere Arbeitskräfte reichen für die umfangreichen Arbeiten zur Umsetzung nicht aus.

Die *Grenzgänger-Problematik* wird in beiden Fallbeispielen als hemmender Faktor insbesondere hinsichtlich der Umsetzung genannt. Vor allem innerhalb der Verwaltungen tritt die Schwierigkeit auf, die in den einzelnen Arbeitsformen erarbeiteten Lösungen in die übrigen (Fach-)Ämter rückzuvermitteln. So entstand beim Landschaftspark NiederRhein das Kommunikationsproblem der hausinternen Rückkopplung. Im Kleinen Arbeitskreis waren Vertreter der vier Städte beteiligt, die in ihren jeweiligen Verwaltungen die besprochenen Maßnahmen gegenüber den einzelnen zuständigen Ämtern nicht forcieren konnten. Dort lagen teilweise andere Prioritäten bezüglich der auf kommunaler Ebene umzusetzenden Maßnahmen vor als die, die in den Arbeitsgremien des Landschaftsparks NiederRhein beschlossen wurden. Eine Schwierigkeit dabei ist auch, dass die Projekte in den vier Städten im Vorfeld politisch diskutiert werden, bevor sie in einem Bericht erscheinen und mit den einzelnen Fachämtern abgestimmt werden. „Wenn die Projekte einmal politisch vertreten worden sind, können die Politiker schlecht wieder zurück", beschrieben Vor-Ort-Akteure die Situation. Auch interne Kompetenzkonkurrenzen sind in den einzelnen Verwaltungen vorhanden. So muss der Projektbeauftragte oder -leiter die einzelnen Umsetzungsschritte in seiner Verwaltung rückkoppeln. Dabei bestehen teilweise Widerstände, da sich die Zuständigen in den Verwaltungen nicht genug eingebunden fühlen.

3.7 Fazit zur Auswertung der Fallstudien

Die Fallstudien illustrieren den Einsatz kommunikativer Instrumente in der Praxis der stadtregionalen Freiraumentwicklung. Nachdem sie vor dem Hintergrund der im Untersuchungsrahmen dargestellten Potenziale und Restriktionen ausgewertet wurden, soll an dieser Stelle ein Fazit in Bezug auf eine Gewichtung der spezifischen Potenziale und Restriktionen kommunikativer Instrumente in der Praxis der stadtregionalen Freiraumentwicklung, dem Einsatz kommunikativer Instrumente im Kontext des Instrumenten-Mix sowie grundsätzlich hinsichtlich ihres Beitrages zur Freiraumsicherung, Freiraumentwicklung und Freiraum-In-Wert-Setzung gezogen werden.

Spezifische Potenziale und Restriktionen kommunikativer Instrumente in der Praxis der stadtregionalen Freiraumentwicklung

Die Auswertung der Fallstudien hinsichtlich der Potenziale und Restriktionen kommunikativer Instrumente stadtregionaler Freiraumentwicklung hat gezeigt, dass zahlreiche der im Untersuchungsrahmen abgeleiteten spezifischen Leistungen und Restriktionen kommunikativer Instrumente zum Tragen kommen. Dabei sind andeutungsweise Prioritäten zu erkennen, denn durch die jeweilige Aufgabenstellung, die Akteurskonstellationen und die Rahmenbedingungen kommen die spezifischen Leistungen und Restriktionen in unterschiedlichem Maße zum Zuge. Im Folgenden seien diese Gewichtungen aufgezeigt.

Für das Potenzial „Integration von Interessen und Akteuren erhöhen" zeigen sich folgende vorrangige Teilpotenziale (+) und Restriktionen (-):

+ Konsensfindung
+ Mitwirkungsmöglichkeiten der Akteure schaffen
- Transaktionskosten
- inhaltliche Selektivität
- mangelnde Organisation von Interessengruppen auf regionaler Ebene

In beiden Fallbeispielen kamen vorrangig die Potenziale „Konsensfindung" und „Mitwirkungsmöglichkeiten der Akteure schaffen" zum Tragen. In beiden Fällen bewährte sich im Verlauf der Projekte das Ausloten von Minimalkonsensen mit Hilfe der verschiedenen kommunikativen Instrumente. Auf dieser Basis konnten die Arbeitsprozesse verstetigt und Maßnahmen umgesetzt werden. Die Mitwirkungsmöglichkeiten der verschiedenen Akteure erfolgte jeweils durch ein breites Spektrum der eingesetzten kommunikativen Instrumente auf der Arbeits-, Steuerungs- und Entscheidungsebene.

In Bezug auf die Restriktionen, die im Zusammenhang mit der Integration von Interessen und Akteuren vorrangig wirksam wurden, treten Transaktionskosten insbesondere in Form von benötigten personellen Kapazitäten auf. Inhaltliche Selektion findet sich vor allem bezüglich der Konfliktthemen, da diese in den ersten Jahren der Zusammenarbeit dem Aufbau der nötigen Vertrauensebene stören würden. Außerdem zeigt sich eine mangelnde Organisation von Interessengruppen auf regionaler Ebene, da nur wenige Gruppierungen überörtlich und entsprechend des jeweiligen Gebietszuschnitts über Organisationseinheiten verfügen.

Bei dem Potenzial „Akzeptanz schaffen und Identifikation stiften" stehen folgende Teilpotenziale und Restriktionen im Vordergrund:

+ Inhaltliche und emotionale Qualitäten vermitteln
+ Verhaltenssicherheit für Akteure gewährleisten
- negative Vorerfahrungen
- unterschiedliche Zuständigkeiten auf regionaler und kommunaler Ebene

Beide Fallstudien zeigen, dass es mit Hilfe der kommunikativen Instrumente vor allem gelungen ist, inhaltliche und emotionale Qualitäten zu vermitteln und Verhaltenssicherheit für beteiligte Akteure zu gewährleisten. Dies hat sowohl im Landschaftspark NiederRhein als auch im Grünen Ring Leipzig maßgeblich dazu beigetragen, Akzeptanz zu schaffen und Identifikation mit den Projekten der Freiraumentwicklung zu stiften. Für die Vermittlung dieser Potenziale waren die beiden öffentlichkeitswirksamen Symbole „Park" und „Ring" im Sinne eines Corporate Design wichtig. Für die Verhaltenssicherheit waren insbesondere die Formulierung gemeinsamer Zielkonzepte sowie die Einrichtung kommunikativer Arbeitsformen förderlich, da diese die Aussicht auf einen langfristigen Arbeitszusammenhang vermittelten.

Restriktionen für Akzeptanz und Identifikation waren vor allem, dass in beiden Fällen negative Vorerfahrungen vorhanden waren und damit zunächst Vorbehalte und kritische Stimmen gegenüber den Projekten abgebaut werden mussten. Auch die unterschiedlichen Zuständigkeiten auf regionaler und kommunaler Ebene waren ein hemmender Faktor für die Akzeptanz und Identifikation mit den Projekten der stadtregionalen Freiraumentwicklung. Kommunale Planungshoheit und die Orientierung der Bevölkerung an ihrem unmittelbaren Lebensumfeld führen bei den Bürgermeisterinnen und Bürgermeistern zwangsläufig zu einer anderen Prioritätensetzung als bei den übergemeindlichen Institutionen, beispielsweise der Regionalplanung.

Wenn es darum geht, „Qualität von Lösungen zu verbessern", zeigen sich folgende Prioritäten:

+ Informationsgrundlage erleichtern
+ Interessen und Positionen ermitteln
+ Diskursiven Zielfindungsprozess ermöglichen
− negative Koordination

Der Einsatz kommunikativer Instrumente trug maßgeblich dazu bei, dass sowohl inhaltliche Sachinformationen als auch Interessen und Positionen der einzelnen Akteure leichter ermittelt werden konnten. Dies war insbesondere in Anbetracht der Komplexität der interkommunalen Zusammenarbeit wesentlich und führte zu einer breiteren Informationsgrundlage sowie zu einem diskursiven Zielfindungsprozess. Dieser führte im Falle des Grünen Ring zunächst zur Umwelterklärung, später zum Handlungskonzept, im Falle des Landschaftsparks NiederRhein war es die Rahmenplanung mit den Leitprojekten.

Allerdings stand diesen Potenzialen entgegen, dass eine negative Koordination in Form der Orientierung am kleinsten gemeinsamen Nenner erfolgte. Da die Prozesse auf einen Konsens der beteiligten Akteure zielten, konnten sich weiter reichende Forderungen nicht durchsetzen. Da beide Projekte aber einen längerfristigen Kooperationsprozess erreichen sollen, besteht die Aussicht, die Sachqualität des kleinsten gemeinsamen Nenners in späteren Arbeitsphasen qualitativ zu überschreiten.

Für das Potenzial „Lernprozesse ermöglichen" wurden folgende Teilpotenziale und Restriktion besonders betont:

+ Flexible Anpassungsfähigkeit an veränderte Problemsituationen
+ Förderung des regionalen Denkens und Handelns
− Kommunalegoistisches Denken und Handeln

Die beteiligten Akteure des Landschaftsparks NiederRhein und des Grünen Ring Leipzig durchliefen Lernprozesse hinsichtlich der gewählten Ablauf- und Aufbauorganisation. In der Konsequenz kam es zu Anpassungen in Bezug auf die jeweilige Problemsituation. Die kommunikativen Instrumente boten die Möglichkeit, die Kommunikationsstrategie flexibel zu verändern. Besonders betonten die Vor-Ort-Akteure der Fallstudien, dass das gemeinsame Denken und Handeln auf stadtregionaler Ebene gefördert wurde. In beiden Fällen wurde der Blick über die eigene Gemeindegrenze geöffnet. Eine Reihe von regionalen Entwicklungsthemen wurden nach den ersten Jahren der Kooperation in ihrer Bedeutung erkannt, an denen eine weiterführende interkommunale Zusammenarbeit anknüpfen soll.

Anders sieht jedoch die Bereitschaft zur Zusammenarbeit bei Fragen der Gewerbe- und Wohngebietsentwicklung aus. Die zu erwartenden Steuereinnahmen durch Neuansiedlungen führten insbesondere beim Grünen Ring Leipzig zu keiner regional abgestimmten Lösung hinsichtlich der genannten Themen. Die Kommunen des Landschaftsparks NiederRhein kooperieren zwar im interkommunalen Gewerbegebiet Genend, doch überwiegt bei den einzelnen Maßnahmen im Landschaftspark ebenso das kommunalegoistische Denken und Handeln.

Bezüglich der „Förderung der Umsetzungsorientierung" lassen sich vorrangig folgende Teilpotenziale und Restriktionen benennen:

+ Umsetzungskoalitionen ermöglichen
+ formale Planungs- und Genehmigungsverfahren vereinfachen
− Fehlende Rechtsverbindlichkeit
− Inkompatibilität der kommunikativen Instrumente mit Förderinstrumenten

In beiden Fallstudien findet sich ein kommunikativer und projektorientierter Ansatz, für den die Umsetzungsorientierung ein wesentliches Motiv war. Ein wesentliches Potenzial, das dabei zum Tragen kam, war die Möglichkeit, Umsetzungskoalitionen zu bilden. Durch den Einsatz der verschiedenen kommunikativen Instrumente, kamen „alte und neue" Akteure der Freiraumentwicklung zusammen, und es konnten sich Allianzen für die Entwicklungsaufgaben der stadt-regionalen Freiraumentwicklung bilden. Des Weiteren konnte der Einsatz kommunikativer Instrumente formale Planungs- und Genehmigungsverfahren beim Grünen Ring Leipzig und beim Landschaftspark NiederRhein vereinfachen. Insbesondere frühzeitige Abstimmungen in den

Arbeitsgremien mit Blick auf das später stattfindende formale Verfahren erwiesen sich als sehr förderlich.

Als Restriktion stand der Umsetzungsorientierung vorrangig entgegen, dass die finanziellen Förderinstrumente mit den Bedingungen der kommunikativen Instrumente nur eingeschränkt harmonierten. Insbesondere die flexible zeitliche Ausgestaltung der Förderinstrumente fehlte. Während die kommunikativen Instrumente entsprechend der dynamischen Prozesse und Akteurskonstellationen flexibler zeitlicher Rahmenbedingungen bedürfen, waren bei den Förderinstrumenten des Grünen Rings Leipzig und des Landschaftsparks NiederRhein enge Fristen gesetzt, die die Arbeit erschwerten.

Diese Darstellung der vorrangig zum Tragen kommenden Potenziale und Restriktionen kommunikativer Instrumente weist darauf hin, dass in beiden Fallstudien weitere Optionen bestehen, die ausgeschöpft werden könnten. Beispielsweise könnte durch verstärktes Hinzuziehen externen Sachverstands, wie es im Landschaftspark NiederRhein II vorgesehen ist, die Qualität von Lösungen weiter verbessert werden. Aus der Bevölkerung und teilweise aus der Wirtschaft könnten insbesondere zusätzliche Allianzpartner für die Freiraumentwicklung gewonnen werden. Diese zusätzlichen Optionen sind jeweils auf die vor Ort-Bedingungen, insbesondere auf die organisatorischen, personellen und finanziellen Ressourcen abzustimmen.

Je nach Intention und Rolle der einzelnen Akteure werden die einzelnen Leistungen kommunikativer Instrumente zudem mehr oder minder betont. So ist den Bürgermeisterinnen und Bürgermeistern beispielsweise die Förderung der Umsetzungsorientierung sehr wichtig, während den intermediär ausgerichteten Akteuren insbesondere die Ermöglichung von Lernprozessen und die Erhöhung der Qualität von Lösungen von Bedeutung sind.

Bei der Beurteilung der Potenziale und Restriktionen ist allerdings grundsätzlich einzuschränken, dass auf der Grundlage der vorliegenden empirischen Arbeit keine eindeutigen Gewichtungen möglich sind. Eine ergänzende Untersuchung der unterschiedlichen Motive und Einschätzungen hinsichtlich der Bedeutung der Potenziale und Restriktionen kommunikativer Instrumente aus der Sicht unterschiedlicher Akteure wäre deshalb aufschlussreich.

Kommunikative Instrumente im Kontext des Instrumenten-Mix

Bezüglich des Einsatzes kommunikativer Instrumente im Kontext des Instrumenten-Mix wird anhand der Beispiele deutlich, dass es teilweise an Verständigung darüber fehlt, wie sich traditionelle und kommunikative Instrumente ergänzen können. Die kommunikative Vorgehensweise wird in beiden Fällen als Ergänzung zur formalen Planung gesehen. Doch es gibt kritische Stimmen, inwiefern sich die unterschiedlichen Instrumentenstränge mit den kommunikativen Instrumenten zusammenfügen. Insbesondere hinsichtlich der Flexibilität, die der Einsatz kommunikativer Instrumente von den übrigen Instrumenten verlangt, sind Schranken gesetzt. Die kommunikative Vorgehensweise verlangt einen hohen Grad an Beweglichkeit, denn die Vielzahl der einbezogenen Akteure beim Landschaftspark NiederRhein und beim Grünen Ring Leipzig muss zeitlich koordiniert und die Umsetzungsprojekte müssen flexibel abgestimmt werden. Diese Anpassungsfähigkeit konnte das formale Instrumentarium, z.b. die Finanzhilfen aus staatlichen Förderprogrammen oder die formalen Pläne, in beiden Fallbeispielen nur begrenzt bieten.

Eine beispielhafte Verzahnung zeigt jedoch der Grüne Ring Leipzig: Ergebnisse der Arbeitsgruppen flossen im Grünen Ring Leipzig teilweise in formale Planungen ein, z.b. wurde der Gewässerverbund mit in die B-Pläne aufgenommen und die Landschaftspläne griffen ebenfalls das Handlungskonzept auf. Auch die Regionalplanung betrachtet das Regionale Handlungskonzept des Grünen Rings Leipzig als Konkretisierung ihres Regionalplans und den Grünen Ring als Umsetzungsinstrument für die Ziele und Maßnahmen der Regionalplanung, so dass in dieser Weise eine Verzahnung gegeben ist. Umgekehrt berücksichtigten die Arbeitsgruppen die Inhalte der formalen Planungen. Beim Landschaftspark NiederRhein stellen die formalen Planungsunterlagen (Flächennutzungsplan, Landschaftsplan etc.) ebenso eine wichtige Informationsgrundlage dar, jedoch ließen sie sich nur bedingt mit der Entwicklungsplanung des Landschaftsparks zusammenführen.

Insgesamt ist jedoch eine systematische und gezielte Verknüpfung der verschiedenen Instrumentenstränge untereinander kaum zu erkennen. Hier besteht also Handlungsbedarf, um Synergieeffekte unter den verschiedenen Instrumenten für eine erhöhte Wirksamkeit des Instrumentariums für die stadtregionale Freiraumentwicklung zu nutzen. Dies ist insbesondere für die kommunikativen Instrumente von Bedeutung, da sie erst im Mix ihre Potenziale entfalten können. Beispielsweise ist eine Förderung der Umsetzungsorientierung nur möglich, wenn regulative Instrumente und Finanzhilfen mit dem kommunikativen Prozess koordiniert werden. Oder Lernprozesse zur Förderung des regionalen Denkens sind nur wirkungsvoll, wenn nicht im Gegenzug regulative Instrumente an Kommunalgrenzen enden und damit dem entstandenen Nutzen zuwider laufen. Wichtig ist dabei auch, dass eine Verknüpfung der verschiedenen Instrumente über die Akteure stattfindet. Dies wurde in beiden Fallregionen bereits weitestgehend berücksichtigt. Die Teilnehmerinnen und Teilnehmer des Großen Arbeitskreises des Landschaftsparks NiederRhein sind beispielsweise zum Teil für formale Planungen oder Förderinstrumente zuständig bzw. in weitere den Landschaftspark NiederRhein betreffende Planungen eingebunden. Auch im Grünen Ring Leipzig ist die Verknüpfung der verschiedenen Instrumente über die Akteure sichtbar, so sind beispielsweise Vertreterinnen und Vertreter der Regionalplanung, des Umweltschutzes des Landratsamts Leipziger Land oder der Abteilung Flächennutzungsplanung, Regionalplanung und Stadtentwicklung der Stadt Leipzig an den Arbeitsgruppen des Grünen Rings Leipzig beteiligt.

Beitrag kommunikativer Instrumente zur Freiraumentwicklung, -sicherung und -In-Wert-Setzung

Die aufgezeigte Leistungsfähigkeit kommunikativer Instrumente verdeutlicht, dass sie Defizite des traditionellen Instrumentariums und aktuelle Herausforderungen an die stadtregionale Freiraumentwicklung aufgreifen und damit einen ergänzenden Beitrag zur Freiraumsicherung, Freiraumentwicklung und -In-Wert-Setzung im Kontext des Instrumenten-Mix leisten. Dabei kommen die Potenziale kommunikativer Instrumente bisher jedoch nur teilweise zum Tragen und verschiedene Restriktionen behindern ihre Wirksamkeit. Insbesondere die Bearbeitung von Konfliktthemen mit Hilfe des Einsatzes kommunikativer Instrumente wird in beiden Fallbeispielen zunächst ausgeklammert. Zwar ist ein Vorgehen gemäß dem Prinzip „mit dem Konsens beginnen" sicherlich erfolgversprechend, doch lassen sich in dieser Form Flächennutzungskonkurrenzen zwischen Siedlung, Gewerbe und Freiraumschutz auf Dauer nicht beeinflussen und erst Recht nicht zu Gunsten des Freiraums lösen. Vielmehr laufen parallele Entwicklungen im Raum Leipzig und am Niederrhein, die den Freiraumverbrauch forcieren. Vor allem in der Großstadtregion Leipzig haben die Suburbanisierungstendenzen der letzten Jahre sowie die zahlreichen landschaftsverbrauchenden und -zerschneidenden Großprojekte gezeigt, dass der Trend des Freiraumverbrauchs stetig fortschreitet. Die politischen Prioritäten sind hinsichtlich einer nachhaltigen stadtregionalen Freiraumentwicklung nur begrenzt auf einen sparsamen Umgang mit dem Boden ausgerichtet. Hinzu tritt, dass die Synergieeffekte unter den verschiedenen Instrumenten (noch) kaum ausgeschöpft werden. Die Leistungsfähigkeit der kommunikativen Instrumente kann also durch eine effektive Verzahnung optimiert werden.

Trotz dieser Einschränkungen haben sich die Freiraumprojekte Landschaftspark NiederRhein und Grüner Ring Leipzig in den beiden Stadtregionen fest verankert und werden durch zahlreiche Maßnahmen bzw. Projekte forciert. Dies ist umso beachtenswerter, da die politischen Rahmenbedingungen Belange von Landschaft und Natur, Freiraum und Umweltschutz zu Gunsten von Arbeitsmarkt und sozialen Fragen eher in die Defensive gedrängt haben. In beiden Fallregionen hat sicherlich der integrierte Ansatz, dass Freiraum mit Wohn- und Arbeitsqualitäten sowie umwelttechnologischen Aspekten verbunden wurde, daran einen entscheidenden Anteil. Ohne einen öffentlichkeitswirksamen sinnstiftenden Rahmen, wie ihn der „Park" und der „Ring" bieten, wäre die Entwicklung und Umsetzung der Maßnahmen und Projekte zudem sicherlich schwieriger bzw. in dieser Form nicht entstanden.

Zusammenfassend ist zu sagen, dass die beiden Projekte einen wichtigen Beitrag zur Freiraumentwicklung leisten, wenngleich sich ihre Reichweite nur schwer messen lässt.

V. Resümee – Zusammenfassung, Thesen und weiterführender Forschungsbedarf zu kommunikativer Freiraumpolitik

Das Schlusskapitel stellt eine zusammenfassende, reflektierende und resümierende Betrachtung der Untersuchungsergebnisse dar, gleichzeitig ist dieses Kapitel auch ein „Neubeginn" bzw. ein Ausblick auf weitere Forschungsbedarfe. Thesen und Folgerungen sowie weitere Forschungsfragestellungen auf der Grundlage der gewonnenen Erkenntnisse zeigen perspektivisch auf, auf welchen Pfaden die Forschungsthematik vertieft werden kann. Schlusskapitel heißt auch, einen Punkt zu setzen, an dem der Stand der Forschungserkenntnisse präsentiert wird, um sie für die wissenschaftliche Diskussion zur Verfügung zu stellen.

In diesem Sinne folgen die Kapitel Zusammenfassung (Kap. 1), Thesen und Folgerungen (Kap. 2) sowie weiterführender Forschungsbedarf (Kap. 3).

1. Zusammenfassung der Kapitel I bis IV

Die Arbeit leistet einen Beitrag zur Qualifizierung des Einsatzes kommunikativer Instrumente in der stadtregionalen Freiraumentwicklung. Zentrales Ergebnis ist die Operationalisierung der Leistungsfähigkeit und Grenzen kommunikativer Instrumente. Diese kann zur differenzierten Darstellung und Interpretation der Wirkungsmöglichkeiten kommunikativer Instrumente zur Sicherung, Entwicklung und In-Wert-Setzung stadtregionaler Freiräume im Kontext eines Instrumenten-Mix dienen. Die Leistungsfähigkeit und Grenzen kommunikativer Instrumente wurden in Form von Potenzialen, spezifischen Potenzialen und Restriktionen operationalisiert. Diese sind im Folgenden auf einen Blick dargestellt (vgl. Abb. 45).

Dieses Ergebnis wird in vier Kapiteln hergeleitet: Die Arbeit geht von zwei Thesen aus. Zum einen, dass der strategische Einsatz kommunikativer Planungsinstrumente die Wirksamkeit der etablierten Instrumente im Hinblick auf eine auf Nachhaltigkeit, Effektivität und Umsetzungsorientierung gerichtete stadtregionale Freiraumentwicklung optimieren kann; zum anderen, dass kommunikative Instrumente dazu bestimmte Leistungen bzw. Potenziale im Prozess der stadtregionalen Freiraumentwicklung übernehmen, diesen zugleich aber auch Restriktionen entgegen stehen, die die Wirkungsmöglichkeiten kommunikativer Instrumente einschränken. (Kap. I.)

Abb. 45: *Leistungsfähigkeit (Potenziale und Teilpotenziale) und Restriktionen kommunikativer Instrumente im Kontext des Instrumenten-Mix regionaler Freiraumpolitik*

Potenzial:
Integration von Interessen und Akteuren erhöhen

Spezifische Potenziale:	*Restriktionen:*
• Kreatives Akteurpotenzial aktivieren	• Konkurrenzen zu bestehenden regionalen Institutionen
• Konsensfindung	
• Konfliktregelung	• Diskrepanz zwischen haupt- und ehrenamtlich Tätigen
• Mitwirkungsmöglichkeiten der verschiedenen Akteure schaffen	• Kapazitätsgrenzen der Kommunen
• Transparenz und Öffentlichkeit herstellen	• Verhandlungsdilemma
	• Transaktionskosten
• Entscheidungsvorbereitung auf breitere Basis stellen	• Soziale Selektivität
	• Inhaltliche Selektivität
	• Mangelnde Organisation von Interessengruppen auf regionaler Ebene
	• Voraussetzung Nicht-Öffentlichkeit für Konsensfindung
	• Vorentscheider-Problematik

Potenzial:
Akzeptanz schaffen und Identifikation stiften

Spezifische Potenziale:	*Restriktionen:*
• Inhaltliche und emotionale Qualitäten vermitteln	• Unterschiedliche „Sprachen" und Wahrnehmungen der Akteursgruppen
• Verhaltenssicherheit für Akteure gewährleisten	• Wertunterschiede
	• Negative Vorerfahrungen
• Zufriedenheit mit den Ergebnissen herstellen	• Unterschiedliche Zuständigkeiten auf regionaler und kommunaler Ebene
• Eigenverantwortung der Akteure stärken	

Potenzial:
Qualität von Lösungen verbessern

Spezifische Potenziale:
- Informationszugänge erleichtern
- Interessen und Positionen ermitteln
- Breite Informationsgrundlage schaffen
- Produkt- und Sachinnovationen erzeugen
- Diskursiven Zielfindungsprozess ermöglichen
- Externen Sachverstand in den Arbeitsprozess einbringen

Restriktionen:
- Kurzfristorientierung der Politik
- Dominanz institutionalisierter Interessen
- Negative Koordination

Potenzial:
Lernprozesse ermöglichen

Spezifische Potenziale:
- Inhaltliche Qualifizierungsprozesse
- Organisatorisch-verfahrensbezogene Qualifizierungsprozesse
- Flexible Anpassungsfähigkeit an veränderte Problemsituationen
- Regionales Denken und Handeln fördern
- Routinen in bestehenden Institutionen aufbrechen

Restriktionen:
- Spezifische Probleme nur begrenzt aufgreifbar
- Diskontinuität der Akteure
- Instabilität der Arbeits- und Organisationsformen
- Kommunalegoistisches Denken und Handeln
- Ungleichwertige Anerkennung der Akteure

Potenzial:
Umsetzungsorientierung fördern

Spezifische Potenziale:
- Antizipation von Planungs- und Umsetzungswiderständen
- Umsetzungsakteure frühzeitig einbinden
- Umsetzungskoalitionen ermöglichen
- Formale Planungs- und Genehmigungsverfahren vereinfachen
- Koordination beschleunigen
- „Übersetzungsarbeit" leisten

Restriktionen:
- Kommunikationsprobleme zwischen den beteiligten Akteuren
- Fehlende Rechtsverbindlichkeit
- Inkompatibilität der kommunikativen Instrumente mit Förderinstrumenten
- Ressourcenengpässe
- Grenzgänger-Problematik

Diese Thesen werden vor dem Hintergrund zweier Problembezüge eingeordnet: Der Diskrepanz zwischen siedlungsräumlicher Expansion und dem Anforderungsprofil der Nachhaltigkeit sowie den Steuerungsdefiziten des traditionellen Freiraum-Instrumentariums (Kap. II. 1.). Die Diskrepanz zwischen dem Anspruch an eine nachhaltige Entwicklung und der Wirklichkeit bezüglich des Freiraumverbrauchs auf der einen Seite und der Chance und Herausforderung für die Fortsetzung der Bemühungen um eine kommunikative Freiraumsicherung auf der anderen Seite stellt sich hinsichtlich des ersten Problembezugs heraus. Dass sich das kontinuierliche Wachstum der Siedlungs- und Verkehrsflächen weiterhin fortsetzen wird, belegen aktuelle Prognosen über die längerfristige Entwicklung insbesondere in Verdichtungsräumen. Selbst der zu erwartende Bevölkerungsrückgang in Deutschland wird von weiterer Suburbanisierung begleitet und damit den Freiraumverbrauch nicht aufhalten. Das Leitbild der nachhaltigen Entwicklung, das einen sparsamen und schonenden Umgang mit der Ressource Boden fordert, steht konträr zu diesem Trend. Zahlreiche Berichte, Programme und Gesetze auf internationaler, nationaler, regionaler und kommunaler Ebene haben die Nachhaltigkeit aufgegriffen und unterstreichen die Forderung nach Freiraumsicherung und -entwicklung. Dabei geht es um die Vereinbarung von ökologischen, ökonomischen und sozialen Zielsetzungen, womit die Ausrichtung der Freiraumentwicklung auf einen integrierten, politikfeldübergreifenden Handlungsansatz gelenkt wird. Gleichzeitig gewinnen mit dem Leitbild der Nachhaltigkeit Kommunikationsprozesse, der Einbezug und die aktive Teilhabe verschiedenster Akteure an Entscheidungs- und Vollzugsprozessen an Bedeutung. (Kap. II. 1.1)

Der zweite Problembezug thematisiert die Steuerungsdefizite des Instrumentariums der stadtregionalen Freiraumentwicklung. Die Situation des Freiraumverbrauchs und des zunehmenden Siedlungswachstums ist kein neues Thema und insbesondere seit den 80er Jahren wurde ein breites Spektrum an verschiedenen Instrumenten zum Freiraumschutz (weiter-)entwickelt und verfeinert. Von regulativen Instrumenten, die in der Fachdiskussion den größten Stellenwert haben, über Finanzhilfen und Marktteilnahme bis hin zu Instrumenten der Organisationsentwicklung kommt in der Praxis in Kombination mit den kommunikativen Instrumenten ein vielfältiges Instrumenten-Mix zum Einsatz. Dabei werden dem traditionellen Instrumentarium – vor allem regulativen Instrumenten, Finanzhilfen und Marktteilnahme – hinsichtlich seiner Steuerungsfähigkeit und Umsetzungswirkung Defizite bescheinigt. Diese werden vor allem in dem zu Grunde liegenden hierarchischen Steuerungsmodus, der starken Verrechtlichung, den Defiziten der Integration Betroffener, der negativen Koordination im Umgang mit Akteurskomplexität, der geringen Flexibilität in der Ablauforganisation und der mangelnden Nachfrageorientierung gesehen. (Kap. II. 1.2)

Die skizzierten Entwicklungen werden vor dem Hintergrund steuerungs- und planungstheoretischer Diskussionen eingeordnet. Mit dem Wandel der

Planungskultur gewinnen kommunikative Planungsinstrumente an Stellenwert. Steuerungstheoretische Erklärungsansätze zeigen auf, dass der Staat sich zunehmend nur noch als ein Mitspieler unter vielen verstehen muss und das „Steuerungsmedium Hierarchie als politische Option" an Bedeutung einbüßt. Entsprechend tritt ein kooperativer neben den hierarchischen Steuerungsmodus. Unter Hinzuziehung der systemtheoretischen Argumentation und der Akteurtheorie werden die wesentlichen Kennzeichen, aber auch Kritikpunkte des hierarchischen und des kooperativen Staatsverständnisses aufgezeigt. (Kap. II. 2.1)

Die steuerungstheoretische Debatte und der Bedeutungsgewinn des kooperativen Steuerungsmodus lässt sich geschichtlich im Planungsverständnis nachzeichnen. Die Entwicklung geht von der Anpassungs- und Auffangplanung über die Entwicklungsplanung bis hin zum perspektivischen Inkrementalismus. Die gegenwärtige Phase wird als „perspektivischer Inkrementalismus auf dem Weg zur Normalität" beschrieben, bei dem die Vermittlungs- und Verständigungsarbeit zwischen den beteiligten Akteuren aus Staat/ Kommunen, Wirtschaft und Gesellschaft in der Vordergrund rückt. Weitere wichtige Kennzeichen des gewandelten Planungsverständnisses sind neben dem Einsatz kommunikativer Instrumente im Kontext eines Instrumenten-Mix unter anderem die integrierte, Ressortgrenzen überschreitende Herangehensweise, der Akteursbezug, die Projekt- und Umsetzungsorientierung sowie die kommunikative Kompetenzerweiterung der Planenden. (Kap. II. 2.2)

In der Konsequenz zeigen sich Veränderungen im Aufgabenverständnis. Durch den querschnittsorientierten Charakter der Freiraumentwicklung und befördert durch die Einführung des Leitbildes der Nachhaltigkeit ist der integrierte Arbeitsansatz in der Freiraumpolitik zum wichtigen Bezugspunkt geworden. Des Weiteren löst sich die alte Dichotomie von Siedlung und Freiraum zunehmend auf. Das heutige Verhältnis zwischen Siedlung und Freiraum, wird z.B. mit Begriffen wie „Stadt-Landschafts-Kontinuum" und „Zwischenstadt" gefasst, und stellt neue Anforderungen an die Aufgabe Freiraumentwicklung. Instrumente, die die In-Wert-Setzung bzw. Qualifizierung von Freiraum unterstützen, sind ergänzend gefragt. Schließlich gehen auch mit dem Bedeutungszuwachs (stadt-)regionaler Kooperation Veränderungen im Aufgabenverständnis der Freiraumentwicklung einher. Stadtregionale Freiraumsysteme, wie sie insbesondere seit der 90er Jahre realisiert werden, sind zu einem wichtigen Handlungsfeld der Stadt- und Regionalentwicklung geworden. (Kap. II. 2.3)

Die Veränderungen im Planungs- und im Aufgabenverständnis der Freiraumentwicklung haben zu der Erkenntnis geführt, dass für einen wirksamen Freiraumschutz ein strategischer Instrumenten-Mix nötig ist, der eine Kommunikationsstrategie beinhaltet. Dabei können je nach regionaler Aufgabenstellung und Rahmenbedingungen die einzelnen Instrumentenstränge in unterschiedlicher Intensität zum Tragen kommen. Allerdings findet sich eine effektive Verzahnung der traditionellen Instrumente mit den kommunikativen bislang nur in Ansätzen. (Kap. II. 2.4)

Vor dem Hintergrund der Problembezüge und der planungstheoretischen Einordnung legt der Untersuchungsrahmen die Leistungsfähigkeit und die Grenzen kommunikativer Instrumente der Freiraumpolitik in Stadtregionen dar. Fünf Potenziale, die durch Teilpotenziale konkretisiert werden und denen Restriktionen hemmend entgegen stehen, spannen diesen Rahmen auf: Integration von Interessen und Akteuren erhöhen, Akzeptanz schaffen und Identifikation stiften, Qualitäten von Lösungen verbessern, Lernprozesse ermöglichen und Umsetzungsorientierung fördern. Diesen Potenzialen werden die zu Beginn der Zusammenfassung aufgeführten spezifischen Potenziale und Restriktionen zugeordnet. (Kap. III)

Die Fallstudien Grüner Ring Leipzig und Landschaftspark NiederRhein illustrieren die Praxis stadtregionaler Freiraumentwicklung und den Einsatz kommunikativer Instrumente im Kontext eines Instrumenten-Mix. Die Darstellung der Ziele, Entstehungsgründe und Rahmenbedingungen sowie die Entwicklung, Organisation und Akteurskonstellation ermöglichen, den Instrumenteneinsatz in die jeweiligen Prozesse einzuordnen. (Kap. IV 1. und 2.)

Die Auswertung der Fallstudien greift die Potenziale und Restriktionen kommunikativer Instrumente aus dem Untersuchungsrahmen systematisch auf. Dabei zeigt sich, dass einige Potenziale und Restriktionen mehr und andere weniger zum Tragen kommen. Es werden Optionen sichtbar, die (noch) nicht ausgeschöpft sind, beispielsweise die Hinzuziehung von externem Fachverstand mit Hilfe kommunikativer Instrumente. Allerdings lassen sich in beiden Fällen nur eingeschränkt Prioritäten der Potenziale und Restriktionen ableiten, denn je nach Intention und Rolle der Akteure werden die Leistungen der kommunikativen Instrumente unterschiedlich eingeschätzt. Die kommunikativen Instrumente bewegen sich jeweils im Kontext eines Instrumenten-Mix, und es lassen sich beispielhaft Verknüpfungen zu den übrigen Instrumenten identifizieren. Allerdings handelt es sich um keine systematische und gezielte Verzahnung, so dass sich Handlungsbedarf andeutet, die Synergieeffekte stärker zu nutzen. Auch wenn in den beiden Stadtregionen der Trend des Flächenverbrauchs parallel zu den Projekten der Freiraumentwicklung fortschreitet, lassen sich sowohl der Landschaftspark Nieder-Rhein als auch der Grüne Ring Leipzig als maßgebliche Handlungsformen der regionalen Freiraumentwicklung kennzeichnen, ohne die zahlreiche Maßnahmen in der angesetzten Form nicht forciert werden könnten. (Kap. IV. 3.)

2. Thesen und Folgerungen zu kommunikativen Instrumenten

Die vorliegende Arbeit thematisiert Potenziale und Restriktionen kommunikativer Instrumente in der stadtregionalen Freiraumentwicklung. Dabei liegt ein Aufgabenverständnis zu Grunde, dass es sich bei der stadtregionalen Freiraumentwicklung sowohl um eine Entwicklungs- als auch um eine Ordnungsaufgabe handelt. Benz (1994) betont, dass sich Kooperation bzw. kommunikative Instrumente am besten für Entwicklungs- und weniger für Ordnungsaufgaben eignen. Diese Einschätzung findet sich im Themenfeld der Freiraumentwicklung wieder. Entsprechend zeigen die Fallstudien eine problembezogene Zusammenarbeit der Akteure überwiegend bei Konsensthemen, aber nur am Rande zur Konfliktbewältigung. Für diesen Aufgabentypus seien im Folgenden aus den Befunden der Arbeit Thesen und Folgerungen abgeleitet.

2.1 Einordnung kommunikativer Instrumente stadtregionaler Freiraumentwicklung

(1) Der steuerungstheoretische Paradigmawandel in Richtung eines kooperativen Staatsverständnisses erfordert den Einsatz kommunikativer Planungsinstrumente in der stadtregionalen Freiraumpolitik.

Die steuerungstheoretische Debatte über die „Handlungsfähigkeit des Staates am Ende des 20. Jahrhunderts" ist Hintergrund für ein gewandeltes Planungsverständnis, das sich zur Zeit als „Perspektivischer Inkrementalismus auf dem Weg in die Normalität" kennzeichnen lässt. Durch die zunehmende Komplexität gesellschaftlicher Prozesse und die funktionale Differenzierung der verschiedenen Lebens- und Gesellschaftsbereiche wird kooperatives Handeln unabdingbar. Der Staat versteht sich als Mitspieler in einem Akteursnetzwerk, so dass seine hierarchischen Steuerungsbemühungen zunehmend wirkungsloser werden. In der Konsequenz greift er auf Kooperation und Verhandlung als Formen der Steuerung zurück. Kooperative und hierarchische Steuerungsmodi kommen in wechselseitiger Verschränkung und in unterschiedlicher Intensität in der Praxis bzw. den „Planungs-Praxen" (Selle) zum Tragen.

Mit dem kooperativen Steuerungsmodus und dem gewandelten Planungsverständnis gewinnen kommunikative Instrumente in Prozessen der stadtregionalen Freiraumentwicklung an Bedeutung. Sie setzen das Anforderungsprofil des kooperativen Staates um, indem eine prozedurale Zusammenarbeit der Akteure sowie Verhandlungen die Planungsprozesse prägen.

(2) Nachhaltige stadtregionale Freiraumentwicklung kann vom Einsatz kommunikativer Instrumente besonders profitieren, da sie themen-, res-

sort- und akteursübergreifend bzw. integriert ausgerichtet ist. Kommunikative Instrumente bieten dazu die nötigen flexiblen Koordinationsformen und eine Verknüpfung mit integrierten Ansätzen der Stadt- und Regionalentwicklung an.

Die themen-, ressort- und akteursübergreifende Ausrichtung der stadtregionalen Freiraumentwicklung legt den Einsatz kommunikativer Instrumente nahe. Nur durch Verständigungsarbeit zwischen den verschiedenen Akteuren und Ressorts können übergreifende Lösungen entwickelt und abgestimmt werden.

Die Ausweitung des Aufgabenverständnisses stadtregionaler Freiraumentwicklung in Richtung des Leitbilds der Nachhaltigkeit, die sich vieler Orts bereits in der Praxis wiederfindet, deutet weiterreichend Perspektiven an. Freiraumentwicklung sollte sich als Impulsgeber einer integrierten Stadt- und Regionalentwicklung verstehen, da sie so größere politische Aufmerksamkeit gewinnen kann. Wenn Freiräume dank ihrer Funktionen für Wohn-, Arbeitsplatz- und Standortqualitäten an Wert gewinnen, steigt die Bedeutung der Freiraumpolitik als Partnerin der Stadt- und Regionalentwicklung. Damit dieses Aufgabenverständnis verstärkt umgesetzt werden kann, sollte das Instrumentarium hinsichtlich einer integrierten und auf interkommunale Zusammenarbeit zielenden Ausrichtung fortentwickelt werden.

Das Instrument REGIONALE in Nordrhein-Westfalen weist beispielhaft einen Weg, wie die Entwicklung von Kultur- und Naturräumen mit regionaler Strukturpolitik verknüpft werden kann. Die REGIONALE ermöglicht es, wirtschaftliche, soziale, kulturelle und ökologische Interessen im Sinne der Nachhaltigkeit zu integrieren, legt eine interkommunale Zusammenarbeit zu Grunde und verbindet diese mit dem Einsatz kommunikativer Instrumente (vgl. Wachten, Scheuvens, Lehmann 2001). In Hessen wird nach dem Vorbild der REGIONALE die Debatte um eine „Metropolitana Frankfurt/Rhein-Main" geführt, die Standort- und Lebensqualität erhöhen und das Profil der Region schärfen soll (vgl. Schultheis 2001). Neue Instrumente, beispielsweise der regionale Flächennutzungsplan oder interkommunale Flächenpools, bieten Ansatzpunkte für die Fortentwicklung des Instrumentariums der stadtregionalen Freiraumentwicklung in Richtung einer nachhaltigen Stadt- und Regionalentwicklung und sollten dafür genutzt werden.

(3) Kommunikative Instrumente greifen Defizite des traditionellen Instrumentariums auf und reagieren auf zentrale Herausforderungen, die sich für die stadtregionale Freiraumpolitik stellen.

Das traditionelle Instrumentarium der stadtregionalen Freiraumentwicklung weist eine Reihe von Defiziten auf, so dass sie nur eine begrenzte Wirksamkeit für die Freiraumsicherung, -entwicklung und -In-Wert-Setzung entfalten. Hinzu treten Rahmenbedingungen, die restriktiv auf ihre Steuerungsfähigkeit wirken. Kommunikative Instrumente greifen diese Defizite und Restriktionen auf und reagieren auf die sich daraus ergebenden Anforderungen an eine stadtregionale Freiraumpolitik. Dieses sind vor allem das Leitbild einer nachhaltigen Freiraumentwicklung, die zunehmende Komplexität gesellschaftlicher Prozesse und Aufgaben in der räumlichen Planung, die Akteurs- und Interessenvielfalt, der geringe politische und öffentliche Stellenwert von Freiraum sowie die bestehenden Umsetzungsmängel.

Kommunikative Instrumente erfüllen dadurch, dass sie die beschriebenen Defizite und Herausforderungen aufgreifen, einen ergänzenden Beitrag zu den Leistungen der übrigen Instrumente stadtregionaler Freiraumentwicklung und komplementieren den Instrumenten-Mix.

2.2 Leistungsfähigkeit und Grenzen kommunikativer Instrumente

(4) Kommunikative Instrumente bieten ein breites Leistungsspektrum für Prozesse stadtregionaler Freiraumentwicklung: Sie können die Integration von Interessen und Akteuren erhöhen, Akzeptanz schaffen und Identifikation für die Freiraumsicherung, -entwicklung und -In-Wert-Setzung stiften, Qualität von Lösungen verbessern, Lernprozesse ermöglichen und Umsetzungsorientierung fördern.

Im Mittelpunkt dieser Arbeit stehen die Leistungsfähigkeit und die Grenzen kommunikativer Instrumente stadtregionaler Freiraumentwicklung. Die iterative Vorgehensweise aus theoriegestützter Herleitung und empirischer Überprüfung rückt fünf Potenziale kommunikativer Instrumente in den Vordergrund: Integration von Interessen und Akteuren, Akzeptanzschaffung und Identifikationsstiftung, Qualitätsverbesserung von Lösungen, Ermöglichung von Lernprozessen und Förderung der Umsetzungsorientierung. Diese lassen sich mit Hilfe von spezifischen Leistungen bzw. Teilpotenzialen, die in Abbildung 46 dargestellt sind, konkretisieren und im Hinblick auf ihre Leistungsfähigkeit operationalisieren.

Dabei ist die Konfliktregelung eine der spezifischen Leistungen kommunikativer Instrumente. Insbesondere bei dem hier untersuchten Aufgabentypus der Entwicklungsaufgaben stadtregionaler Freiraumentwicklung sind viele der Potenziale kommunikativer Instrumente auf die Konfliktregelung, insbesondere von Sachverhalts- und Interessen-Konflikten, ausgerichtet (vgl. Abb. 29; vgl. Besemer 1993). Beispielsweise können Potenziale kommunikativer Instrumente, wie „Transparenz und Öffentlichkeit herstellen", „Entscheidungsvorbereitung auf breiterer Basis stellen", „inhaltliche und emotionale Qualitäten vermitteln", „Interessen und Positionen ermitteln" etc., dazu beitragen, Konflikte frühzeitig zu vermeiden bzw. im Vorfeld eines formalen Verfahrens zu regeln. Damit kommen „konfliktregelnde, mediative Elemente" in kommunikativen Prozessen zum Einsatz, es handelt sich aber nicht um Mediationsverfahren im engeren Sinne. Bei Ordnungsaufgaben, bei denen es überwiegend um Verteilungskonflikte geht, ist dagegen vorrangig eine „härtere" Konfliktregelung im Sinne der Mediation erforderlich.

Die Übersicht der Potenziale verdeutlicht, welches Leistungsspektrum kommunikative Instrumente eröffnen können. Sie schaffen ein Bewusstsein dafür, wofür kommunikative Instrumente nutzbar sind, und können so zu einer effizienteren Anwendung beitragen. Denn inzwischen ist zwar der Einsatz kommunikativer Instrumente durchaus anerkannt, allerdings sind sich die Akteure nur selten über die Bandbreite der Potenziale bewusst. Dabei ist selbstverständlich, dass die Potenziale nicht in allen Fällen in ihrer idealen Ausprägung zur Verfügung stehen. Je nach regionaler Aufgabenstellung und den spezifischen Bedingungen können ihre Ausprägungen sehr unterschiedlich sein.

(5) Inwiefern sich die Potenziale kommunikativer Instrumente entfalten können, ist von förderlichen Bedingungen abhängig und davon, ob die bestehenden Potenziale zielgerichtet genutzt werden.

Die Darstellung der Potenziale und Restriktionen im Untersuchungsrahmen und in der Auswertung der Fallstudien deutet förderliche Bedingungen bzw. Erfolgsfaktoren für den Einsatz kommunikativer Instrumente in der regionalen Freiraumpolitik an. Diese tragen dazu bei, dass die Leistungen kommunikativer Instrumente zum Tragen kommen. Beispielsweise seien einige genannt:

- Sichtbarer Nutzen für die einzelnen Akteure
- Themenorientierte Arbeit
- In der Anfangsphase Konsensthemen
- Kurzfristig greifbare Umsetzungsergebnisse
- Vertrauensschutz bezüglich der Verbindlichkeit erzielter Lösungen des kooperativen Prozesses
- Grundkonsens als Basis
- Kontinuität der Akteure
- Mitwirkung einflussreicher Repräsentanten der Region
- Unterscheidung zwischen Steuerungs-, Arbeits- und Entscheidungsebene
- Entlastungsstruktur für die Organisation und den Kommunikationsfluss (regionale Entwicklungsagenturen, Regionalbüros, Geschäftsstellen)
- Kommunikatives Vorgehen von Anfang an
- Externe Moderation

Dabei ist entscheidend, dass die Potenziale kommunikativer Instrumente überhaupt gezielt genutzt werden. So können beispielsweise durch das parallele Angebot von Bürgerbeteiligung und das Hinzuziehen von externem Sachverstand mit Hilfe kommunikativer Instrumente Qualitäten von Lösungen verbessert werden. Oder eine Institutionalisierung der interkommunalen Kooperation hat den Vorteil, dass Verhandlungen zwischen den Akteuren erleichtert werden.

Die Bedeutung der Potenziale ist auch von dem jeweiligen Blickwinkel der beteiligten Akteure abhängig und kann sehr unterschiedlich sein. So ist aus Sicht der Politik eher die Umsetzungsorientierung vorrangig, während für einen intermediären Akteur die Förderung von Lernprozessen zentral ist, damit die Prozessarbeit erleichtert wird. Diese akteursspezifischen Präferenzen lassen jedoch keine generalisierende Priorisierung der Potenziale und Restriktionen zu. Vielmehr sind die Gewichtungen subjektiv und von der jeweiligen Prozessphase und den Rahmenbedingungen abhängig.

(6) Restriktionen hemmen die Potenziale kommunikativer Instrumente. Sie kommen je nach Akteurskonstellationen und Rahmenbedingungen in unterschiedlichem Maße zum Zuge.

Den beschriebenen Potenzialen kommunikativer Instrumente stehen eine Reihe von Restriktionen gegenüber, welche die Wirksamkeit kommunikativer Instrumente einschränken. Die Fallstudien zeigen, dass die Restriktionen mehr oder weniger zum Tragen kommen können. Dies ist unter anderem abhängig von der Konstellation der Akteure in der jeweiligen Region sowie den Rahmenbedingungen, beispielsweise von der Finanzsituation, institutionellen Verflechtungen, politischen Mehrheiten oder administrativen Kapazitäten.

Das Spektrum der Restriktionen ist in Abbildung 46 beschrieben. Es reicht von institutionellen Restriktionen, beispielsweise „Konkurrenzen zu bestehenden regionalen Institutionen", über akteursbezogene Restriktionen, etwa „unterschiedliche ‚Sprachen' und Wahrnehmungen der Akteursgruppen", bis hin zu technisch-organisatorischen Restriktionen, wie „Ressourcenengpässen". Die Restriktionen deuten zugleich Anforderungen an das Prozessmanagement an. Denn einzelne Restriktionen, wie die genannten unterschiedlichen Sprachen oder institutionellen Konkurrenzen, lassen sich durch eine geschickte Kommunikationsstrategie abschwächen bzw. vermeiden. Allerdings gilt dies nicht für alle Restriktionen. Beispielsweise wird es im Rahmen der stadtregionalen Freiraumentwicklung kaum möglich sein, negative Vorerfahrungen, die Dominanz institutioneller Interessen oder Wertunterschiede aufzuheben.

2.3 Instrumenten-Mix und Kommunikationsstrategie

(7) Die kommunikativen Instrumente müssen den anderen Instrumentensträngen der nachhaltigen Freiraumentwicklung strategisch verflochten werden, um wirkungsvolle Freiraumsicherung, -entwicklung und -In-Wert-Setzung betreiben zu können. Darüber erschließen sich zusätzliche Synergieeffekte.

Kommunikative Instrumente treten als Instrumentarium neben regulative Instrumente, Finanzhilfen, Marktteilnahme und Organisationsentwicklung als den weiteren Instrumentensträngen der stadtregionalen Freiraumentwicklung. Der Einsatz kommunikativer Instrumente ist dabei eine notwendige, aber keine hinreichende Bedingung zur Umsetzung einer nachhaltigen Freiraumentwicklung im Sinne der Realisierung sozialer, kultureller, ökologischer und ökonomischer Belange. Für sich allein genommen ist die Wirkung jedes Instrumentenstrangs nur begrenzt. Es kommt deshalb darauf an, kommunikative Instrumente in geeigneter Weise mit den übrigen Instrumenten zu verknüpfen. Um eine möglichst wirkungsvolle Steuerung zu erreichen, gilt es, die dargestellten spezifischen Leistungen kommunikativer Instrumente mit den übrigen Instrumenten konstruktiv zu kombinieren.

Verflechtungen zwischen den Instrumentensträngen sind vielfältig. Beispielsweise sind häufig regulative Instrumente die Legitimation bzw. der Anlass für den Einsatz kommunikativer Instrumente. Kooperatives Handeln in der Freiraumentwicklung benötigt Anreize, zum Beispiel durch Fördermittel und eine rechtliche Verbindlichkeit der Ergebnisse durch regulative Instrumente. Die Verzahnung regulativer Instrumente mit kommunikativen Instrumente birgt weitere unausgeschöpfte Potenziale in sich. Formale Anhörungsverfahren können als Dialogprozesse ausgestaltet werden und durch frühzeitige Einbindung der Akteure bereits während der Planungsphase die Umsetzung eingeleitet werden.

Instrumentenstränge kommen in unterschiedlicher Intensität zum Einsatz, so dass je nach Fall ein spezifisches Instrumenten-Mix erforderlich ist. Auslöser sind die jeweiligen stadtregionalen Bedingungen, das heißt interkommunale Interessenkonflikte und Problemlagen, die Akteure, Förderanreize etc.

(8) Der strategische Einsatz des Instrumenten-Mix ist mit einer übergeordneten, an die spezifischen Rahmenbedingungen angepassten Kommunikationsstrategie zu verknüpfen.

Die aufgezeigten Potenziale und Restriktionen kommunikativer Instrumente machen deutlich, dass es um den gezielten und strategischen Einsatz dieses Instrumentariums gehen muss. Wenn kommunikative Instrumente in einer zielgerichteten Strategie verknüpft werden, können sie zur Sicherung und Entwicklung der stadtregionalen Freiräume beitragen. Dabei ist die Verzahnung des kommunikativen Prozesses mit den klassischen Instrumenten wesentlich.

Es geht um eine Gesamtstrategie, die mehrere kommunikative Instrumente nach Bedarf und im Kontext eines Instrumenten-Mix einsetzt. Die Kommunikationsstrategie richtet sich dabei individuell nach den spezifischen Rahmenbedingungen und dem Entwicklungsstadium des jeweiligen Projekts. Es existiert also nicht ein optimales Organisationsmodell bzw. eine optimale Kommunikationsstrategie für den Einsatz kommunikativer Instrumente. Vielmehr gibt es eine Vielzahl verschiedener Strategien. Je nach Ziel und

Anlass kommen informierende, beteiligende und/oder kooperierende Kommunikationsinstrumente mehr oder weniger zum Einsatz. Mit Hilfe von Informations-, Beteiligungs- und Kooperationsangeboten können verschiedene Akteure mit unterschiedlichen Rollen und Ausgangsbedingungen eingebunden werden. Dabei hat es sich beispielsweise bewährt, zwischen einer Steuerungs-, einer Arbeits- und einer Entscheidungsebene zu unterscheiden und die Kommunikationsstrategie danach auszurichten.

2.4 Qualifikationsbedarf

(9) Ein Prozessmanagement, das eine eigenständige Kommunikationsstrategie sowie den Einsatz kommunikativer Instrumente im Kontext eines Instrumenten-Mix beinhaltet, ist eine zentrale Qualifikationsanforderung für die Projektbeteiligten. Diese Qualifikation sollte Bestandteil von Aus- und Fortbildungsmaßnahmen, insbesondere für Planerinnen und Planer, sein.

Die Thesen und Folgerungen nehmen für sich in Anspruch, einen Beitrag zu einem zukünftigen „Stand der Technik" stadtregionaler Freiraumentwicklung beizusteuern. Der Einsatz eines Instrumenten-Mix, die Berücksichtigung einer übergeordneten, strategischen Kommunikationsstrategie sowie Kenntnisse über Potenziale und Restriktionen kommunikativer Instrumente sind wesentliche Elemente. Die zukünftige Herausforderung besteht darin, diesen „Stand der Technik" in der Breite als Standard zu etablieren und im Sinne des in Kapitel II. 2. dargestellten Wandels des Planungsverständnisses den Übergang in die Normalität zu beschleunigen. Wie das Zeichnen von Plänen oder die Anwendung eines Geoinformationssystems erlernt werden müssen, gilt es auch, den angehenden Planerinnen und Planern kommunikatives Prozessmanagement als Handwerkszeug zu vermitteln. Dazu gehört Projektmanagement-, Moderations- und Prozessfähigkeiten.

Die Qualifikationsbausteine der Weiterbildung „Moderation in der Raum- und Umweltplanung" zeigen exemplarisch zentrale Bausteine für ein kommunikatives Prozessmanagement auf (vgl. Abb. 26). Hinzu kommen beispielsweise Kenntnisse zur Presse- und Öffentlichkeitsarbeit, mit deren Hilfe public-awareness-Strategien für den Belang Freiraum umgesetzt werden können.

Als flankierende Maßnahme zur Etablierung kommunikativen Prozessmanagements sollte zudem die Verwaltungsmodernisierung im Sinne des New Public Managements Berücksichtigung finden. Sie gibt Impulse für die Modernisierung des Instrumenten-Mix und eröffnet Spielräume für den Einsatz kommunikativer Instrumente stadtregionaler Freiraumentwicklung (beispielsweise Projekte als Produkte, Kundenorientierung durch Benchmarking, Leistungsvergleiche, Standards; vgl. ARL 2001).

3. Ausblick: Weiterführender Forschungsbedarf zu kommunikativen Instrumenten stadtregionaler Freiraumpolitik

Die vorliegende Forschungsarbeit richtet ihren Fokus auf die Leistungsfähigkeit und die Grenzen kommunikativer Planungsinstrumente in der stadtregionalen Freiraumentwicklung. Damit wurde kommunikatives Prozessmanagement bezogen auf einen sachlichen Teilausschnitt der Stadt- und Regionalentwicklung betrachtet. Neben den in den Blickpunkt gerückten Instrumenten sind aber beispielsweise auch die Akteure bzw. Akteurskonstellationen, das institutionelle Umfeld und die Rahmenbedingungen von Bedeutung. Auf der Grundlage der Ergebnisse dieser Arbeit lassen sich eine Reihe weiterer Fragen ableiten, die für die vertiefende Qualifizierung einer kommunikativen Planungsmethodik von Interesse sind. Folgende Aspekte lassen sich als weiterführender Forschungsbedarf identifizieren:

- Verallgemeinerung der Ergebnisse – Potenziale und Restriktionen kommunikativer Verfahren in der Raum- und Umweltplanung,
- Systematisierung von förderlichen Bedingungen bzw. Erfolgsfaktoren,
- kommunikative Instrumente stadtregionaler Freiraumentwicklung im Kontext des Instrumenten-Mix sowie im internationalen Vergleich,
- „Schrumpfende Stadt" – Herausforderungen für Freiraumentwicklung und Planungskommunikation.

3.1 Verallgemeinerung der Ergebnisse – Potenziale und Restriktionen kommunikativer Verfahren in der Raum- und Umweltplanung

Ergebnis der vorliegenden Arbeit sind Indikatoren für Leistungsfähigkeit und Grenzen kommunikativer Instrumente in der stadtregionalen Freiraumentwicklung in Form von Potenzialen, Teilpotenzialen und Restriktionen. Dabei beziehen sich die in einer iterativen Vorgehensweise herausgearbeiteten Potenziale und Restriktionen auf die zu Grunde gelegte Empirie stadtregionaler Freiraumentwicklung. Es ist zu vermuten, dass zahlreiche Aspekte der Analyse und Interpretation Parallelen in anderen Sachgebieten bzw. auf anderen Maßstabsebenen der Stadt- und Regionalentwicklung aufweisen. Folglich stellt sich die weiterführende Frage, inwiefern sich diese verallgemeinernd auf kooperative Prozesse der Raum- und Umweltplanung übertragen lassen. Beispielsweise liegt die These nahe, dass die benannten Potenziale und Restriktionen auch für kommunikative Instrumente bzw. Verfahren außerhalb interkommunaler Kooperation sowie in anderen Feldern als der Freiraumentwicklung Gültigkeit haben. Einige wenige Potenziale und Restriktionen erscheinen dagegen für die interkommunale Kooperation spezifisch zu sein (beispielsweise Potenzial: „regionales Denken und Handeln fördern", Restriktion: „unterschiedliche Zuständigkeiten auf regionaler und kommunaler Ebene").

Diese Erwartung, dass die Potenziale und Restriktionen weiter reichende Bedeutung haben, lässt sich teilweise vor dem Hintergrund der Auswertung der theoretischen Grundlagen herleiten. Jedoch bedarf es für eine Erhärtung dieser These der systematischen Überprüfung anhand eines breiteren Spektrums von Fallbeispielen aus unterschiedlichen Planungsfeldern und auf verschiedenen Maßstabsebenen, denn die Vielfalt der Problem- und Akteurskonstellationen, in denen kommunikative Instrumente Anwendung finden, ist groß.

Neben dieser induktiven Vertiefung des Forschungsgegenstandes erscheint auch eine Auswertung ergänzender Theorieansätze aus verschiedenen Disziplinen (siehe Kap. II. 2.1) im Hinblick auf Potenziale und Restriktionen kommunikativer Planungsinstrumente von Interesse, die über die in der vorliegenden Arbeit durchgeführten Herleitungen hinausgeht.

3.2 Systematisierung von förderlichen Handlungsbedingungen bzw. Erfolgsfaktoren

Unter welchen Bedingungen funktioniert der Einsatz kommunikativer Instrumente bzw. wird die Wirksamkeit des kommunikativen Instrumentariums gefördert? Diese Fragestellung liegt vor dem Hintergrund der Ergebnisse der vorliegenden Arbeit nahe, da sie im Hinblick auf den Einsatz des Instrumentariums die nächste Konkretisierungsstufe darstellt. Ein Untersuchungsansatz, der die systematische Analyse von Erfolgsfaktoren für den Einsatz kommunikativer Instrumente zum Ziel hat, würde die vorliegende Arbeit folglich konstruktiv ergänzen.

Anhand der Auswertung der untersuchten Fallstudien wurde bereits eine Reihe von förderlichen Handlungsbedingungen bzw. Erfolgsfaktoren deutlich. So hat sich z.B. bewährt, kommunikative Verfahren mit Konsensthemen zu beginnen oder von Anfang an auf greifbare Umsetzungsergebnisse hinzuwirken. Bislang existiert jedoch keine systematische Aufbereitung der diesbezüglichen Befunde. Ergänzende empirische Untersuchungen des Einsatzes kommunikativer Instrumente sollten hier ansetzen.

Die nachfolgende Synopse zeigt exemplarisch erste Erkenntnisse verschiedener Autoren, die für eine Systematisierung förderlicher Handlungsbedingungen bzw. Erfolgsfaktoren nutzbar wären (vgl. Abb. 46). Diese beziehen sich zwar auf unterschiedliche Anwendungsfelder, von der Mediation, über interkommunale Kooperation bis hin zu allgemeiner Kooperation. Gemeinsames Kennzeichen ist jedoch, dass in allen Fällen kommunikative Verfahren zum Einsatz kommen.

Abb. 46: *Förderliche Handlungsbedingungen bzw. Erfolgsfaktoren kommunikativer Instrumente – Synopse von Einzelbefunden verschiedener Autoren*

Keller (1996): Bedingungen für Kooperation

- Einsicht – in Landschaft/Ökologie kommt man am besten voran, wenn man Freiwilligkeit nutzt
- Aussicht – etwas zu bekommen (win-win-option), was man ohne Kooperation nicht bekommen würde
- Voraussicht – in die eigenen begrenzten Möglichkeiten der Kommunen
- Umsicht – umsichtiger Umgang mit einem komplizierten Interessengelage

---

Grosser und Hoffmeister (1995: 276): (Rahmen-)Bedingungen für die Anwendung und das Gelingen von Mediationsverfahren

Verfahren:

- Kompromissfähigkeit des Konflikts
- Frühzeitigkeit des Verfahrens, nach Möglichkeit keine „Vorgeschichte" im konkreten Konfliktfall
- Existenz von Handlungsspielräumen
- Ergebnisoffenheit des Verfahrens

Verfahrensbeteiligte:

- Problemadäquate Zusammensetzung der Verfahrensbeteiligten
- Kompromissfähigkeit und Verhandlungsbereitschaft der Akteure
- Anerkennung von „Spielregeln" für die Auseinandersetzung

Mittler:

- Je nach Konfliktfall ständige Vor-Ort-Präsenz des Mittlers
- Einrichtung einer „gläsernen" Geschäftsstelle
- Personelle Trennung zwischen Moderator und Projektleiter innerhalb des Auftragnehmerteams

Auftraggeber:

- Unterstützung und Vertrauen auf Seiten des Auftraggebers
- Inhaltliche Beweglichkeit des Auftraggebers
- Ausreichende informationelle und finanzielle Ressourcen für den Mittler

Linder und Vatter (1996: 182ff): 14 Evaluationskriterien von Partizipationsverfahren

- Fairness
- Transparenz
- Lernchancen
- Frühe und iterative Beteiligung
- Direkte, verständliche Informationen und offene Konfliktaustragung
- Gemeinsame Festlegung der Entscheidungs- und Verfahrensregeln
- Erwartungssicherheit
- Motivation der Beteiligten
- Kompetenz der Beteiligten
- Ausgleich zwischen den verschiedenen sozialen Schichten
- Ausgleich zwischen konfliktfähigen und nichtkonfliktfähigen Interessen
- Ausgleich zwischen kurzfristigen und langfristigen Interessen
- Umwandlung von Nullsummen-Konflikten in Positivsummen-Konflikten
- Institutionelle Integration

Kiepe (1996: 310ff): Handlungsbedingungen interkommunaler Zusammenarbeit

- Freiwilliges interkommunales Handeln: Kooperation muss auf Einsicht beruhen, freiwillig und nach Maßgabe örtlicher und sachlicher Gegebenheiten vereinbart werden
- Keine neue staatliche Verwaltungsebene
- Abgrenzung der Stadtregionen nach Aufgabenfeldern
- Bürgernähe sichern
- Gesellschaftliche Kräfte einbeziehen
- Es ist auf vorhandene Initiativen aufzubauen

Renn und Oppermann (1995: 274): Handlungsbedingungen für Mediationsverfahren

- Klares Mandat und Zeitraster für die beteiligten Parteien oder Individuen
- Faire Auswahl der Diskursteilnehmer
- Erhaltung der verständigungsorientierten Vorgehensweise innerhalb des Diskurses
- Rückkopplung der Diskursergebnisse an die engere und weitere Öffentlichkeit
- Einbindung der Ergebnisse in die politisch legitimierten Entscheidungsverfahren

3.3 Kommunikative Instrumente stadtregionaler Freiraumentwicklung im Wechselspiel mit dem Instrumenten-Mix und im internationalen Vergleich

Insbesondere die empirische Untersuchung der Fallstudien hat gezeigt, dass es noch weitgehend an einer systematischen Verknüpfung kommunikativer Instrumente mit den übrigen Instrumenten der stadtregionalen Freiraumentwicklung fehlt. Es besteht sowohl Optimierungsbedarf hinsichtlich eines effektiven Einsatzes der verschiedenen Instrumente im Wechselspiel miteinander als auch bezogen auf die Entwicklung von integrativ angelegten, auf das Instrumenten-Mix zielenden Kommunikationsstrategien. Für Forschung und Praxis könnte deshalb eine vergleichende Auswertung von Verfahrensabläufen, die sich durch den Einsatz der verschiedenen Instrumente stadtregionaler Freiraumentwicklung auszeichnen, weiterführende Aufschlüsse im Hinblick auf wesentliche Elemente wirkungsvoller Kommunikationsprozesse geben (wie z.B. die Differenzierung zwischen Arbeits-, Steuerungs- und Entscheidungsebene).

Bezogen auf das Instrumenten-Mix sollten Instrumente der Organisationsentwicklung, wie sie beispielsweise im Rahmen des Neuen Steuerungsmodells (New Public Management) zum Einsatz kommen, an Bedeutung gewinnen. Die Steuerungsmechanismen der beteiligten Verwaltungseinheiten scheinen eine wesentliche Bedeutung für die Leistungsfähigkeit kommunikativer Instrumente zu haben. Dies wurde bereits durch die Beschreibung der Restriktionen angedeutet. Eine Schnittstelle zur Stadt- und Regionalentwicklung bietet diesbezüglich der Diskurs über urban und regional governance (vgl. Ache 2000; Benz et al. 2000; Naschold et al. 1994). Dabei rücken „weiche" Formen der Steuerung in den Vordergrund bzw. ergänzen die eingespielten „harten" Steuerungsmechanismen. Kommunikative und kooperative Verfahrensweisen haben in diesem Zusammenhang besondere Bedeutung, sind aber jeweils explizit im Wechselspiel mit anderen Instrumentensträngen zu sehen. Die Analyse von governance-Ansätzen der stadtregionalen Freiraumentwicklung böte die Möglichkeit, die noch etwas unscharfe Diskussion am Beispiel eines konkreten Politikfeldes zu qualifizieren.

Vor dem Hintergrund der deutschen Erfahrungen mit dem Einsatz kommunikativer Instrumente im Kontext eines Instrument-Mix sowie den noch unzureichenden Verknüpfungen zwischen den Instrumenten bzw. der nur geringen Ausschöpfung von Synergieeffekten erscheint ein Vergleich mit Steuerungsformen stadtregionaler Freiraumentwicklung in anderen Ländern lohnend, um Impulse für die hiesige Diskussion zu erhalten. Dabei ist zu beachten, dass unterschiedliche politische und verwaltungsorganisatorische aber auch kulturelle und gesellschaftshistorische Rahmenbedingungen eine direkte Übertragung erschweren. Trotzdem sind Anregungen für die deutsche Praxis und Forschung zu erwarten.

Stadtregionale Freiraumsysteme in anderen Ländern sind z.B. der Green Belt um London, das „Grüne Herz" der niederländischen Randstad, der Wald- und Wiesengürtel in Wien oder der Limmatpark in Zürich. Eine Recherche würde ein breiteres Spektrum von Beispielen aufzeigen und eine Auswertung im Hinblick auf den Einsatz kommunikativer Instrumente könnte besonders interessante Fälle identifizieren.

Auf einige laufende EU-Forschungsprojekte im Gegenstandsbereich der kommunikativen und stadtregionalen Freiraumentwicklung kann dabei zurückgegriffen werden, so dass der Zugang und die Vorarbeiten für ein Forschungskonzept erleichtert würden. Zu nennen sind beispielsweise das Interreg II C-Projekt „Sustainable Open Space" (S.O.S.), das die grenzüberschreitende Zusammenarbeit im Bereich der regionalen Freiraumentwicklung von Regionen in Belgien, Frankreich, Großbritannien, der Niederlande und Deutschland untersucht (vgl. Overbeek, Wijermans 1999; Groene-Hartteam 1999). Auch das im Herbst 2000 gestartete Forschungsnetzwerk zum Thema „Greenstructures and Urban Planning", das im Rahmen der COST-Aktion der EU gefördert wird und an dem 28 Staaten beteiligt sind, bietet Anknüpfpunkte für eine international vergleichende Auswertung bezüglich der in der regionalen Freiraumentwicklung jeweils eingesetzten Steuerungsformen und ihrer Wirkungsweisen (vgl. www.map21ltd.com/COSTC11).

Auch in Bezug auf die Governance-Diskussion und ihre Verknüpfung zum Einsatz kommunikativer Instrumente sollten internationale Bezüge berücksichtigt werden, da die Diskussion außerhalb Deutschlands bereits intensiv geführt wird (vgl. Le Galès 1998; Maloney, Smith, Stoker 2000; Pierre 2000; Rhodes 1996). Aktuelle Diskussionsbezüge bietet das Weißbuch der Europäischen Kommission „New Governance" (vgl. Kommission der Europäischen Gemeinschaft 2001).

3.4 „Schrumpfende Stadt" – Herausforderungen für stadtregionale Freiraumentwicklung und Planungskommunikation

Für Freiraumentwicklung und Planungskommunikation stellen sich in den nächsten Jahren neue Herausforderungen angesichts des aufkommenden Anforderungsprofils der „schrumpfenden Stadt". Die vorliegende Arbeit thematisiert vor allem die Freiraumentwicklung der 90er Jahre. Zur Zeit beginnt eine neue Phase der Stadt- und Regionalentwicklung, die unter anderem durch einen Rückgang der Bevölkerung, den damit verbundenen Trend zu steigendem Wohnungsleerstand sowie Zuwanderung von Migranten und entsprechende Integrationserfordernisse geprägt ist (siehe Kap. II. 1.1.1). In der ostdeutschen Fallregion Leipzig zeigen sich diese Tendenzen bereits heute, u.a. durch erheblichen Leerstand innerstädtischer Bausubstanz. Für Westdeutschland werden sichtbare Auswirkungen ab 2015 prognostiziert.

Damit gehen Veränderungen in Stadtstruktur und Landschaft einher, und es stellen sich neue Fragen für die zukünftige Entwicklung: Wie sieht das Verhältnis von Freiraum und Siedlung zukünftig aus? Welche neuen Leitbilder gibt es für die Stadtregion der Zukunft? Stoppt die Suburbanisierung oder wird es eine Fortsetzung geben? (Amerikanisierung), Welche neuen Wohnformen und Stadtstrukturen entstehen? („Wohnen im Grünen mitten in der Stadt", wie es beispielsweise in England vorzufinden ist) Welche neuen „Stadtlandschaften" entwickeln sich? Was bedeutet der Trend für das Instrumentarium der Freiraumpolitik? Welche Rolle kommt kommunikativen Instrumenten zu? Welche Nutzungsansprüche haben Migranten und ältere Menschen als anteilig zunehmende Bevölkerungsgruppen und wie lassen sich diese berücksichtigen?

Es gilt, neue Leitbilder sowie veränderte Strategien und Konzepte vor dem Hintergrund der sich aktuell abzeichnenden Trends zu entwerfen und erste mögliche Antworten auf diese Fragen zu finden.

Mit Hilfe von Szenarien hat das BMBF in dem Forschungsfeld „Stadt 2030" mögliche Zukünfte verschiedener Stadttypen skizzieren lassen und beabsichtigt, Entwicklungstrends und Lösungsstrategien zu erforschen. An diesen Forschungsergebnissen sollten Fragestellungen anknüpfen, die die stadtregionale Freiraumentwicklung sowie den Einsatz kommunikativer Instrumente in den Mittelpunkt rücken.

VI. Abbildungs- und Abkürzungsverzeichnis

1. Abbildungsverzeichnis

Abb. 1: Phasen der Freiraumentwicklung (Problemdefinition und Zielfindung, Planaufstellung, Umsetzung, Nutzung) 13

Abb. 2: Aufgaben der Freiraumentwicklung 15

Abb. 3: Übersicht zu Formen und Verfahren des kommunikativen Prozessmanagements 17

Abb. 4: Übersicht ausgewählter Projekte regionaler Freiraumentwicklung 20

Abb. 5: Iteratives Vorgehen zur Identifikation von Potenzialen und Restriktionen kommunikativer Instrumente 22

Abb. 6: Gemeinsamkeiten der ausgewählten Fallstudien stadtregionaler Freiraumentwicklung „Grüner Ring Leipzig" und „Landschaftspark NiederRhein" 23

Abb. 8: Auswirkungen des Freiraumverbrauchs und beispielhafte Ursachen 29

Abb. 9: Entwicklung von Siedlungsfläche, Bevölkerung und Erwerbstätigen 1960 bis 1997 30

Abb. 10: Entwicklung der Siedlungs- und Verkehrsflächen 1993 bis 1997 in verschiedenen Raumkategorien 31

Abb. 11: Verstädterung in Stadtregionen – Verlagerung der Siedlungsentwicklung in das Umland 32

Abb. 12: Bevölkerungsrückgang in Deutschland bis 2050 33

Abb. 13: Altersaufbau der Bevölkerung in Deutschland 1950 und 2050 34

Abb. 14: Zieldreieck der nachhaltigen Entwicklung 36

Abb. 15: Beispielhafte Übersicht von Plänen, Programmen, Gesetzen und Projekten mit Bezug zur nachhaltigen Freiraumentwicklung 38

Abb. 16: Drei Dimensionen nachhaltiger Entwicklung, erläutert am Handlungsfeld Wohnen 40

Abb. 17: Übersicht politikfeldübergreifender städtebaulicher Strategien zur nachhaltigen Entwicklung 41

Abb. 18: Sieben Schlüsselindikatoren nachhaltig flächensparender und landschaftsschonender Siedlungsentwicklung 43

Abb. 19: Genutzte Kommunikationsformen in der Lokalen Agenda 21 .. 44

Abb. 20: Übersicht der Instrumentenstränge der Freiraumentwicklung... 47

Abb. 21: Formen intraregionaler Kooperation in Stadtregionen 55

Abb. 22: Entscheidungssysteme des „kooperativen Staates": Vergleich von Kooperation und Verflechtung 67

Abb. 23: Ein Definitionsversuch: Konstitutive Merkmale neuer Formen kooperativer Planungsverfahren 68

Abb. 24: Wandel im Planungsverständnis 69

Abb. 25: Psycho-soziale und fachlich-inhaltliche Aspekte von Projektmanagement 81

Abb. 26: Qualifikationsbausteine für Planerinnen und Planer 82

Abb. 27: Kategorien der Untersuchung „Leistungsfähigkeit und Grenzen kommunikativer Planungsinstrumente" 93

Abb. 28: Leistungen kommunikativer Instrumente als Reaktion auf Herausforderungen an die stadtregionale Freiraumentwicklung 94

Abb. 29: Konfliktarten und Konfliktursachen 98

Abb. 30: Regeln der Prozessgestaltung zur Entwicklung von Sachqualitäten 116

Abb. 31: Symbol Grüner Ring 131

Abb. 32: Die verschiedenen Planungsebenen im Grünen Ring Leipzig... 132

Abb. 33: Ziele und Qualitäten der Freiraumentwicklung des Grünen Ring Leipzigs 132

Abb. 34: Aktionsraum Grüner Ring Leipzig vor (oben) und nach (unten) der Eingemeindung 137

Abb. 35: Organigramm Grüner Ring Leipzig 141

Abb. 36: Einsatz des Instrumenten-Mix im Grünen Ring Leipzig 145

Abb. 37: Akteure der Arbeitsgruppen-Leiter-Runde 147

Abb. 38: Logo Landschaftspark NiederRhein 153

Abb. 39: Planungsgebiet des Landschaftsparks NiederRhein 154

Abb. 40: Planerische Zielvorgaben für den Landschaftspark NiederRhein 155

Abb. 41: Organigramm zum Landschaftspark II 162
Abb. 42: Einsatz des Instrumenten-Mix im
 Landschaftspark NiederRhein 165
Abb. 43: Mitglieder des Kleinen Arbeitskreises 166
Abb. 44: Mitglieder des Großen Arbeitskreises 167
Abb. 45: Leistungsfähigkeit (Potenziale und Teilpotenziale) und
 Restriktionen kommunikativer Instrumente im Kontext des
 Instrumenten-Mix regionaler Freiraumpolitik 218
Abb. 46: Förderliche Handlungsbedingungen bzw. Erfolgsfaktoren
 kommunikativer Instrumente –
 Synopse verschiedener Autoren 232

2. Abkürzungsverzeichnis

Abb.	Abbildung
ABM	Arbeitsbeschaffungsmaßnahme
ADFC	Allgemeiner Deutscher Fahrrad Club
AEP	Agrarstrukturelle Entwicklungsplanung
ARB	Aufbauwerk Regierungsbezirk Leipzig GmbH
ARL	Akademie für Raumforschung und Landesplanung
AZV	Abwasserzweckverband
BauGB	Baugesetzbuch
BBR	Bundesamt für Bauwesen und Raumordnung
BGBl	Bundesgesetzblatt
BNatSchG	Bundesnaturschutzgesetz
B-Plan	Bebauungsplan
BRD	Bundesrepublik Deutschland
BUND	Bund für Umwelt und Naturschutz Deutschland e.V.
DBU	Deutsche Bundesstiftung Umwelt
DSK	Deutsche Steinkohle AG
ebd.	ebenda
et al.	et alii (lat.); und andere
EU	Europäische Union
FORS	Forschungsdokumentation Raumordnung, Städtebau und Wohnungswesen
F-Plan	Flächennutzungsplan
FR-Regio	Förderrichtlinie Regio
GEP	Gebietsentwicklungsplan
IBA	Internationale Bauausstellung

Kap.	Kapitel
KVR	Kommunalverband Ruhrgebiet
LafAO	Landesamt für Agrarordnung
LINEG	Linksrheinische Entwässerungsgesellschaft
LMBV	Lausitzer und Mitteldeutsche Bergbauverwaltungsgesellschaft mbH
LÖBF	Landesanstalt für Ökologie, Bodenordnung und Forsten
MKRO	Ministerkonferenz für Raumordnung
MSKS	Ministerium für Stadtentwicklung, Kultur und Sport
MURL	Ministerium für Umwelt, Raumordnung und Landwirtschaft
NABU	Naturschutzbund Deutschland
NRW	Nordrhein-Westfalen
ÖEPL	Ökologieprogramm Emscher-Lippe
ÖPNV	Öffentlicher Personennahverkehr
ORLIS	Literaturinformationssystem für Orts-, Regional- und Landesplanung
REK	Regionales Entwicklungskonzept
ROG	Raumordnungsgesetz
ROV	Raumordnungsverfahren
RROP	Regionales Raumordnungsprogramm
SächsLPlG	Sächsisches Landesplanungsgesetz
SCI	Service Civil International
SMUL	Sächsisches Staatsministerium für Umwelt und Landwirtschaft
SVR	Siedlungsverband Ruhrkohlenbezirk
TöB	Träger öffentlicher Belange
TÜV	Technische Überwachungsverein
UNCED	Konferenz der Vereinten Nationen für Umwelt und Entwicklung
UVP	Umweltverträglichkeitsprüfung
WCED	Weltkommission für Umwelt und Entwicklung

VII. Literaturverzeichnis

Ache, Peter (2000): Was treibt den Motor an? Stadtregionen zwischen innovativen Milieus und Urban Governance, in: Raumforschung und Raumordnung, H. 2/3: 244-253

Adam, Brigitte (1997): Wege zu einer nachhaltigen Regionalentwicklung. Raumplanerische Handlungsspielräume durch regionale Kommunikations- und Kooperationsprozesse, in: Raumforschung und Raumordnung, H. 2: 137-141

Adam, Brigitte; Wiechmann, Thorsten (1999): Die Rolle der Raumplanung in regionalen Agenda-Prozessen, in: Informationen zur Raumentwicklung, H. 9/10: 661-674

Adrian, Hanns; Adrian, Marianne (1990): Zukunftsaufgaben der Stadtplanung, Düsseldorf

AfT (Akademie für Technikfolgenabschätzung in Baden-Württemberg) (1998): Interkommunales Gewerbegebiet Hechingen/Bodelshausen, Abschlussdokumentation des runden Tisches, Stuttgart

AfT (Akademie für Technikfolgenabschätzung in Baden-Württemberg) (2000): Runder Tisch „Interkommunales Gewerbegebiet Hechingen-Bodelshausen" – Evaluation des Projektes, Arbeitsbericht, Nr. 142, Stuttgart

Albers, Gerd (1969): Über das Wesen der räumlichen Planung. Versuch einer Standortbestimmung, in: StadtBauwelt, H. 21: 10-14

Albers, Gerd (1988): Stadtplanung. Eine praxisorientierte Einführung, Darmstadt

Albers, Gerd (1993): Über den Wandel im Planungsverständnis, in: RaumPlanung, H. 61: 97-103

Albers, Gerd (1999): Stadtentwicklung/Bauleitplanung, in: Wollmann, H.; Roth, R. (Hg.), Kommunalpolitik: Politisches Handeln in den Gemeinden: 572-585, Opladen

Albrow, Martin (1996): The Global Age, State and Society beyond Modernity, London

Alemann, Ulrich von (1993): Politikbegriffe, in: Nohlen, Dieter (Hg.), Wörterbuch Staat und Politik: 490-493, München, Zürich

Apel, Dieter; Böhme, Christa; Meyer, Ulrike; Preisler-Holl, Luise (2001): Szenarien und Potentiale einer nachhaltig flächensparenden und landschaftsschonenden Siedlungsentwicklung, Umweltbundesamt (Hg.), Berichte, 1/00, Berlin

Arbeitskreis Flächenhaushaltspolitik der ARL (Akademie für Raumforschung und Landesplanung) (1999): Flächenhaushaltspolitik. Thesen und Empfehlungen eines gleichnamigen Arbeitskreises der Akademie für Raumforschung und Landesplanung, in: Raumforschung und Raumordnung, H. 4: 291-293

Aring, Jürgen (1999): Suburbia – Postsuburbia – Zwischenstadt. Die jüngere Wohnsiedlungsentwicklung im Umland der großen Städte Westdeutschlands und Folgerungen für die Regionale Planung und Steuerung, Arbeitsmaterial, ARL (Hg.), Nr. 262, Hannover

ARL (Akademie für Raumforschung und Landesplanung; Hg.) (1995): Handwörterbuch der Raumordnung, Hannover

ARL (Akademie für Raumforschung und Landesplanung; Hg.) (1997): Open Space in Urban Areas. Freiraum in Verdichtungsgebieten, Hannover

ARL (Akademie für Raumforschung und Landesplanung; Hg.) (1998a): Regionale Verwaltungs- und Planungsstrukturen in Großstadtregionen, Forschungs- und Sitzungsberichte, Bd. 204, Hannover

ARL (Akademie für Raumforschung und Landesplanung; Hg.) (1998b): Interkommunale und regionale Kooperation. Variablen ihrer Funktionsfähigkeit, Arbeitsmaterial, Nr. 244, Hannover

ARL (Akademie für Raumforschung und Landesplanung; Hg.) (1999): Die Region ist die Stadt. Forschungs- und Sitzungsberichte, Bd. 206, Hannover

ARL (Akademie für Raumforschung und Landesplanung; Hg.) (2000a): Nachhaltigkeitsprinzip in der Regionalplanung. Handreichung zur Operationalisierung, Forschungs- und Sitzungsberichte, Bd. 212, Hannover

ARL (Akademie für Raumforschung und Landesplanung; Hg.) (2000b): Regionaler Flächennutzungsplan. Rechtlicher Rahmen und Empfehlungen zur Umsetzung, Forschungs- und Sitzungsberichte, Bd. 213, Hannover

ARL (Akademie für Raumforschung und Landesplanung) (2001): Für eine Modernisierung der Regionalplanung. Positionspapier, in: Nachrichten der ARL, H. 2: 8-9

Arminius (Dohna-Poninski, Adelheid von) (1874): Die Großstädte in ihrer Wohnungsnot und die Grundlagen einer durchgreifenden Abhilfe, Leipzig

Aubert, Vilhelm (1963): Competition and dissensus: two types of conflict and of conflict resolution, in: Journal of Conflict Resolution, vol. 7, pp. 26-42, (in deutscher Übersetzung in: Bühl, W. (Hg.) (1972), Konflikt und Konfliktstrategie, München)

Aufmkolk, Gerd (1999): Landschaft in der Region, in: Stadt und Landschaft. Regionale Strategien, SRL-Jahrestagung/BDLA-Bundeskongress 1998, hg. von der Vereinigung für Stadt-, Regional- und Landesplanung e.V. (SRL), SRL Schriftenreihe, H. 45: 155-159, Berlin

BBR (Bundesamt für Bauwesen und Raumordnung; Hg.) (1998): Regionalkonferenzen als neues Instrument der Raumordnung. Eine Dokumentation der bisherigen Erfahrungen, Werkstatt Praxis, Nr. 5, Bonn

BBR (Bundesamt für Bauwesen und Raumordnung; Hg.) (1999a): Modellvorhaben „Städtenetze". Neue Konzeptionen der interkommunalen Kooperation. Endbericht der Begleitforschung, Schriftenreihe Werkstatt: Praxis, Nr. 3, Bonn

BBR (Bundesamt für Bauwesen und Raumordnung; Hg.) (1999b): Städte der Zukunft. Auf der Suche nach der Stadt von morgen, Schriftenreihe Werkstatt: Praxis, Nr. 4, Bonn

BBR (Bundesamt für Bauwesen und Raumordnung; Hg.) (1999c): Regionen der

Zukunft – Regionale Agenden für eine nachhaltige Raum- und Siedlungsentwicklung, Schriftenreihe Werksatt: Praxis, Nr. 5, Bonn

BBR (Bundesamt für Bauwesen und Raumordnung; Hg.) (2000): Raumordnungsbericht 2000, Berichte, Bd. 7, Bonn

BBR (Bundesamt für Bauwesen und Raumordnung; bearb.) (2001a): Auf dem Weg zu einer nachhaltigen Siedlungsentwicklung. Nationalbericht der Bundesrepublik Deutschland zur 25. Sondersitzung der Generalversammlung der Vereinten Nationen („Istanbul+5), Bundesministerium für Verkehr, Bau- und Wohnungswesen; Bundesministerium für wirtschaftliche Zusammenarbeit und Entwicklung (Hg.), Berlin

BBR (Bundesamt für Bauwesen und Raumordnung; Hg.) (2001b): Reginen der Zukunft – Aufgaben der Zukunft, Wettbewerbszeitung, Nr. 3, Werkstatt: Praxis,

Beck, Ulrich (1986): Risikogesellschaft. Auf dem Weg in eine andere Moderne, Frankfurt a.M.

Beck, Ulrich (1993): Die Erfindung des Politischen: Zu einer Theorie reflexiver Modernisierung, Frankfurt a.M.

Becker, Bernd (1976): Aufgabentyp und Organisationsstruktur von Verwaltungsbehörden. Strukturfolgen programmierter und nicht-programmierter Verwaltungsaufgaben, in: Die Verwaltung, H. 9: 273-296

Benz, Arthur (1991): Umverteilung durch Verhandlungen? Kooperative Staatspraxis bei Verteilungskonflikten, in: Staatswissenschaften und Staatspraxis, H. 2: 46-75

Benz, Arthur (1992a): Mehrebenen-Verflechtung. Verhandlungsprozesse in verbundenen Entscheidungsarenen, in: Benz, A.; Scharpf, F.W.; Zintl, R. (Hg.): Horizontale Politikverflechtung. Zur Theorie von Verhandlungssystemen, Schrift des Max-Planck-Instituts für Gesellschaftsforschung Köln, Bd. 10: 147-205, Frankfurt a.M.

Benz, Arthur (1992b): Zusammenarbeit zwischen den norddeutschen Bundesländern: Probleme, Lösungsversuche und Lösungsvorschläge, in: Benz, Arthur; Scharpf, Fritz W.; Zintl, R. (Hg.): Horizontale Politikverflechtung. Zur Theorie von Verhandlungssystemen, Schriften des Max-Planck-Instituts für Gesellschaftsforschung Köln, Bd. 10: 29-49, Frankfurt a.M.

Benz, Arthur (1994a): Kooperative Verwaltung. Funktionen, Voraussetzungen und Folgen, Baden-Baden

Benz, Arthur (1994b): Zur demokratischen Legitimation von Verhandlungen, in: Kilper, H. (Hg.), Steuerungseffekte und Legitimation regionaler Netzwerke: 69-80, IAT-Gelsenkirchen

Benz, Arthur (1996): Regionalpolitik zwischen Netzwerkbildung und Institutionalisierung – Zur Funktionalität paradoxer Strukturen, in: Staatswissenschaften und Staatspraxis, H. 1: 23-42

Benz, Arthur (1997): Kooperativer Staat? Gesellschaftliche Einflussnahme auf staatliche Steuerung, in: Klein, A.; Schmalz-Buns, R. (Hg.), Politische Beteiligung und Bürgerengagement in Deutschland – Möglichkeiten und Grenzen: 88-113, Bonn

Benz, Arthur; Fürst, Dietrich; Kilper, Heiderose; Rehfeld, Dieter (1999): Regionalisierung: Theorie – Praxis – Perspektiven, Opladen

Besemer, Christoph (1993): Mediation. Vermittlung in Konflikten, Darmstadt

Bezirksregierung Düsseldorf (Hg.) (1996a): Regionale Entwicklungspolitik. Ausgangssituation. Analyse der bisherigen und Prognose der zukünftigen Entwicklungen im Regierungsbezirk Düsseldorf, H. I, Düsseldorf

Bezirksregierung Düsseldorf (Hg.) (1996b): Regionale Entwicklungspolitik. Zeichnerische Darstellung und Erläuterungskarten + Textliche Darstellung. Gebietsentwicklungsplan Entwurf des Regierungsbezirks Düsseldorf, H. V, Düsseldorf

BfLR (Bundesforschungsanstalt für Landeskunde und Raumordnung) (1995): Raumordnungsprognose 2010, H. 74, Bonn

BfLR (Bundesforschungsanstalt für Landeskunde und Raumordnung; Hg.) (1996): Städtebaulicher Bericht. Nachhaltige Stadtentwicklung. Herausforderungen an einen ressourcenschonenden und umweltverträglichen Städtebau, Bonn

Bielenberg, Walter; Runkel, Peter; Erbguth, Wilfried (2001): Raumordnungs- und Landesplanungsrecht des Bundes und der Länder. Ergänzbarer Kommentar und systematische Sammlung der Rechts- und Verwaltungsvorschriften, Loseblattsammlung, fortlaufend aktualisierte Fassung, Bd. 1 und 2, Berlin

Birkigt, Klaus; Stadler, Marinus M.; Funck, Hans J. (Hg.) (1993): Corporate Identity. Grundlagen, Funktionen, Fallbeispiele, Landsberg/Lech

Birkmann, Jörn (1999): Indikatoren für eine nachhaltige Entwicklung, in: Raumforschung und Raumordnung, H. 2/3: 120ff

Bischoff, Ariane; Selle, Klaus; Sinning, Heidi (1996): Informieren, Beteiligen, Kooperieren. Kommunikation in Planungsprozessen. Eine Übersicht zu Formen, Verfahren, Methoden und Techniken, 2. Auflage, Dortmund

Bischoff, Ariane; Selle, Klaus; Sinning, Heidi (1998): Kommunikation in Lokale Agenda-Prozessen. Eine Übersicht zu Formen und Verfahren der Beteiligung und Kooperation, in: Umwelt & Beratung, H. 1: 33-40

BMBau (Bundesministerium für Raumordnung, Bauwesen und Städtebau) (1993a): Raumordnungspolitischer Orientierungsrahmen, Leitbilder für räumliche Entwicklung der Bundesrepublik Deutschland, Bonn

BMBau (Bundesministerium für Raumordnung, Bauwesen und Städtebau; Hg.) (1993b): Zukunft Stadt 2000 – Abschlussbericht der Kommission Zukunft Stadt 2000, Bonn

BMBau (Bundesministerium für Raumordnung, Bauwesen und Städtebau) (1995): Raumordnungspolitischer Handlungsrahmen, Beschluss der Ministerkonferenz für Raumordnung in Düsseldorf am 8. März 1995, Bonn

BMBau (Bundesministerium für Raumordnung, Bauwesen und Städtebau; Hg.) (1996): Siedlungsentwicklung und Siedlungspolitik. Nationalbericht Deutschland zur Konferenz Habitat II, Bonn

BMU (Bundesministerium für Umwelt, Naturschutz und Reaktorsicherheit) (Hg.) (1997): Umweltpolitik. Agenda 21. Konferenz der Vereinten Nationen für Umwelt und Entwicklung im Juni 1992 in Rio de Janeiro, Dokument, Bonn

Bochnig, Stefan; Selle, Klaus (Hg.) (1992): Freiräume für die Stadt: sozial und ökologisch orientierter Umbau von Stadt und Region. Programme, Konzepte, Erfahrungen, Bd. 1, Wiesbaden, Berlin

Böhret, Carl; Konzendorf, Gottfried (1995): Mehr Sein als Scheinen: Der funktionale Staat, in: Behrens, Fritz u.a., Den Staat neu denken. Reformperspektiven für die Landesverwaltungen: 17-40, Berlin

Bördlein, Ruth (1999): Region Rhein-Main: Rahmenbedingungen und Konzepte im Institutionalisierungsprozess einer Region, in: disp, H. 136/137: 63-69

Braun, Dietmar (1997): Die politische Steuerung der Wissenschaft. Ein Beitrag zum „Kooperativen Staat", Frankfurt a.m., New York

Braun, Dietmar (2000): Politische Gesellschaftssteuerung zwischen System und Akteur, in: Lange, Stefan; Braun, Dietmar; Politische Steuerung zwischen System und Akteur: 99-173, Opladen

Breuste, Jürgen; Kabisch, Sigrun (1996): Stadtregion Leipzig – Konfliktfeld der Raumentwicklung, in: Informationen zur Raumentwicklung, H. 4/5: 221-230.

Bruns, Dietrich; Luz, Frieder (1992): Kommunikation und Planung, in: Garten + Landschaft, H. 3: 19-23

BUND; Misereor (Hg.) (1996): Zukunftsfähiges Deutschland. Ein Beitrag zu einer global nachhaltigen Entwicklung, Basel, Boston, Berlin

Claussen, Birgit; Fürst, Dietrich; Selle, Klaus; Sinning, Heidi (1996): Zukunftsaufgabe Moderation. Herausforderung in der Raum- und Umweltplanung, Dokumentationen zur wissenschaftlichen Weiterbildung, Bd. 28, Frankfurt a.M.

Danielzyk, Rainer (1999): Regionale Kooperationsformen, in: Informationen zur Raumentwicklung, H. 9/10: 577-586

Danielzyk, Rainer (2000): Stadtregionen müssen „Regionen" werden!, in: Raumforschung und Raumordnung, H. 6: 445-447

Difu (Deutsches Institut für Urbanistik; Hg.) (2001): Stadt 2030 infobrief, Nr. 1, Berlin

Dosch, Fabian; Beckmann, Gisela (1999): Siedlungsflächenentwicklung in Deutschland – auf Zuwachs programmiert, in: Informationen zur Raumentwicklung, H. 8: 493-509

Duden (Hg.) (1997): Duden, Etymologie: Herkunftswörterbuch der deutschen Sprache, bearb. von Günther Drosdowski, 2. Aufl., Mannheim, Leipzig, Wien, Zürich

Eichstädt, Wulf (2001): Planung mit erhöhtem Risiko, in: Stadtbauwelt, H. 24: 34-39

Einig, Klaus; Siedentop, Stefan (2000): Landschaften, nachhaltig zersiedelt, in: Garten + Landschaft, H. 3: 13-16

Enquete-Kommission „Schutz des Menschen und der Umwelt" (Hg.) (1998): Abschlussbericht der Enquete-Kommission „Schutz des Menschen und der Umwelt – Ziele und Rahmenbedingungen einer nachhaltig zukunftsverträglichen Entwicklung." Konzept Nachhaltigkeit. Vom Leitbild zur Umsetzung, Bundestags-Drucksache 13/11200 vom 26.06.98

Erbguth, Wilfried (1994): Umweltrecht im Gegenwind: die Beschleunigungsgesetze, in: Juristenzeitung, 49. Jg.: 477-485

Ermer, Klaus (1998): Ländergrenzen überschreiten, in: Garten+Landschaft, H. 10: 17-19

Etzioni, Amitai (1973): Mixed Scanning: A ‚Third' Approach to Decision Making, in: Faludi, A. (Hg.), A Reader in Planning Theory, Oxford

Europäische Kampagne zukunftsbeständiger Städte und Gemeinden (Hg.) (1994):

Charta der Europäischen Städte und Gemeinden auf dem Weg zur Zukunftsbeständigkeit (Charta von Aalborg), Brüssel

Evers, Hans-Jürgen (1995): Innovation, in: ARL (Hg.), Handwörterbuch der Raumordnung: 499-507, Hannover

Fach, Wolfgang; Köhnke, Christian; Middell, Matthias; Mühler, Kurt; Siegrist, Hannes; Tzschaschel, Sabine; Wollersheim, Heinz-Werner (1998): Regionenbezogene Identifikationsprozesse. Das Beispiel „Sachsen" – Konturen eines Forschungsprogramms, in: Wollersheim, H.-W.; Tzschaschel, S.; Middell, M. (Hg.), Region und Identifikation: 1-32, Leipzig

Faludi, Andreas (1967): Der Wiener Wald- und Wiesengürtel und der Ursprung der „green-belt"-idee, in: Raumforschung und Raumordnung, H. 5: 193-206

Faludi, Andreas (1996): Framing with images, Environment and Planning B: Planning and Design, Jg. 23: 93-108

Fassbinder, Horant; Michaeli, Wolfgang; Pesch, Franz; Selle, Klaus (1977): Möglichkeiten und Grenzen städtebaulicher Verdichtung in NRW. Schriftenreihe des ILS, Bd. 02.004, Dortmund

Fingerhuth, Carl; Koch, Michael (1996): Gestaltung zwischen Entwurf und Vereinbarung, in: Selle, K. (Hg.), Planung und Kommunikation. Gestaltung von Planungsprozessen in Quartier, Stadt und Landschaft. Grundlagen, Methoden, Praxiserfahrungen: 23-40, Wiesbaden und Berlin

Fisher, Roger; Ury, Wiliam; Patton, Bruce (1997): Das Harvard-Konzept: sachgerecht verhandeln – erfolgreich verhandeln, Frankfurt a.M., New York

Forßmann, Jörg (1991): Der Landschaftspark Duisburg-Nord. Integrierter „Trittstein" des Emscher Landschaftsparks oder lokales Experimentierfeld?, in: StadtBauwelt, H. 24: 1238-1247

Fürst, Dietrich (1987): Die Neubelebung der Staatsdiskussion: Veränderte Anforderungen an Regierung und Verwaltung in westlichen Industriegesellschaften, in: Jahrbuch zur Staats- und Verwaltungswissenschaft, Bd. 1: 261-284, Baden-Baden

Fürst, Dietrich (1991): Koordination in der Raumplanung, in: Jahrbuch zur Staats- und Verwaltungswissenschaft, Bd. 5: 53-76

Fürst, Dietrich (1992): Organisationsformen zur Planung der Freiraumentwicklung auf regionaler Ebene, in: Bochnig, Stefan; Selle, Klaus (Hg.), Freiräume für die Stadt. Instrumente der Freiraumentwicklung, Bd. 2: 297-307, Wiesbaden, Berlin

Fürst, Dietrich (1994): Regionalkonferenzen zwischen offenen Netzwerken und fester Institutionalisierung, in: Raumforschung und Raumordnung, H. 3: 184-192

Fürst, Dietrich (1996): Regionalentwicklung von staatlicher Intervention zu regionaler Selbststeuerung, in: Selle, K. (Hg.), Planung und Kommunikation. Gestaltung von Planungsprozessen in Quartier, Stadt und Landschaft. Grundlagen, Methoden, Praxiserfahrungen: 91-100, Wiesbaden und Berlin

Fürst, Dietrich (1997): Auf dem Weg zu einer europäischen Raumordnung und die Rolle der Regionen in Deutschland, in: disp, H. 130: 47-54

Fürst, Dietrich (2001a): Projektmanagement, in: Fürst, D.; Scholles, F. (Hg.), Handbuch Theorien + Methoden der Raum- und Umweltplanung: 392-398, Dortmund

Fürst, Dietrich (2001b): Die „learning region" – Strategisches Konzept oder Artefakt? -, in: Eckey, H.-F. u.a. (Hg.), Ordnungspolitik, Stuttgart

Fürst, Dietrich; Klinger, Werner; Knieling, Jörg; Mönnecke, Margit; Zeck, Hildegard (1990): Regionalverbände im Vergleich: Entwicklungssteuerung in Verdichtungsräumen, Baden-Baden

Fürst, Dietrich; Ritter, Ernst-Hasso (1993): Landesentwicklungsplanung und Regionalplanung. Ein verwaltungswissenschaftlicher Grundriss, Düsseldorf

Fürst, Dietrich; Schubert, Herbert (1998): Regionale Akteursnetzwerke. Zur Rolle von Netzwerken in regionalen Umstrukturierungsprozessen, in: Raumforschung und Raumordnung, H. 5/6: 352-361

Ganser, Karl (1991): Instrumente von gestern für die Städte von morgen?, in: Ganser, K.; Hesse, I.; Zöpel, Chr. (Hg.), Die Zukunft der Städte: 54-65, Baden-Baden

Ganser, Karl; Siebel, Walter; Sieverts, Thomas (1993): Die Planungsstrategie der IBA Emscher Park, in: RaumPlanung, H. 61: 112-118

Gatzweiler, Hans-Peter (1999): Raumordnung als projektorientierte Raumentwicklungspolitik, in: Informationen zur Raumentwicklung, H. 3/4: 173-181

Glasl, Friedrich (1999): Konfliktmanagement: ein Handbuch für Führungskräfte, Beraterinnen und Berater, 6. erg. Auflage, Stuttgart

Göderitz, Johannes; Rainer, Roland; Hoffmann, Hubert (1957): Die gegliederte aufgelockerte Stadt, Tübingen

Goetz, Klaus H. (1995): Kooperation und Verflechtung im Bundesstaat: Zur Leistungsfähigkeit verhandlungsbasierter Politik, in: Voigt, R. (Hg.), Der kooperative Staat: Krisenbewältigung durch Verhandlung?: 145-166, Baden-Baden

Görmar, Wilfried; Huege, Petra; Zarth, Michael (1998): Regionalkonferenzen als neues Instrument der Raumordnung. Eine Dokumentation der bisherigen Erfahrungen, Werkstatt: Praxis, hg. von Bundesamt für Bauwesen und Raumordnung, H. 5, Bonn

GRL (Grüner Ring Leipzig; Hg.) (1998): Grüner Ring Leipzig: Das Regionale Handlungskonzept, Leipzig

Groene-Hartteam (Hg.) (1999): Sustainable Open Space. Report of the Workshops, Woerden

Gröning, Gert (1976): Zur problemorientierten Sortierung von Freiräumen, in: Das Gartenamt, H. 10: 601-607

Gröning, Gert (1988): Zur Geschichte der Freiraumplanung, in: Bauwelt, H. 15/16: 624-627

Grosser, Guido; Hoffmeister, Jochen (1995): Erfolgsbedingungen für Mediationsverfahren, in: RaumPlanung, H. 71: 275-277

Grub, Hermann; Lejeune, Petra (1996): Grün zwischen Städten, München, New York

Gugenberger, Bernd; Kempf, Udo (Hg.) (1978): Bürgerinitiativen und repräsentatives System, Opladen

Haaren, Christina von (1991): Leitbilder oder Leitprinzipien?, in: Garten+Landschaft, H. 2: 29-34

Haaren, Christina von; Hein, Angela; Makala, Michael (1999): Nutzung agrarstruktureller Informationen zur Strategiebildung in der räumlichen Planung, in:

Haaren, Christina v.; Schwertmann, Ursula (1996): Den Konsens suchen – Zusammenarbeit zwischen Naturschutz und Landwirtschaft, in: Selle, K. (Hg.), Planung und Kommunikation: Gestaltung von Planungsprozessen in Quartier, Stadt und Landschaft; Grundlagen, Methoden, Praxiserfahrungen: 296-297, Wiesbaden, Berlin

Habermas, Jürgen (1981): Theorie des kommunikativen Handelns, Frankfurt a.M.

Habermas, Jürgen (1985): Die Krise des Wohlfahrtsstaates und die Erschöpfung utopischer Energien, in: ders., Die Neue Unübersichtlichkeit: 141-163, Berlin

Häußermann, Hartmut (1995): Von der „sozialistischen" zur „kapitalistischen" Stadt, in: Aus Politik und Zeitgeschichte, B12/95, Beilage zur Wochenzeitung Das Parlament: 3-15

Häußermann, Hartmut; Siebel, Walter (1993): Wandel von Planungsaufgaben und Wandel der Planungsstrategie – Das Beispiel der Internationalen Bauausstellung Emscher-Park, in: Arbeitskreis Stadterneuerung an deutschsprachigen Hochschulen und Institut für Stadt- und Regionalplanung der TU Berlin (Hg.), Jahrbuch Stadterneuerung: 141-151, Berlin

Häußermann, Hartmut; Siebel, Walter (1994a): Wie organisiert man Innovation in nichtinnovativen Milieus?, in: Kreibich, R.; Schmid, A.S.; Siebel, W.; Sieverts, T.; Zlonicky, P. (Hg.); Bauplatz Zukunft. Dispute über die Entwicklung von Industrieregionen: 52-64

Häußermann, Hartmut; Siebel, Walter (1994b): Neue Formen der Stadt- und Regionalpolitik, in: Archiv für Kommunalwissenschaften, H. 1: 32-45

Healey, Patsy (1992): Planning Through Debate: The Communicative Turn in Planning Theory, in: Town Planning Review, Vol. 63, No. 2, pp 143-162

Healey, Patsy (1996): The communicative turn in planning theory and ist implications for spatial strategy formation, in: Environment and Panning B: Planning and Design, Vol. 23, pp 217-234

Heinrichs, Bernhard (1999): Raumordnungspläne auf Landesebene, in: ARL (Hg.), Grundriss der Landes- und Regionalplanung: 213-228, Hannover

Heinz, Werner; Scholz, Carola (1996): Entwicklungsplanung in ostdeutschen Städten. Suche nach eigenen Wegen, in: Difu-Beiträge zur Stadtforschung, Nr. 17, Berlin

Heinz, Werner (2000a): Interkommunale Kooperation in Stadtregionen: das Beispiel der Bundesrepublik Deutschland, in: Heinz, W. (Hg.), Stadt & Region – Kooperation oder Koordination? Ein internationaler Vergleich, Schriften des Deutschen Instituts für Urbanistik, Bd. 93: 169-275, Stuttgart, Berlin, Köln

Heinz, Werner (2000b): Einleitung. Interkommunale Kooperation in Stadtregionen, in: Heinz, W. (Hg.), Stadt & Region – Kooperation oder Koordination? Ein internationaler Vergleich, Schriften des Deutschen Instituts für Urbanistik, Bd. 93: 31-57, Stuttgart, Berlin, Köln

Helbrecht, Ilse (1991): Das Ende der Gestaltbarkeit? Zu Funktionswandel und Zukunftsperspektiven räumlicher Planung. Wahrnehmungsgeographische Studien zur Regionalentwicklung, Bd. 10, Oldenburg

Helbrecht, Ilse; Danielzyk, Rainer; Butzin, Bernhard (1991): Wahrnehmungsmuster und Bewusstseinsformen als qualitative Faktoren der Regionalentwicklung: Fallstudie Ruhrgebiet, in: Raumforschung und Raumordnung, H. 4: 229-236

Hennebo, Dieter (1979): „Vom Grünen Ring der Großstädte...". Zur Geschichte einer städtebaulichen Idee, in: Das Gartenamt, H. 28: 423-433

Hesse, Joachim Jens (1990): Staatliches Handeln in der Umorientierung. Thesen zur institutions- und verwaltungspolitischen Diskussion, in: Ellwein, Thomas; Hesse, Joachim Jens (Hg.), Staatswissenschaften: Vergessene Disziplin oder neue Herausforderung? S. 309-328, Baden-Baden

Hesse, Markus (1996): Nachhaltige Raumentwicklung. Überlegungen zur Bewertung der räumlichen Entwicklung und Planung in Deutschland im Licht der Anforderungen der Agenda 21, in: Raumforschung und Raumordnung, H. 2/3: 103-117

Heydt, Andreas von der (2000): Fünf Thesen zu Kooperation und Nachhaltigkeit, in: Selle, K. (Hg.), Verständigungen über Planung und Kooperation. Erörterungen und Erfahrungsberichte, Arbeits- und Organisationsformen für eine nachhaltige Entwicklung, Bd. 4: 76-80, Dortmund

Hill, Hermann; Klages Helmut (Hg.) (1996): Wege in die Neue Steuerung, Stuttgart

Hinüber, Hartmut von; Okonnek, Siegfried (1999): Historische Wurzeln und wichtige Etappen der Entwicklung, in: ARL (Hg.), Grundriss der Landes- und Regionalplanung: 7-53, Hannover

Hüchtker, Sibille; Scholz, Brigitte; Selle, Klaus; Sinning, Heidi; Sutter, Heidi u.a. (2000): Freiraum, Siedlung, Kooperationen. Arbeits- und Organisationsformen für eine nachhaltige Freiraum- und Siedlungsentwicklung, Kooperativer Umgang mit einem knappen Gut – Bd. 1, Berichte zum Forschungsprojekt, Selle, K. (Hg.), Dortmund

Hüchtker, Sibille; Selle, Klaus; Sinning, Heidi u.a. (2000): Freiräume in Stadt und Region. Arbeits- und Organisationsformen für eine nachhaltige Freiraum- und Siedlungsentwicklung, Kooperativer Umgang mit einem knappen Gut – Bd. 3, Berichte zum Forschungsprojekt, Selle, K. (Hg.), Dortmund

Huebner, Michael (1997): Moderation als Instrument der Kontextsteuerung im Prozess einer kooperativen Regionalplanung, in: Raumforschung und Raumordnung, H. 4/5: 279-287

Hübler, Karl-Hermann; Kaether, Johann (Hg.) (1999): Nachhaltige Raum- und Regionalentwicklung – wo bleibt sie? Befunde, Perspektiven und Vorschläge, Berlin

Irmen, Eleonore 1995: Stadt-Umland, in: ARL (Hg.), Handwörterbuch der Raumordnung: 916-917, Hannover

Jessen, Johann (1999): Stadt und Landschaft – Neue Herausforderungen an die Planung, in: Vereinigung für Stadt-, Regional- und Landesplanung e.V. (SRL; Hg.), Stadt und Landschaft. Regionale Strategien, SRL-Jahrestagung/BDLA-Bundeskongress 1998, SRL Schriftenreihe, H. 45: 13-20, Berlin

Job, Hubert; Stiens, Gerhard; Pick, Doris (1999): Zur planerischen Instrumentierung des Freiraum- und Kulturlandschaftsschutz, in: Informationen zur Raumentwicklung, H. 5/6: 399-416

Kaase, Max (1993): Legitimität. Empirie und Vergleich, in: Nohlen, D. (Hg.), Wörterbuch Staat und Politik: 344-347, 2. Auflage, München

Kahnert, Rainer; Rudowsky, Katrin (1999): Interkommunale Gewerbegebiete. Eine Dokumentation von Fallbeispielen, in: Akademie für Technikfolgenabschätzung in Baden-Württemberg (Hg.), Arbeitsbericht, Nr. 143, Stuttgart

Kasek, Leonhard (1996): Bildung von Arbeitsgruppen zur Verbindung und Förderung der Projekte des Grünen Ringes, in: Stadt Leipzig (Hg.): Stadt – Umland – Konferenz. Grüner Ring Leipzig: 37-40, Leipzig

Kasek, Leonhard (1997a): Der Grüne Ring Leipzig: Ziele und Arbeitsformen, in: Ostraum-Projekt/Würdemann, Klaus (Hg.): Grünwegvernetzung – Dokumentation zum Workshop am 23.10.96 im Ökologischen Stadtgut Mölkau: 23-28, Leipzig

Kasek, Leonhard (1997b): Der Grüne Ring Leipzig, in: Leipziger Blätter, H. 31: 86-90

Kaufmann, Franz-Xaver (1991): Diskurse über Staatsaufgaben, MPIFG Discussion Paper 91/5, Max-Planck-Institut für Gesellschaftsforschung, Köln

Kaule, Giselher; Endruweit, Günter; Weinschenck, Günther (1994): Landschaftsplanung, umsetzungsorientiert! Schriftenreihe des Bundesamtes für Naturschutz, Nr. 2, Münster

Kegel, Ulrich; Knieling, Jörg (1998): Handlungsorientierung und Regionalmanagement. Fallbeispiel Großraum Braunschweig, in: Raumforschung und Raumordnung, H. 2/3: 143-152

Keim, Karl-Dieter (2001): Aufbau Ost: Schrumpfende Städte und peripherisierte Regionen. Wanderungsbewegungen in den ostdeutschen Ländern, in: Schader-Stiftung (Hg.), wohn:wandel. Szenarien, Prognosen, Optionen zur Zukunft des Wohnens: 66-77, Darmstadt

Keller, Donald A. (1996): Planung als Verstandes- und Verständigungsarbeit, in: Selle, Klaus (Hg.); Planung und Kommunikation. Gestaltung von Planungsprozessen in Quartier, Stadt und Landschaft. Grundlagen, Methoden, Praxiserfahrungen: 133-141, Wiesbaden, Berlin

Keller, Donald A.; Koch, Michael; Selle, Klaus (Hg.) (1998): Planung + Projekte. Verständigungsversuche zum Wandel der Planung, Dortmund

Kestermann, Rainer (1997): Kooperative Verfahren in der Raumplanung. Phänomenologische Betrachtungen, in: Adam, Brigitte (Hg.), Neue Verfahren und kooperative Ansätze in der Raumplanung, RaumPlanung spezial: 50-78

Kiepe, Folkert (1996): Die Stadt und ihr Umland. Zur Notwendigkeit der Bildung von Stadtregionen, in: Informationen zur Raumentwicklung, H. 4/5: 307-316

Kilper, Heiderose (1996): Industrieregionen im Umbruch – Raumplanung zwischen Machtstrukturen und diskursiven Strategien, in: Heinritz, G.; Ossenbrügge, J.; Wiessner, R.; Raumentwicklung und Sozialverträglichkeit: 110-122, Stuttgart

Kilper, Heiderose (1999): Die Internationale Bauausstellung Emscher Park. Eine Studie zur Steuerungsproblematik komplexer Erneuerungsprozesse in einer alten Industrieregion, Opladen

Kilper, Heiderose (2001): Prozess-Innovation IBA Emscher Park, in: Planerin, H. 1: 33-34

Klaffke 1995: Grün- und Freiflächen, in: ARL (Hg.), Handwörterbuch der Raumordnung: 443-446, Hannover

Knieling, Jörg (2000): Leitbildprozesse und Regionalmanagement: ein Beitrag zur Weiterentwicklung des Instrumentariums der Raumordnungspolitik, Beiträge zur Politikwissenschaft, Bd. 77, Frankfurt a.M.

Knieling, Jörg; Fürst, Dietrich; Danielzyk, Rainer (2001a): Kooperative Handlungsformen in der Regionalplanung. Untersuchungen zur Praxis der Regionalplanung in Deutschland, unveröffentlichter Forschungsbericht, Hannover

Knieling, Jörg; Fürst, Dietrich; Danielzyk, Rainer (2001b): Warum „kooperative Regionalplanung" leicht zu fordern, aber schwer zu praktizieren ist, in: disp, H. 2: 41-50

Koch, Robert (2000): Der Regionale Flächennutzungsplan: Potenziale, Probleme und Lösungsansätze, in: Raumforschung und Raumordnung, H. 5: 389-398

Koenigs, Tom (Hg.) (1991): Visionen offener Grünräume: GrünGürtel Frankfurt am Main, Frankfurt a.M.

Koenigs, Tom; Lieser, Peter (1992): GrünGürtel Frankfurt, Zwischen Latten und Teewurzellöwen: Planung und Prozess, in: Wentz, M. (Hg.), Planungskulturen. Die Zukunft des Städtischen, Frankfurter Beiträge, Bd. 3: 127-134, Frankfurt und New York

Kommission der Europäischen Gemeinschaft (2001): Europäisches Regieren. Ein Weissbuch, Brüssel

Konze, Heinz (1994): Regionalkonferenzen, in: ARL (Hg.), Aktuelle Fragen der Landesentwicklung in Nordrhein-Westfalen, Forschungs- und Sitzungsberichte, Bd. 194: 41-48, Hannover

Koschitz, Peter; Arras, Hartmut E. (1990): Kommunikation in der Raumplanung: ein alter Hut?, in: disp, H. 103: 35-40

Kowarik, Ingo 1998: Natur der vierten Art, Eine Abrechnung mit überholten Öko-Konzepten, in: Stadtforum, Nr. 33: 32-33

Kühn, Manfred (1998a): Naturschutz zwischen Konflikt und Konsens. Kooperative Planung als Instrument einer nachhaltigen Entwicklung der Kulturlandschaft, in: RaumPlanung, H. 80: 51-56

Kühn, Manfred (1998b): Stadt in der Landschaft – Landschaft in der Stadt. Nachhaltige Stadtentwicklung zwischen Flächensparen und „Wohnen im Grünen", in: Informationen zur Raumentwicklung, Stadt-Landschaft. Orientierungen und Bewertungsfragen zur Entwicklung der Agglomerationsräume, H. 7/8: 495-507

Kühn, Manfred (1999): Kulturlandschaften zwischen Schutz und Nutzung. Planungsmodelle einer nachhaltigen Freiraum- und Landschaftsentwicklung, REGIO Beiträge des IRS (Institut für Regionalentwicklung und Strukturplanung), Nr. 14, Erkner

Kühn, Manfred (2000): Vom Ring zum Netz? Siedlungsstrukturelle Modelle zum Verhältnis von Großstadt und Landschaft in der Stadtregion, in: disp, H. 143: 18-25

Kühn, Manfred (2001): Wachsende Dörfer – schrumpfende Städte: Disparitätenprobleme des Wohnens in ostdeutschen Stadtregionen, in: IRS aktuell, H. 32: 6-7

Kunze, Ronald (1995): Regionalentwicklung im Raum Leipzig. Endogene Potentiale und städtebauliche Projekte für den Südraum, in: Schubert, Dirk (Hg.), Städte für morgen: 103-116, o. O

KVR (Kommunalverband Ruhrgebiet, Abteilung Planung) (1996): Landschaftspark NiederRhein. Interkommunales Projekt der Städte: Kamp-Lintfort, Moers, Neukirchen-Vluyn, Rheinberg, 1. Sitzung Großer Arbeitskreis, Moers-Stadthaus am 5. September 1996, unveröffentlichte Dokumentation, Essen

KVR (Kommunalverband Ruhrgebiet, Abteilung Planung) (1997): Landschaftspark NiederRhein. Ein gemeinsames Projekt der Städte Kamp-Lintfort, Moers, Neukirchen-Vluyn und Rheinberg. Rahmenplanung, unveröffentlicht, Essen

LANA-AK Landschaftsplanung (1999): Mindestinhalte der flächendeckenden überörtlichen Landschaftsplanung (Landschaftsrahmenplan) und ihre Umsetzung in die Programme und Pläne der Raumordnung, in: Bielenberg, W., Erbguth, W., Runkel, P. (Hg.), Raumordnungs- und Landesplanungsrecht des Bundes und der Länder. Ergänzbarer Kommentar und systematische Sammlung der Rechts- und Verwaltungsvorschriften, Bd. 2: 1-6 /J 675, Berlin

Lange, Stefan (2000): Politische Steuerung als systemtheoretisches Problem, in: Lange, S.; Braun, D., Politische Steuerung zwischen System und Akteur. Eine Einführung, Grundwissen Politik, Bd. 30: 15-97, Opladen

Lange, Stefan; Braun, Dietmar (2000): Politische Steuerung zwischen System und Akteur. Eine Einführung, Grundwissen Politik, Bd. 30, Opladen

Le Galès, Peter (1998): Regulations and Governance in European Cities, in: International Journal of Urban and Regional Research, Jg. 22: 482-506

Libbe, Jens (Hg.) (1999): Indikatorensysteme für eine nachhaltige Entwicklung in Kommunen, Dokumentation „Forum Stadtökologie", Nr. 11, Berlin.

Lindblom, Charles E. (1964): The science of „Muddling Through", in: Gore, W.J.; Dyon, J.W. (Hg.), The Making of Decision, A Reader in Administrative Behaviour, London

Linder, Wolf; Vatter, Adrian (1996): Kriterien zur Evaluation von Partizipationsverfahren, in: Selle, K. (Hg.), Planung und Kommunikation. Gestaltung von Planungsprozessen in Quartier, Stadt und Landschaft. Grundlagen, Methoden, Praxiserfahrungen: 181-188, Wiesbaden und Berlin

Lohrberg, Frank (2000): Urbane Landwirtschaft als Erlebnisraum, in: Garten + Landschaft, H. 3: 9-12

Lucke, Doris (1995): Akzeptanz. Legitimität in der „Abstimmungsgesellschaft", Opladen

Luhmann, Niklas (1972): Rechtssoziologie, Reinbeck bei Hamburg

Luhmann, Niklas (1973): Institutionalisierung – Funktion und Mechanismus im sozialen System der Gesellschaft, in: Schelsky, H. (Hg.), Zur Theorie der Institution, Düsseldorf

Luhmann, Niklas (1989): Politische Steuerung: Ein Diskussionsbeitrag, in: Politische Vierteljahresschrift (PVS), Jg. 30: 4-9

Luhmann, Niklas (2000): Organisation und Entscheidung, Opladen, Wiesbaden.

Luiten, Eric 1996: Hollands Grünes Herz, in: Topos, H. 17: 29-34

Lütke Daltrup, Engelbert (1997): Leipziger Stadtentwicklung im harten Wandel, in: Planerin, H. 3: 4-6

Lütke Daltrup, Engelbert (2001): Die perforierte Stadt. Eine Versuchsanordnung, in: Stadtbauwelt, H. 24: 40-45

Luz, Frieder (1994): Zur Akzeptanz landschaftsplanerischer Projekte: Determinanten lokaler Akzeptanz und Umsetzbarkeit von landschaftsplanerischen Projekten zur Extensivierung, Biotopvernetzung und anderen Maßnahmen des Natur- und Umweltschutzes, in: Europäische Hochschulschriften, Reihe 42, Ökologie, Umwelt und Landschaftspflege, Bd. 11, Frankfurt a.M.

Luz, Frieder; Oppermann, Bettina (1993): Landschaftsplanung umsetzungsorientiert, in: Garten + Landschaft, H. 11: 23-27

Mäding, Heinrich (1984): Renaissance für Leitbilder in der Raumplanung? Einige Überlegungen zur Analyse und Beurteilung des „Internationalen Leitbildes für das Bodenseegebiet", in: Raumforschung und Raumordnung, H. 6: 265-271

Malony, William; Smith, Grabhan; Stoker, Gerry 2000: Social capital and urban governance: Adding a more contextual „top-down" perspective, In: Political Studies 48, 802-20

Mandt, Hella (1993): Legitimität. Theorie und Geschichte, in: Nohlen, D. (Hg.), Wörterbuch Staat und Politik: 338-344, 2. Auflage, München

Mayer, Hans-Norbert; Siebel, Walter (1998): Neue Formen politischer Planung: IBA Emscher Park und Expo 2000 Hannover, in: disp, H. 134: 4-11

Mayntz, Renate (1987): Politische Steuerung und gesellschaftliche Steuerungsprobleme – Anmerkungen zu einem theoretischen Paradigma, in: Ellwein, Thomas u.a. (Hg.), Jahrbuch zur Staats- und Verwaltungswissenschaft, Bd. 1: 89-111, Baden-Baden

Mayntz, Renate (1993): Policy-Netzwerke und die Logik von Verhandlungssystemen, in: Héritier, Adrienne (Hg.), Policy-Analyse. Kritik und Neuorientierung, PVS-Sonderheft 24: 39-56, Opladen

Mayntz, Renate; Scharpf, Fritz W. (1995): Steuerung und Selbstorganisation in staatsnahen Sektoren, in: dies. (Hg.), Gesellschaftliche Selbstregelung und politische Steuerung: 9-38, Frankfurt a.M., New York

Metscher, Walter (1994): Beschleunigte Ausweisung von Wohnbauland. Erfahrungen aus der kommunalen Praxis bei der Anwendung von Verfahrenserleichterungen und Präklusionsregelungen nach § 2 BauGB-MaßnahmenG, in: Die Öffentliche Verwaltung, H. 21: 894-903

Meyers Lexikon (2000): www.iicm-edu/meyers.de

MSKS (Ministerium für Stadtentwicklung, Kultur und Sport NRW) (1997): „Öffentliche Ausschreibung in NRW für die Bewerbung zur Durchführung der REGIONALE „Kultur- und Naturräume in Nordrhein-Westfalen" in den Jahren 2002, 2004 und 2006." Runderlass des MSKS vom 13.03.1997 – II C 3 – 20.87, in: Ministerialblatt für das Land Nordrhein-Westfalen, Nr. 20 vom 26.03.1997: 350-352, Düsseldorf

MLUR (Ministerium für Landwirtschaft, Umweltschutz und Raumordnung des Landes Brandenburg); SfS (Senatsverwaltung für Stadtentwicklung des Landes Berlin) (Hg.) (1999): Flächenpool zum Landschaftsaufbau, Potsdam

Moore, C. 1986: The Mediation Process, San Francisco

Müller, Bernhard (1999): Kooperative Entwicklungsansätze in Ostdeutschland: Von der Raumordnung zur Regionalentwicklung, in: Informationen zur Raumentwicklung, H. 9/10: 597 – 608

Müller, Wolfgang; Rohr-Zänker (1997): Die Städte und ihr Umland. Plädoyer für einen Perspektivenwechsel, in: RaumPlanung, H. 78: 153 – 158

MURL (Ministerium für Umwelt, Raumordnung und Landwirtschaft des Landes Nordrhein-Westfalen) (1995): Landesentwicklungsplan Nordrhein-Westfalen. Landesentwicklungsprogramm – Landesplanungsgesetz, Düsseldorf

MWMT (Ministerium für Wirtschaft, Mittelstand und Technologie NRW) (1992): Künftige Ausgestaltung der regionalen Strukturpolitik des Landes; Handlungsempfehlungen für regionale Entwicklungskonzepte, in: ILS (Institut für Landes- und Stadtentwicklungsforschung des Landes Nordrhein-Westfalen; Hg.), Regionale Politik und Regionales Handeln: Beiträge zur Analyse und Ausgestaltung der regionalen Strukturpolitik in Nordrhein-Westfalen: 121-130, Dortmund

Naschold, Frieder (1997): Politische Steuerung und kommunale Verwaltungsmodernisierung, in: Naschold, Frieder; Oppen, Maria; Wegener, Alexander (Hg.), Innovative Kommunen – Internationale Trends und deutsche Erfahrungen: 305-340, Stuttgart

Naschold, Frieder; Oppen, Maria; Tondorf, Klaus; Wegener, Alexander (1994): Neue Städte braucht das Land. Public Governance: Strukturen, Prozesse und Wirkungen kommunaler Innovationsstrategien in Europa, Projektskizze, papers des Wissenschaftszentrums Berlin für Sozialforschung (WZB), Bd. FS II 94-206, Berlin

Naschold, Frieder; Pröhl, Marga (Hg.) (1994): Produktivität öffentlicher Dienstleistungen. Dokumentation eines wissenschaftlichen Diskurses zum Produktivitätsbegriff, Bd. I, Gütersloh

Oppermann, Bettina; Luz, Frieder (1996): Planung hört nicht mit dem Planen auf. Kommunikation und Kooperation sind für die Umsetzung unerlässlich, in: Konold, Werner (Hg.), Naturlandschaft – Kulturlandschaft: die Veränderung der Landchaften nach der Nutzbarmachung durch den Menschen: 273-287, Landsberg

Overbeek, Greet; Wijermans, Marcel (1999): Sustainable Open Space. Starting dokument, Interreg IIC project S.O.S. for the North Western Metropolitan Area, Amsterdam

Passarge, Siegfried; u.a. (1930): Stadtlandschaften der Erde, Hamburg

Pierre, J. (Hg.) 2000: Debating governance. Authority, steering an democracy, Oxford: Oxford Universitiy Press, 91-109

Pfeiffer, Ulrich (2001): Der Leerstandsschock, in: Stadtbauwelt, H. 24: 28-33

Priebs, Axel (1998): Instrumente der Planung und Umsetzung, in: ARL (Hg.), Methoden und Instrumente räumlicher Planung, Handbuch: 205-221, Hannover

Priebs, Axel (1999a): Die Region ist die Stadt! Ein Plädoyer für dauerhafte und verbindliche Organisationsstrukturen für die Stadtregion, in: Informationen zur Raumentwicklung, H. 9/10: 617-628

Priebs, Axel (1999b): Räumliche Planung und nachhaltige Siedlungsentwicklung.

Lohnt es sich, an den bisherigen planerischen Konzepten und Verfahren festzuhalten?, in: Raumforschung und Raumordnung, H. 4: 249-254

Prittwitz, Volker von (1994): Politikanalyse, Opladen

Rautenstrauch, Thomas (1997): Regionalpark Rhein-Main, in: RaumPlanung, H. 79: 296-298

Regionaler Planungsverband Westsachsen (Hg.) (1999): Landschaftsrahmenplanung in Westsachsen, Grimma

Reichard, Christoph; Wollmann, Hellmut (Hg.) (1996): Kommunalverwaltungen im Modernisierungsschub?, Basel, Boston, Berlin

Reiß-Schmidt, Stephan (1996): Freiraum als regionale Infrastruktur im Ruhrgebiet. Von der Verbandsgrünfläche zum Regionalpark, in: Informationen zur Raumentwicklung, H. 4/5: 259-275

Renn, Ortwin; Oppermann, Bettina (1995): „Bottom-up" statt „Top-down" – Die Forderung nach Bürgermitwirkung als (altes und neues) Mittel zur Lösung von Konflikten in der räumlichen Planung, in: Ritter, E.H. (Hg.), Stadtökologie: Konzeptionen, Erfahrungen, Probleme, Lösungswege: 257-276, Berlin

Rhodes, R.A.W. (1996): Understanding governance. Policy networks, governance, reflexivity and acountability, Buckingham, Philadelphia: Open University Press 1997

Ritter, Ernst-Hasso (1979): Der kooperative Staat, in: Archiv des öffentlichen Rechts, Jg. 104: 389-405

Ritter, Ernst-Hasso, (1990): Das Recht als Steuerungsmedium im kooperativen Staat, in: Staatswissenschaft und Staatspraxis, Jg. 1, H. 1: 50-88

Ritter, Ernst-Hasso (1995): Freiraum, in: ARL (Akademie für Raumforschung und Raumordnung; Hg.), Handwörterbuch der Raumordnung: 315-319, Hannover

Ritter, Ernst-Hasso (1998): Stellenwert der Planung in Staat und Gesellschaft, in: ARL (Akademie für Raumforschung und Raumordnung; Hg.), Methoden und Instrumente räumlicher Planung: 6-22, Hannover

Rodenstein, Marianne (Hg.) (1983): Diskussion zum Stand der Theorie in der Stadt- und Regionalplanung, ISR-Diskussionsbeiträge, H. 10, Berlin

Rohr-Zänker, Ruth (1996): Neue Zentrenstrukturen in den USA. Eine Perspektive für dezentrale Konzentration in Deutschland? in: Archiv für Kommunalwissenschaften, H. 2: 196-225

Sauerbrey, Heinz Rüdiger (1999): Informelle Planwerke der Landes- und Regionalplanung, in: Grundriss der Landes- und Regionalplanung, ARL (Akademie für Raumforschung und Landesplanung; Hg.): 314-321, Hannover

Scharpf, Fritz W. (1973): Planung als politischer Prozess, Frankfurt a.M.

Scharpf, Fritz W. (1983): Interessenlage der Adressaten und Spielräume der Implementation bei Anreizprogrammen, in: Mayntz, R. (Hg.), Implementation politischer Programme II: 99-115, Opladen

Scharpf, Fritz W. (1988): Verhandlungssysteme, Verteilungskonflikte und Pathologien der politischen Steuerung, Politische Vierteljahresschrift, Sonderheft 19: 61-87

Scharpf, Fritz W. (1989): Politische Steuerung und Politische Institutionen, Politische Vierteljahresschrift (PVS), H. 1: 10-21

Scharpf, Fritz W. (1991): Die Handlungsfähigkeit des Staates am Ende des 20. Jahrhunderts, in: Politische Vierteljahresschrift, 32. Jg., H. 4: 621-634

Scharpf, Fritz W. (1992a): Die Handlungsfähigkeit des Staates am Ende des Zwanzigsten Jahrhunderts, in: Kohler-Koch, B. (Hg.), Staat und Demokratie in Europa: 93-115, Opladen

Scharpf, Fritz W. (1992b): Koordination durch Verhandlungssysteme: Analytische Konzepte und institutionelle Lösungen, in: Benz, A.; Scharpf, F.W.; Zintl, R.: Horizontale Politikverflechtung. Zur Theorie von Verhandlungssystemen, Schriften des Max-Planck-Instituts für Gesellschaftsforschung Köln, Bd. 10: 51-96, Frankfurt a.M.

Scharpf, Fritz W. (1993): Versuch über Demokratie im verhandelnden Staat, in: Czada, R.; Schmidt, M.G. (Hg.), Verhandlungsdemokratie, Interessenvermittlung, Regierbarkeit. Festschrift für Gerhard Lehmbruch: 25-50, Opladen

Schmelzer, Brigitte; Wolfrum, Sophie (1996): Ein Landschaftspark für die Region Stuttgart, in: Topos, H. 17: 35-43

Schmidt, Erika (1971): Die Green-Belt-Idee vom 16. Jahrhundert bis zur Gegenwart und ihre Zukunftschancen, I. Teil: Green Belts in heutiger Stadtentwicklungsplanung, in: Das Gartenamt, H. 8: 371-374

Scholich, Dietmar (1999): Informelle Planungsansätze, in: ARL (Hg.), Flächenhaushaltspolitik. Feststellungen und Empfehlungen für eine zukunftsfähige Raum- und Siedlungsentwicklung, Forschungs- und Sitzungsberichte, Nr. 208, Hannover

Scholz, Brigitte; Selle, Klaus (1996): Beteiligungs-Minima. Eine Übersicht über gesetzliche Informations- und Partizipationsregeln, in: Planung und Kommunikation, Selle, K. (Hg.): 393-437, Wiesbaden, Berlin

Schultheis, Jürgen (2001): Starke Simulation für die regionale Zusammenarbeit. Nordrhein-Westfalen veranstaltet alle zwei Jahre eine Regionale – und gibt ordentlich Geld/Hessen will sich nicht festlegen, in: FR (Frankfurter Rundschau) vom 08.08.2001: 28

Schuppert, Gunnar Folke (1981): Die Erfüllung öffentlicher Aufgaben durch verselbständigte Verwaltungseinheiten. Eine verwaltungswissenschaftliche Untersuchung, Göttingen

Schwarze-Rodrian, Michael (1999): Interkommunale Zusammenarbeit im Emscher Landschaftspark, in: Topos European Landscape Magazine, H. 26: 53-59

Schwiderowski, Peter (1989): Entscheidungsprozesse und Öffentlichkeit auf der kommunalen Ebene, Beiträge zur Kommunalwissenschaft, H. 28, Siegen.

Seel, Norbert M. (2000): Psychologie des Lernens. Lehrbuch für Pädagogen und Psychologen, München, Basel

Seegern, Hille von; Kotzke, Gabriele; Sachau, Rolf (1997): Systemische Planung am Beispiel des integrativen Parkraumkonzeptes Bremen-Steintor, Materialien zur Raumentwicklung der BfLR, Bd. 82, Bonn

Selle, Klaus (1991): Mit den Bewohnern die Stadt erneuern... Der Beitrag intermediärer Organisationen zur Erneuerung städtischer Quartiere. Beobachtungen aus sechs Ländern, Dortmund, Darmstadt

Selle, Klaus (1993): Freiräume für die Stadt, oder: Der „Park" entsteht in den Köpfen. Anmerkungen zu Bedeutungswandel, Aufgabenveränderungen und Arbeitsweise lokaler Freiraumpolitik im Rahmen der Stadtentwicklung, in: Ökologie-Forum, H. 26: 14-32

Selle, Klaus (1994): Was ist bloß mit der Planung los? Erkundungen auf dem Weg zum kooperativen Handeln, Dortmund

Selle, Klaus (1995): Phasen oder Stufen? Fortgesetzte Anmerkungen zum Wandel des Planungsverständnisses, in: RaumPlanung, H. 71: 237-242

Selle, Klaus (1996a) (Hg.): Planung und Kommunikation. Gestaltung von Planungsprozessen in Quartier, Stadt und Landschaft. Grundlagen, Methoden, Praxiserfahrungen, Wiesbaden und Berlin

Selle, Klaus (1996b): Planung und Kommunikation. Anmerkungen zu Thema und Aufbau des Buches, in: Selle, K. (Hg.), Planung und Kommunikation. Gestaltung von Planungsprozessen in Quartier, Stadt und Landschaft. Grundlagen, Methoden, Praxiserfahrungen: 11-20, Wiesbaden und Berlin

Selle, Klaus (1996c): Von der Bürgerbeteiligung zur Kooperation und zurück. Vermittlungsarbeit bei Aufgaben der Quartiers- und Stadtentwicklung, in: Selle, K. (Hg.), Planung und Kommunikation. Gestaltung von Planungsprozessen in Quartier, Stadt und Landschaft. Grundlagen, Methoden, Praxiserfahrungen: 61-78, Wiesbaden und Berlin

Selle, Klaus (1996d): Klärungsbedarf. Sechs Fragen zur Kommunikation in Planungsprozessen – insbesondere zur Beteiligung von Bürgerinnen und Bürgern, in: Selle, K. (Hg.), Planung und Kommunikation. Gestaltung von Planungsprozessen in Quartier, Stadt und Landschaft. Grundlagen, Methoden, Praxiserfahrungen: 161-180, Wiesbaden und Berlin

Selle, Klaus (1997): Kooperativer Umgang mit einem knappen Gut. Neue Steuerungsformen für die Umweltentwicklung? Freiräume zum Beispiel, in: Krämer-Badoni, T.; Petrowsky, W. (Hg.); Das Verwinden der Städte, Dokumentation des 16. Bremer Wissenschaftsforums der Universität Bremen am 14.-16. November 1996: 89-103, Bremen

Selle, Klaus (Hg.) (1999a): Vom sparsamen Umgang zur nachhaltigen Entwicklung: Programme, Positionen und Projekte zur Freiraum- und Siedlungsentwicklung; Ein Lesebuch für Studierende und andere Interessierte, Dortmund

Selle, Klaus (1999b): Impuls Landschaft. Bedeutungswandel der Freiraumfrage in der Stadtentwicklung, in: disp, H. 136/137: 36-46

Selle, Klaus (2000a): Perspektivenwechsel – Überlegungen zum Wandel im Planungsverständnis, in: Fürst, D.; Müller, B. (Hg.), Wandel der Planung im Wandel der Gesellschaft, IÖR-Schriften, Bd. 33: 53-71, Dresden

Selle, Klaus (2000b): Nachhaltige Kommunikation? Stadtentwicklung als Verständigungsarbeit – Entwicklungslinien, Stärken, Schwächen und Folgerungen, in: Informationen zur Raumentwicklung, H. 1: 9-19

Selle, Klaus; Sinning, Heidi (2000): Projekte und Strategien der Freiraumentwicklung in Stadtregionen. Das Beispiel der Grünen Ringe Leipzig und Hannover, in: Rauforschung und Raumordnung, H. 2/3: 222-232

Siebel, Walter; Ibert, Oliver; Mayer, Hans-Norbert (1999): Projektorientierte Planung – ein neues Paradigma?, in: Informationen zur Raumentwicklung, H. 3/4: 163-172

Siedentop, Stefan (1999): Kumulative Landschaftsbelastungen durch Verstädterung. Methodik und Ergebnisse einer vergleichenden Bestandsaufnahme in sechs deutschen Großstadtregionen, in: Natur und Landschaft, H. 4: 146-155

Sieverts, Thomas (1997): Zwischenstadt. Bauwelt Fundamente, Bd. 118, Braunschweig, Wiesebaden.

Sieverts, Thomas; Wick, Roland (1996): Von der alten Stadt zur Stadtregion. Stuttgart, in: Wentz, Martin (Hg.), Stadt-Entwicklung: 63-75, Frankfurt a.M., New York

Singer, Christian (1995): Stadtökologisch wertvolle Freiflächen in Nordrhein-Westfalen, ILS-Schriften, H. 96, Dortmund

Sinning, Heidi (1995a): Verfahrensinnovationen kooperativer Stadt- und Regionalentwicklung, in: Raumforschung und Raumordnung, H. 3: 169-176

Sinning, Heidi (1995b): Prozessmanagement. Für eine kommunikative Stadt- und Regionalentwicklung, in: RaumPlanung, H. 71: 262-266

Sinning, Heidi (1996): Moderation in der Raum- und Umweltplanung – eine Weiterbildungskonzeption, in: Zukunftsaufgabe Moderation. Herausforderungen in der Raum- und Umweltplanung, Dokumentationen zur wissenschaftlichen Weiterbildung, Bd. 28: 71-141, Hannover

Sinz, Manfred (1995): Region, in: ARL (Hg.), Handwörterbuch der Raumordnung: 805-808, Hannover

SMUL (Sächsisches Staatsministerium für Umwelt und Landesentwicklung) (1994): Landesentwicklungsplan Sachsen, Dresden

SMUL (Sächsisches Staatsministerium für Umwelt und Landesentwicklung) (1998): Die ökologische Stadt in Sachsen. Modellstadt Taucha – Flöha, Görlitz, Lichtenstein, Zwickau, Dresden

Stadt Kamp-Lintfort; Stadt Moers; Stadt Neukirchen-Vluyn; Stadt Rheinberg; Kommunalverband Ruhrgebiet, Abteilung Planung (1998): REGIONALE 2006. Landschaftspark NiederRhein. 4 Städte entwickeln gemeinsam neue Strukturen. Bewerbung der Städte Kamp-Lintfort, Moers, Neukirchen-Vluyn, Rheinberg um die Durchführung der Regionale „Kultur- und Naturräume in Nordrhein-Westfalen" im Jahre 2006, unveröffentlichte Dokumentation, Essen

Stadt Leipzig, Amt für Umweltschutz (Hg.) (1996): Stadt – Umland – Konferenz. Grüner Ring Leipzig, Leipzig

Stadt Leipzig, Dezernat Planung und Bau (Hg.) (2000): Stadtentwicklungsplan Wohnungsbau und Stadterneuerung. Rahmenbedingungen, Teilplan Wohnungsbau, Teilplan Stadterneuerung, Beiträge zur Stadtentwicklung, H. 30, Leipzig

Stadt-Umland-Konferenz (Hg.) (1997): Grüner Ring Leipzig, Broschüre, 2. Stadt-Umland-Konferenz, Leipzig

Statistisches Bundesamt (1998): Bodenfläche nach Art der tatsächlichen Nutzung

1997, Fachserie 3, Reihe 5.1, Stuttgart

Statistisches Bundesamt (Hg.) (2000): Bevölkerungsentwicklung Deutschlands bis zum Jahr 2050. Ergebnisse der 9. Koordinierten Bevölkerungsvorausberechnung, Wiesbaden

Stiens, Gerhard (1992): Regionale Entwicklungspotenziale und Entwicklungsperspektiven, Geographische Rundschau, Jg. 44: 139-142

Tesdorpf, Jürgen C. (1984): Landschaftsverbrauch – Begriffsbestimmung, Ursachenanalyse und Vorschläge zur Eindämmung, dargestellt am Beispiel Baden-Württemberg, Berlin/Vilseck

Tessin, Wulf (1979): Zur Praxis der Green-Belt-Politik, in: Das Gartenamt, H. 28: 433-438

Thoss, Rainer (1984): Potentialfaktoren als Chance selbstverantworteter Entwicklung der Regionen, in: Informationen zur Raumentwicklung, H. 1 – 2: 21-27

Tschense, Holger (1996): Der grüne Ring Leipzig als Verbindung von Landschaftsentwicklung, Naherholung und Naturschutz. In: Stadt Leipzig (Hg.): Stadt – Umland – Konferenz Grüner Ring Leipzig: 3-6, Leipzig

Tschense, Holger (1997): Grüner Ring Leipzig, Broschüre 2. Stadt-Umland-Konferenz, Amt für Umweltschutz der Stadt Leipzig, Leipzig

Umlauf, Jürgen (1958): Wesen und Organisation der Landesplanung, Essen

Ury, Wiliam L.; Brett, Jeanne M.; Goldberg, Stephen B. 1991: Konfliktmanagement. Wirksame Strategien für den sachgerechte Interessenausgleich, München

Voigt, Rüdiger (1995a): Der kooperative Staat: Krisenbewältigung durch Verhandlung?, in: Voigt, Rüdiger (Hg.), Der kooperative Staat: Krisenbewältigung durch Verhandlung?: 11-29, Baden-Baden

Voigt, Rüdiger (1995b): Der kooperative Staat: Auf der Suche nach einem neuen Steuerungsmodus, in: Voigt, Rüdiger (Hg.), Krisenbewältigung durch Verhandlung?: 33-92, Baden-Baden

Wachten, Kunibert (1996): Wandel ohne Wachstum? Stadt-Bau-Kultur im 21. Jahrhundert. Katalog zur VI. Architektur-Biennale in Venedig, Braunschweig, Wiesbaden

Wachten, Kunibert (1996): Planungswerkstatt „Stadtpark Nieder-Eschbach" in Frankfurt, in: Selle, Klaus (Hg.), Planung und Kommunikation: Gestaltung von Planungsprozessen in Quartier, Stadt und Landschaft; Grundlagen, Methoden, Praxiserfahrungen: 324-325, Wiesbaden, Berlin

Wachten, Kunibert; Scheuvens, Rudolf; Lehmann, Barbara (2001): REGIONALE in Nordrhein-Westfalen. Ein strategisches Instrument zur Profilierung von Regionen, Zwischenbilanz April 2001, Erkrath

Wagener, Frido (1970): Von der Raumplanung zur Entwicklungsplanung, in: Deutsches Verwaltungsblatt, H. 3: 93-98

Wagner, Peter; Knieling, Jörg; Fürst, Dietrich (1998): Plan-Schlichtungsverfahren – ein Beitrag zur Lösung von Flächennutzungskonflikten in der Bauleitplanung, Beiträge zur räumlichen Planung, Schriftenreihe des Fachbereichs Landschaftsarchitektur und Umweltentwicklung der Universität Hannover, Bd. 54, Hannover

Watzlawick, Paul; Beaven, J.-H. (1969): Menschliche Kommunikation, Bern, Stuttgart
Weck, Sabine (1996): Neue Kooperationsformen in Stadtregionen, in: Raumforschung und Raumordnung, H. 4: 248-256
Weyl, Heinz (1995): Geschichte der Regionalplanung, in: ARL (Hg.), Handwörterbuch der Raumordnung: 413-419, Hannover
Witzel, Andreas (1982): Verfahren der qualitativen Sozialforschung: Überblick und Alternativen, Schriftenreihe Campus-Forschung, Bd. 322, Frankfurt a.M.
Wolfrum, Sophie; Schmelzer, Brigitte; Sacher, Ulrike; Janson, Alban (1994): Landschaftspark Mittlerer Neckar Region Stuttgart, hg. vom Verband Region Stuttgart, Stuttgart.
Wollersheim, Heinz-Werner (1998): Identifikation, in: Wollersheim, H.-W.; Tzschaschel, S.; Middell, M. (Hg.), Region und Identifikation: 47-55, Leipzig
Wolschke-Bulmahn, Joachim (1999): Landschaft und städtische Freiräume im Planungsrecht des frühen 20. Jahrhunderts, in: Institut für Grünplanung und Gartenarchitektur Universität Hannover (Hg.), Stadtlandschaft, Tagungsbericht vom 22.-24.04.1999, Beiträge zur Räumlichen Planung, Schriftenreihe des Fachbereichs Landschaftsarchitektur und Umweltentwicklung der Universität Hannover, H. 50: 85-122, Hannover

VIII. Anhang

Grüner Ring Leipzig: Akteure der thematischen Arbeitsgruppen

Arbeitsgruppe Brachflächenrevitalisierung

Staat/Kommunen:
- Gemeinde Bienitz
- Gemeinde Borsdorf
- Gemeinde Espenhain
- Gemeinde Großlehna
- Gemeinde Großpösna
- Landratsamt Leipziger Land
- Regionale Planungsstelle Westsachsen
- Stadt Böhlen
- Stadt Leipzig, Amt für Umweltschutz
- Stadt Leipzig, Außenstelle Böhlitz-Ehrenberg
- Stadt Leipzig, Außenstelle Engelsdorf
- Stadt Leipzig, Stadtplanungsamt
- Stadt Leipzig, Außenstelle Liebertwolkwitz
- Stadt Leipzig, Außenstelle Lützschena
- Stadt Leipzig, Außenstelle Miltitz
- Stadt Leipzig, Außenstelle Holzhausen
- Stadt Leipzig, Außenstelle Mölkau
- Stadt Leipzig, Außenstelle Wiederitzsch
- Stadt Leipzig, Bürgerfraktion
- Stadt Leipzig, Fraktion Bündnis 90/ Die Grünen
- Stadt Leipzig, Fraktion der CDU
- Stadt Leipzig, Fraktion der SPD
- Stadt Markkleeberg
- Stadt Markranstädt
- Stadt Rötha
- Stadt Schkeuditz
- Stadt Leipzig, Fraktion der PDS
- Stadt Taucha
- Stadt Zwenkau
- Stadtplanungsamt Leipzig
- Zweckverband Erholungsgebiet Kulkwitzer See
- Zweckverband Flussauenlandschaft Leipzig Nordwest
- Zweckverband Parthenaue

Gesellschaft:
- Haus der Umwelt e.V.

Arbeitsgruppe Gewässerrenaturierung

Staat/Kommunen:

- CDU-Fraktion Stadt Leipzig
- Fraktion Bündnis 90/Grüne
- Grünflächenamt, Stadt Leipzig
- Landratsamt Leipziger Land, Amt für Umweltschutz
- Park Machern, Muldentalkreis
- Regierungspräsidium Leipzig
- Sport- und Bäderamt, Stadt Leipzig
- Staatliches Umweltfachamt
- Stadt Leipzig, Amt für Umweltschutz
- Stadt Leipzig, Stadtplanungsamt
- Stadt Schkeuditz
- Stadt Zwenkau
- Zweckverband „Nordwestliche Flussauenlandschaft"
- Zweckverband Erholungsgebiet Kulkwitzer See
- Zweckverband Parthenaue
- Regionale Planungsstelle Westsachsen (Bergbau)

Wirtschaft:

- ABW Gesellschaft zur Arbeitsförderung, Beschäftigung mbH
- AZV (Abwasserzweckverband) „Weiße Elster"
- AZV Reinhaltung Parthe
- Knoll Ökoplan GmbH
- Betrieb für Beschäftigungsförderung, Bereich OPL
- Büro für Stadtplanung
- Chemnitz Dorsch Consult, Ingenieurgesellschaft mbH
- LMBV
- Naturschutzinstitut, AG Region Leipzig, des NABU
- Wasseraufbereitung Knautnaundorf GmbH

Gesellschaft:

- Anglerverband „Mittl. Mulde"
- BUND
- Jet-Boot-Club
- Kanu-Club
- Naturschutzbund Deutschland Kreisverband Leipzig
- ÖKOLÖWE Umweltbund Leipzig e.V.
- Seglerverein Leipzig Südwest
- VDSF AV Sachsen (Sportverein)

Arbeitsgruppe Landschaftspflege

Staat/Kommunen:

- CDU-Fraktion, Stadt Leipzig
- Gemeinde Bienitz
- Gemeinde Borsdorf
- Gemeinde Espenhain
- Gemeinde Großlehna
- Gemeinde Großpösna
- Landratsamt Leipziger Land, Abt. Denkmalschutz
- Landratsamt Leipziger Land, Amt für Umweltschutz
- Regierungspräsidium Leipzig
- Regionale Planungsstelle Westsachsen
- Sächsische Landesstiftung für Natur und Umwelt
- Sächsisches Staatsministerium für Umwelt u. Landwirtschaft, Abt. Naturschutz
- Staatliches Amt für Landwirtschaft und Gartenbau
- Staatliches Umweltfachamt
- Stadt Böhlen
- Stadt Leipzig, Amt für Umweltschutz
- Stadt Leipzig, Außenstelle BöhlitzEhrenberg
- Stadt Leipzig, Außenstelle Engelsdorf
- Stadt Leipzig, Außenstelle Holzhausen
- Stadt Leipzig, Außenstelle Liebertwolkwitz
- Stadt Leipzig, Außenstelle Lindenthal
- Stadt Leipzig, Außenstelle Lützschena
- Stadt Leipzig, Außenstelle Miltitz
- Stadt Leipzig, Außenstelle Mölkau
- Stadt Leipzig, Außenstelle Wiederitzsch
- Stadt Leipzig, Grünflächenamt
- Stadt Leipzig, Stadtplanungsamt
- Stadt Markkleeberg
- Stadt Markranstädt
- Stadt Rötha
- Stadt Schkeuditz
- Stadt Schkeuditz
- Stadt Taucha
- Stadt Zwenkau
- Stadtgut Mölkau
- Zweckverband Flussauenlandschaft Nordwest

Wirtschaft:

- Büro für Stadtplanung
- Knoll Ökoplan GmbH
- Planungsbüro Drecker, Grün- und Landschaftsplanung
- SL Südraum Leipzig GmbH
- Umweltforschungszentrum Leipzig-Halle GmbH

Gesellschaft:

- Stiftung Wald für Sachsen

Arbeitsgruppe Naherholung/Tourismus

Staat/Kommunen:

- Gemeinde Borsdorf
- Gemeinde Espenhain
- Gemeinde Großlehna
- Gemeinde Großpösna
- Kommunales Forum Südraum Leipzig
- Landratsamt Delitzsch, Dezernat V, Referat Wirtschafts- und Wohnungsförderung
- Landratsamt Leipziger Land
- Landratsamt Leipziger Land, Bauplanungs- und Wirtschaftsamt
- Naturschutzinstitut AG Region Leipzig
- Regierungspräsidium Leipzig
- Regionale Planungsstelle Westsachsen
- Stadt Böhlen
- Stadt Leipzig, Amt für Umweltschutz
- Stadt Leipzig, Amt für Verkehrsplanung
- Stadt Leipzig, Außenstelle Böhlitz-Ehrenberg
- Stadt Leipzig, Außenstelle Engelsdorf
- Stadt Leipzig, Außenstelle Holzhausen
- Stadt Leipzig, Außenstelle Liebertwolkwitz
- Stadt Leipzig, Außenstelle Lützschena
- Stadt Leipzig, Außenstelle Miltitz
- Stadt Leipzig, Außenstelle Mölkau
- Stadt Leipzig, Grünflächenamt
- Stadt Leipzig, Stadtplanungsamt
- Stadt Leipzig, Tiefbauamt
- Stadt Leipzig, Wiederitzsch
- Stadt Markkleeberg
- Stadt Markranstädt
- Stadt Rötha
- Stadt Schkeuditz
- Stadt Taucha
- Stadt Zwenkau
- Zweckverband „Erholungsgebiet Kulkwitzer See"
- Zweckverband Flussauenlandschaft Leipzig nordwest
- Zweckverband Parthenaue

Wirtschaft:

- Leipziger Verkehrsbetriebe
- SL Südraum Leipzig Leipzig GmbH
- Tageszentrum „Vielfalt"

Gesellschaft:

- ADFC Leipzig
- Fremdenverkehrsverein
- Landessportbund Sachsen e.V.
- Leipziger Tourist Service e.V.
- Naturschutzbund Leipzig
- ÖKOLÖWE Umweltbund Leipzig e.V.

Arbeitsgruppe Umwelttechnologie

Staat/Kommunen:

- Amt für Umweltschutz
- Botanischer Garten für Arznei- und Gewürzpflanzen, Leipzig
- Gemeinde Großpösna
- Regierungspräsidium Leipzig
- Sächsische Lehranstalt für Landwirtschaft
- Staatliches Umweltfachamt Leipzig
- Universität Leipzig

Wirtschaft:

- ABT Angewandte Biotechnologie GmbH
- Air Liquide Technische Gase GmbH
- Bell Flavors & Fragrances
- Bio-Ingenieurtechnik GmbH
- BioPlanta GmbH
- Biotechnologie & Analytik GbR
- Ceresan GmbH
- DBI Gas- und Umwelttechnik GmbH
- Dipl.-Ing. R. Barth und Partner Architekten
- Dr. Sommer GmbH
- Erdgas Westsachsen GmbH
- Fa. Parentin Bauschuttrecycling
- Florena Cosmetic GmbH
- Genova
- ICA Institut für Chemische Analytik
- Industrie- und Handelskammer
- Ing.-Büro A. Naumann und H. Stahr
- Ing.-Büro Aqua Nostra Herrmann & Seidel GbRmbH
- Institut für Energetik und Umwelt GmbH
- Institut für Entwicklungsplanung und Strukturforschung GmbH
- Klinik Spezial Entsorgung GmbH
- Knoll Ökoplan
- Kommunale Wasserwerke Leipzig GmbH
- KPMG
- Kreiswerke Delitzsch GmbH
- LAV Markranstädt GmbH
- Leipziger Innovations- und Technologiezentrum GmbH
- Meiti GmbH
- NOELL-KRC
- Ökologische Stadtgüter Leipzig GmbH
- Saat-Gut Plaußig Voges KG
- Stadtwerke Leipzig GmbH
- Team Marketing Kommunale Wasserwerke Leipzig GmbH
- UFZ Umweltforschungszentrum
- Unternehmensberatung & Finanzdienstleistung
- Verbundnetz Gas AG
- Wasseraufbereitung Knautnaundorf GmbH
- WESAG AG
- WindWerk GbR
- WTL Wassertechnik Leipzig GmbH
- XINTECH Systems M. Malock KG
- ZTZ GmbH

Gesellschaft:

- Haus der Umwelt e.V.
- ITUT e.V. – Verein zur Förderung des Rivatinstitut
- ÖKOLÖWE Umweltbund Leipzig e.V.
- RKW Sachsen e.V.
- Schutzgemeinschaft Deutscher Wald e.V.
- Stiftung Wald für Sachsen
- Umweltinstitut Leipzig e.V.
- VDI Verein Deutscher Ingenieure